안전교육의 이론과 실제

안전교육
안전의식교육
안전문화교육 ——————— 이순열 · 김만배 공저

Safety
Education

학지사

⚠ 추천사

안전은 인류번영의 원동력이자 후손들에게 물려줄 수 있는 최고의 유산입니다. 안전의 초석과 계승은 교육만이 이룰 수 있는 방법이라고 생각합니다.

우리나라 최초로 안전교육의 여러 이론과 실제에 대해 저술한 『안전교육의 이론과 실제』의 출판은 도로교통공단 67년 역사에 담긴 국민 안전을 위한 각고의 노력의 결실이라고 생각합니다. 오늘보다 더 안전한 내일을 위해 헌신하시는 모든 분께 이 책이 도움이 되기를 바랍니다.

『안전교육의 이론과 실제』는 교통안전, 생활안전, 산업안전 등의 분야뿐만 아니라 코로나19 팬데믹(pandemic) 등 지역과 국가를 뛰어넘는 세계적인 위험에서도 전 인류의 안전을 향상시키고 효과적으로 안전교육을 실행하는 데 기여할 것입니다.

이 책은 안전교육 모델과 실행, 의사소통, 코칭, 상담, 웹기반 비대면 교육 등은 물론 학교, 성인, 고령자, 집단 안전교육 등 다양한 대상에 대한 안전교육의 이론과 실제를 다루고 있습니다. 안전교육 실무자 및 안전에 관심이 있는 모든 이에게 이 책을 추천합니다.

귀한 책을 저술한 도로교통공단 김만배 교육이사와 이순열 교수의 노고에 감사를 드리며, 출판까지 이를 수 있도록 도움을 주신 학지사에도 고마운 마음을 전합니다.

도로교통공단 이사장

이주민

⚠ 머리말

안전은 공기와 같다. 그것은 생존을 위한 기본적인 필수요소이지만 공기처럼 우리 주변을 항상 가득 채우고 있어서 없어지고 나서야 그 소중함을 알아차리기 때문이다. 하지만 아무 대가 없이 우리 주변에 늘 있는 공기와 다르게 우리는 안전을 얻기 위해 끊임없이 노력해야 한다. 안전은 가만히 정지된 상태가 아니라 위험으로 흘러가지 않기 위해서 끊임없이 거슬러 올라가야 하는 역동적인 상태이기 때문이다. 안전은 당연한 것이 아니라 위험해지는 것이 자연스러운 것이며, 우리는 안전에 도달하고 안전을 유지하기 위해서 부단히 힘써야 한다.

안전에 도달하는 열쇠를 찾는 가장 중요한 활동이 바로 교육이다. 사람들은 재수가 나쁘거나 운이 없어서 사고나 사건이 발생하고 재난이 닥치게 된다고 생각한다. 일상에서 경험하는 사고나 사건에 대해서도 '재수 없게 사고가 났다!' '참 운도 없네!'라는 말로 쉽게 결론을 내린다. 사고나 사건은 발생하는 순간 돌이킬 수 없으며 피해 수위를 조절할 수도 없다. 또한 사고나 사건이 발생하기 전까지 사람들은 안전에 별로 관심이 없다. 이 때문에 안전교육의 가장 기본은 안전해지기 위해서 노력해야 한다는 점을 인식시키고 행동하도록 하는 것이다. 인간만이 일어나지 않은 미래를 대비하고 노력한다. 이것이 인류가 현재까지 위험을 극복하고 생존할 수 있었던 이유일 것이다. 안전을 향한 쉼 없는 노력, 이것만이 순간순간 닥쳐오는 새롭고 다양한 위험을 이겨 낼 수 있는 유일한 길이다.

일어나지 않은 사고와 사건 그리고 재난에 대응할 수 있는 방법은 교육밖에 없다. 하지만 안전교육은 사고나 사건이 발생하고 나서 투입되는 시간과 비용으로 취급되는 경우가 많다. 그리고 안전교육은 일반적으로 학교교육보다 더 어렵다. 왜냐하면 그것은 불확실하기 때문이다. 유일하게 확실한 것은 우리는 내일 또 위험해질 것이라는 점이다. 내일 발생하는 새로운 종류의 위험에 대응하는 가장 효과적인 방법도 역시 교육이다. 이러한 위험과 안전의 속성을 제대로 가르쳐 사람들을 안전하게 행동하도록 유도하고, 안전교육에 도움을 주며, 안전교육이 얼마나 중요하고 필요한지에 대한 인식의 전환에 기여하고자 하는 마음에서 이 책이 출판되었다. 이 책에서 기술하고 있는 수많은 안전교육의 이론과 방법들은 사고와 사건을 경험하고 나서야 제안된 것으로서 안전교육이 실행될 때 고려해야 할 내용들을 담고 있다.

이 책의 내용은 크게 ① 일반 안전교육의 이론과 실제, ② 안전의식교육의 이론과 실제, ③ 안전문화교육의 이론과 실제의 내용을 담고 있다. 구체적으로는 안전교육 모델과 실행, 의사소통, 코칭, 상담, 웹기반 비대면 교육 등은 물론 학교, 성인, 고령자, 집단 안전교육 등 다양한 대상에 대한 안전교육의 이론과 실제를 다루고 있다. 또한 안전교육이 실시되는 이론적 배경과 구체적인 안전교육을 실행할 경우 고려해야 할 핵심 내용을 제시하고 있다. 다음으로 위험보상 및 위험항상성 이론, 위험감수성이론, 위험고착 및 안전고착 양상과 안전의식 향상방법 등 안전의식 교육의 이론과 실제를 설명하고 있다. 왜냐하면 개인이 안전을 향해 나아가기 위해서는 안전을 중요시하는 의식이 바탕이 되어야 하기 때문이다. 마지막으로는 사회교환이론과 기대이론 등 안전행동과 안전문화 그리고 서두름, 공동체 심리, 안전분위기, 사회적 환경과 같은 안전문화교육의 이론과 실제에 대해서 다루고 있다.

이 책이 인류의 안전이 보다 견고해지고 높은 차원으로 발전하는 데 미력하나마 도움이 되기를 바란다. 사실 국민 안전을 정부의 핵심 국정목표로 삼고 공공기관의 평가에 있어 생명과 안전이 제1의 기준이 되도록 하겠다는 정책이 진행 중임에도 안전교육을 체계적으로 정리한 책이 거의 없는 현실에서 길잡이를 자청하는 시도라고도 볼 수 있다. 이 책이 안전교육에 관심을 가지고 있는 모든 사람에게 널리 활용되기를 바라며 동시에 건설적인 비판과 조언을 통해 보다 훌륭한 안전교육 책으로 진화해 나갈 수 있기를 기대한다.

책이 나오기까지 여러 형태의 도움을 주신 국내외 안전 관련 학자, 전문가, 실무자 그리고 우리나라 안전교육을 위해 연구와 실행에 노고를 아끼지 않는 도로교통공단 선후배와 동료들께 깊은 감사를 드린다. 책의 출판을 허락해 주신 학지사 김진환 사장님, 집필에 용기를 주신 정승철 상무님 그리고 부족한 원고를 다듬어 주신 편집진 여러분께도 고마운 마음을 전한다.

2021년 6월
이순열 · 김만배

⚠ 차례

제4장 의사소통 · 79

제5장 코칭 · 109

제6장 집단 안전교육 · 127

제3부

안전의식교육의 이론과 실제

안전문화교육의 이론과 실제

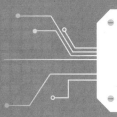

제1부

안전교육의 이론

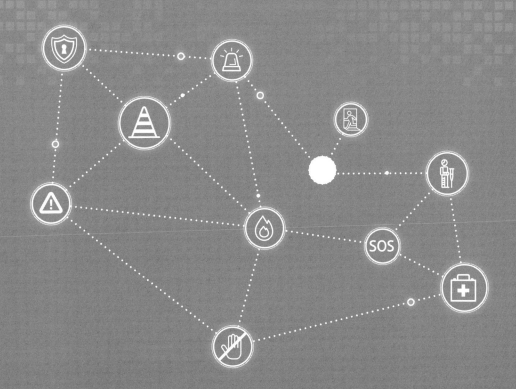

안전을 추구하는 것은 인간의 본능이자 삶을 추동하는 강력한 동기 중의 하나이다. 하지만 위험을 해결하고 안전을 달성하는 올바른 대응방법은 태어날 때부터 타고나는 것이 아니라 대부분 후천적인 경험이나 지식에 의존하여 습득된다. 그러나 경험을 통해 위험을 인식하고 안전을 추구하는 것은 적당히 다치거나 큰 문제 없을 정도로만 사고가 발생하도록 조절할 수 없기 때문에 여간 어려운 일이 아니다. 따라서 위험해결과 안전충족은 안전교육의 중요성을 강조하는 웅변가의 역할을 한다. 인간이 안전을 성취하도록 동기를 적절히 높이고 안전행동이 실제로 수행되도록 하는 가장 효과적인 방법은 안전교육밖에 없다. 따라서 안전교육이 부족하거나 잘못되었거나 또는 사람들에게 그 필요성을 제대로 인식시키지 못한다면 오히려 더 위험해지는 안타까운 상황에 놓이게 될 것이다. 여기에 우리가 안전교육의 이론에 대해서 고민하고 실제에 대해서 연구하는 이유가 있다.

제**1**장

안전교육의 정의와 기본원리

1. 안전교육의 정의

인간에게 안전은 생존과 직접적으로 연결되는 매우 중요한 문제이다. Maslow가 인간 욕구를 체계화하면서 생리적 욕구 다음으로 안전욕구를 위치시킨 것도 이 때문일 것이다. 인간 삶의 가장 기본이 되는 욕구이자 삶을 이끌어 가는 동력이 되는 안전을 성취하기 위해서는 우선 '안전이란 무엇인가?'를 이해하는 것부터 시작하여야 한다.

Strasser, Aron, Bohn 그리고 Eales(1973)는 안전을 "인간의 행동 수정에 의해 만들어진, 그리고 위험을 감소시키고 사고를 줄일 수 있도록 물리적 환경을 조성하기 위해서 만들어진 조건이나 상태"라고 정의하였다. Worick(1975)은 "사고나 자연재해와 같은 비의도적인 행동들로부터 비롯되는 상해나 손실을 최소화하는 것"이라고 보았다. 이순열(2016)은 안전에 관한 이와 같은 여러 정의의 공통 속성은 "사고를 예방하는 것과 위험을 감소시키는 것"으로 집약된다고 하였다.

이상의 안전에 대한 이해를 바탕으로 안전교육에 대한 정의를 살펴볼 수 있다. 목적론적 관점에서 교육은 진리나 가치로의 접근과정이다. 이때 어떤 교육목적을 내세우는가에 따라서 수많은 목적론적 정의가 가능하다. 기능론적 관점에서 교육은 인간이 이룩해 온 사회문화가 계승되고 발전하도록 이끄는 궁극적인 수단이다. 교육이 봉사하는 대상이 사회문화인가 개인인가 또는 국가나 종교인가에 따라서 기능론적 관점의 정의는 다양해진다.

안전교육을 기능적인 관점에서 본다면 개인과 사회조직에 봉사한다는 것을 기본으로 위험을 해결하고 안전을 충족시킨다는 명확한 방향을 가진다. 따라서 기능적인 관점에서 안전교육은 '개인과 사회공동체의 상해, 사망 또는 재산 피해를 불러일으키는 사고와 사건 그리고 재난과 재해를 예방하는 모든 교육적 행동들'로 정의할 수 있다. 즉, 기능적인 관점의 안전교육은 환경과 인간 태도 및 행동을 바람직한 방향으로 변화시켜서 위험을 미연에 해결하고 안전한 상태를 향상시키기 위해 실시하는 모든 학습 행동이라고 볼 수 있다. 따라서 기능적 관점에서 안전교육이 가져다주는 효과를 극대화시키기 위해서는 환경과 인간에 대한 고려가 적절히 이루어질 필요가 있다.

안전교육에 대한 정의를 보다 학술적으로 논의한 학자들도 있다. Florio와 Stafford (1974)는 "안전교육이란 기본적으로 사고와 위험을 방지하는 데 필요한 지식, 기능, 습관 그리고 태도를 발달시키는 것"이라고 정의하였다. 이들은 안전교육이 학습자들로 하여금 자신과 타인에게 위험이 고조될 가능성이 있을 때 현명한 선택을 할 수 있는 능력을 기를 수 있도록 경험을 제공해야 한다고 강조하였다. 그리고 모든 위험으로부터 자신과 타인을 보호하고자 하는 의지와 능력, 그리고 기능을 기르고 안전에 필요한 원리와 규칙들에 주의를 기울여서 준수하도록 동기를 부여하는 것이 중요하다고 보았다. 또한 안전교육도 학습이기 때문에 안전에 관한 지식과 동기, 그리고 행동을 발전적으로 조직화해야 한다고 지적하였다. 이상의 안전교육에 대한 정의에는 인간이 삶을 살아가는 동안 부딪힐 수 있는 많은 위험을 이해하고, 사람들로 하여금 환경에 적절히 적응하는 데 필요한 태도를 발달시키며, 위험한 상황에 효과적으로 대응할 수 있는 기능들을 숙달시키는 것이 포함된다.

안전교육에 대한 정의를 살펴볼 때 학교에서 실시되는 안전교육을 중요하게 다룰 필요가 있다. 현대 국가체계에서 교육은 대다수 학교에서 이루어지기 때문이다. 학교에서 실시되는 안전교육은 '학교 안전에 관한 교육'과 '학교에서 이루어지는 안전교육'의 두 가지 다른 관점에서 정의해 볼 수 있다(박효정, 2015; 박효정, 유선영, 2015). 전자는 학교 내에서 학습자들이 안전하게 학습하고 생활할 수 있도록 하는 것에 대한 안전교육이다. 후자는 학교 내에서의 안전은 물론 가정과 사회 및 그 외 다양한 측면에서의 안전생활을 위해 학습자들에게 안전에 관한 지식, 기능, 태도 및 대처방법 등을 학교교육을 통해 체계적으로 습득하도록 하는 교육을 말한다. 오늘날 학교에서의 안전교육이란 대체로 후자를 뜻하는 것으로 받아들여지고 있다. 이러한 관점에서 한국교육개발원에서는 학교에서 실시되는 안전교육을 "교육이라는 수단을 통하여 일상생활에서 개인 및 집단의 안전에 필요한 지식, 기능, 태도 등을 기르고 자신과 타인의 생명을 존중하며 안전하고 건강한 생활을 영위할 수 있는 습관을 육성하는 것"이라고 정의하고 있다(이기숙, 장영희, 정미라, 윤선화, 2014; 장영희, 정미라, 배소연, 1997; 한국교육개발원, 한국산업안전공단, 1996a).

이상의 안전교육에 대한 정의들을 종합하여 우리나라에서는 안전교육에 대해서 다음과 같은 정의들을 내놓고 있다. 우선 한국산업안전공단(1995)에서는 안전교육을 "안전을 위해 필요한 사항을 이해시키는 지식교육, 위험요소를 예측하고 미리 예방하거나 신중히 행동하는 태도교육, 안전하게 행동할 수 있는 기능교육을 목표로 하는 교육"으로 정의한다. 송미경, 이정은, 문선영, 양숙자와 김신정(2005)은 안전교육을 안전해지기 위한 바람직한 행동 변화와 태도 그리고 능력을 기르는 것을 목표로 하는 활동이라고 보았다. 따라서 안전교육이란 "안전을 위협하는 여러 요소로부터 건강한 생활을 유지하기 위한 적극적인 방법으로서 사고위험을 사전에 방지하여 사고율을 낮추고 재난 등에 대한 대책을 마련하여 그 피해를 줄이기 위한 방법을 주된 내용으로 하는 교육"이라고 정의 내렸다.

이상의 안전교육에 대한 다양한 정의를 기초로 이 책에서는 안전교육을 다음과 같이 정의한다. "안전교육이란 사고 및 위험을 방지하거나 그 가능성을 줄이고 보다 안전해지도록 환경과 매체 그리고 인간행동 및 태도를 변화시키려는 모든 교육 활동이다."

2. 안전교육의 목표

사람들은 누구나 스스로를 보호하고 안전한 상태를 유지하려고 한다. 그런데도 재해나 재난 그리고 사고나 사건이 발생하는 이유는 무엇일까? 그것은 위험을 해결하고 안전을 충족시키는 지식이 부족하거나 어떤 위험성이 내재해 있는지를 파악하지 못하는 경우 혹은 위험에 대응해서 행동할 수 있는 능력이 부족하거나 위험에 대비하는 내적 자세가 미흡한 경우 때문이다.

　이러한 이유들로 인해서 안전교육에는 반드시 안전지식, 안전기능, 안전태도의 세 가지 요소가 포함되어야 한다(이기숙 외, 2014; 이순열, 이순철, 박길수, 2018; 한국교육개발원, 한국산업안전공단, 1996b; Bever, 1984). 말하자면 안전에 관한 지식과 안전행동을 구현할 수 있는 기능과 능력 그리고 안전을 추구하고 몸소 실천하고자 하는 태도에 대한 교육이 종합적으로 이루어질 때에 안전교육의 목표가 제대로 달성될 수 있다.

　이때 안전 '지식' 교육은 안전한 생활에 필요한 지식, 정보 등의 지적 기반을 구축하는 것을 말한다. 안전 '기능' 교육은 직접 안전한 행동을 실행할 수 있도록 능력을 기르고 체험이나 실습을 통해 경험을 익혀 나가는 것이다. 안전'태도' 교육은 위험을 해결하려는 가치관과 안전을 추구하는 마음가짐을 형성하는 것이다. 즉, 안전교육의 핵심목표는 학습자들로 하여금 위험을 감수하거나 무시하기보다 안전해지려는 의도를 기초로 판단하고 결정하며 행동하려는 동기를 보다 강력하게 작동시키는 데 있다.

　안전에 관한 지식, 기능, 태도의 각 요소는 유기적으로 연계되어 상호작용하기 때문에 안전교육도 각 요소들이 통합되도록 이루어져야 한다. 이를 통해 위험을 해결하고 사고를 예방하기 위한 '종합적인 능력'을 얻을 수 있고, 안전행동 및 안전한 생활을 영위할 수 있다. 이러한 목표 달성을 위해서 안전교육은 단순히 실시되는 것이 목적이 아니다. 안전교육을 통해서 학습자들이 안전한 생활에 필요한 지식과 이해(인지적 측면), 안전한 행동을 실천하는 데 요구되는 기능 및 능력(행동적 측면), 그리고 안전한 삶을 영위하려는 가치관과 태도 및 실천 의지(정의적 측면)의 세 가지 측면을 유기적이고 통합적으로 향상시킬 수 있어야 한다. 즉, 안전한 생활과 관련한 지식과 기능 그리고 태도의 세 가지 요소가 통합될 수 있도록 부단히 노력해 가는 것이 안전교육의 궁극적인 목표이다(유병열, 이언주, 2016; 행정안전부, 2012).

　이상의 안전지식, 안전기능, 안전태도에 대한 목표와 함께 가정과 학교, 사회 전 영역에서의 생명존중 추구를 안전교육의 목표로 삼는 입장도 있다. 이러한 입장에서는 다음과 같은 점들을 안전교육의 중요한 목표로 제시하고 있다(한국산업안전공단, 2002).

　첫째, 각종 사고를 미연에 방지하는 것을 목적으로 안전의식을 내면화하고 안전행동을 습관화한다.

　둘째, 안전을 위해 필요한 요소들을 이해하고 자신과 타인의 생명을 존중하면서 안전하게 행동할 수 있는 태도와 능력을 기른다.

셋째, 잠재된 위험을 예측하며 항상 안전을 확인하고 올바른 판단으로 안전하게 행동할 수 있는 태도와 능력을 기른다.

넷째, 자신과 타인의 생명을 존중하고 학교생활과 가정생활 및 사회생활의 안전에 도움이 될 수 있는 태도와 능력을 기른다.

다섯째, 예기치 못한 위험에 직면해서도 적절히 대처할 수 있는 태도와 능력을 기른다.

더불어 안전생활의 지식, 기능, 태도와 생명 존중을 포함하여 건강은 물론 예방까지를 포괄하는 차원에서 안전교육을 실천해 가야 한다는 관점도 있다(박은혜, 조혜선, 이성희, 황보영, 2016). 이러한 관점에서 추구하는 안전교육의 목표는 네 가지로 요약된다.

첫째, 안전교육은 생명존중이라는 토대 위에서 이루어져야 한다. 따라서 안전교육은 자신뿐만 아니라 타인의 생명도 존중받아야 마땅하다는 인간존엄의 철학을 기초로 하여 교육되어야 한다.

둘째, 안전교육은 안전을 위한 필수사항을 이해하는 지식교육을 토대로 해야 한다. 신체 부상이나 생명을 위협할 수 있는 여러 요소를 일상생활 속에서 인지하고 위험요소를 바르게 예측, 숙고, 판단할 수 있도록 해야 한다.

셋째, 안전교육은 안전을 위한 최선의 대처법을 숙지하고 이에 따라 행동할 수 있는 기능교육이 함께 포함되어야 한다. 안전해지려는 바람직한 행동변화와 사고 발생 시 적절한 대처 능력을 길러서 자신의 안전을 스스로 도모할 수 있어야 한다.

넷째, 안전교육은 건강한 생활을 유지하기 위한 보다 적극적인 방법까지도 포함해야 하며 위험을 미리 방지하여 사고율을 낮추고 사고 대책을 마련하여 피해를 줄이는 예방 행동이어야 한다.

결론적으로 안전교육의 목표는 좁게는 '안전한 생활에 관한 지식이나 정보 전달을 통해 안전의식을 제고하고 이것을 행동으로 실천할 수 있는 기능 및 태도를 길러서 안전사고를 예방하며 사고에 대처할 수 있는 역량을 강화하는 것'이라고 할 수 있다. 넓게는 '생명존중을 바탕으로 학교와 가정 그리고 일상생활에서 안전을 위해 필요한 요소들을 이해하고 위험상황에서 적절히 대처할 수 있는 능력을 기르며 건강 유지 및 사고 예방까지도 적극 추구하는 것'이라고 볼 수 있다.

더불어 안전교육은 위와 같은 목표들을 수행해 나아가는 가운데 학습자들의 발달단계와 조직체 및 지역적 특성, 교육 프로그램의 특징 등에 따라 적절한 교육 내용을 선정하고 조직하여 실행할 필요가 있다. 그리고 이러한 내용들을 지도하는 과정에서 교수자는 생명존중 의식을 바탕으로 사고와 위험대처에 필요한 지식을 습득하고 위험요소를 미리 예상하여 대비하는 능력과 안전한 생활 태도 및 습관을 가지도록 도와야 한다.

따라서 이상의 다양한 안전교육의 공통적인 목표는 "여러 가지 위험요소로부터 안전한 생활을 유지하도록 하는 적극적인 방법으로서 사고 발생 가능성이 줄어들도록 인간행동 및 태도를 바람직한 방향으로 변화시키고 발전시키고자 하는 것"이다(김신정, 김성희, 2009; 박효정, 유선영, 2015; 이순열 외, 2018).

3. 안전교육의 기본원리

안전교육을 실시할 때는 우선 어떤 원리에 입각해서 교육을 운영할 것인가를 살펴볼 필요가 있다. 왜냐하면 안전교육의 원리는 구체적인 안전교육 형태와 방법을 결정할 뿐만 아니라 교육이 실시된 이후 교육의 효과를 평가하는 기준을 제시해 주기 때문이다. 교육학적인 관점에서 안전교육의 원리는 자발성, 목적성, 개별성, 사회성 그리고 통합성 원리가 있다.

(1) 자발성 원리

자발성이란 학습자 스스로 하려는 의지나 마음가짐에 기초해서 안전교육을 실행해야 한다는 원리를 말한다. 안전교육을 받는 사람의 욕구나 마음가짐이 무시된 채 교육은 이루어질 수 없다. 그야말로 말을 물가로 데리고 갈 수는 있지만 물을 먹는 것은 말인 것이다.

(2) 목적성 원리

목적성 원리란 안전교육이 명확한 목적과 목표 아래 전개되어야 한다는 것이다. 안전교육의 목적은 교육이 실시될 때마다 적절하게 설정되어야 한다. 그리고 설정된 안전교육의 목적에 맞게 계획을 수립하고 수립된 계획에 따라서 가장 효과적인 학습방법으로 실시되어야 한다. 동시에 교육 종료 후에는 안전교육의 목적을 얼마나 달성했는지도 살펴보아야 한다. 아무 목적 없이 수행되는 것은 놀이인데 놀이와 교육을 구분하는 가장 큰 기준이 바로 목적이다.

(3) 개별성 원리

개별성 원리는 안전교육이 개인 간의 차이를 인정하는 것에서부터 출발한다는 개념이다. 사람들은 저마다 다르다. 사람마다 지능이나 이해도, 경험과 동기 등에 차이가 있다. 따라서 안전교육은 이러한 개인이 지니고 있는 능력과 소질 등의 차이, 즉 개별성을 고려하고 성장가능성(potentiality)을 최대한 자극하는 방향으로 실시되어야 한다.

(4) 사회성 원리

안전교육의 원리에서 사회성이란 바로 안전교육의 효과와 내용이 전달되고 전이되는 것을 말한다. 현대사회의 교육은 전인적 인간발달을 목표로 한다. 따라서 사회와 동떨어진 개인의 완성이 아닌 사회 전체의 발전을 전제로 한 자아실현을 목표로 하고 있다. 그런 의미에서 '안전교육은 개인과 세대를 대상으로 사회와 역사라는 맥락 속에서 실시한다.'는 원리를 가진다.

(5) 통합성 원리

안전교육 원리에서 통합성은 두 가지 차원에서 생각할 수 있다. 하나는 교재의 통합이고 다른 하나는 인격의 통합이다. 전자는 사회와 조직의 요구이며, 후자는 내면적인 통합과 인격적 통합을 요구하는 심리적인 요청이다. 안전교육은 어떤 형태로든 통일성을 가지고 조화롭게 이루어져야 한다. 통합성을 다룰 때의 가장 큰 고민은 어떤 형태로 교육을 진행시켰을 때 가장 바람직한 통합이 이루어질 수 있는가이다.

이상의 교육학적 관점에서의 안전교육 원리는 심리학적 관점의 안전교육 원리와는 차이가 있다. 심리학적 관점의 안전교육 원리는 다음의 다섯 가지로 요약될 수 있다.

첫째, 안전교육은 학습자가 가져야 할 경험의 종류를 결정한다. 무엇을 경험할지를 결정하는 이유는 모든 경험의 가치가 동일하지는 않기 때문이다. 따라서 어떤 경험을 학습자에게 줄 것인가는 안전교육이 시작되는 시점의 학습자 상태와 도달하기 원하는 안전교육 목표에 따라 달라진다.

둘째, 안전교육은 일정한 목표를 달성하는 데 필요한 기능이나 태도를 발달시킬 수 있도록 학습자를 격려함으로써 이루어진다.

셋째, 안전교육은 학습동기를 유발함으로써 이루어진다.

넷째, 안전교육은 연습량이나 기억원리를 통해서 이루어진다.

다섯째, 안전교육은 학습자의 심신발달 단계를 고려하여 이루어진다.

제**2**장

안전교육 모델

어떤 사회나 조직이든 안전과 관련된 훈련과 교육에 대한 지지가 높을 때 안전행동은 증가하게 된다. 더욱이 안전교육에 대한 지지는 안전문화와 풍토로 연결되어 조직과 공동체 구성원들의 안전태도나 행동에 영향을 준다. 따라서 공동체나 조직 관리자들의 안전교육에 대한 지지는 구성원들에게 위험과 사고에 대한 경각심을 상승시키고 안전을 보다 중요하게 인식하도록 한다.

이스라엘에서 작업자 381명과 관리자 36명에게 안전향상을 위한 훈련을 실시한 결과, 관리자들의 향상된 안전의식이 작업자들의 사고율을 유의미하게 감소시켰다. 이러한 연구는 작업자들의 안전교육은 물론 감독자들의 안전의식 고양이 작업자들의 안전행동을 더욱 향상시킬 수 있음을 보여 준다. 캐나다에서 174명의 식당 종업원들과 다른 직종의 작업자 164명을 대상으로 한 연구에서도 관리자들이 업무 수행 중 안전교육을 실시하거나 안전행동에 대해서 지지하는 입장을 보일 때 업무에 임하는 사람들의 안전행동이 증가하였다. 그러나 관리자가 안전향상에 대한 지지가 없었거나 별다른 강조가 없는 경우 혹은 아무런 입장을 취하지 않는 경우는 구성원들의 안전행동은 크게 감소하였다(이순열, 이순철, 박길수, 2018).

호주의 10개 제조업체와 광산업체 1,590명의 작업자를 대상으로 한 연구에서도 안전에 관한 관리자들의 적극적인 태도가 안전행동을 유의미하게 증가시키는 것으로 나타났다. 이스라엘의 53개 작업장 534명을 대상으로 한 연구에서도 상사가 조성하는 안전 분위기가 업무상 발생하는 부상사고 비율을 감소시켰다고 보고되었다. 미국 육군 127개의 수송부대를 대상으로 수행된 연구에서도 높은 수준의 리더-구성원 교환관계(Leader-Member Exchange Relationship: LMX)가 안전한 임무수행에 긍정적인 분위기를 만드는 것으로 나타났다. 이와는 반대로 낮은 수준의 리더-구성원 교환관계는 안전의식을 긍정적으로 변화시키지 못했다(Hofmann, Morgeson, & Gerras, 2003; Zohar, 2002).

이상의 연구 결과들이 동일하게 보여 주는 시사점은 공동체나 조직 관리자의 안전분위기 조성이 실제 안전행동 증가에 매우 중요한 영향을 준다는 것이다(Barling, Loughlin, & Kelloway, 2002). 이것은 "과연 안전교육이 효과가 있을까?"라는 의문에 확실한 답을 준다. 안전교육의 효과는 분명히 있다. 다만, 어떻게 실시되는가가 효과의 차이를 만들어 낼 뿐이다.

1. 행동조절 모델

학습심리학자들은 '행동은 학습된다'고 본다. 따라서 학습심리학적 입장에서 위험행동을 관리하고 교육시키기 위해서는 우선 위험행동이 학습되는 원리를 알아야 한다. 위험행동 학습에 관한 대표적인 이론에는 Ajzen(1985, 1991)의 계획된 행동이론(Theory of Planned Behavior: TPB)과 ABC 행동 모델 등이 있다(오세진, 1997, 2016).

1) 계획된 행동이론

Ajzen(1985, 1991)의 계획된 행동이론(TPB)에 따르면 행동을 결정하는 것은 태도가 아니라 행동하고자 하는 의도라고 본다. 그리고 행동 의도는 태도와 주관적 규범과 함께 지각된 행동통제력의 영향을 받는다. 행동통제력 지각은 행동에 직접 영향을 미칠 수도 있다. 행동에 대한 태도란 개인이 어떤 행동에 대해 가지고 있는 긍정적 혹은 부정적 태도를 의미하며, 지각된 행동통제란 어떤 행동에 대해 개인이 주관적으로 느끼는 통제력을 의미한다([그림 2-1]).

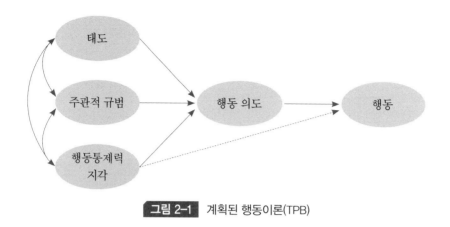

그림 2-1   계획된 행동이론(TPB)

　일반적으로 알려진 계획된 행동이론 모형은 행동에 영향을 미치는 태도, 주관적 규범, 행동통제력 지각이라는 세 가지 요인이 행동 의도 요인을 매개하여 행동에 직접 영향을 미친다고 본다. 세 가지 요인 중 행동통제력 지각 요인은 행동에 대한 의지 요인을 거치지 않고도 직접 행동에 영향을 미칠 수 있다.

　이러한 각각 요인들의 모든 인과관계와 방향성을 가설화한 것이 바로 계획된 행동이론 모형이다. 계획된 행동이론 모형은 행동통제력 지각 요인이 행동 요인에 미치는 효과가 행동 의도 요인을 통한 간접 효과와 행동 요인에 미치는 직접 효과를 합한 총 효과에 의하여 영향력을 완전하게 파악할 수 있다고 설명한다.

　Warner와 Aberg(2006)는 계획된 행동이론 모델을 이용하여 사람들이 자동차 운전 속도에 대한 선택에 영향을 미치는 요인들을 연구하였다. 그 결과, 세 가지 요인(태도, 지각된 행동 통제, 주관적 규범) 모두가 운전자가 보고한 주행 속도에 직·간접 영향을 미치고 있었다.

　계획된 행동이론에 따르면 사람들은 규범이나 규칙만을 고려하는 것이 아니라 자신이 가지고 있는 주관적 기준에 의해서 더 큰 영향을 받는다. 이것은 단순히 준법정신이 어느 정도인가의 문제가 아니라 주관적으로 위험을 인식하고 어디까지를 위험으로 인정하느냐의 위험감수성 문제가 된다.

　그러므로 사회나 조직이 제정한 규범이나 규칙이 어떠한 위험을 통제하기 위해서 제정된 것인지에 대한 이해와 구성원들의 참여 수준을 높여야만 준수율이 높아질 수 있음을 알 수 있다. 단순히 "규칙이니 지키자!"는 식의 접근이 아니라 제정된 규범과 규칙이 조절하고자 하는 위험이 무엇이며 조절되지 않았을 때 발생할 수 있는 사고나 재해 발생률 및 심각도, 유·무형의 피해 정도 및 여파 등을 정확히 인식시키는 것이 중요하다. 이를 바탕으로 안전행동을 해야 하는 모든 구성원의 의식적 동의를 높이도록 하는 것이 계획된 행동이론을 모델로 하는 안전교육 방향이다.

2) ABC 모델

ABC 모델([그림 2-2])이란 A(Antecedents, 선행사건)-B(Behavior, 행동)-C(Consequences, 결과)의 경로로 나타나는 행동 학습 모델이다(오세진, 1997, 2016).

담배를 피우는 행동을 ABC 모델에 적용하여 살펴보면 다음과 같이 설명할 수 있다. 담배를 피우도록 자극하는 선행 요인들은 식사를 마쳤거나 술을 마실 때 옆 사람이 담배를 권하는 행동 혹은 다른 사람들이 흡연하는 모습을 보거나 여유 시간이 생기는 것 등일 수 있다. 이러한 선행자극이 흡연행동을 촉발하는데, 흡연에 의한 부정적인 결과는 폐암 발생이나 여러 합병증으로 인한 사망, 주변 사람들의 불평 등 다양하다. 반면에 흡연을 통해서 얻게 되는 긍정적인 결과는 긴장 완화나 니코틴 금단 증상 해소로 인한 만족감 등이다.

흡연행동뿐만 아니라 대다수의 행동에는 이처럼 부정과 긍정의 결과가 모두 포함되어 있다. 그렇다면 흡연을 하게 되면 폐암 등이 발생할 확률을 높이고 여러 가지 질병 발생으로 이어져 사망에 이를 수 있는 위험증가가 분명한데도 사람들은 왜 흡연과 같은 위험한 행동을 선택하는 것일까? 이러한 의문에 대해서 ABC 모델은 E-TIP/D-TIP 분석 과정으로 설명한다.

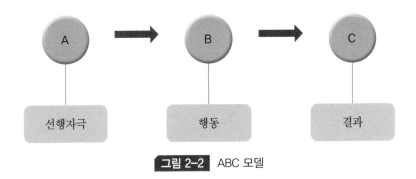

그림 2-2 ABC 모델

3) E-TIP분석/D-TIP분석

행동주의 심리학은 사람들이 긍정적인(Encouraging: E) 결과를 초래하는 행동을 더 많이 하고 부정적인(Discouraging: D) 결과를 초래하는 행동을 덜할 것이라는 가정에서 출발한다. 그렇다면 담배를 피우는 것은 긍정적인 효과보다는 부정적인 효과가 더 큰 것이 확실한데도 왜 금연하기 힘들고 계속 흡연하게 되는 것일까? 이것을 이해하기 위해서는 행동의 결과를 단순히 긍정적/부정적 차원에서만 분석할 것이 아니라 결과가 발생하게 되는 시간적 차원, 결과 자체의 중요성 그리고 결과가 발생할 확률이라는 보다 복잡한 과정에 대한 고려가 있어야 한다. 이러한 점을 고려한 분석이 바로 E-TIP 분석(Encouraging-Time, Important, Probability Analysis)과 D-TIP(Discouraging-Time, Important, Probability Analysis) 분석이다.

앞서 말한 ABC 모델에서 선행자극들(Antecedents: A)을 통해 흡연이라는 행동(Behavior: B)이 발생하게 되면 어떠한 결과(Consequences: B)가 발생하게 된다. 이때 부정적인 결과보다 긍정적인 결과가 더욱 직접적이고 빠른 시간(Time: T) 안에 나타난다. 즉, 담배를 피우는 즉시 흡연을 통한 긴장과 스트레스 완화 그리고 니코틴이 보충되면서 느껴지는 만족감은 곧바로 나타난다. 반면에 흡연이 가져다주는 부정적인 결과(질병발생 등)는 주로 먼 미래에 발생하는 것이다. 인간 행동은 일반적으로 먼 미래에 나타나는 결과보다는 현재와 가까운 시간에 나타나는 것들에 더 크게 영향을 받는다. 즉, 위험은 현재적이고 안전은 미래적인 속성이 있는데, 인간은 현재에 가까운 것에 끌리기 마련이다.

또한 행동의 결과가 가지는 중요도(Important: I)에 따라서 영향을 받기도 한다. 담배를 피우지 않는 사람에게는 건강이 중요한 문제이지만 긴장 완화나 니코틴 보충 등은 중요하지 않은 문제이다. 따라서 특별한 계기가 없는 한 담배를 피우는 선택을 하지는 않는다. 반면에 담배를 피우는 사람에게는 건강 문제만큼이나 흡연을 통한 긴장 완화나 니코틴 보충이 중요하다. 따라서 담배를 피우기 시작한 사람들은 흡연보다 건강에 더 중요한 가치를 두게 되는 계기가 발생하지 않는 한 흡연 행동을 멈추려고 하지 않는다. 중요도는 사회문화나 개인 가치관에 따라서 달라질 수 있다. 따라서 위험보다 안전을 선택하기 위해서는 안전이 보다 더 중요한 가치가 되는 사회문화 조성과 개인 가치관의 변화가 필요하다.

발생확률(Probability: P)도 행동선택에 영향을 미친다. 담배를 피우는 행동이 긴장 완화나 니코틴 보충을 매번 확실히 발생시키는 반면, 건강 악화나 암 발생 등은 이보다는 확률이 떨어지는 사건이다. 즉, 위험은 확실한 반면 안전은 불확실한 속성이 있는데, 인간은 나타날 확률이 높은 쪽으로 행동하고 선택하려는 경향이 있다.

이상의 논의를 종합해 보면 특정한 행동이 나타나는 것은 사람들이 선택한 행동이 긍정적인(Encouraging: E) 특성을 가지고 있으면 증가하고, 부정적인(Discouraging: D) 특성을 가지고 있으면 감소하게 된다는 것을 알 수 있다. 또한 행동 결과가 긍정적이더라도 다른 TIP 특성(가까운 미래, 중요함, 확실함)을 가지지 못하면 행동에 영향을 미치는 정도가 감소할 것이고 행동 결과가 부정적이더라도 TIP 특성(가까운 미래, 중요함, 확실함)을 가지고 있으면 행동에 영향을 미치는 정도가 커지게 될 것이다.

4) 행동조절 모델의 안전교육 적용

위험행동이란 사고를 유발할 수 있는 바람직하지 않은 행동을 뜻한다. 오세진(2016)은 용접공의 보호안경 착용 여부를 E-TIP/D-TIP 분석의 예로 사용하였다. 용접공은 보호안경을 착용하지 않으면 지금 당장 편리하다는(안전보다 편리함이 더 중요하다는 개인의 기준) 결과를 확실히 얻을 수 있다. 용접공 입장에서는 긍정적인(E) 결과이다. 한편, 행동 결과는 빨리 일어나고(T-성립), 편리함은 작업자에게 중요한 고려사항(I-성립)이다. 또한 보호안경을 착용하지 않을 때의 편리함은 선택할 때마다 매번 확실하고 명확한(P-성립) 결과를 가져다준다. 이러한 E-TIP 분석은 용접공이 보호안경을 착용하지 않고 작업하려는 의도와 위험한 행동을 선택하는 이유를 잘 설명해 준다.

그러나 실제 작업 현장에서 용접공이 보호안경을 착용하지 않는 행동을 하게 되면 사고나 부상이라는 부정적인(D) 결과가 발생할 확률도 분명히 높다. 사고의 결과도 심각할 수 있는데, 보호안경을 착용하지 않고 일하다가 눈을 다쳐서 시력에 문제가 생기거나 심하면 실명할 수도 있다. 하지만 이러한 부정적 결과는 중요한 사항(I-성립)이긴 하지만 미래의 일(T-불성립)이고 편리함보다는 확실하지도 않다(P-불성립). 따라서 일반적인 상황에서는 용접공이 보호안경을 군이 착용하려는 의도를 높이기 어렵고 안전한 행동에 대한 선택도 증가하기 어렵다는 것이 E-TIP/D-TIP 분석의 결론이다.

따라서 안전장구의 착용이나 안전행동을 증가시키기 위해서는 행동 결과 자체가 가지고 있는 D-TIP 이외에 부정적인 보상이나 처벌을 통해 안전장구 착용 행동을 E-TIP 쪽으로 인식하도록 조치해야 한다. 예를 들어, 용접공과의 고용계약에서부터 보호안경 착용 여부를 의무로 명시하거나 위반할 때는 고용에 불이익을 줄 수 있다는 조항을 두는 것도 한 가지 방법이다. 혹은 보호안경을 착용하는 모범작업자에게는 급여나 직급을 상승시켜 준다든지 하는 유인책을 사용할 수도 있다.

E-TIP/D-TIP 분석을 안전교육에 적용시켜 본다면 안전장구 미착용이 가져다주는 부상의 위험과 고통, 실업이나 죽음에 따른 슬픔이나 사회적 격리 등을 강조하는 것도 방법이 될 수 있다. 대체로 위험한 행동은 사고나 재난이 일어나지 않는 한 안전한 행동보다는 유익이 많다. 따라서 안전교육이라는 인위적인 행동과정을 통해 D-TIP 특성이 발생하거나 인식되도록 해야 한다.

흡연율을 감소시키기 위한 담배가격 인상을 E-TIP/D-TIP 분석에 적용시켜 보더라도 담배가격 인상은 흡연이 주는 긍정적 효과를 줄일 것이라고 예상할 수 있다. 그러나 흡연이 주는 긍정적 효과를 확실히 상쇄할 만큼 담배 가격이 인상되지 않는다면 큰 효과를 장담하기 어려울 것이라는 예상도 할 수 있다. 즉, 위험행동은 더 이상 유익이 되지 않는 수준이 아니라 확실한 불이익으로 인식되어야만 줄어들 것이다. 이처럼 많은 경우 E-TIP의 속성을 D-TIP의 속성으로 바꾸기 위해서는 상당히 큰 조정이 필요하다.

이순열(2016)은 안전이 미래적이고 에너지를 투자해야 하며 불확실성을 가진다고 하였다. 반면에 위험은 현재적이고 확실하게 에너지를 아낄 수 있다는 속성을 가진다고 보았다. E-TIP/D-TIP 분석도 이러한 안전과 위험의 속성을 감안한 접근이다.

사람들은 안전을 주요한 동기로 가지기도 하지만 자신의 한정된 에너지를 투자해서 불확실한 미래의 안전을 추구하려고 하지 않으려는 속성도 가지고 있다. 따라서 사람들이 위험을 선택하지 않고 안전을 선택하고 안전하게 행동하도록 하기 위해서는 의도적인 안전장치를 마련해야 한다. 행동조절 모델들에 따르면 사람들은 안전을 추구하지 않았을 때 불이익을 확실히 키우거나 안전을 추구하였을 때 생기는 충분한 이익을 만들어 주지 않으면 안전을 선택하지 않는다. 그런 의미에서 E-TIP/D-TIP 분석은 행동적 관점에서 인간과 조직의 안전을 향상시키려는 노력이 어떠한 방향으로 진행되어야 할지를 명확하게 제시해 준다. 이처럼 다양한 방법을 통해 사고와 재난의 씨앗이 되는 위험행동을 감소시킬 수 있다는 것이 E-TIP/D-TIP 분석의 시사점이다.

이상의 행동조절 모델을 안전교육에 적용한다면 안전교육 내용이 가정이나 학교, 조직에서 수행되고 실천되는 정도에 따른 불이익이나 인센티브 제공 여부가 효과성을 결정짓는 중요한 요인이 된다는 것을 알 수 있다. 위험의 속성이 편리하고 현재적이며 확실한 것이기 때문에 사람들에게 위험은 안전보다 매력적이다. 따라서 안전교육의 실행은 위험에 끌리는 속성을 줄이고 안전이 더욱 매력적 선택이 되는 조절장치로서의 역할을 수행해야 한다. 또한 안전을 중요한 가치로 여기도록 안전교육을 통한 개인과 사회의 가치관 변화를 목표로 삼아야 한다. 사회와 개인이 안전을 보다 중요한 가치로 여길 때 안전을 추구하려는 동기가 강화될 수 있다. 이상과 같이 행동조절 모델의 핵심내용은 안전의 유익이 위험이 주는 이득을 훨씬 더 능가하도록 만드는 것이다.

2. 경험-인지-책임 모델(AHE 모델)

Dennison과 Golaszewski(2002)는 안전한 행동을 증가시키기 위한 교육적 접근 전략을 개발하였는데, 이것을 경험-인지-책임(Activated Health Education: AHE) 모델이라고 한다. AHE 모델은 강의식 교육이 아닌 참여 중심의 다양한 프로그램을 활용한 안전교육 방법이다. 구체적인 AHE 모델을 활용한 안전교육 프로그램 구성은 경험 단계, 인지 단계, 그리고 책임 단계로 나뉜다([그림 2-3]).

첫째, 경험 단계(experiential phase)는 자신의 경험에 대해 평가하는 단계로 안전교육 참여자들은 환경이 어느 정도 안전한가를 적극적으로 평가한다. 그리고 현재 문제행

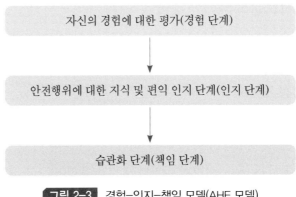

그림 2-3 경험-인지-책임 모델(AHE 모델)

동을 진단하도록 하면서 향후 목표 달성을 위해 관찰해야 할 행동들을 분명하게 제시한다. 이것을 통해 안전교육 대상자들은 실제 안전행동이 어떻게 사고를 예방할 수 있는지 알 수 있다. 경험 단계에서는 개인의 경험을 이용하여 현재 안전수준을 측정할 수 있도록 하며 앞으로 목표하는 바를 위해 관찰해야 할 안전행동들을 분명하게 명시해 준다.

둘째, 인지 단계(awareness phase)는 안전행동에 대한 지식 및 편익이해 단계로 이전 경험에 기초한 정보를 제공한다. 다시 말해, 안전교육 참여자들에게 목표가 되는 안전행동에 관한 지식과 사실을 제공해 주며 안전행동 목적에 부합하는 가치를 성취함으로써 생길 수 있는 이익을 인지시키는 단계이다. 인지 단계에서는 안전정보 제공과 설득, 그리고 호소 등의 방법을 활용한다. 행동변화 과정에서 개인들은 인지적 정보를 제공받으며 이것을 통해 목표로 하는 안전행동에 관한 지식과 함께 부적절한 행동으로 인한 위험이 발생할 수 있음을 인지하게 된다. 인지 단계를 통해서 학습자들은 현재 자신들이 선택하는 행동들이 이상적인 안전행동으로 어떻게 수정되어야 할 것인지를 알게 된다.

셋째, 책임 단계 혹은 책임감 획득 단계(responsibility phase)를 통해 습관화를 이루게 된다. 안전교육 참여자들을 변화 과정에 직접 참여시켜 안전에 대해 책임감을 가지도록 한다. 책임 단계에서는 자기관리 전략을 통해 참여자가 스스로 행동 계획을 수립하도록 한다. 안전장구 착용이나 착용행동 관찰, 포상 및 처벌 등의 방안이 적용될 수 있다. 자신의 행동을 점검하면서 안전행동과 선택의 책임이 자신에게 있음을 느끼게 된다. 이 단계를 통해 개인의 행동과 안전과의 관계에 대한 이해를 향상시키며 책임감을 증가시키게 된다. 책임 단계는 개인들로 하여금 그들의 안전을 향상시킬 수 있는 행동을 선택하도록 동기를 부여한다.

AHE 모델은 보통 3~6주 정도 지속되는 중·단기교육을 위해서 개발된 모델이다. 안전교육 참여자들을 건강하고 안전하게 행동하도록 변화시키기 위한 모델로서 실제 안전교육이 진행될 때는 참여 행동으로 학습을 전개한다는 장점이 있다. 또한 안전교육을 실시하는 교수자가 무엇을 가르쳐야 하고 언제 그것을 가르쳐야 하는가에 대한 실질적인 방법을 제공하기도 한다.

AHE 모델의 안전교육 교수–학습모형은 대상자의 동기유발을 위한 교육전략으로서 주의, 관련성, 자신감, 만족감 요소를 고려한다. 이것은 자신과 다른 사람들의 사고

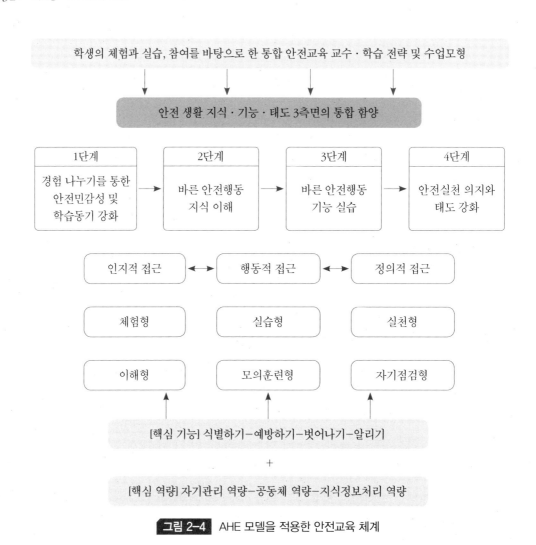

그림 2-4 AHE 모델을 적용한 안전교육 체계

(accident) 경험을 나누는 것에서 시작된다. 그리고 학습 내용을 제시하는 전략으로는 각 차시별로 현재 안전교육 교과서에서 다루고 있는 내용의 교과목과 단원 그리고 해당되는 내용을 알려 주는 방법을 택함으로써 친근감을 가지고 쉽게 관련된 내용과 연결 지을 수 있도록 한다.

또한 안전교육을 실시하는 사람은 학습자들에게 학습내용을 설명하고 시범을 보이는 집단교육, 위험과 사고와 관련된 토의, 사례연구, 역할놀이, 시뮬레이션, 게임, 협동학습 등으로 구성된 소집단 행동교육 그리고 연습 문제지, 시각 자료를 활용한 개별학습 등 다양한 방법을 사용할 수 있다.

3. 모든 위험접근 모델(AHA 모델)

미국의 재난관리 기본 원칙인 '모든 위험접근(All Hazard Approach: AHA) 모델'은 재난안전관리체계의 근간을 이루고 있다. 특히, 모든 위험접근 모델은 국가체계의 안전교육에 활용될 수 있는 모델이기도 하다. 미국 연방재난관리청(Federal Emergency Management Agency: FEMA)은 재난관리에 대한 여덟 가지 원리로 구성된 정책을 가지고 있다(강욱, 박준석, 조준택, 2014). 이 중 포괄적(comprehensive)인 원칙 부분에서 재난과 관련된 모든 위험(hazard)에 올바로 접근하기 위해서는 위험단계(risk phases)와 위험영향(risk impacts), 그리고 이해관계자(stake holders)를 고려해야 한다고 밝히고 있다.

모든 위험접근(AHA) 모델에서는 모든 위험에 우선순위를 두고 있는데 위험이 발생할 가능성(likelihood), 위험으로 인한 결과(consequence), 그리고 위험분석과 평가(assessment)를 기준으로 한다. 왜냐하면 모든 위험접근법에서는 모든 위험을 고려하기는 하지만 동일한 수준에서 고려하는 것이 아니기 때문이다. 미국 연방재난관리청(FEMA, 1997)은 위험을 과학적으로 분석하여 그 수준을 〈표 2-1〉과 같이 분류하였다. 그리고 위험수준에 따라 재난을 구체적으로 분류하여 개별 대응할 수 있는 기틀을 마련하였다.

이처럼 위험수준이 분류됨에 따라 다양한 재난이 어떤 수준의 위험인지를 구체적으로 분류할 수 있다. Pine(2009)은 모든 위험접근 모델에 기초해서 미국의 다양한 자연

표 2-1 　위험평가에 따른 위험수준(FEMA, 1997)

위험수준	세부내용
극한 위험 (extreme risk)	• 대규모 피해가 확실히 발생할 것이 예상되는 위험 • 즉각 대응이 필요한 경우
높은 위험 (high risk)	• 소규모 피해가 확실히 발생할 것이 예상되는 위험 • 위험대비가 필요하며 비상 계획에 따라 조치가 필요한 경우
보통 위험 (moderate risk)	• 피해 발생 가능성이 낮은 위험 • 재난 조치와 사전 계획이 필요한 경우
낮은 위험 (low risk)	• 낮은 수준의 위험 • 조건부 실행 계획이 필요한 경우

재난과 인적재난 수준을 유형별로 나누어서 〈표 2-2〉와 같이 발생 가능성과 결과에 따른 위험수준을 제시하고 있다.

재난 수준별 분류는 해당되는 연령별 발달과정 및 교육 수준을 고려하여 재난 대응을 위한 교육 및 훈련에 활용되고 있다. 모든 위험접근 모델이 안전교육에 활용될 때의 특징은 다음 네 가지로 요약된다.

첫째, 가장 기본이 되는 교육 내용은 재난 이해, 재난 대비, 재난 대응의 세 가지 분야로 구분된다. 먼저 재난의 개념과 유형을 이해한 후에 재난을 대비하는 방법과 재난 발생 때의 대응 요령을 학습하는 순서로 진행된다. 대상자의 연령이 증가할수록 교육 및 훈련 내용을 심화시키는 형태로 발전 및 확장해 나갈 수 있다.

둘째, 효과적인 학습을 위해서 게임 등 다양한 교수 방법을 활용할 수 있다. 구체적으로 재난 체크리스트 제작이나 스피드 퀴즈 혹은 그림, 소설 및 뉴스 기사 작성, 문자 메시지 작성 및 전송 등 학습자의 수준에 맞추어 다양한 교육 수단을 활용한다.

셋째, 가정에서의 재난대비는 직장이나 교육 기관에서의 행동 못지않게 중요하다. 가정에서 필요한 여러 안전수칙 및 요령들도 학습에서 비중 있게 다룬다. 또한 가정에서 사용할 수 있는 각종 재난대비 장구 준비도 중요한 고려사항이다.

표 2-2   재난유형에 따른 위험수준

재난유형	발생확률	위험결과	위험수준
홍수	약간 높음	심각	극도의 위험
가뭄	높음	심각	낮은 위험
혹서/혹한	약간 높음	보통	높은 위험
태풍	매우 높음	경미	높은 위험
폭설	높음	보통	높은 위험
지반침하	매우 낮음	경미	낮은 위험
지진	매우 낮음	심각	높은 위험
화재	낮음	매우 심각	극도의 위험
건물 붕괴	매우 낮음	매우 심각	높은 위험
가스관 사고	낮음	경미	낮은 위험
정보통신망 사고	약간 높음	경미	보통 위험
화학물질 누출사고	낮음	보통	보통 위험

넷째, 학습자의 적극적인 참여가 필요한 발표와 참여 형식의 학습이 주로 이루어진
다. 주입식 교육보다 지역이나 연령 특성에 기초한 실습이나 자기주도식 학습을 통해
서 재난 대응 방법을 습득한다.

제**3**장

안전교육의 실행

　실제 위험한 현장에서 예방적으로 실행되고 있는 안전교육은 학교에서 이루어지는 일반적인 교과교육과는 차이가 있다. 교과교육이 지식이나 정보전달이 주된 목적이라면 안전교육은 체험과 경험을 통해 몸과 마음, 그리고 손과 발에 익히는 것을 목표로 하기 때문이다. 그런 의미에서 안전교육은 일반적인 교과교육보다는 더 강하게 의식과 행동의 변화를 추구한다. 이러한 안전교육의 목표를 제대로 성취하기 위해서는 안전교육의 특성, 안전교육 내용과 계획 그리고 교수자 역할과 안전교육 방법 등을 종합적으로 고려한 안전교육의 실행이 필요하다.

1. 안전교육의 특성

　어린이 및 청소년 안전교육과 성인 및 고령자들을 대상으로 한 안전교육이 동일한 교육 내용이라 하더라도 집단 특성에 따라서 목표 집단에 얼마나 잘 전달되는지는 달라질 수 있다. 그렇다고 해서 어린이와 청소년을 대상으로 하는 안전교육이 무조건 위험으로부터 이들을 격리시키는 방향으로 나아가서는 안 된다. 어린이와 청소년의 발달

수준에 맞게 위험을 이해하고 대처해 나갈 수 있는 방향으로 이루어져야 한다. '위험하니까 조심해야 한다!'는 식의 접근은 위험에 대한 올바른 대응이 아니라 위험에 대한 무조건적인 공포 반응이나 회피 반응만을 학습시킬 수 있기 때문이다. 그런 의미에서 아이들이 도로에 멈춰 서서 위험을 확인하고 걸어가는 것이 아니라 뛰는 행동을 하는 것은 자동차 등의 교통 환경을 공포와 불안으로 인식하면서 서두름 행동이 나타나는 것이 아닌가 생각해 볼 수 있다. 따라서 도로에서 발생하는 아이들의 뛰는 행동은 사회나 조직 혹은 가족공동체에서 안전교육의 방향이 잘못되었을 때 어떠한 위험행동이 발생할 수 있는지를 보여 주는 단적인 사례라고 할 수 있다.

마찬가지로 고령자들의 경우, 심신기능의 변화에도 불구하고 자신의 행동과 선택에는 오류가 증가하지 않았다는 확신감(confidence)을 보이기도 한다. 이것은 조심해야 하는 상황에서 예전과 같이 반응하도록 해서 고령자들에게 사고나 사건이 보다 많이 발생하게 되는 원인으로 작용한다. 심신기능이나 삶의 경험이 정점에 이른 성인들의 위험은 방심에서 오는 경우가 많다. 따라서 고령자나 성인들에게 실시되는 안전교육의 목적과 내용은 주로 의식 개선이나 구체적인 행동 요령에 관한 것들로 구성되어야 한다.

많은 안전전문가는 사고 없이 효율적으로 과업을 수행하는 수준 높은 사람들의 확보는 안전교육을 통해서만 가능하다고 주장한다(이순열, 이순철, 박길수, 2018). 조직에 속해 있는 성인들에게 실시하는 안전교육은 산업의 종류 및 업무 특성, 숙련도 등을 종합적으로 고려하여 체계적으로 계획되어야 한다. 그런 의미에서 다양한 사회조직에서 진행되는 안전교육은 교육 과정의 연속성, 교육 담당자 및 교육 기관의 연계, 이론과 실제의 상호보완, 태도와 행동 변화를 포함한 광범위한 학습 목표를 고려하여 실시되어야 한다. 또한 안전교육이 성공적으로 수행되어 사고나 재해발생 위험을 낮출 것인가는 책임자의 의지에 의해서 결정되는 경우가 많다. 따라서 성공적으로 안전교육이 실행되기 위해서는 안전교육의 실시가 개인뿐 아니라 조직에도 이득이 된다는 인식이 책임자와 관리자를 포함한 모든 구성원에게 확산되는 것이 무엇보다 중요하다(이순열, 2018).

이상의 내용을 바탕으로 안전교육을 제대로 실행하기 위해서는 우선 안전교육이 가지고 있는 특성을 파악하고 있어야 한다. 일반 교과교육과는 다른 안전교육의 특성은 바로 일회성과 자기통제, 그리고 특수성이다.

2. 안전교육의 내용   39

일회성이란 사고나 재해는 발생하는 순간 돌이킬 수 없고 단 한 번의 사고나 재난으로도 그동안의 모든 노력이 수포로 돌아갈 수 있음을 인식함으로써 나타나는 특성이다. 따라서 안전교육이 설계되고 실행될 때에는 하나의 안전교육이 진행되고 그 다음에 다른 내용의 안전교육이 실시되는 형태로 구성되어서는 안 된다. 왜냐하면 내일 배울 안전교육 내용이 오늘 사고로 나타난다면 안전교육을 실행하는 의미가 없어지기 때문이다. 따라서 교과교육을 제외하고는 안전교육 실행의 기본은 동일한 내용이 반복되도록 설계하는 것이다. 일련의 다른 교육 내용을 구성하여 여러 회로 구분하는 형태의 안전교육은 지양해야 한다. 특히 산업현장과 같이 작업자의 수행이 실제 사고나 재해로 바로 연결될 수 있는 환경에서는 더욱더 일회성의 특성을 고려한 안전교육이 이루어져야 한다.

자기통제란 안전교육 대상자들이 자기주도로 위험을 통제하고 조절하며 해결해야 한다는 특성을 말한다. 사람은 여러 가지 목표를 달성하기 위해서 선택하고 행동한다. 다양한 목표들 사이에서 경쟁이 발생하는 경우 최적의 목표를 효과적으로 달성하기 위한 조절은 개인적 수준에서만 가능하다. 위험해결과 안전충족 행동에서 조직이나 사회가 실천해야 할 범위의 조치가 있고 개인이 수행하고 실천해야 하는 범위가 있다. 따라서 안전교육의 내용을 구성하고 실행할 때에는 조직이나 공동체 차원에서 이루어져야 하는 것에 대한 이해와 함께 실행자, 즉 개인이 실천해야 하는 구체적인 행동과 책임을 알려 주는 교육이 이루어져야 한다.

특수성이란 안전교육을 진행할 때에는 대상자의 나이, 성별, 지역, 문화적 특수성을 고려하여 이루어져야 한다는 특성이다. 또한 학교교육 등에서는 정보전달이 주를 이루는 반면, 안전교육에서는 구체적인 행동 숙달과 행동 수정을 위한 교육 내용으로 구성되어야 하는 등 교육이 이루어지는 장소에 따라서도 특수성이 발생한다.

2. 안전교육의 내용

안전교육의 내용은 대상자의 연령과 성별, 지역, 문화와 교육에 사용되는 도구, 재료, 장비, 설비, 환경에 따라 다양하다. 뿐만 아니라 조직, 사회, 국가, 지구 전체 등 안전교육이 실행되는 범위 등과 같은 다양한 변수들도 고려해야 한다. 숙련자인지 초보

자인지에 따라서도 안전교육 내용은 달라진다. 이처럼 안전교육 내용은 아주 다양하지만 일반적으로는 크게 안전지식 교육, 안전기능 교육, 그리고 안전태도 교육으로 구분할 수 있다.

첫째, 안전지식 교육은 위험과 안전에 관한 지식과 정보를 학습하도록 하는 것이다. 구체적으로는 위험과 안전에 관한 도구와 매체, 환경에 관한 지식과 정보를 교육한다. 예를 들어, 기계장치의 특성이나 전기 혹은 화학물질, 방사능, 병원균이나 바이러스에 관한 지식과 정보를 알아 가는 것이다. 동시에 자연재해의 원인이나 기계 · 설비 장치의 작동원리 등 위험을 해결하고 안전을 성취하기 위해 필요한 인지적 지식체계를 공급하고 습득하도록 한다.

둘째, 안전기능 교육은 반복적 · 체험적 · 실천적 특성을 가진다. 즉, 안전지식 내용을 바탕으로 실제 수행하는 동작에 관한 훈련이 이루어진다. 그런 의미에서 안전기능 교육은 안전지식을 인간과 환경 그리고 도구에 적용하여 습관화와 숙련도를 높일수록 완성되는 것이다.

셋째, 안전태도 교육은 안전지식이나 안전기능을 실제 상황에서 얼마나 적절하게 수행하는지를 결정하는 교육이다. 안전교육 시간이나 훈련할 때에는 평가자와 동료 등이 보고 있거나 평가하고 있기 때문에 좋은 수행도를 나타낼 수 있다. 그러나 수행자가 혼자 있는 환경에서 관찰자가 없을 때도 안전행동을 성공적으로 수행하는지는 개인의 안전태도가 얼마나 잘 형성되어 있는가에 달려 있다. 따라서 안전태도는 개인과 조직 및 사회 전반의 실질적인 안전의식과 안전문화에 영향을 미친다. 따라서 안전태도 교육은 어렵지만 가장 중요한 안전교육 내용이다.

체계적으로 잘 구성된 안전교육은 이상의 세 가지 주요 내용을 모두 포함하고 있어야 한다. 하지만 안전담당자나 교수자 혹은 관련 기관의 안전교육에 대한 인식이 낮을수록 안전교육의 실행은 첫 번째 안전지식 교육 단계에만 머무르는 경우가 많다. 조금더 안전교육의 필요성이 강조되는 경우에는 예산이나 규정 정비를 통해서 안전기능 교육 단계까지는 나아갈 수 있다. 하지만 마지막 세 번째 안전태도를 교육하는 단계로까지 나아가기 위해서는 개인과 조직 및 사회 공동체 모두의 안전의식과 안전문화가 고조되어야만 가능하다.

이러한 이유로 안전의식과 안전문화의 고양 없이 실행되는 안전태도 교육은 시간을 허비하는 행사가 되기 쉽고 안전교육 주관자나 대상자 모두를 지치게 만들 수 있다. 따라서 안전교육이 설계된 목표를 달성하기 위해서는 안전교육의 내용 구성과 실행되는 환경 그리고 공동체 구성원과 사회조직의 안전의식과 안전문화 수준 등을 고려한 체계적인 접근이 필요하다.

3. 안전교육 계획

안전교육의 목적을 제대로 달성할 수 있는 효율적 진행을 위해서는 안전교육이 실행되는 장소 및 구체적인 내용, 안전교육 대상자, 안전교육 교수자의 특성을 면밀히 파악하는 것이 필요하다. 이것을 바탕으로 안전교육을 설계하고 교육 절차를 계획해야만 한다. 안전교육이 실행되는 구체적인 계획 절차는 다음과 같다.

첫째, 안전교육에 대한 계획은 요구분석 및 정보 수집을 통해 안전교육을 실행하는 명확한 목표를 정하는 것에서부터 시작된다. 안전교육은 시간과 비용을 소비하는 것이기 때문에 명확한 목표와 필요성이 제시되어야만 한다. 이때 가장 활용도가 높은 정보는 발생된 재해나 사건 혹은 사고형태 및 사고관련 통계이다. 또한 안전교육이 실행되는 환경이 작업장인지 학교인지 사무실인지에 따라서 교육 방법과 매체가 달라질 수 있다. 더불어 안전교육 대상자가 필요로 하는 안전교육이 무엇인지에 관한 정보도 수집할 필요가 있다. 교육 대상자의 정보 수집은 안전교육의 동기를 결정하는 데 중요한 영향을 미친다. 교육 대상자가 실제 작업자인지 지원부서의 관리자인지에 따라서 교육 내용이나 교육 환경이 달라질 수 있기 때문이다. 만약 대상자가 아동이나 청소년인 경우 혹은 숙련 정도에 차이가 나는 사람들인 경우에는 발달과정이나 숙련 정도를 반영하여 안전교육을 준비해야 한다.

둘째, 안전교육 방법에 대한 계획 및 지도안 작성 절차를 거쳐야 한다. 지도안의 내용은 법령이나 규정만 나열해서는 안 된다. 안전교육 지도안에는 첫 번째 단계에서 수집된 정보들(교육 목표, 교육 환경 및 실행 환경, 대상자 특성 등)이 충분히 반영되어 있어야만 한다. 또한 안전교육 지도안에는 안전교육 내용을 가장 효과적으로 전달할 수 있는 교육방법도 포함되어야 한다. '지식이나 정보를 전달하고 암기하는 형태로 진행할지?' '체험하고 실행하는 형태로 진행할지?' '팀으로 교육이 이루어져야 하는지?' '개별적으로 교육이 이루어져야 하는지?'를 살펴보아야 한다. '교육 센터에서 합숙하면서 일정기간 집중적인 교육으로 진행할지?' '전문기관에 의뢰할지?' '실제 실행 장소에서 안전교육을 실시할지?' 등도 이 단계에서 결정해야 한다. 안전교육의 지도안은 안전교육 내용 확인과 함께 실행된 교육의 효과성을 검증하는 것과 추후 실행될 교육 내용을 결정하는 데도 영향을 미친다.

셋째, 지도안과 설계된 교육방법에 따라 안전교육을 실제로 진행한다. 이때는 진행된 안전교육 내용과 함께 학습자들의 집중도 및 만족도를 지속적으로 확인할 필요가 있다. 또한 안전교육 설계 단계에서 고려된 내용과 실제 안전교육 실행에서 어떠한 차이가 나타나는지를 파악해야 한다. 작업장이나 실행 장소로 돌아간 교육 대상자들의 변화 정도도 살펴보아야 한다. 이러한 과정에서 가장 빈번하게 살펴보는 정보는 안전교육 이후 사고나 재해가 발생한 횟수와 발생된 위험대응에서 어떠한 차이가 나타나는지를 조사하는 것이다. 만족도 분석과 함께 향후 교육에 대한 요구분석도 수행될 필요가 있다. 실행된 안전교육의 미비점을 보완할 수 있으며 실제 행동이 일어나는 작업자의 안전동기를 높이는 역할도 수행할 수 있다. 안전교육 만족도나 요구조사는 익명성이 보장되어야 신뢰할 수 있는 정보를 수집할 수 있다.

넷째, 실제 안전도 변화 분석 및 향후 안전교육 계획은 실행된 안전교육이 전체 작업장이나 대상 조직의 안전도를 어떻게 변화시켰는지를 살펴본다. 이것은 단순히 사고발생 횟수를 분석하는 것에만 머무는 것이 아니라 교육 대상자들의 위험인식과 안전태도까지를 고려해야 한다. 위험해결과 안전충족에 관한 종합 평가를 통해서 향후 안전교육 대상과 내용 및 방법 등을 새롭게 계획할 수 있다.

4. 안전교육 교수자의 역할과 기능

안전교육을 효과적으로 실시하기 위해 가장 중요한 요인은 교수자라고 해도 지나치지 않다. 왜냐하면 교육효과는 학습자의 특성과 상황 혹은 환경의 지원에 따라 다른 결과를 나타낼 수 있는데, 교수자는 이런 모든 요인들을 조절할 수 있기 때문이다. 또한 교수자가 학습자들을 촉진시키고 이끌어 간다는 점에서도 안전교육의 성공여부를 좌우하는 핵심 역할을 한다.

1) 교수자의 역할

안전교육은 학습자들의 참여를 핵심으로 하며 이것을 촉진시키기 위해서 학습자와 교수자는 상호의존적인 역할을 수행한다. 특히 인터넷이나 컴퓨터 등의 활용은 학습자와 교수자의 일대일 상호작용을 더욱 증가시키고 있다. 교수자의 역할은 학습상황에서 교수자가 수행하는 기능을 말한다. 교수자의 역할은 학습상황이나 환경에 따라 다르기 때문에 효과적인 안전교육을 위해서는 교수자의 역할을 통합해서 이해해야만 한다.

Cranton(1992)은 교수자와 학습자와의 상호작용에 초점을 두고 자기주도일 때, 학습자와 상호주도일 때, 그리고 타인주도일 때의 세 가지로 학습상황을 구분하였다. 그리고 학습상황별 교수자의 역할을 열두 가지로 제시하였다(〈표 3-1〉〈표 3-2〉).

표 3-1 학습상황별 교수자의 역할

학습상황	교수자 역할
상호주도 (Mutually Directed)	① 멘토(Mentor) ② 동반자(Co-Leader) ③ 개혁자(Reformer) ④ 실천가(Reflective Practitioner) ⑤ 연구자(Researcher) ⑥ 모델(Model)
자기주도 (Self-Directed)	⑦ 촉진자(Facilitator) ⑧ 자원자(Resource Person) ⑨ 관리자(Manager)
타인주도 (Other-Directed)	⑩ 전문가(Expert) ⑪ 기획자(Planner) ⑫ 강의자(Instructor)

표 3-2 교수자의 역할과 특징

역할	주요 특징	언제 사용할 것인가	위험성
① 멘토	• 조언, 인도, 지원	• 장기적인 상호작용을 할 때 • 상호 동의에 의한 협조적인 학습자일 때	• 부적절한 방향제시 • 교수자로서 자격부족
② 동반자	• 학습자와 함께 계획 수립	• 교수자와 학습자가 목표를 공유할 때 • 진도가 앞서는 학습자일 때	• 조작 • 정직하지 못함 • 힘든 과정
③ 개혁자	• 도전과 문제를 통한 환기	• 개인적 전환이나 사회적 변화 목표를 가지고 있을 때 • 활력 조장	• 교화 • 조작 • 힘든 과정
④ 실천가	• 실천 검토와 문제제기 • 철학과 이론의 개발	• 지속적으로 할 때	• 실패 가능성
⑤ 연구자	• 관찰 • 가설 설정 • 이론 개발	• 지속적으로 할 때	• 과도한 일반화 • 시간의 소모
⑥ 모델	• 행동과 가치의 모형을 만듦	• 가치와 복합적인 학습에 관련된 대부분의 상황	• 부적절한 행동
⑦ 촉진자	• 학습자 요구 반영 • 지시, 인도	• 자기주도적 학습자 • 경험이 풍부한 학습자	• 기술습득을 못할 수 있음 • 진정한 요구를 충족시키지 못할 수 있음
⑧ 자원자	• 자료 제공	• 개별된 학습패키지와 함께 • 학습진도가 앞선 학습자	• 진정한 요구를 충족시키지 못할 수 있음
⑨ 관리자	• 기록의 저장, 평가, 조정	• 개별화 교육과 원격교육 • 독립적인 학습자	• 낮은 상호작용 • 진정한 요구를 충족시키지 못할 수 있음
⑩ 전문가	• 전문 기술 전달	• 정교함이나 통찰력을 제공할 때 • 학습자가 경험이 부족할 때 • 자료개발을 위해	• 부족한 상호작용 • 의존적인 학습자를 만들 우려
⑪ 기획자	• 설계	• 학습자가 경험이 부족할 때 • 자료개발을 위해	• 무기력한 학습자를 만들 우려
⑫ 강의자	• 무엇을 해야 할지를 알려 줌 • 지시, 인도	• 자기주도적 학습자 • 경험이 풍부한 학습자	• 의존적이고 무기력한 학습자를 만들 우려 • 제한된 상호작용

(1) 멘토

멘토로서 교수자의 역할은 학습자의 성장을 돕는 조력자이며 학습자의 발전을 격려해 주는 격려자이다. 멘토의 역할은 촉진자의 역할보다 자기주도 학습과 쌍방향 학습을 추구한다는 차이가 있다. 다시 말해, 학습과정에서 교수자와 학습자는 각각 선택의 권리와 영향력을 가지고 있다. 그리고 양자의 관계를 통제하고 있으며 그 안에서 학습을 수행한다. 멘토로서 교수자는 학습자와 방향을 함께 설정하고 수행하는 동반자이다. 그러나 멘토로서 교수자가 학습자와의 관계 설정을 잘못 이해하게 되면 교수자의 역할을 당연한 것이라고 생각할 수 있다. 이러한 태도 때문에 학습자 요구나 소망에 부응하지 못하는 방향으로 잘못 인도할 때에는 문제가 발생할 수 있다.

멘토로서 교수자 역할은 교수자와 학습자의 장기적인 상호작용이 전제되고 학습자가 어느 정도 수준을 갖추었을 때 효과가 있다. 초기에 학습자들은 교수자에게 자신이 배우고자 하는 것과 관련된 조언을 요구하거나 자신들의 흥미나 관심사를 이야기하게 된다. 학습자와 멘토의 관계가 발전하면 보다 좀 더 깊은 상호작용과 의견을 공유하고 공통 관심사를 토론하는 활동 등이 자연스럽게 이루어진다. 이 시기에 멘토는 학습자의 잠재력을 발견하여 실행 목표를 높이는 방향으로 조언해 줄 수 있다. 따라서 멘토링

표 3-3 멘토 과정과 방법

과정	멘토링 회의 과정	멘토 핵심 내용
준비	• 계획서 및 멘티 인적사항 확인 • 지난 회의 내용 확인 • 회의 주요 이슈 파악	• 지난 회의 내용 재정리 • 학습 요점 조언 사항 정리
도입	• 회의 이후의 가벼운 대화 • 회의 주요 목적 및 이슈 공유	• 우호적인 상태 유지 • 편안한 분위기 유도 • 우수한 활동 상황 격려 • 문제 원인 파악 및 공유
토론	• 학습 진행 상황 체크 및 논의 • 향후 학습 계획 논의 • 향후 학습 계획 아이디어 구체화	• 의견을 멘티가 사용한 용어로 정리 • 공유 수준 명확화 • 멘티 의견을 충분히 경청 후, 멘토가 그동안 지켜보면서 느낀 점을 논리 정연하게 이야기함
마무리	• 지원요청 및 협조사항 논의 • 다음 회의 계획	• 학습활동 격려와 동기부여 • 향후 지원사항 준비와 계획 수립 • 멘티가 자부심을 가질 수 있도록 함

에서 멘토는 멘티가 편안한 분위기 속에 자신의 의견을 충분히 이야기할 수 있도록 적절히 호응하고 경청해 주어야 하며, 이를 통한 동기부여가 이루어지도록 하는 것이 멘토 역할의 핵심이다(〈표 3-3〉).

(2) 동반자

동반자로서 교수자 역할은 삶의 여정에서 필요한 원리를 학습자에게 제공하는 것이다. 동반자 역할을 통해서 학습자에 대한 신뢰감 형성과 교수자에 대한 존경, 학습자의 자기주도성을 이끌어 낼 수 있다. 동반자로서 교수자는 집단의 다른 구성원과 동등한 책임과 원리를 공유하고 리더십을 배분하며 교수자와 학습자의 상호작용에 의한 공통목적과 목표를 만들어 간다. 이때 학습자는 자기주도적이어야 하고 교수자와 학습자 간에는 높은 수준의 믿음과 편안함이 전제되어야 한다. 동반자 역할에는 구성원 모두가 전적으로 참여하도록 독려하며 모든 학습자에게 동등한 과업을 배분하는 것도 포함된다.

동반자 역할을 수행하기 위해서는 구성원들의 문화적 배경과 가치를 아는 것이 매우 중요하다. 때문에 교수자가 동반자 역할을 제대로 수행하기 위해서는 많은 시간과 노력이 필요하다. 또한 의존적인 학습자나 낮은 수준의 자기주도성을 지닌 학습자는 좌절하기 쉽고 때때로 교수자의 진실성에 의문을 제기할 수 있다. 예컨대, 기술이나 기능 혹은 기초지식, 이해가 필요한 주제를 다룰 때 동반자의 역할은 부적절하다. 동반자의 역할은 비공식적인 학습상황, 즉 모든 참여자가 동등한 권리 혹은 관심사를 갖는 상황에서 효과적이다. 동반자로서 교수자 역할은 지역사회 활동이나 근로자 교육, 온라인 회의 및 콘퍼런스, 네트워크, 자조 프로그램, 액션 프로젝트 등에 적합하다.

(3) 개혁자

개혁자로서 교수자 역할은 학습자의 의식화를 선도하는 역할을 강조한다. 개혁자로서의 역할은 정치적 변화와 밀접히 연관되어 있는데, 정치적 타락, 사회부조리를 의도적으로 개혁해 나가는 데에 관심을 가진다. 그러면서도 개혁자 역할은 학습자와의 상호작용에 기본적인 초점이 맞추어져 있다. 교수자는 문제제기, 도전의식 고취가 필요한 교육방법을 사용하는데, 논문이나 보도, 역할극, 자유연상, 브레인스토밍 등의 방법들이 대표적이다. 개혁자로서 교수자의 목표는 사회적 맥락 속에서의 변화와 개인의 자각을 증대시키는 것이다. 따라서 개혁자 역할을 함에 있어서 교수자는 주입과 전환의 개념을 명확히 구분해야 한다. 전환학습은 학습자의 주도적인 의사결정이 전제되어야 한다. 이를 위해 교수자는 학습자들이 학습내용을 명확하게 이해하고 상황을 올바로 해석하도록 이끌어야 한다. 즉, 개혁자 역할을 하는 교수자는 학습자에게 그들의 생각을 명확하게 해 주고 관심을 넓혀 주며 책임감을 심어 주는 것이 목표가 된다. 이를 위해서 개혁자로서의 교수자는 중립적인 역할이 요구된다. 왜냐하면 개혁자 역할은 교수자가 자신의 사회적 규범과 맥락, 가치체계를 학습자에게 강요할 수 있다는 위험을 내포하고 있기 때문이다. 개혁자의 역할은 지역 사회활동이나 산업안전교육, 자조집단, 소비자교육, 인간관계훈련, 보건안전교육 등에서 발휘된다.

(4) 실천가

실천가로서 교수자의 역할을 수행하기 위해서는 경험, 아이디어, 느낌, 가치를 의식적으로 숙고해야 한다. 특수한 교육적 상황 이면에 숨어 있는 교육적 원리를 인식해야 한다. 안전교육 내용을 실천하는 것이 이론의 지속적인 발전을 반영하지 못한다면 교수자는 기술자로 전락하게 된다. 실천가로서 교수자는 학습자의 선택과 행동의 이유를 제공해 주고 모범을 보여 주기 위해서 교육과정에 계속 참여한다.

(5) 연구자

연구자로서 교수자의 역할은 학습자와 교수자의 행동과 반응 그리고 환경 특징을 체계적으로 관찰하고 각각의 관찰결과에 대한 가설을 설정하고 가설을 검증하는 것이다. 그리고 관찰에 근거한 가설의 기각여부를 결정하고 규칙과 원리를 형성하여 안전교육을 실천하는 데 필요한 이론이나 설명을 정교화한다. 이때 분석 자료는 기록 자료와 학습자 보고서, 프로젝트, 저널, 학습 계약서, 평가기록, 협의사항(agenda)과 실제 활동을 기록한 것들이다.

(6) 모델

모델로서 교수자의 역할은 학습자들이 교수자로부터 학습과정에서 받는 영향력 정도와 성격을 선택할 수 있다는 전제에서 출발한다. 모델링(modeling)은 지식, 가치, 태도, 기술과 같은 모든 종류의 학습에 사용될 수 있다. 교수자가 학습자의 삶에서 중요한 인물이라고 판단되면 모델링이 일어나게 되고 학습은 보다 빠르게 진전된다. 모델 링은 학습자와 교수자가 의식하지 못하는 사이에 일어날 수 있고, 학습자가 가지고 있 는 가치체계를 통해 학습이 촉진될 수도 있다. 그러나 모델이 너무나 완벽하면 오히려 효과성이 떨어질 수 있다. 왜냐하면 도달하지 못할 목표라고 생각되는 순간 포기해 버 릴 수 있기 때문이다. 또한 학습자가 외향적인 성격을 가지고 있을 때 모델링은 더욱 활발히 일어나기도 한다.

(7) 촉진자

촉진자로서 교수자의 역할은 학습이 보다 용이하게 진행될 수 있도록 이끄는 것을 말하며 학습자에 대한 조력을 강조한다. 전문가나 기획자 그리고 강의자의 역할이 행 동주의 이론에 근거한 반면, 촉진자의 역할은 인본주의 심리학 이론에 기반을 두고 있 다. 촉진자로서의 역할은 학습자가 자기주도 학습 경험이 없을 때에는 효과가 적을 수 있기 때문에 특정한 기술이나 기초적인 지식 교육에는 적절하지 않다.

(8) 자원자

자원자(resource-person) 역할은 학습자에게 학습과정에 필요한 자원이나 정보를 제 공하는 것이다. 자원자로서 교수자는 학습자에게 미치는 영향력이 촉진자 역할보다 약 하다. 그래서 학습과정에 이미 익숙하고 학습내용에 대해 잘 알고 있는 학습자에게는 적합하지 않다. 왜냐하면 자원자 역할이 개인의 요구와 결합되지 않는다면 학습과 분 리될 위험이 있기 때문이다. 그러나 구조화된 학습과정이나 교과과정에서 자원자 역할 을 수행하는 교수자는 정보를 효과적으로 제공할 수 있다.

(9) 관리자

관리자의 역할은 컴퓨터의 발전 이후 부각된 역할로 행동주의 이론에 토대를 두고 있다. 교수 매체나 과학기술 발전 이후 중요시된 역할이지만 결국 기계가 전적으로 교 수자를 대체할 수 없기 때문에 교수자는 학습자와 매체를 상호작용하면서 관리하게 된 다. 관리자로서 교수자 역할은 학습자가 전적으로 자기주도적이라는 가정하에서 수행 된다. 그러나 실생활에서 관리자로서 교수자는 역할을 정확하게 인식하지 못한 채 수 행되는 역할이기도 하다. 교수자가 관리자 역할을 인식하지 못한다면 다른 학습자와 갈등이 유발될 수 있을 정도로 지배적이거나 권위적일 수 있다. 특히 교수자가 기관의 요구사항을 충족시켜야 하는 상황에서 관리자 역할만 고수하게 되면 교수자가 가질 수 있는 다른 역할들과 충돌할 수도 있다.

(10) 전문가

전문가 역할은 개인이 가지고 있는 지식이나 정보 내용의 전문성에 기반해서 교수자 역할을 수행하는 것이다. 따라서 전문가로서 교수자의 역할은 강의나 시범(demonstration)과 같은 교수자 중심의 교육방법과 연결되어 있다. 전문가로서 자신이 가지고 있는 정보나 기술은 다른 사람들에게 전수할 때에 나타나기 때문이다. 이런 경우에 학습자와 교수자 혹은 학습자들 간의 상호작용이나 질문 혹은 서로가 가지고 있는 정보를 교환할 기회를 거의 가질 수 없다는 단점이 있다. 교수자가 일방적으로 자신의 정보나 기술을 전달하기만 할 때에는 학습자가 수동적이고 침체되거나 지루해할 수 있다.

그러나 전문가로서 교수자의 역할은 다음과 같은 상황에서 매우 적절하게 사용될 수 있다. 학습시간이 부족할 때, 교육내용이 지식 위주일 때, 학습내용이 학습자들에게 새로운 것이거나 학습자의 학습의욕이 부족할 때, 교수자가 교수자료를 개발하고 있을 때 등이 여기에 속한다.

(11) 기획자

기획자로서 교수자의 역할은 교육과정을 준비하거나 프로그램 개발 혹은 워크숍 안건을 작성할 때 요구되는 역할이다. 이때 교수자는 학습내용을 결정하고 자신의 책임을 다할 수 있어야 한다. 보다 비공식적으로는 교육과정에 필요한 자료를 선택하고 모으는 과정 자체가 기획자로서의 역할이라고 할 수 있다. 교수자가 기획자로서 학습과 관련한 모든 결정권을 갖게 될 때 학습자의 요구나 관심 및 경험은 간과하게 되고, 진행 속도 등을 학습자의 여건에 맞추지 못할 가능성도 있으며, 평가의 공정성을 의심받거나 평가 자체가 무의미할 수도 있다. 학습자가 학습내용에 친숙하지 않거나 학습자가 계획된 학습 경험이 거의 없거나 시간이 부족할 때에는 기획자로서 교수자의 역할이 효과를 거두기 어려울 수 있다.

(12) 강의자

강의자로서 교수자의 역할은 '지배적인' 역할을 수행하며 종종 전문가 혹은 공식적인 권위가 주어진 역할을 연상시킨다. 강의자 역할에는 학습경험 결정, 학습과정 구성, 피드백과 가이드 제공, 학습내용 설명, 과제 할당, 학습자 평가 등이 포함된다. 강의자 역할은 기획자로서의 역할과 유사하다. 그러나 실제 학습현장에서 강의자의 역할은 매순간 학습자의 행동을 판단하고 지도하며 '학습경험' 전체를 총괄한다. 강의자로서 교수자의 역할은 학습내용이 기술과 관련되어 있을 때 효과적이다. 반면에 강의자 역할은 학습자의 의존성을 높이며 학습자의 경험이나 개성을 간과하거나 교수자와 학습자 간 상호작용의 기회를 차단할 위험도 있다.

2) 교수자의 교육관

교수자의 교육관은 교육대상자들의 성취에 중대한 영향을 미칠 수 있다. 실제 교육현장에서 교수진들은 종종 자기 나름의 교육관 없이 교육에 임함으로써 교육 대상자들에게 미치는 영향을 간과하고 교육효과를 극대화하지 못하고 있다(Ross-Gordon, 2002). 안전교육 교수자의 교육관 혹은 교육에 관한 신념은 교육현장에서 일종의 필터 역할을 하게 된다. 안전교육에서도 교수자의 교육관은 교수자 신념과 의도 그리고 실제 교육현장에서 보이는 행위와 상호 결합되어 나타난다. 신념과 의도, 행위의 세 가지는 서로 일관성 있게 연계되어 있다. 그러나 어떤 교수자는 자신이 교육에 대해 가지고 있는 신념과 의도를 행위로 일관되게 실천하고 있는가 하면 어떤 교수자들은 자신의 신념과 행위 혹은 의도와 행위가 모순되기도 한다.

효과적인 전달자로서 교수자들은 교육목표를 명확히 제시하고 교육과정의 속도를 적절히 조절할 수 있어야 한다. 그리고 교육시간을 효과적으로 배분하고, 질문에 답하며 학습자들이 이해하지 못한 부분을 명료하게 해 주며, 적절한 시기에 피드백을 하고, 교육내용을 요약한다. 또한 학습자들에게 적절한 자료를 제시하면서 교육결과 평가를 위한 교육목표를 개발하고 학습자들의 성취기준을 제시한다. 훌륭한 교수자는 교육에 열의를 가지고 학습자들에게 열성적으로 전달하며 다양한 교육 대상자들이 기억하기 쉽도록 교육내용을 전달한다. 이러한 교육의 세부적 내용들을 완성해 가는 데 교수자의 교육관은 뼈대를 제공한다.

교수자의 교육관은 크게 도제형 관점, 개발형 관점, 양육형 관점 그리고 사회개혁형 관점 등으로 구분해 볼 수 있다.

(1) 도제형 관점

도제란 특별한 기술을 배우기 위해서 다른 사람의 보호와 지도 아래에 있는 것을 말한다. 따라서 도제형 관점에서 훌륭한 교수자는 가르치는 장소나 현장에서 전문가로 인정받는다. 교수자는 숙련된 수행능력을 언어적으로 표현할 수 있어야 한다. 교육내용은 학습자의 능력에 따라 단순한 것에서 시작해서 복잡한 것으로 진행되도록 한다. 교수자는 학습자들이 혼자 할 수 있는 것과 교수자의 지도를 필요로 하는 것을 알고 학습자의 능력범위 내에서 교육에 임할 수 있도록 한다. 그리고 학습자의 능력이 향상되면 교수자는 개입을 줄이고 학습자들에게 더 많은 책임을 부여한다.

(2) 개발형 관점

개발형 관점의 교육관을 가진 교수자는 학습자들이 교육내용을 이해하도록 복합적인 인지구조를 개발한다. 인지구조를 변화시키는 것은 학습자들이 상대적으로 간단한 것에서 복잡한 사고로 옮겨 가도록 질문하는 기술과 학습자에게 의미 있는 예를 들어 주는 기술이 서로 결합되어 나타난다. 이를 위해서는 구체적으로 질문이나 문제 및 사례 제시 등을 사용한다. 개발형 관점을 가진 교수자는 학습자에게 질문을 통해서 자신의 상황을 인식하도록 하고 대답을 유도하면서 자신들이 알고 있는 것과 모르는 것을 파악하도록 한다. 어떠한 방법을 사용하더라도 교수자의 목적은 학습자의 성장과 변화임을 잊지 않아야 한다. 자칫 학습자를 가혹하게 대하거나 모르는 것을 질책하는 형태로 실행되지 않도록 조심하여야 한다.

(3) 양육형 관점

양육형 관점에서 훌륭한 교수자는 학습자들이 어떤 이슈나 문제에 대해 공부할 때 실패에 대한 두려움 없이 생산적인 학습자가 되도록 돕는다. 학습자들이 어떤 시도를 하면 성공할 수 있는지를 자각하고 성취가 교수자에 의한 것이 아니라 자신들의 노력과 능력의 산물이라고 인식하면서 성장한다. 그리고 그들의 배우려는 노력이 교수자와 동료들에 의해 지원받을 수 있다고 믿음으로써 도전의 용기를 얻는다. 양육형 관점의 교수자는 보살피고 신뢰하는 분위기를 조성하고, 목적을 성취할 수 있을 정도의 도전적인 환경을 만들며 자존감이나 자기효능감을 상실하지 않도록 교육을 진행한다. 양육형 관점의 교육관은 학업성취만이 아니라 개인의 성장과 진보가 가능하도록 돕는 데 초점이 맞추어져 있다.

(4) 사회개혁형 관점

사회개혁형 관점에서 훌륭한 교수자는 학습자들로 하여금 현재 상태에 대해서 도전하게 하고 어떻게 이런 상황이 되었는지를 일깨우는 사람이다. 그리고 사회 여론과 특정 담론이 어떻게 구성되어 있는가를 인식하도록 한다. 이를 위해 교수자는 현상을 분석하여 받아들일 수 없는 상황과 조건을 분리하도록 돕는다. 따라서 사회개혁형 관점의 교육관을 가진 교수자는 교육 시간에 실시하는 토론의 초점을 '지식이 어떻게 생산되었는가?'보다는 '누구에 의해 어떤 목적으로 왜 창조되었는가?'에 둔다. 사회개혁형은 학습자들의 삶을 증진시키기 위해 비판적 입장을 가지도록 격려한다.

이상에서 논의된 교육관들은 "어느 것이 좋다!" 혹은 "나쁘다!"라는 식의 평가보다는 교수자들이 자신의 교육관을 진단해 봄으로써 자신이 진행한 안전교육을 반추할 수 있다는 데 의미가 있다. 교수자는 어떤 경우에 어떤 식으로 각각의 교육관을 사용해서 안전교육을 진행할지를 결정해야 한다. 교수자들은 자신의 교육관점을 알게 됨으로써 자신만의 안전교육에 대한 신념을 교육에서 실천할 수 있다. 교수자들이 자신의 교육관을 분명히 밝히는 것은 교육과정에서 교수자들의 교육방향을 학습자들에게 명확히 제시해 주고 교육을 통해서 개선해 나갈 수 있는 근거를 마련해 주기도 한다.

3) 교육계획과 교수방법

안전교육 계획은 학습을 촉진하기 위해서 교수자가 무엇을 해야 하는지에 관한 내용이다. 안전교육 계획에는 학습목표를 구체적으로 기술하고 교수자와 학습자의 활동을 선택하며 활동을 조직하고 평가하는 수단을 자세히 설명하는 단계들을 포함한다. 안전교육 계획은 학습자들의 요구와 능력 그리고 동기와 같은 특성에 의해서 크게 영향을 받는다.

학습자들의 능력과 적성에 따라 교수자는 '학습자들이 주어진 교육목표를 달성하도록 어떻게 촉진할 것인가?'를 계획할 뿐만 아니라 '안전교육이 얼마나 학습자들의 흥미를 끌 수 있을 것인가?'도 염두에 두고 계획한다. 따라서 좋은 안전교육은 '무엇을 교육할 것인가?' '누구를 교육할 것인가?' '어떻게 교육할 것인가?'에 따라서 달라진다. 모든 교육은 좋은 교육을 추구한다. 하지만 학습자로서 우리 자신들의 기억에 좋은 교육이었다고 생각되는 것은 얼마나 되는가? 또 교수자로서 보람을 느낄 만큼 좋은 교육이라고 생각되는 것이 있는가를 곱씹어 본다면 좋은 교육이 얼마나 도달하기 어려운 목표인지 알 수 있다. 하지만 어려운 목표임에도 불구하고 우리는 좋은 안전교육에 도달하기 위해서 끊임없이 노력해야 한다. 교수자들이 추구해야 하는 좋은 교육에는 다음과 같은 아홉 가지 특징이 있다.

첫째, 교육목표는 행동으로 잘 표현되어야 한다.

둘째, 교육은 행동을 변화시키기 위함이다.

셋째, 교육계획은 특정한 행동양식을 획득할 수 있도록 경험과 내용을 마련해야 한다.

넷째, 효과적인 교육을 위해서 학습자의 동기를 높여야 한다.

다섯째, 행동에 대한 실천동기를 높이려는 목표를 가지고 있어야 한다.

여섯째, 학습자의 경험이나 행동이 계속적으로 관계를 가지도록 계획되어야 한다.

일곱째, 학습자가 합리적으로 교육받을 수 있는 내용이나 행동들이어야 한다.

여덟째, 행동으로 나타나야 하는 반응에 대해서는 충분한 연습방법을 마련해야 한다.

아홉째, 교육결과가 광범위한 영역으로 전달될 수 있어야 한다.

효과적인 교수방법은 교육에 관한 인지이론 법칙과 일치한다. 예를 들어, 교육을 시작할 때 이전에 다뤘던 관련된 자료에 대해서 짧게 복습하고 교육목표를 명확하게 제

표 3-4 효과적인 교수방법(Rosenshine & Stevens, 1986)

- 복습하라. 전날 배웠던 것을 다시 확인하라. 필요하다면 다시 가르치라.
- 새로운 학습자료를 사용하라.
- 교수자의 안내에 따라 학습자들이 연습하도록 하라. 그리고 이해했는지 확인하라.
- 피드백을 제공하라. 필요하다면 다시 가르치라.
- 학습자들에게 과제를 제공하라.
- 시간 간격을 두고 복습하라.

시함으로써 학습자들의 장기기억을 활성화시키고 새로운 자료를 기억할 수 있는 인지 구조를 제공해 주는 것이다. 이 경우, 학습자들은 새로운 정보를 이전의 교육과 통합함 으로써 보다 쉽게 정보를 처리할 수 있으며 이로 인해 더 잘 조직화된 인지적 네트워크 를 구축할 수 있다.

단계마다 교육자료를 제공하고 연습시키는 것은 학습자들의 정보처리 용량에 과부 하가 걸리지 않도록 해 주고 효과적으로 정보를 처리하며 다른 자료들이 더 주어지기 전에 정보를 기억에 저장하도록 해 준다.

연습은 정보를 기억 속에서 조직하고 저장하는 것을 도와주는 반복 시연이다. 연습 을 반복함으로써 의식적인 주의를 기울이지 않고도 교육자료와 내용을 익힐 수 있는데 이것을 통해 새로운 교육을 위한 작업기억 용량에 여유를 가질 수 있다. 명확한 설명과 시연을 통해 학습자들은 내용을 잘 이해할 수 있으며 교수자가 무엇을 말했는지 이해 하기 위해서 복잡한 사고 과정을 거치지 않을 수 있다. 교수자는 학습자들에게 질문하 고 이해했는가를 확인하며 학습자들의 상태를 확인하고, 정확한 피드백을 제공함으로 써 학습자들은 효과적으로 교육받을 수 있으며 오류를 바로잡을 수 있도록 해 준다.

5. 안전교육 방법

학교나 국가 기관 그리고 각종 다양한 조직에서는 여러 형태로 안전교육을 실시하고 있다. 안전교육의 대상과 내용 그리고 실시되는 장소가 다양한 만큼 안전교육 방법들 도 다양하다. 모든 교육방법들은 도입에서부터 전개 그리고 정리까지 독자적으로 사용 될 수 있는 경우가 많지만 교수자나 학습자 혹은 교육환경 및 내용에 따라서 혼용되는 경우가 많다. 안전교육 방법 역시 다양하게 혼용되어 사용하고 있지만 각각의 교육내 용과 단계에 따라서 효과적인 교육방법은 다를 수 있다.

어떤 안전교육 방법을 사용할지는 안전교육 목표를 정하는 단계에서부터 고려되어 야 한다. 안전교육 방법을 선정하는 쉬운 방법 중 하나는 안전교육 전의 대상자 상태와 안전교육 후의 대상자 상태를 명확히 결정하는 것이다. 안전교육 후와 전의 상태 차이 가 작다면 안전교육 방법은 보다 단순해지고 훈련기간은 짧아지겠지만, 상태 차이가 크다면 안전교육 방법은 다양해지고 훈련기간은 길어진다. 간혹 구체적인 목표 없이

표 3-5 교육단계에 따른 교육방법

교육단계 교육방법	도입	전개	정리
① 시청각	✓	✓	✓
② 강의법	✓	✓	✓
③ 위험예측훈련		✓	
④ 토의법		✓	✓
⑤ 사례법		✓	
⑥ 근접사고 보고	✓	✓	
⑦ 시범		✓	✓
⑧ 역할연기		✓	
⑨ 자기주도 학습	✓	✓	✓
⑩ 안전제안 제도	✓	✓	
⑪ 지적 호칭		✓	
⑫ 터치 앤 콜		✓	
⑬ 현장견학	✓	✓	✓
⑭ web 기반 학습	✓	✓	✓

실시되는 안전교육의 경우 교육 내용이 너무 기초적이면 선임자나 경력자들에게는 '쉬어 가는' 과정이 되어 버리기도 한다. 안전교육 내용의 변화가 적다면 안전교육 방법을 변화시키는 것도 안전교육 몰입도를 높이는 방법이 될 수 있다. 대표적인 안전교육 방법은 시청각, 강의법, 위험예측훈련 등 열네 가지 정도를 들 수 있다(〈표 3-5〉).

안전교육을 실제로 진행하는 방법은 대상과 내용 및 장소에 따라서 매우 다양하다. 어떠한 방법을 사용하더라도 감각과 지각이라는 인간의 정보수용능력이 전제가 된다. 감각과 지각을 활용한 교육방법의 기본은 시청각이다.

1) 시청각

시각매체와 기술의 발달은 시청각 자료를 사용한 교육의 비약적인 발전을 이끌고 있다. 인간의 감각기관은 눈을 중심으로 귀와 촉각 등 다양하기 때문에 어떠한 자극을 통

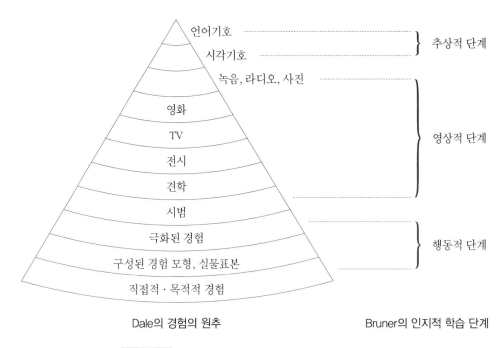

그림 3-1 Dale의 경험 원추와 Bruner의 인지적 학습 단계

해서 정보를 전달하는가에 따라 학습효과는 달라진다. 일반적으로 읽은 것은 10% 정도의 학습효과가 있다고 한다. 그리고 들은 것은 20%, 실물을 본 것은 30%, 보고 들은 것은 50%, 소리 내어 읽은 것은 70%, 실제로 경험하고 체험해 본 것은 90%의 기억효과가 있다고 한다. 즉, 어떠한 감각기관을 통해서 정보를 경험하는가가 교육효과에 큰 영향을 미치게 된다는 것이다.

　Dale(1969)은 경험 원추 모형을 통해 교육을 경험 차원에서 직접적/목적적 경험(direct/purposeful experience), 영상경험(iconic experience), 상징적 경험(symbolic experience)의 세 가지 유형으로 분류하였다. 이러한 분류는 교육형태를 행위에 의한 학습, 영상에 의한 학습, 추상적·상징적 개념에 의한 학습으로 구분할 수 있다고 본다. 그는 이와 같은 교육경험을 창출하기 위해 활용할 수 있는 다양한 교재, 모형, 전시물, VTR, 녹음자료 등의 시청각 매체를 사실주의 개념을 근거로 구체성과 추상성에 따라 분류하였다. 그리고 학습자에게 제공하는 경험 유형에 따른 적절한 시청각 활용을 강조하였다([그림 3-1]).

　Bruner(1990)는 인간의 인지적 발달에 따른 학습 단계를 행동적 단계(Enactive

representation), 영상적 단계(Iconic representation), 그리고 상징적(추상적) 단계(Symbolic representation)로 구분하였다. 각 인지적 학습 단계는 구체적인 교육방법에 의해서 달성된다. 교육의 기본 원리나 구조를 인지능력에 맞추어 구체적인 행동적 양식으로 제시할 수도 있고 시각적 표현이나 추상적인 기호로 표현할 수도 있다. 이때 교육의 기본 원리나 구조 자체는 동일하지만 표현 양식이 바뀌게 된다.

Dale(1969)에 따르면 교재의 추상성에 따른 난이도는 학습자의 지적 능력이나 경험에 따라서 달라지기 때문에 반드시 원추 맨 아래 단계인 직접적·목적적 경험부터 시작할 필요는 없다. 학습자가 개념을 형성하기 위해서는 추상적 개념과 구체적 경험의 적절한 통합이 필요하며 구체적 경험에 치우치면 학습자가 지적경험을 체계화하는 데 어려움이 있다고 보았다. 반면에 추상적인 경험을 위주로 하면 학습자가 단지 일반화된 내용을 암기해 버리거나 개념을 제대로 형성하는 데 어려움을 갖게 될 것이라고 주장하였다.

또한 Dale(1969)의 경험 원추에서는 교육매체가 추상적일수록 구체성이 높은 교육매체와 비교해서 적은 시간에 더욱 많은 정보가 전달될 수 있다고 보았다. 예컨대, 학습자가 견학에서 얻게 되는 정보는 경험의 사실성은 높지만 정보량이 견학 대상물에 국한되며 교육시간이 길다는 단점이 있다.

Dale(1969)은 시청각 교육이 다양한 시청각을 활용하여 각종 교육자료를 차례로 경험시키는 방향으로 적용되어야 하고, 이것을 토대로 각각의 경험을 종합함으로써 개념을 형성하는 데 도움을 주어야 한다고 보았다. 학습자는 행위를 통한 직접적 경험에서 출발해서 이것을 시청각 매체를 통해서 실제적 사실이나 현상으로 관찰하고 마지막으로 사건을 재현하는 추상적 기호를 사용함으로써 개념을 완전히 이해할 수 있다. 시청각 자료에 수반된 학습경험을 선정하는 경우에는 학습자 준비상태, 능력, 흥미 등에 따라서 어느 정도의 구체성과 추상성이 있는 교재를 선정하는가가 관건이다. 즉, 아동에게는 구체성이 높은 교육자료가 적절하고 학습이 새롭거나 어렵지 않은 성인의 경우에는 추상성이 높은 교육자료를 선정하는 것이 바람직하다.

Dale(1969)의 경험 원추 모형은 여러 유형의 교육매체가 학습자에게 제공하는 경험이 구체적인가 추상적인가에 따라서 그 속성을 규정하였다. 그리고 학습이 효과적으로 이루어지기 위해서는 구체적 경험을 제공하는 시청각 매체와 추상적 경험을 제공하는 언어 기반 매체를 융합하여 적절히 사용하는 것이 꼭 필요하다고 주장한다.

이상의 내용들은 안전교육을 실시할 때에도 시청각적 매체와 언어적 매체가 통합되고 융합적으로 사용되어야 함을 알려 준다. 다양한 매체를 사용하는 것은 매체들의 상호작용을 통해 교육의 효과를 높이기 위해서도 꼭 필요하다.

2) 강의법

강의를 통해서 진행하는 안전교육은 교수자가 가진 지식, 정보, 기술이나 기능, 철학과 신념을 전달하고 학습자들이 이해하고 납득하여 공감함으로써 안전교육의 내용을 내면화하고 실천하도록 하는 교육방법이다. 안전교육뿐만 아니라 모든 교육에서 가장 전통적이며 빈번히 사용하는 방법이 바로 강의를 통한 교육이다. 강의법은 학습자가 강의 내용을 이해할 수 있는 충분한 경험과 동기를 가지고 있을 때 효과적이다.

안전교육을 강의로 진행하고자 할 때 고려되는 가장 중요한 사항은 누구를 교수자로 활용할 것인가이다. 안전교육 전문가 또는 현직자나 상사, 동료 등을 안전교육 교수자로 활용할 수도 있다. 누구를 선정하더라도 교수자는 강의법을 잘 알고 정해진 시간 내에 양질의 정보를 제공할 수 있어야 한다. 현직자나 상사 혹은 동료를 안전교육 교수자로 활용하고자 할 때는 안전교육에 모범이 되거나 책임이 있는 사람이 진행하는 것이 좋다. 이때 사고나 위험사례들이나 현직자만이 알 수 있는 정보들을 교육 내용에 적절히 담아낼 수 있을 때 안전교육의 효과를 높일 수 있다.

조직 내에서 안전교육을 진행할 때는 모든 구성원이 안전교육 교수자가 되어 교육 내용을 분담하여 진행하고 실행과 습득단계까지 나아갈 수도 있다. 이때 자신이 강의할 안전교육이 보다 잘 학습될 수 있도록 하기 위해서는 다른 동료들의 강의내용에도 관심을 가져야 한다. 더불어 모든 구성원이 안전교육 교수자가 되는 것은 팀 빌딩의 효과를 얻을 수도 있다.

외부의 전문가를 교수자로 활용할 때에는 안전교육의 내용과 목적에 부합하는 경력을 가진 사람을 선택하는 것이 좋다. 교수자의 명성이나 청중들의 호응에만 집중하게 되면 자칫 안전교육의 목적이나 내용에 부합하지 않는 교육이 진행될 수도 있기 때문이다. 강의법이 효과적으로 사용되기 위해서는 도입, 전개, 그리고 정리(마무리)로 구분하여 학습내용을 사전에 준비해야 한다. 구체적인 강의법을 활용한 안전교육 진행과정은 다음과 같다.

① 교수자와 학습자 간의 관계 설정(라포형성) 및 동기부여

② 학습자의 주의집중 고조

③ 교육내용과 교육목표 설정 및 제시

④ 사실, 개념, 원리 등의 설명과 시청각 자료 제시

⑤ 내용 구성요소, 계열, 적합성, 변화, 비교, 조합, 체계적 설명 및 전개

⑥ 내용 제시 기법(목소리, 판서, 매체 사용, 신체활동, 위치 및 이동방향, 유머, 질문, 유인
물 사용 등)

⑦ 내용 및 요점 정리, 질의응답, 평가 및 과제 제시

강의법은 주로 학습자 수가 많은 경우나 교육장 환경이 강의에 적합한 경우에 사용하기 좋다. 단점은 학습자가 수동적이 될 수 있으며 개인별 학습 진도나 이해 정도를 확인하기 어렵다는 것이다. 그리고 교수자로서 학습자들의 주의집중을 유지하기 위한 노력이 많이 필요하다. 또한 교수자가 강의에 익숙하지 않다면 학습자의 주의집중을 유지하면서 능동적으로 학습활동에 참여하도록 하는 데 어려움을 겪을 것이다.

그런데도 강의식 안전교육은 비교적 사용하기 쉬운 교육 방법으로 다른 교육 기법들과 융합하여 다양한 형태로 사용할 수 있다는 장점이 있다. 그리고 동시에 많은 교육생을 저렴한 비용으로 교육할 수 있는 방법이기도 하다. 강의법은 교수자의 지식이나 정보를 전달하는 데 큰 비중을 두기 때문에 해설이나 설명하는 형태로 이루어지는 경우가 많다. 따라서 강의법을 사용하는 교수자는 학습자들과의 의사소통 수준을 반드시 고려하여야 한다.

강의법이 가진 몇 가지 단점을 극복하고 학습자들과의 활발한 의사소통을 유도하기 위해서 강의법을 변용한 강의-토의법과 통제된 토의법 등을 사용할 수도 있다. 우선 강의-토의법은 강의를 주로 사용하면서 토의를 병행하는 것을 말한다. 강의-토의법은 짤막한 강의 후에 강의 주제와 내용을 중심으로 토의를 진행하는 것이다. 이를 위해서는 교수자가 강의의 내용들을 세심하게 준비해야 하며 동시에 학습자의 사고를 촉진하고 능동적으로 참여할 수 있는 환경을 만들어 주어야 한다. 통제된 토의법은 교수자가 토의의 주체이자 사회자 역할을 담당하는 변형된 강의 방법이다. 교수자가 토의 주제를 정하고 그것에 관한 자신의 견해를 이야기한 후에 학습자들로 하여금 토의 과정에 참여하도록 하는 방식으로 진행된다.

강의법과 변형된 강의법이 효과적으로 진행되기 위해서는 학습자들의 주의집중과 목표설정 그리고 선행학습에 대한 효과측정 방법 등을 미리 준비해 두어야 한다. 대체로 주의집중을 지속하는 것이 쉽지 않기 때문에 실물과 시청각 매체를 이용하는 교육 진행이 도움이 된다. 교수자는 학습내용과 관련된 기억을 자극하기 위해서 학습자들의 참여를 격려하고 통제된 토의법이나 퀴즈를 활용한 게임을 사용할 수도 있다.

3) 위험예측훈련

위험예측훈련은 재료, 장비, 기계, 배치, 동작, 순서, 환경 등의 위험을 개인 및 집단별로 살펴보고 아이디어를 상호 교환하고 토의하는 방식으로 진행하는 안전교육이다. 발견된 위험에 대해서는 실제 작업이나 행동에서 어떻게 적용될 수 있는지 시범을 보이거나 모의실험을 해 보는 형태로 진행되는 것이 일반적이다. 주로 사진이나 그림 혹은 동영상 자료를 활용하여 제시된 상황에서 숨어 있는 위험을 찾아보고 대처법을 토의하는 형태로 이루어진다.

적극적인 위험예측훈련을 통해서 개인과 조직은 위험감수성을 고양시킬 수 있다. 학습자는 위험예측훈련을 통해서 환경의 숨어 있는 위험요인을 찾고 그것이 초래할 수 있는 사고나 문제점 및 극복방법을 생각하게 된다. 따라서 위험예측훈련은 특정한 행동이 이루어지기 전에 실행하기 적합한 안전교육이며, 주로 브레인스토밍(brainstorming) 형태를 취하게 된다.

브레인스토밍이 잘 이루어지기 위해서는 자유롭게 발언하도록 하는 것이 관건이다. 그러기 위해서는 어떠한 발언에도 비난하거나 단점을 부각시키지 않도록 해야 하며 최대한 긍정적인 분위기를 조성해야 한다.

산업현장에서는 위험예측훈련이 작업도구들이 놓여 있는 곳에서 이루어지는 경우가 많았기 때문에 '작업 상자 토의(Tool Box Meeting: TBM)'라고 부르기도 한다. 위험예측훈련에서 주의해야 할 것은 위험탐색에만 열을 올리게 되면 '위험하니까 조심합시다!'라는 수준에만 머물 수 있다는 점이다. 즉, 위험을 탐색하고 인식하기만 할 뿐 위험을 해결하기 위한 구체적인 조치까지 나아가지 못한다면 효과가 적을 수도 있다.

4) 토의법

토의는 강의법과 함께 가장 많이 사용되는 교육방법 중 하나이다. 토의를 안전교육에 활용할 때는 활동 전이나 후에 교수자를 중심으로 적용환경에서 발생할 수 있는 위험요소들을 찾아보고 대책과 안전행동을 실행하기 위해서인 경우가 많다. 토의법을 활용한 안전교육은 실제 행동을 경험할 수 있도록 기회를 주는 방법으로 진행되기도 한다.

토의는 강의법보다는 학습자들의 자발적인 의욕증진에 효과적이다. 동시에 학습자들의 자발성에 의존하기 때문에 강의법보다는 학습자들의 참여도가 높아야지만 사용할 수 있다. 토의법을 활용하면 교수자와 학습자가 상호 의견을 교환할 수 있는 양방향 의사소통이 가능하고 학습자의 적극성, 지도성, 협동성을 향상시키기도 용이하다. 토의법의 대표적 방법은 문제법, 사례법, 포럼, 심포지엄, 전문가 토론 등이 있다.

문제법(problem method)은 문제를 인식하고 해결방법을 연구하고 계획하며 그것을 위한 자료를 수집하고 정리하는 방법이다. 사례법(case study)은 제시된 사례에 대해서 사실들과 문제 발생 경위를 검토하고 문제 발생 시 대책과 문제 예방에 대해서 토의한다. 포럼(forum)은 교수자나 전문가가 새로운 자료나 과제를 제시하고 학습자는 그것이 가지고 있는 문제점이나 해결방안을 제안하는 방식이다. 따라서 포럼에서는 자신이 가진 의견을 여러 가지 방법으로 발표하고 다시 서로의 의견을 깊이 있게 토의한다. 심포지엄(symposium)은 전문가들로 하여금 과제에 관한 견해를 발표하도록 한 뒤 참가자가 질문하고 의견을 제시하면서 토의하는 방식이다. 전문가 토론(panel discussion)은 해당 문제의 전문가들과 청중으로 구성된다. 전문가들은 청중들 앞에서 서로 주어진 안건에 대해서 토의를 진행한다. 진행은 의장에 의해서 이루어지는데, 의장은 적당한 때에 청중에게 발언이나 질문 기회를 부여하기도 한다.

이상의 전통적인 토의법 활용은 물론 현재에는 상담(counseling)을 주요 안전교육 방법으로 사용하기도 한다. 상담은 심리치료의 한 방법이지만 상담자와 내담자가 서로 이야기를 주고받는다는 점에서 토의 형태로 진행된다고 볼 수도 있다. 안전교육을 상담형태의 토의법으로 진행할 때에 주요 대상자들은 상습 사고유발자나 규정위반자들이 될 것이다. 이 밖에도 사고나 재난 피해당사자나 피해자들과 가까운 관계의 사람들의 외상 후 스트레스 장애(Post Traumatic Stress Disorder: PTSD)에 대한 상담적 접근이 이루어질 수도 있다. 상담식 안전교육은 단순히 의견을 교환하는 형태가 아니라 대상자들의 심리상태나 정서, 인지적―행동적 접근, 동기강화 등이 통합적인 차원에서 이루어져야 하기 때문에 일반 토의 기법 이상의 전문적인 심리상담 실행 기술이 필요하다. 상담을 활용한 안전교육에 대한 보다 상세한 내용은 이 책의 '제2부 안전교육의 실제' 에서 '제10장 사고관련자 안전교육' 부분을 참고하길 바란다.

5) 사례법

사례법은 사례연구법(case study)이라고도 부른다. 이는 토의와 비슷한 형태로 진행되는데, 특정 개체를 대상으로 그 대상의 특징이나 문제를 종합적이며 심층적으로 기술하고 분석하는 방법이다. 사례법은 기본적으로 해결해야 할 문제가 반드시 있어야 하고 학습자들의 학습 동기를 효과적으로 유발시킬 수 있어야 한다. 학습자들은 사례 문제를 다룰 수 있는 분석 능력, 토론 능력, 평가 능력 및 피드백 능력이 있어야 하고 학습 전에 사례를 읽거나 보아서 충분히 이해해야 한다.

사례법을 개발하고 사용한 대표적인 학자는 20세기 초 하버드 대학교의 Langdell 교수이다. Langdell이 개발한 사례법은 상황 진술문을 부여하고 해결책을 모색하게 한 후, 내놓은 해결책을 평가하고 피드백을 받는 형태의 교육 및 훈련 방법으로 하버드 방식이라고도 한다. 이것은 주로 길고 복잡하고 간접적인 정보가 다양하게 혼합된 사례로 제공되기 때문에 분석에 많은 시간이 필요하다. 주로 경영층의 의사결정 능력을 향상시키기 위한 방법으로 많이 활용된다. 하버드 방식은 숙달된 지도자가 부족하다는 점과 몇 번의 사례분석으로 고도의 의사결정능력이 개발되기 어렵다는 단점이 있다. 하버드 방식과는 다른 사례법 유형으로는 사건(Incident) 방식이 있다. 이것은 사례로 주어지는 정보량이 적은 것이 특징이며 적은 정보를 바탕으로 질문하고 대답을 들으며 문제를 생각하는 방식이다. 이 방식은 사례분석의 일반적인 목표 이외에도 정보탐색 능력을 기를 수 있다는 장점이 있다.

사례법은 일반적으로 사례제시, 자료 및 정보수집, 해결방안을 위한 연구와 준비, 해결방안의 발견과 검토 순서로 진행된다. 사례법의 효과는 의사소통 기술향상과 능동적인 참여 및 사고력 증진, 고정관념의 탈피, 인간행동 이해, 독립적인 판단력 향상, 동일한 사실이나 문제에 대한 각자 다른 관점 파악 등 다양하다. 또한 참가자의 동기를 유발하여 관심을 높일 수 있고 조직이나 사회가 당면한 문제에 대한 학습도 가능하다. 사례법의 장점은 긍정적으로 이루어지는 지식 중심의 인지적 활동이 아닌 집중과 의사소통을 통한 사고력 향상이 가능하다는 점이다. 그리고 토론 과정을 통해서 서로의 차이점을 인식하게 하고 문제에 대한 안목을 키워 주고, 사례 속의 문제를 다양한 관점에서 바라볼 수 있도록 한다. 무엇보다도 의견을 조율하는 과정에서 위험에 관한 의사소통기술이 향상될 수 있다.

단점으로는 적절한 사례를 확보하기가 어렵고, 학습 진도를 측정하기 힘들며, 체계적인 지식습득이 어렵다는 점이다. 또한 사례를 활용하지만 학습자에게는 실제상황이 아니기 때문에 직접 체험이 되지 못할 수 있으며, 학습자의 의사결정이 타당한지 검증할 수 없다는 문제도 있다. 그리고 의사소통에서는 리더의 역할이 매우 중요하기 때문에 리더가 가진 역량에 따라서 사례연구법을 통한 교육효과가 크게 차이날 수 있다. 마지막으로 제대로 사례를 다루어 해결책을 모색하기 위해서는 부가적인 자료가 계속 제공되어야 한다는 어려움도 있다.

사례법의 목적은 선례를 통해서 문제를 파악하고 해결 과정 등을 살펴봄으로써 향후 문제가 발생하였을 때 대응능력을 키우는 데 있다. 그런데도 실제로 사례연구를 실행하다 보면 주어진 사례 해결책만 도출하는 데 급급하게 될 우려가 있다. 이러한 문제점을 극복하기 위해서는 사례를 개발하거나 선정할 때 다음의 네 가지 사항을 점검해 보는 것이 필요하다.

첫째, 사례에 현실감이 있는가? 현실감이 없는 사례라면 몰입도에서 문제가 발생할 수 있으며 자칫 게임이나 놀이처럼 흘러가기 쉽다.

둘째, 실제적인 해결방안이 나올 수 있을 정도의 충분한 자료가 사례 속에 포함되어 있는가? 자료가 너무 적다면 구체적인 해결방안을 도출하기 어렵고 자료가 너무 많다면 해답이 너무 분명해서 교육의 의미가 퇴색될 수 있다.

셋째, 학습자들에게 학습시키고자 하는 이론이나 원칙이 사례 속에 반영되어 있는가? 사례법을 설계할 때부터 구체적인 학습목표와 내용이 정해져 있어야 한다. 물론 사례를 통해서 새로운 시각이 발견될 수 있겠지만 완전한 백지 상태에서 사례연구법을 진행하게 되면 다양한 의견을 제시하는 정도로 마무리될 수 있다.

넷째, 제한된 시간 내에 마칠 수 있는 정도의 수준인가? 사례가 너무 어렵다면 정해진 교육 시간에 끝낼 수 없거나 리더가 해답을 알려 주는 형태로 마무리될 수밖에 없다. 정해진 목표까지 도달하지 못한 교육은 효과를 제대로 발휘할 수 없다.

6) 근접사고 보고

근접(near)사고 보고는 사고가 발생할 뻔했거나 위험했다고 인지된 행동이나 경험을 공유하고 큰 사고가 발생할 수 있는 요인을 미리 찾아보는 형태로 진행된다. 중대한 사고를 미연에 방지하는 데 목적이 있으며 참여자들이 자신의 경험을 허심탄회하게 공유할 수 있는 분위기를 조성하는 것이 가장 중요하다. 사고가 발생할 뻔했던 상황을 보고한다고 해서 징계를 받거나 불이익을 받는 분위기가 조성된다면 효과는 급격히 떨어지게 된다. 일례로 미국 핵 항공모함 칼빈슨(Carl Vinson, CVN-7)호의 경우 근접사고를 보고하는 사람에게 표창을 수여했다. 자신의 실수를 드러내기 미안해하거나 비난받는 것을 두려워하는 사람들에게 상을 주어 적극적으로 근접사고를 보고하도록 격려하고 더 큰 사고나 문제를 예방한 것이다.

7) 시범

안전교육은 지식과 정보의 습득만이 아니라 경험에 의한 행동 변화를 목표로 하기 때문에 직접 경험을 통한 시범도 교육방법 중 하나로 사용할 수 있다. 학습에 대한 흥미는 구체적인 대상에 의해서 유발되기 때문에 학습자에게 직접 경험하도록 지도하는 시범은 효과적인 안전교육 방법이 될 수 있다.

시범(demonstration)은 어떤 생각이나 아이디어를 시연해 보이면서 그 내용을 습득하거나 혹은 강조하는 기법으로 학습자들에게 말과 행위를 함께 보여 주는 활동이다. 시범은 직접 보여 주는 활동이 중요하기 때문에 실제로 연기하면서 가르친다는 뜻으로 '시연교육' 방법이라고도 부른다. 시범은 '어떤 행위를 어떻게 시행하는가?' 혹은 '어떤 절차를 어떻게 사용하는가?'를 보여 주는 일종의 연출된 시청각적 방법이다. 시범을 안전교육 방법으로 사용하여 좋은 효과를 보기 위해서는 기능과 관련된 이론을 이해하는 인지적 측면, 기능의 조작적 측면, 기능에 대하여 느끼는 정의적인 측면이 함께 전개될 수 있어야 한다.

시범은 대화를 통한 학습형태로 진행되기 때문에 학습 종류와는 무관하게 토의법, 강의법, 관찰법과 함께 보조적인 방법으로 사용될 수도 있다. 시범의 장점은 학습 속도가 빠르고 즉시 행동 수정이 가능하다는 것이다. 시범은 새로운 과정이나 도구를 소개하고 사용하는 방법을 사람들에게 가르칠 때, 학습자에게 어떤 과정을 쉽게 할 수 있다는 자신감을 심어 주려고 할 때, 학습과 학습과정에 관심을 불러일으키고자 할 때, 그리고 학습자의 실제 동작이 필요한 학습일 때에 효과적이다. 시범을 진행하기 위해서는 교수자가 사전에 철저히 준비해야 한다. 베테랑이 되지 않으면 시범은 오히려 교수자의 권위를 떨어뜨리는 빌미가 될 수 있기 때문이다. 시범을 사용해서 안전교육을 진행하는 구체적인 방법은 다음과 같다.

첫째, 무엇을 시범으로 보여 줄 것이며 왜 가르쳐야 하는지를 학습목표로 재확인한다.

둘째, 교육 전에 시범을 연습하면서 효과적인 방법을 심사숙고하고, 필요한 장비, 기기 및 도구들을 정해진 장소에 정돈해 둔다.

셋째, 학습자들이 시범을 잘 관찰할 수 있도록 교육시설을 고려하여 자리를 배치한다.

넷째, 어떤 동작이나 기술을 배우게 될 것인지를 먼저 충분히 설명하고 그 내용에 관한 구체적인 지시문이나 그림 등이 제시되도록 한다.

다섯째, 행동시범을 제시할 때는 시범자로서 교수자는 천천히 단계적으로 하되 숙련된 솜씨를 보여 주어야 하고 학습자들이 시범동작을 따라 할 수 있는지를 확인해야 한다.

여섯째, 시범자의 시범과 학습자의 모방을 반복, 그리고 질의응답을 통해서 학습내용을 완전히 이해하도록 한다. 잘못된 동작은 즉시 지적하고 이상적인 기술형태를 재강조하면서 연습한다.

시범은 학습자들이 직접 해 보거나 혹은 시범 과정을 지켜보도록 하면서 기술을 익히기 때문에 시간과 경비를 절약할 수 있다. 그러나 시범은 시설과 여건이 갖추어져야 사용할 수 있고, 추상적인 것을 가르치기는 어려우며, 실제 행동으로 보여 줄 수 있는 것을 가르칠 수밖에 없다는 단점이 있다. 교수자는 시범에서 사용할 자료와 수행할 역할을 분명하게 설명하고 학습자들의 질의응답을 통하여 학습의욕을 자극해야 한다. 또한 학습자들과 아이디어, 원리, 사실, 과정, 이론 등을 함께 논의할 수 있어야 하고 시범 중에 학습자의 반응과 문제점 등을 관찰하면서 학습자의 능력을 평가할 수 있어야 한다.

8) 역할연기

역할연기(role playing)는 단순히 사례나 문제 상황을 제시하여 해결책을 모색하는 데 그치지 않고 학습자에게 직접 문제 상황의 당사자나 관련자 역할을 해 보게 함으로써 사람들 간의 상호작용을 이해하도록 하는 교육방법이다. 나아가 역할연기 이후에는 '역할을 수행해 본 경험이 어떠했는지?' '역할연기 도중에 특정한 행동을 왜 했는지?' '문제에 효과적으로 대처하기 위해서는 어떤 행동이 더 필요하다고 생각하는지?' 등을 학습자 스스로 알아차리게 할 수 있다. 이런 의미에서 역할연기는 학습자들로 하여금 실패를 두려워할 필요 없이 여러 가지 시도를 새로운 방식으로 해 볼 수 있도록 돕는 독특한 교육방법이다.

역할연기는 일반 교육장면뿐만 아니라 학습자들이 자신의 감정이나 의견 등을 표현하기 불편해할 때, 구성원들 간의 긴장을 완화시킬 필요가 있을 때에도 사용할 수 있다. 이순열(2018)은 다섯 가지 점에서 역할연기법의 효과를 제시하고 있다.

첫째, 학습자의 적극적인 참여를 통해 문제 상황에 대한 실험적 시도가 가능하다. 시행착오에 대해서 처벌이나 실패의 두려움 없이 새로운 시도와 이를 통한 학습이 가능하다.

둘째, 학습자는 다른 역할연기자가 문제를 처리하고 해결하는 성공적인 행동을 관찰하여 모방하거나 모델링하는 효과가 있다.

셋째, 자신의 역할행동이 문제해결에 얼마나 효과적인가에 관해 교수자나 다른 역할연기자로부터 피드백을 받을 수 있다.

넷째, 문제 상황의 반복적인 역할연기 행동은 실습효과가 있으며 학습자는 자연스럽게 문제해결의 개념적 원리를 학습하게 된다.

다섯째, 역할연기에 참여한 사람은 타인의 역할을 수행함으로써 타인의 심리상태나 물리적 상황 등을 경험할 수 있다.

이상의 효과는 물론 역할연기를 통해서 학습자의 위험인식을 탐색해 볼 수 있으며 사고에 대한 불안 정도도 조절할 수 있다. 역할연기를 통한 트라우마(trauma) 회복이나 불안정서 조절이 가능하기 위해서는 교수자가 심리상담가로서의 전문성도 있어야 한다. 역할연기의 장점은 인지적인 학습이 아니라 몸과 행위를 활용한 역동적인 학습이기 때문에 안전교육에 대한 흥미를 높이기 쉽다는 장점도 있다. 반면에 사고나 위험과 관련된 수많은 역할 중 몇 가지 정도만 연기해 볼 수밖에 없다는 한계도 있다.

역할연기법을 적용한 교육방법 중에는 행동모방법(behavior modeling)이 있다. 행동모방법은 태도와 행동을 변화시키고자 할 때 사용하기 때문에 모범이 되는 행동모델이 있어야만 한다. 특정 상황에 대해서 이상적인 행동을 보여 주고 이것을 학습자에게 이해시키고 연습하게 함으로써 행동 변화를 유도한다. 행동모방법은 가장 바람직하고 효율적인 행동모델이 있을 때, 표준화된 직무수행을 할 때, 반드시 필요한 행동이 있을 때, 교수자가 학습자의 행동을 관찰하고 통제하며 피드백할 수 있을 때, 학습자가 행동 모델을 받아들이려고 할 때에 사용하는 것이 좋다.

9) 자기주도 학습

자기주도 학습은 프로그램 학습(Programmed Learning: PI)이라고도 부른다. 스스로 자신의 성장과 향상 의욕을 고취하고 주도적으로 학습하는 방법이다. 이것은 학습자 가 스스로 교육 내용 및 기법을 결정하는 방법이다. 자기주도 학습법은 교수자 없이 학 습자 스스로 속도 조절을 하면서 자율적으로 학습한다. 자기주도 학습법은 일련의 설 명문과 질문들로 구성되어 있으며 학습자는 설명문을 읽고 각 질문에 대하여 답하도록 되어 있다.

자기주도 학습의 가장 대표적인 사례는 아마도 학창 시절 문제집 풀기일 것이다. 학 습 속도를 자신이 결정한다는 점에서 능동적인 학습방법에 속한다. 자기주도 학습에서 실행하는 교육 및 훈련은 단락 지어진 교육내용으로 구성되어 있으며 각각 피드백이 가능하다. 교육 내용은 잘 구성된 연속과정으로 나누어져 있다.

자기주도 학습의 장점은 자율적으로 필요한 시간에 개인의 관심, 흥미, 능력, 환경 등에 적합하게 수행할 수 있고 학습참여와 내용 선택에서도 높은 자율성이 부여된다는 것이다. 반면, 단점은 시행착오에 따른 손실이 크고 해당 분야의 전체를 파악하지 못한 채 부분 학습으로 끝날 가능성이 크다는 것이다. 또한 의문이나 과제 해답을 스스로 찾 기가 쉽지 않으며 학습자 개인의 계획적인 학습이 어렵다. 그리고 학습자의 높은 자발 성과 계획성, 강한 의지를 필요로 하며 학습자 간이나 교수자와의 관계에서 인격적 영 향을 받기가 어렵다는 단점이 있다.

10) 안전제안 제도

안전제안 제도는 국가나 조직 혹은 공동체에 안전을 향상시키고 위험을 감소시킬 수 있는 제안이나 의견 혹은 생각을 제안하는 제도이다. 발굴된 제안은 실천하도록 하고 인센티브나 긍정적인 자극물을 주어서 동기를 부여할수록 효과가 크다. 안전제안 제도라는 상향식 안전교육 기법으로 구성원들이 안전에 능동적인 참여를 이끌어 낼 수 있다는 장점이 있다. 제안 평가가 객관적이고 공평할수록 효과가 좋아진다.

11) 지적 호칭

지적 호칭은 일본의 철도 기관사들이 신호를 확인하는 동작확인 행동에서 유래되었다. 확인이 필요하거나 중요한 작업에 접근하였을 때 과장되게 큰 동작이나 소리를 의도적으로 표현해서 동작 확인과 오류를 줄이는 것을 목표로 한다. 작업자나 학습자가 모든 감각을 동원하여 작업의 정확성과 안전을 확인하고 동료들끼리 서로 교차해서 살펴보는 효과가 있다. 지적 호칭이 제대로 효과를 발휘하기 위해서는 다음과 같은 몇 가지 주의할 점이 있다.

첫째, 동작에는 긴장이 필요하고 올바른 자세로 절도 있고 엄격하게 실행해야 한다.

둘째, 큰 소리를 내는 것이 부끄럽거나 유난스럽다는 분위기가 조성되지 않도록 하며 동시에 팔과 다리, 손과 손가락 등의 동작이 정확하고 크게 일어나도록 해야 한다.

셋째, 주의를 집중시키기 위해서 구체적인 장비의 이름과 수치 등을 붙여서 사용해야 한다. 예를 들어, "온도계 온도 25도 좋아!"라고 큰 소리와 정확한 동작을 사용하여 지적 호칭해야 한다.

넷째, 공동 작업자들이 선창에 맞추어 동시에 응답하거나 지적 호칭을 하는 것이 중요하다.

12) 터치 앤 콜

터치 앤 콜(touch & call)은 학습자들끼리 서로 손이나 몸을 맞대고 같은 소리로 반응하는 훈련방식의 교육이다. 이것은 팀이나 조직의 일체감이나 연대감을 조성하게 하고 동시에 안전행동을 이미지화하여 수행의 질을 높이는 효과가 있다. 피부나 신체 접촉은 동료애를 키우고 뇌의 기억과 함께 몸의 기억에 도움을 준다. 가장 대표적인 터치 앤 콜 방법은 스포츠 경기에서 팀원들끼리 모여서 '승리(victory)'를 외치는 것이다. 터치 앤 콜 방식을 사용할 때 중요한 것은 공동체 의식의 향상과 안전을 위해 함께 노력한다는 것을 상기시키는 것이다. 터치 앤 콜을 사용하는 방법은 다음과 같은 세 가지가 있으며 여러 가지 형태로 응용할 수 있다.

첫째, 고리형으로 서로 손을 잡거나 손가락을 걸고 원을 만들어 공동체의 행동목표나 구호를 외치는 자세이다.

둘째, 포개기형으로 한쪽 손을 포개는 형태로 주로 공동체의 연대감을 다지기 위해서 사용하는 자세이다.

셋째, 어깨동무형으로 동료들끼리 왼손을 동료의 왼쪽 어깨에 얹고 오른손으로 지적하는 자세이다. 서로 어깨를 감싸는 접촉이 일어나서 일체감을 조성할 수 있다.

13) 현장견학

현장견학(field trips)은 현장과 분리된 교육환경을 떠나서 특별한 목적으로 일정한 장소를 방문하여 새로운 학습 분위기와 학습대상을 보고, 느끼고, 관찰하고 경험한 후에 배우고 확인하는 행동을 말한다. 다시 교육장으로 돌아와 견학 내용을 토의하고 분석해 봄으로써 학습 효과를 높이고자 하는 방법이다.

견학 과정은 견학을 사전에 준비, 계획하는 과정과 견학 실시와 견학 후 평가로 이루어진다. 견학 준비는 학습할 내용목록과 기록방법을 준비하는 것이다. 견학 계획에는 현장견학 목적, 학습자의 참여 계획, 견학지 선정, 견학지 책임자와의 협조, 견학시간 등이 포함되어야 한다. 견학 실시는 견학의 목적을 소개하여 학습자가 현장견학에 필요한 내용을 교수자로부터 사전에 충분히 익히게 되는 과정을 말한다. 교수자는 학습자의 교육 분위기를 조성하고 학습자의 능동적 교육 참여와 신체적 편의를 고려하여 실시하도록 한다. 교수자는 현장견학을 종결하고 난 후 현장견학 결과를 검토해야 한다. 현장견학 결과의 검토는 방문했던 곳의 개괄적인 점검을 통하여 학습자들에게 현장 활동을 상기시키고 질문과 알아낼 답을 검토하고 주요 사건과 발견된 사항들을 기록하고 재고하도록 하여 주요 관심거리들을 찾아내서 정리한다. 교수자는 견학 전 과정을 사전에 치밀하게 준비하고 사전에 견학 지침서를 작성하여 학습자들에게 배부하며 견학 이후 정리하는 시간을 갖도록 한다.

견학은 새로운 경험과 정보 획득의 기회를 마련해 주고 배우려고 하는 대상을 있는 그대로 입체적으로 살펴볼 수 있다는 장점이 있다. 견학은 교실이나 정규모임 장소에서 찾기 어려운 구체적이고 실제적인 요소를 제공하는 것으로 학습자들이 말로는 이해하기 어려운 문제를 직접 관찰을 통해 체득하도록 한다. 그리고 현장견학은 학습자의 흥미와 관찰력을 자극시키고 구체적인 실행방법을 배우는 기회를 가지도록 하며 배운 그대로 이용할 수 있게 하는 이점이 있다. 견학장소가 참사나 사고 현장이라면 사고 원인과 피해규모, 구체적인 사례 및 예방법 등을 종합하여 소개해 주는 것이 효과적이다. 모형보다는 실물 견학의 효과가 크고 관련한 이야기를 소개하는 것도 효과를 높일 수 있다. 그러나 견학이 사전에 철저하게 준비되지 못한다면 활동의 의미를 찾기가 어렵고 '쉬거나 놀러 가는' 활동으로 전락하기 쉽다.

14) Web 기반 학습(On-Line 비대면 교육방법)

전통적인 안전교육은 대부분 대면교육으로 진행된다. 하지만 교육장소에 모여서 교수자와 학습자가 대면하여 이루어지는 교육은 일상생활이나 현업에서 일정시간 이탈해야 하기 때문에 경우에 따라서는 예기치 못한 문제들이 발생한다. 이러한 문제들을 해결하고 비용 대비 효율성이 높고 학습자 주도로 교육을 진행할 수 있는 Web 기반 교육이 점차 증가되고 있다. 또한 2020년 코로나19 사태에 따른 비대면 교육의 필요성이 대두되면서 Web 기반 교육은 더욱 확대될 전망이다.

Web 기반 교육의 효과는 전통적인 강의실 교육만큼 효과적이라는 연구 결과가 많다. 즉, 기존의 안전교육 방법과 Web 기반 교육의 학습 성취도에서 유의미한 차이가 없다는 것이다. 따라서 Web 기반 학습은 기존 교육과는 효과 측면에서 차이가 없으면서도 학습자 개별교육이 가능하다는 장점이 있다. 그리고 교육 시간 이외에는 불필요한 시간(통학시간 등)을 단축할 수 있으며 교육을 받기 위해 별도의 장소가 필요 없다는 점도 장점이다. 또한 학습자 입장에서도 자신의 학습 속도에 맞게 교육을 조절할 수 있으며 원할 때 학습의 시작과 종료를 결정할 수 있다는 장점도 있다.

Web 기반 교육은 3단계의 개발 과정을 거치는데, 첫 번째는 기획단계이다. Web 기반으로 교육하고자 하는 것이 무엇인지를 정확히 결정하고 구체적인 실행을 계획하는 단계이다. 두 번째는 설계단계이다. 기획단계에서 나온 결과물을 바탕으로 학습해야할 내용과 교수방법을 구체화한다. 세 번째는 제작단계이다. 설계단계에서 나온 줄거리와 장면에 따라 텍스트 자료를 개발하여 사용자의 피드백을 받고 사진, 그래픽, 오디

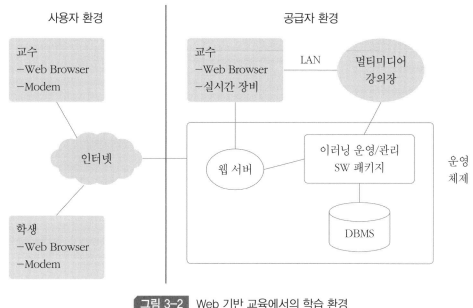

그림 3-2 Web 기반 교육에서의 학습 환경

오, 비디오, 애니메이션 등 멀티미디어 자료를 통합하여 Web 기반 교육 프로그램을 제작한다. Hiltz(1994)는 Web 기반 온라인 교육의 효과를 다음의 네 가지로 요약하였다.

첫째, 학습효과는 강의실 교육과 비슷하거나 더 우수하다.

둘째, 학습자들의 학습 참여도는 증가한다.

셋째, 학습내용의 흥미도가 증가한다.

넷째, 학습자들이 복잡한 문제를 다루고 정보를 종합하는 능력이 향상된다.

Web 기반 학습 매체는 학습자가 지식, 기술, 태도 습득을 위해 활용하는 전자 학습 매체로 인터넷(Internet), 인트라넷(Intranet), CD-ROM(Compact Disc Read Only Memory), DVD(Digital Versatile Disc), USB(Universal Serial Bus), SSD(Solid State Drive), 하이브리드 하드디스크, 화상회의, 위성교육 등 정보통신 기술을 기반으로 한 학습 매체를 말한다(ASTD & NGA, 2001; Hall, 2001).

디지털 학습 매체는 정보통신 환경을 기반으로 하는 e-학습을 지원하는 교수-학습 매체로 여기서 'e'가 가지는 의미는 기술 관점의 '전자적인(electronic)'이라는 의미 외에도 경험(experience), 학습 선택권의 확장(extended), 학습 기회 확대(expanded)의 의미가 포함되어 있다. 또한 e-학습의 가능성은 전통적인 CBT(Computer-Based Training)와

CAI(Computer-Assisted Instruction)로부터 사이버 교육, 자기주도 학습, KMS(Knowledge Management System), e-Business, 가장 넓게는 전 세계 학습공동체 차원까지 의미를 부여할 수 있다. 때문에 e-학습이 가진 교육에서의 가능성은 단순히 기술과 학습의 결합이 아닌 새로운 학습 환경으로서의 의미를 가지며, 이를 지원하는 디지털 학습 매체에 대한 개발도 새로운 방법으로 접근해야 한다.

  Web 기반 학습 매체의 대표적인 유형은 개인용 PC에서 학습자가 컴퓨터를 독립적으로 활용하는 오프라인(off-line) 학습 매체와 네트워크를 기반으로 학습자-학습 콘텐츠, 학습자-교수자, 학습자-학습자가 상호작용하면서 학습하는 온라인(on-line) 학습 매체의 두 가지로 나누어 볼 수 있다. 오프라인 학습 매체를 이해하기 위해서는 컴퓨터를 도구, 교사, 그리고 학습자로 활용하는 세 가지 활용 유형이 고려되어야 한다. 온라인 학습 매체는 온라인 특성과 온라인 자료들을 활용하여 전개하는 하이퍼미디어(hyper-media) 기반의 교수-학습 프로그램 온라인 콘텐츠와 온라인 학습 환경을 통합하여 이해해야 한다(Khan, 1997).

(1) 컴퓨터의 활용

  교육에서 컴퓨터를 활용하는 영역은 학자들마다 다르게 분류하고 있다. Taylor (1980)는 컴퓨터를 교수-학습 도구(tool)로 활용하는 영역, 컴퓨터가 교사(tutor)가 되어 학습자를 가르치고 관리하는 영역, 컴퓨터가 학습자(tutee) 역할을 하고 학습자가 교사 역할을 하여 컴퓨터로 하여금 학습자가 명령하는 것을 수행하는 영역으로 분류하였다. 구체적으로 도구(tool)로서 컴퓨터 활용영역은 문서작성기, 출판, 프레젠테이션 프로그램, 스프레드시트, 데이터베이스, 인터넷 등을 활용하여 컴퓨터를 교수-학습 도구로 활용하는 것이다. 교사(tutor)로서 컴퓨터 활용영역은 반복학습형, 개인교사형, 문제해결형, 시뮬레이션, 게임형, 자료제시형 등의 교육용 소프트웨어가 교사 역할을 수행하여 학습내용을 전달하고 연습시키며 평가하고 학습자를 관리하는 활동을 컴퓨터가 대신한다는 의미이다.

  우선 도구(tool)로서의 컴퓨터 활용은 다음과 같다. 컴퓨터의 도구적 활용은 컴퓨터를 모든 교육영역에서 학습을 보조하는 교수-학습 도구로 사용되는 것을 의미한다. 따라서 컴퓨터는 학습자의 필기구, 계산기, 책상, 교과서와 공책과 같은 기능을 수행한다. Taylor(1980)는 컴퓨터의 도구적 활용을 다음과 같이 설명한다. "컴퓨터가 '도구'로서 활용되는 것은 어떤 유용한 성능을 갖춘 응용 소프트웨어로 사용되는 것을 말한다. 예컨대 통계분석 프로그램, 고성능 계산 프로그램, 혹은 워드프로세서 등으로 활용하는 것이다. 이때 학습자들은 다양한 과제해결을 위해서 컴퓨터를 활용할 수 있다. 예를 들면, 학습자들은 컴퓨터를 수학교과나 과학교과에서 과제를 해결하기 위한 계산기로 또는 지리교과에서 지도 작성 도구로, 그리고 음악시간에는 지칠 줄 모르는 연주자로 사용할 수 있다." 즉, 컴퓨터를 학습도구로 활용하여 학습자는 기능과 기술 습득, 정보 수집, 검색 및 분류능력을 습득하는 것이다.

도구로서 컴퓨터 활용의 주요 목적은 능동적, 발견적, 창의적 학습능력 배양이다. 컴퓨터를 도구로 활용하는 경우 학습자는 하위 수준의 사고기능은 물론이고 상위 수준의 사고기능도 개발할 수 있다. 컴퓨터는 학습도구로 언제 어디서나 손쉽게 자유자재로 변형되어야 한다. 컴퓨터를 현장에서 학습도구로 활용하는 예는 다양하며 그중에서 가장 대표적인 것이 문서 작성기로서의 워드프로세서, 회계 관리 기능의 스프레드시트, 정보 조직관리 기능의 데이터베이스, 컴퓨터 통신-관리 기능의 통신 프로그램 등이다.

다음으로 교사(tutor)로서 컴퓨터 활용이다. 학습자가 컴퓨터로부터 교수를 받거나 컴퓨터를 이용하여 스스로 학습하는 것이 교사로서 컴퓨터를 활용하는 것이다. 교사로서 컴퓨터를 활용하는 경우 가장 일반적인 형태는 컴퓨터가 학습 정보를 제공하고 학습자는 이와 관련된 문제에 응답하는 것이다. 그리고 컴퓨터는 평가 기준에 의하여 학습자의 응답에 점수를 매기고 평가 결과에 따라서 학습의 다음 단계를 결정한다. 이와 같은 활용은 컴퓨터 보조학습(Computer Assisted Instruction: CAI)과 컴퓨터 관리학습(Computer Managed Instruction: CMI)이 병합되어 활용된다. 교사로서의 컴퓨터 활용 이외에도 컴퓨터를 교수-학습 상황에 유용하게 활용하기 위해서 교사는 컴퓨터를 활용한 창의적인 교육방법을 계속 연구 개발하고 새로운 기술동향에 민감하게 대처해야 한다.

Alessi와 Trollip(2000)은 컴퓨터를 활용한 교육을 컴퓨터에 관한 교육, 컴퓨터를 사용한 교육, 컴퓨터의 행정적인 활용(administrative use)으로 분류하였다. 이들은 컴퓨터 보조학습, 컴퓨터 관리학습, 컴퓨터 리터러시(literacy) 등도 교육에서 활용되는 컴퓨터의 영역으로 포함시켰다. 컴퓨터 보조학습(CAI)은 교수-학습용 프로그램인 코스웨어(course-ware)를 사용해서 학습 내용을 제시하고 학습과정을 지도하고 통제하며 학습 결과를 평가하는 것이다. 컴퓨터 관리학습은 컴퓨터가 직접 학습 매체로 사용되지는 않지만 학습과 관련된 제반 정보나 자료를 컴퓨터로 기록, 분석, 종합, 평가하는 것을 말한다. 이러한 CAI와 CMI를 합쳐서 CBE(Computer Based Education) 또는 CBI(Computer Based Instruction)라고 하는데, 이때 CBE는 학습자에게 교육을 제공하기 위한 모든 컴퓨터의 활용을 말한다.

(2) LMS

LMS(Learning Management System)는 학습관리 시스템 혹은 학사관리운영 플랫폼을 말한다. Web 기반 학습에서 학습자, 교수자, 조교 및 운영자를 통합 지원하며 학습준비, 성적처리, 교재제작, 학습지원, 평가 및 학사관리 등 모든 업무를 체계적으로 지원한다. LMS는 자율학습 교재형 콘텐츠뿐만 아니라 모든 유형의 온라인 콘텐츠 개발 및 운영을 말한다.

LMS의 주요 기능은 컴퓨터나 인터넷 혹은 모바일을 이용하여 학습자와 교수자에게 필요한 다양한 교육콘텐츠, 교육자원을 제공하고 교육과정을 관리하는 것이다. 구체적으로는 사이버 공간상에서의 질의응답, 퀴즈 및 시험, 토론, 교육자료 업로드/다운로드, 동영상 강의, 과제 제출 및 평가가 이루어질 수 있도록 도와주는 시스템이다. 이것을 통해 가르치는 사람과 배우는 사람 모두의 입장에서 교육효과를 극대화하기 위한 도구와 체계(프로세스)를 소프트웨어 애플리케이션을 통해 구현해 내게 되는데 이것을 LMS라고 부른다.

LMS 관리자는 학습자 개개인의 교육과정 참여 및 활동을 측정하고 성적 평가나 개선할 수 있는 기능을 제공하며 온라인 협업 및 원활한 의사소통을 가능하게 하는 작업을 한다. 시스템 목적, 사용자 특성, 필요한 기능, 교육기관 특성에 따라 여러 가지 형태로 제공되고 있지만 위의 특성들이 LMS의 기본이라고 볼 수 있다. LMS는 'e-러닝' 시스템으로 시작하였기 때문에 Web 기반 교육이 확산되면서 사용과 중요성이 더욱 높아지게 되었다.

교육활동을 면밀하게 모니터링할 수 있기 때문에 LMS는 Web 기반 교육의 효과 향상 및 비용 절감 등 효율적인 운영에 결정적인 영향을 미칠 수 있다. 이와 같이 e-러닝 시스템에 활용영역이 점점 넓어지고 있는 LMS의 기능은 크게 세 가지로 나누어 볼 수 있다.

첫째, 교육지원이다. 교육과정 리스트 및 과목의 상세 정보 조회, 맛보기 강좌 조회 및 실행, 문제은행 시스템에서 출제된 시험평가, 과제 수행 후 결과에 대한 관리자의 첨삭지도 확인, 교과 학습 단원 별 학습 전/후 퀴즈 제공 등이 교육지원에 속한다.

둘째, 교수지원이다. 강의 계획서, 진행 정보 등을 등록하는 강의 계획 수립부터 동영상 콘텐츠 업로드 인터페이스 제공, 교육자료 등록관리, 과제출제, 제출과제 조회 및 점수 부여, 과제 피드백, 학습자별 현황 조회 화면 제공, 학습자 진도관리 등이 교수지원에 해당한다.

셋째, 운영지원이다. 과정 영역별 분류 및 등록관리, 과정 기초정보 및 과정 구성 정보 등록 관리, 사전학습 정보 등록관리, 학습자 현황조회, 교육진행 과정 조회 및 관리, 성적 통계 및 성적표 생성과 조회, 관리자 역할별 권한 관리 및 오류 수정 등이 운영지원에 속한다.

학습자와 교수자, 성적 등과 같은 교육과정의 전체 관리 기능이 1세대 LMS의 특징이라면 교육콘텐츠 생성 및 관리, 소통이 2세대 LMS의 주요기능으로 부각되고 있다. 최근에는 내/외부에서 수집된 정보를 바탕으로 교육성과를 다각도로 분석하고 나아가 컴퓨터에 기반한 교육으로 개인에게 최적화된 교육과정 및 콘텐츠를 구성하는 데도 LMS가 사용되고 있는 추세이다.

LMS 이외에도 LCMS가 있는데 Learning Contents Management System의 약자로 ICT(Information & Communication Technology) 기반 학습 환경에서 콘텐츠를 관리하는 시스템이다. LCMS는 콘텐츠를 학습자 단위로 개발, 저장 및 관리하여 이미 개발된 콘텐츠의 재사용 및 학습자 특성에 맞는 콘텐츠를 제공하는 시스템이다. LMS가 학습자의 교육과정을 지원하고 관리하는 기능을 수행하는 데 반해 LCMS는 LMS가 요청하는 내용을 전달하고 그에 따른 콘텐츠를 추출해 내는 전달기능과 콘텐츠를 체계적으로 관

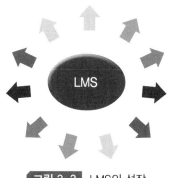

그림 3-3 LMS의 성장

리하는 데 필요한 관리기능을 수행하는 시스템이라고 할 수 있다. 즉, LCMS는 주요관리 대상이 콘텐츠이며 LMS는 교육에 참여하는 사람을 관리하는 시스템이다. LCMS는 표준화된 방법으로 콘텐츠 관리의 자동화를 지원하고 LMS는 사이버 교육의 운영방향 및 기획의도에 따라서 가변적으로 구축될 수 있는 웹사이트 성격의 시스템이다.

(3) 블렌디드 러닝과 플립 러닝

블렌디드 러닝(blended learning)은 온라인 교육과 오프라인 교육의 장점을 결합한 교육방식을 말한다. 교육효과를 극대화하기 위해 칵테일처럼 온라인과 오프라인 교육 그리고 다양한 교육방법을 혼합하는 것이다. 2000년 후반부터 미국의 일부 온라인 교육학자들이 사용하기 시작하여 현재는 고유명사처럼 자리 잡았다. 블렌디드 러닝은 단순한 온라인과 오프라인 교육 간의 물리적인 결합을 넘어서 어떻게 온/오프라인 교육환경 속에 적절한 교육방법론과 전략들을 배치하고 혼합할 것인가의 의미를 담고 있다.

블렌디드 러닝의 방법으로는 온라인 교육을 보완하거나 자율학습 방식에 온라인 협동교육을 접목하는 방식, 다양한 온라인 교육전략에 오프라인으로 보조하는 방법 등 각 교육주체에 따른 다양한 전략이 가능하다. 블렌디드 러닝은 교육효과를 극대화하고 교육기회를 확대하며 교육시간 및 비용의 최적화를 가능케 하는 장점이 있다.

플립 러닝(flipped learning)이란 교육내용을 온라인으로 먼저 학습한 뒤 진행하는 교육방식이다. 플립 교육(flipped classroom)이라고도 하며 우리나라 말로는 '역진행 교육' 또는 '거꾸로 교육'이라고 번역할 수 있다. 플립 러닝은 두 가지 이상의 교육방법을 함께 사용하는 블렌디드 러닝의 한 형태이다. 블렌디드 러닝의 가장 흔한 형태인 플립 러닝은 온라인을 통해 선행학습을 한 후에 오프라인 교육에서 교수자와 학습자 간 토론이나 심화학습을 진행하는 것이다. 교육은 새로운 내용을 배우기보다는 이미 온라인으로 학습한 내용을 연습하거나 익히기 위한 시간으로 활용되며 교수자는 과제를 소화하지 못하거나 교육내용을 이해하지 못한 학습자들을 돕는다. 전통적인 교육보다는 학습자 중심으로 진행할 수 있다는 점이 플립 러닝의 특징이다.

주로 온라인에서는 동영상 콘텐츠를 활용한 개념이해 및 이론 중심의 교육을 하고 오프라인에서는 교수-학습자 간 토의·토론 등의 상호작용으로 교육을 진행한다. 인공지능(AI), 가상현실(VR) 등 에듀테크(edutech) 기반 블렌디드 러닝 도입은 물론 교육장 무선랜 구축 및 스마트기기 확충, 원격학습지원 공간 조성 등으로 블렌디드 러닝 환경을 구축해 미래형 디지털 교육체계로의 전환이 가속화될 전망이다.

(4) 인공지능

교육은 4차 산업혁명의 중요한 축이며 미래에는 인공지능(Artificial Intelligence: AI)을 활용한 교육이 보편화될 전망이다(다보스포럼, 2016). 인공지능은 차세대 교육을 이끌어 갈 핵심기술이다. 왜냐하면 인공지능(AI) 기술을 활용해 학습자 맞춤형 교육을 제공하거나 인공지능(AI)이 교육능률을 극대화시킬 수 있는 다양한 콘텐츠를 생산해 낼 수 있기 때문이다. 구글(Google), 마이크로소프트(Microsoft) 등 글로벌 기업도 인공지능을 활용한 교육플랫폼 확대에 적극적이다.

인공지능은 교육의 지능화를 촉진시킬 수 있다. 인공지능 기술을 기반으로 교육의 지능화가 진행되면 학습자 개개인의 특성과 능력을 분석할 수 있다. 과거 교수 1인당 수십 명의 교육생이 일괄적으로 강의를 들었던 비효율을 극복할 수 있다. 즉, '인공지능 개인 교사'에게 지식 전달과 같은 일을 맡기고 교수자는 프로젝트 교육을 지도하고 학습자를 멘토링하는 역할을 하는 등 인간적 연결을 강화할 수 있다.

또는 오전에는 인공지능과 학습하고 오후에는 교수자와 프로젝트를 진행하는 방식으로 교육할 수도 있다. 이럴 경우 오전 교육 때에는 학생들의 태블릿 스크린에 정교하게 개별화된 교육과정이 제시된다. 인공지능이 학생들의 특성, 능력에 맞는 교육프로그램을 내놓는 것이다. 이처럼 인간이 만든 완벽한 타인인 인공지능을 통해 효과를 극대화 할 수 있는 맞춤형 교육이 가능하다.

인공지능 기술과 혁신적인 정보통신 기술이 접목된다면 다양한 시너지 효과를 창출할 수 있다. 이를테면 교육 도중 학생들의 집중력과 흥미가 낮아지면 인공지능 시스템은 다른 과목으로 전환하거나 집중력을 높일 다른 콘텐츠를 제시할 수 있다.

한편, 교육행정에서도 인공지능은 활용도가 높아질 수 있다. 시험, 수행평가, 첨삭 등 교육학습을 자동화할 수 있기 때문이다. 미국 조지아 기술대학교(Georgia Institute of Technology)에서 개발한 '인공지능 조교'는 매년 1만 건 이상 학생들의 질문에 자동으로 응답하고 있다. 인공지능 기술은 시간과 공간을 초월해 학습자들에게 교육의 기회를 제공할 수 있다는 점에서 중요한 의미를 가진다. 시·공간을 초월해 학습자 간 교육격차를 해소하고 교수자와 학습자를 긴밀하게 연결할 수 있다. 이와 같은 인공지능을 통한 교육혁명은 교육의 패러다임을 근본적으로 전환할 것이다.

제4장

의사소통

안전교육이 어떤 방식과 형태로 실행되더라도 그것은 교육의 장에 참여한 사람들 간의 의사소통 과정이란 점에서는 변화가 없다. 따라서 교수자와 학습자 혹은 학습자와 학습자들 간의 의사소통이 원활하지 않다면 아무리 좋은 안전교육을 설계하고 실행을 준비하더라도 위험을 줄이고 안전을 충족시키는 데 실패하게 될 것이다. 그런 의미에서 실제 안전교육의 성패는 안전교육에서 발생하는 여러 가지 의사소통의 질을 높이고 의사소통에서 발생할 수 있는 문제를 예방하고 해결하는 데 달려 있다.

1. 의사소통이론

의사소통이론 중 Berlo(1960)의 SMCR(Sender-Message-Channel-Receiver) 모형은 가장 단순하면서도 유용한 모형이다. SMCR 모형에서는 의사소통 과정 속에 존재하는 요소들을 송신자(sender), 메시지(message), 채널(channel), 수신자(receiver)로 파악한다([그림 4-1]).

각 요소들은 선후를 가진 순서로 이루어져 있다. 의사소통은 정보원인 송신자로부터

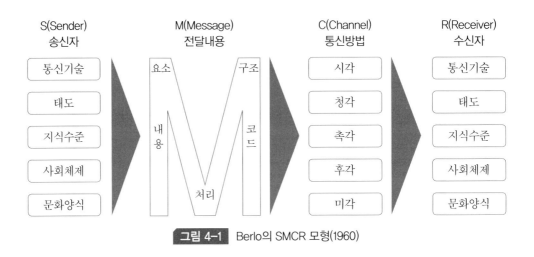

그림 4-1 Berlo의 SMCR 모형(1960)

수신자에게로 메시지가 채널을 통해서 전달되는 통신과정과 그 과정을 구성하는 요소 간의 상호관계라고 할 수 있다. SMCR 모형에서 정보원인 송신자와 수신자에게는 통신 기술, 태도, 지식수준, 사회체계, 문화양식이 포함되어 있고, 메시지에는 요소, 내용, 구조, 코드, 처리가 포함되며, 채널에는 시각, 청각, 촉각, 후각, 미각의 오감이 포함된다.

2. 의사소통의 종류

안전교육이 제대로 진행되기 위해서는 교수자와 학습자 간의 의사소통이 잘 이루어져야 한다. 의사소통의 종류는 크게 언어적 의사소통과 비언어적 의사소통으로 구분된다.

1) 언어적 의사소통

언어를 이용한 의사소통은 말에 의한 의사소통과 문서에 의한 의사소통으로 나뉜다. 말에 의한 의사소통의 장점은 신속성과 피드백이다. 말은 신속하게 전달된다. 또한 상대방이 그 내용을 제대로 이해하지 못했을 때 신속히 수정할 수 있다. 그러나 말에 의한 의사소통의 단점은 전달범위가 넓지 않다는 것과 여러 사람을 통과하면서 메시지 내용이 왜곡될 수 있다는 점이다.

문서에 의한 의사소통은 영구보관이 가능하며 필요할 때 언제든지 다시 인출할 수 있다는 장점이 있다. 특히 정확한 표현이 요구되거나 수신자가 가까이 없을 때에는 문서를 이용하는 방법이 효과적이다. 문서에 의한 의사소통은 깊이 생각하여 작성한 문서를 매체로 사용하기 때문에 논리적이고 명확하다. 하지만 문서에 의한 의사소통은 문서를 준비하는 데 시간이 많이 소요되는 단점이 있다. 또한 상대방이 수신했는지 혹은 그 내용을 제대로 이해했는지 확인하는 과정이 필요하다는 단점이 있다.

2) 비언어적 의사소통

말과 글이 아니더라도 사람들은 얼굴 표정과 몸짓 등을 사용해서 상대방에게 메시지를 전달할 수 있는데, 이것을 비언어적 의사소통이라고 한다. 예를 들어, 상대방을 뚫어지게 쳐다본다든지, 미소를 짓는다든지, 눈살을 찌푸린다든지, 고개를 좌우로 흔든다든지, 시계를 자꾸 들여다보는 행동은 상대방에게 비언어적으로 메시지를 전하는 것이다. 비언어적 의사소통의 방법은 얼굴 표정, 눈 맞춤, 몸동작과 자세, 송·수신자 간 거리, 부언어(para-language) 등이 있다.

(1) 얼굴 표정

얼굴 표정은 감정을 표현하는 데 있어서 가장 탁월한 방법이다. 얼굴로 표현할 수 있는 기본적인 감정은 기쁨, 분노, 경멸, 두려움, 행복, 슬픔, 경악 등이며 이러한 얼굴 표정은 인종이나 문화에 따라 차이가 거의 없는 것으로 밝혀졌다. 다만 동양인보다는 서양인의 얼굴 표정이 훨씬 다양하며 의사소통 보조수단으로 더 자주 사용하는 것으로 알려져 있다.

(2) 눈 맞춤

'눈치' '눈웃음' 등 많은 단어가 사람들의 감정이나 심리상태를 표현하기 위하여 사용된다. 통상 눈을 마주치는 것이나 눈을 마주치는 시간에 의하여 상대방의 감정 상태를 파악할 수 있다. 감정을 드러내는 시선의 종류는 노려보기, 주시하기, 곁눈질하기, 눈 내리깔기, 눈 부라리기, 한쪽 눈만 깜박이기, 반대 방향 바라보기, 째려보기 등이 있다.

(3) 몸동작

동물들은 다양한 동작(movement)으로 의사표현을 하며 사람도 동작으로 감정이나 생각을 표현한다. 예를 들어, 고개를 끄덕이는 것으로 응답 여부를 전달할 수 있고 빨리 걸어가는 모습으로 바쁘다는 것을 알 수 있다.

(4) 자세

자세(posture)는 그 사람의 긴장 상태를 알려 준다. 일반적으로 윗사람과 아랫사람이 마주할 때 윗사람은 이완된 자세를 보이는 데 반하여 아랫사람은 경직된 자세를 취하게 된다.

(5) 송·수신자 간 거리

사람들은 타인들로부터 침범당하지 않는 자유로운 공간을 원하는데, 이것을 '개인적 공간(personal space)'이라고 한다. 개인적 공간은 문화 배경, 사회적 지위, 성격, 연령, 성별에 따라 다르다. 서양 문화권에서는 사람들이 상황에 따라 편안하게 느끼는 송·수신자 간 거리를 공적 거리, 사교적 거리, 개인적 거리, 친밀관계 거리의 네 가지로 구분하고 있다([그림 4-2]).

- 공적 거리: 4m 이상 떨어져 있어서 공식 석상에서 연설이나 강의를 들을 때 강연자와 청중 간에 편안하게 느껴지는 거리이다.
- 사교적 거리: 사무실에서 공식적인 대화를 할 때나 사교적인 모임에서 불특정 다수와 이야기를 나눌 때 편안하게 느껴지는 거리로 1~4m 정도 떨어져 있다.
- 개인적 거리: 50cm~1m 정도 떨어져 있는 친한 친구 간의 거리이다. 손을 뻗으면 닿을 수 있으나 신체적 접촉이 자주 일어나지는 않는다.

공적 거리　　　　사교적 거리　　　　개인적 거리　　　　친밀관계 거리

그림 4-2　송·수신자 간 거리

- 친밀관계 거리: 50cm 이내의 서로 밀착될 정도의 거리로 가족이나 연인들 간의 친
  밀한 관계에서 관찰된다.

(6) 부언어

부언어(para-language)란 말로 표현된 메시지에 담겨 있는 내용 이상의 단서를 의미
한다. 이 단서들에는 목소리 크기, 부드러움, 속도, 리듬 등이 포함된다. 우리나라 속담
에도 '아' 다르고 '어' 다르다는 말이 있다. 같은 말을 하더라도 어떻게 표현하느냐에 따
라서 언어적 메시지와는 전혀 다른 의미를 전달할 수 있다는 뜻이다. 예를 들어, '자~
알 했다.'라고 말할 때 '자~알'에서 말을 길게 끌면서 말끝을 올렸다가 내리게 되면 말
의 내용과는 정반대로 몹시 못마땅한 마음 상태를 나타낸다. 짧고 단호한 어투로 "그
래, 잘했다."라는 말을 들을 때도 불쾌한 느낌을 받을 수 있다. 이처럼 말이 빠르거나
느린 것, 혹은 높고 낮음을 통하여 상대방의 감정 상태를 파악하게 되는데 이것을 부언
어 의사소통이라고 한다.

3. 의사소통 장애와 극복

의사소통이 잘 이루어진다면 내용전달이나 이해가 높을 것이며, 동조나 설득도 용이
할 것이다. 하지만 의사소통은 여러 가지 오해나 왜곡으로 인해서 장애가 발생할 수 있
다. 의사소통에서 장애가 발생하는 이유는 다양하다. 의사소통에서 장애가 발생하는
원인을 제대로 분석한다면 적절한 극복방법도 모색할 수 있다(이순열, 2018).

1) 의사소통 장애요인

『구약성경』에서는 바벨탑을 쌓던 사람들이 중도에 실패한 이유를 신이 그들의 언어
를 혼잡하게 했기 때문이라고 말한다. 이처럼 의사소통이 제대로 작동하지 않을 때에
는 목표달성이 불가능해진다. 위험해결과 안전충족 영역에서도 의사소통이 단절되었
거나 잘못 이루어지는 경우에 발생하는 문제는 매우 심각하다. 의사소통을 방해하는
대표적인 장애요인은 다음과 같다.

(1) 전문용어 사용

집단에는 그들 내부에서만 통용되는 독특한 단어나 문구가 있다. 이러한 전문적인 특수용어나 집단 언어는 집단내에서는 효과적일 수 있지만 외부인들과의 의사소통에서는 장애가 될 수 있다. 십대들이 사용하는 은어를 나이 든 사람들이 이해하지 못하는 것이 대표적인 사례라고 할 수 있다. 상대방이 이해하지 못하는 외국어를 문장 중에 섞어서 말하는 것도 의사소통에 장애가 될 수 있다.

(2) 여과

정보를 전달할 때 송신자가 의식 혹은 무의식적으로 사실의 일부를 누락시킬 때 이것을 여과(filtering)라고 한다. 의식적으로 여과가 발생하는 이유는 정보를 모두 전달했을 때 송신자에게 불이익이 올 수 있기 때문이다. 여러 계층을 거쳐서 최고책임자에게 올라간 정보도 엉뚱한 내용으로 변해 있는 경우가 종종 있다. 여러 사람을 거치면서 여과가 이루어졌기 때문이다. 무의식적인 여과는 송신자가 필요 없다고 생각하는 내용이나 중요하지 않다고 여기는 정보를 지나쳐 버릴 때 발생한다.

(3) 선택적 지각

수신자가 전달받은 내용 중 일부만 선택하여 나름대로 해석하게 되면 의사소통 장애가 일어난다. 사람들은 자신의 욕구를 충족시키거나 신념과 일치하는 메시지는 잘 받아들이고 그렇지 않은 메시지는 부정하거나 귀를 기울이지 않는 경향이 있다.

(4) 신뢰감 부족

수신자가 송신자를 불신하거나 선입견을 가지고 있을 때 그의 메시지를 대충 듣거나 내용을 성급하게 판단하면서 의사소통에 문제가 생길 수 있다. 구성원들 간의 신뢰는 의사소통에 결정적으로 영향을 미친다.

(5) 감정 상태

극단적인 감정 상태는 송신자의 경우 메시지 전달에 지장을 주고, 수신자에게는 메시지 해석에 영향을 준다. 감정이 격해지면 이성적이고 객관적인 사고과정이 무시되기 쉽기 때문에 의사소통에 막대한 지장을 준다.

(6) 시간 부족

전달할 메시지 양에 비해서 시간이 부족하면 올바른 의사소통이 힘들어진다. 송신자의 경우 메시지의 누락이 생기기 쉽고 급하게 전달하려다가 실수(발음실수나 철자실수 등)가 발생하기 쉬워진다. 수신자의 경우에는 송신자가 보낸 정보를 부호화하고 해독하는 과정에서 오류를 범하기 쉽다.

(7) 분위기

분위기는 의사소통에 크게 영향을 미친다. 구성원 간에 높은 신뢰가 구축되어 있고 개방적 분위기인 경우 긍정적인 의사소통이 이루어질 가능성이 높다. 분위기가 좋은 환경에서는 메시지가 불충분해도 수신자가 그 부족한 부분을 호의적으로 해석하게 한다. 반대로 분위기가 좋지 않은 경우에는 좋은 메시지조차도 부정적인 방향으로 해석하도록 해서 내용을 왜곡시킬 가능성이 있다.

2) 의사소통 장애요인의 극복방안

의사소통의 장애는 사람들 간의 원활한 교류를 어렵게 하고 분위기와 성과를 저해한다. 따라서 다음과 같은 방법으로 의사소통에서 발생할 수 있는 장애를 예방하고 발생한 의사소통 장애를 극복할 수 있다(이순열, 2018).

(1) 적절한 매체 선택

송신자는 전하려는 메시지를 명확하게 말, 문서, 행동 등으로 적절히 표현해야 한다. 가능하면 수신자가 쉽게 이해할 수 있는 매체를 사용하여 메시지를 전달해야 한다. 특히 감정 상태와 관련된 메시지를 전달할 경우에는 말이나 글과 같은 언어적인 매체보다는 몸짓이나 표정의 비언어적 매체가 효과적이다. 하지만 감정표현을 과장하거나 축소한다면 오히려 갈등이나 오해의 원인이 되기 때문에 주의해야 한다. 상대방이 이해할 수 있는 수준의 용어를 사용하여 쉽게 설명하거나 말로 지시한 다음 그 내용을 기록한 문서를 넘겨주면 의사소통의 장애를 극복하는 데 상당한 도움을 준다.

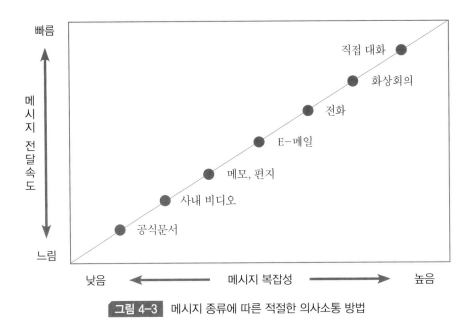

메시지 종류에 따른 적절한 의사소통 방법

(2) 비언어적 매체 주의

수신자로서 송신자의 표정, 몸짓, 안색, 억양 등의 비언어적 매체에 주의를 기울이면 메시지 이해에 큰 도움이 된다. 우리나라 사람들의 경우 소위 '눈치'를 보는 감각은 비언어적 매체의 변화를 감지하는 중요한 의사소통 능력이기도 하다. 하지만 비언어적 매체에 과도하게 의존하게 되면 명확한 언어적 내용을 지레 짐작하는 문제가 발생할 수 있다.

(3) 적극 경청

많은 사람이 말하는 것을 좋아하면서도 듣는 것에는 별 관심이 없는 경우가 많다. 사람들은 아는 것이 많다고 생각할수록, 자기중심적일수록, 자신의 홍보가 필요할수록 혹은 권력이 많을수록 말을 많이 하려는 경향이 있다. 상대방의 말을 단순히 듣는 것과 적극 경청하는 것은 다르다. 일반적으로 듣는 것은 수동적인 데 반하여 적극적인 경청은 능동적이다. 적극 경청은 지적인 노력과 정신력의 집중을 필요로 한다. 따라서 적극 경청이란 상대방의 입장에서 상대의 욕구, 경험, 관심, 기대, 태도에 대해서 진지하게 집중하는 것이다.

(4) 감정 억제

의사소통의 활성화를 위하여 감정을 억제하는 것만이 좋은 것은 아니다. 하지만 일반적으로 흥분된 감정 상태에서는 의사소통이 제대로 될 수 없기 때문에 감정이 가라앉을 때까지 기다리는 것이 좋다. 메시지를 들었을 때 그 내용을 있는 그대로 해독하는 것보다는 송신자와 자신의 감정 상태를 고려하면서 이해하게 되면 상당 부분 오해를 줄일 수 있다. 상대방을 설득할 때 말하는 사람이 메시지와 더불어 감정을 표출하는 비언어적인 방법이 뜻밖의 큰 효과를 나타내기도 한다.

(5) 피드백 활용

송신한 내용이 올바로 전달되었는지 확인하지 않고 다음 내용을 보낸다면 오해가 계속해서 누적되어 엉뚱한 의사소통이 될 수 있다. 따라서 송신한 메시지는 수시로 피드백을 받아서 정확하게 전달되었는지 검증할 필요가 있다. 피드백을 통해서 잘못이 확인되었다면 올바른 내용을 재송신해야 한다. 업무를 수행하는 도중에 틈틈이 중간보고를 생활화하는 것도 의사소통 오류를 방지하는 유용한 방법이다.

(6) 라포 형성

라포(rapport) 형성이란 신뢰할 수 있는 관계를 형성하는 것을 말한다. 정보를 송신하는 사람과 수신하는 사람이 서로 호의적이며 신뢰하는 관계를 형성하게 된다면 의사소통은 훨씬 수월해진다. 언어적 의사소통뿐만 아니라 비언어적 의사소통의 질도 좋아지게 되며 부언어로 인한 오해나 문제도 줄어든다.

안전교육에서도 교수자와 학습자의 동질감을 강조하는 것은 교수자와 학습자의 좋은 관계(rapport) 형성에 영향을 줄 수 있다. 또한 이질감을 통해 긴장감을 유발하여 집중도를 향상시킬 수도 있기 때문에 교수자는 자신과 학습자 차이와 유사성 등을 살펴보고 강조할 부분이 무엇인가를 결정해야 한다. 라포 형성은 주로 도입부에 일어나기 때문에 안전교육의 동기부여와 집중도를 결정하는 주요 방법이 될 수 있다.

또한 성공적인 라포 형성은 안전교육 내용 전개와 효과 발생에까지 영향을 미치기 때문에 안전교육의 성공과 실패를 좌우하게 된다. 안전교육의 경우 교수자가 실천할 수 있는 라포 형성 방법은 주로 기품 있는 태도와 복장, 친근한 외모나 허물없는 접촉 등이다. 또한 교수자의 실제 사례(실수나 모범적인 사례 등)를 제시하면서 학습자들과 라포를 형성할 수 있다. 어떠한 방법을 사용하더라도 라포 형성의 핵심은 의사소통을 하는 상호 간의 우호적이며 협력적인 관계 형성이다.

4. 좋은 의사소통

사람들은 자신이 보내는 메시지를 상대방이 이해할 뿐만 아니라 받아들여 주기를 기대한다. 송신자 입장에서는 수신자가 자신이 보낸 정보를 잘 이해하고 수용할 때 좋은 의사소통이 이루어졌다고 생각한다. 수신자 입장에서도 송신자가 보내는 정보를 잘 이해하는 것이 좋은 의사소통이다. 좋은 의사소통이 이루어지기 위해서는 정보 송신자 특징, 메시지 내용, 의사소통 매체, 정보 수신자 특성의 네 가지 사항을 고려해야 한다.

1) 정보 송신자 특징

의사소통에서 송신자의 역할은 수신자에게 정보를 전달하거나 이것에 영향을 주는 메시지를 준비하는 것이다. 안전교육에서 송신자는 보통 교수자가 된다. 메시지를 전하는 송신자는 수신자가 메시지를 쉽고 빠르게 그리고 정확하게 해독할 수 있도록 하는 것이 중요하다. 좋은 의사소통을 하는 송신자들의 특징은 다음의 네 가지로 정리된다.

첫째, 전문 지식이 있는 사람들인 경우가 많다. 자신감 있게 전문용어를 사용하면서 유창하게 말할 때 좋은 의사소통이 일어나기 쉽다.

둘째, 좋은 의사소통을 하는 정보 송신자들은 다른 사람들에게 신뢰를 받고 있는 경우가 많다. 상대방이 신뢰할 만하다고 느낄 때 사람들은 보다 호의적이고 긍정적으로 정보를 받아들이게 된다. 특히 자신의 주장만 내세우는 사람보다는 반대되는 주장을 인정하면서 자신의 입장을 주장할 때 더 끌리게 된다.

셋째, 상대방에게 호감을 주거나 듣는 사람과 비슷한 부류의 사람인 경우가 많다.

넷째, 송신자 특성 중에는 정보출처가 어디에 있는가도 포함된다. 그 정보를 누가 전달하는가에 따라서 사람들의 메시지 수용도나 해석은 차이가 있다. 이것을 정보출처 효과라고 하며 가장 대표적인 것은 신뢰도와 매력도이다.

정보출처 신뢰도란 사람들이 메시지 전달자에게서 느끼는 전문성과 진실성을 말한다. 정보출처의 매력도는 정보출처가 수신자에게 호감을 주는 정도와 수신자가 정보출처를 얼마나 자기 자신과 유사하게 느끼는가 혹은 다른 존재라고 느끼는가(긍정적으로는 경외심, 부정적으로는 이질감)에 의해서 결정된다. 정보출처의 매력도가 높을수록 메시지의 수용도는 증가한다.

2) 메시지 내용

메시지 내용이 중요하지 않을 때는 정보 송신자 특징에 의해 의사소통이 좌우된다. 그러나 메시지 내용이 중요할 때는 내용 자체가 의사소통의 관건이 된다. 일반적으로 메시지 내용은 이미지로 제시하는 것이 통계적 수치보다 설득력이 있다.

또한 메시지를 전달하는 사람과 동일한 의견을 가지고 있는 사람에게는 일방향 접근방법이 효과적이지만 반대 의견을 가진 사람들에게는 양방향 접근방법이 더 효과적이다. 그리고 메시지와 청중의 태도가 일치할 때 더 쉽게 수용된다. 메시지는 그 내용이 어떠한가에 따라서 효과가 다르게 나타난다. 메시지가 수신자에게 현실감 있고 익숙할수록 의사소통은 성공적일 수 있다. 수신자는 송신자가 원래 가지고 있던 아이디어로 메시지를 쉽고 빠르게 그리고 정확하게 해독할 수 있어야만 한다. 좋은 의사소통을 위해 유의해야 할 메시지 내용은 다음과 같다.

첫째, 메시지에서 논쟁이 되는 부분들을 모두 언급할 때 좋은 의사소통이 된다. 상대방이 공감하거나 중시하는 내용을 먼저 언급한 다음 자신의 주장을 이야기하는 것이 의사소통을 좋게 한다. 정보 송신자가 자신의 관점에서만 이야기하면 신뢰성이 떨어지고 상대방에게 강요하는 느낌을 주기 때문에 메시지를 거부하게 만들 수 있다.

둘째, 주장하는 메시지는 몇 가지 핵심 내용에만 초점을 맞춘다. 일반적으로 사람들은 몇 가지 강력한 주장만을 기억하는 경향이 있기 때문에 몇 가지 핵심 내용만을 강하게 주장하는 것이 더 효과적인 의사소통이 된다. 모든 내용을 강조하게 되면 의사소통의 초점이 흐려지고 불필요한 문제를 만들어 낼 수 있다.

셋째, 메시지는 논리적인 주장과 감성적인 호소를 동시에 하는 것이 바람직하다. 감성적 호소는 심리적으로 활력을 북돋우기는 하지만 듣는 사람에게 조종당하는 느낌을 줄 수 있다. 반면에 논리적인 주장은 타당성이 인정받지만 마음으로부터 수용하거나 심리적인 활력을 높여 주지 못할 수 있다. 따라서 논리적 주장과 감성적 호소를 적절히 함께 사용할 때 보다 좋은 의사소통을 이룰 수 있다.

넷째, 메시지는 반대 주장을 미리 차단할 수 있는 내용을 담고 있어야 한다. 좋은 의사소통을 하는 사람은 다른 사람의 주장이 영향을 미치지 못하도록 '예방 접종'을 한다. 예방 접종이란 다른 사람의 주장을 경계하도록 앞질러 경고하는 것을 말한다.

3) 의사소통 매체

좋은 의사소통 방법은 일반적으로 문서나 전화와 같은 매체를 사용하는 것보다는 만나서 마주 보고 대화하는 것이다. 대면 의사소통을 하게 되면 다른 방법을 사용하는 것보다 정보의 신뢰성이 높아지는 경향이 있다. 아울러 의사소통의 핵심 목표를 제대로 전달하기 위해서도 대면 의사소통 방법이 더 효과적이다. 대면 의사소통 방법은 메시지가 원하는 효과를 발휘하는지도 쉽게 파악할 수 있다. 하지만 대면 의사소통에만 의존하게 되면 사적 관계가 공적 관계보다 강하게 자리 잡을 수 있음을 유의해야 한다.

4) 정보 수신자 특성

좋은 의사소통이 이루어지기 위해서는 정보를 수신하는 사람이 자발적인지 자존심이 강한 사람인지 자기 신념이 투철한 사람인지 등 정보 수신자의 특성을 고려하고 그러한 특성을 반영한 의사소통이 이루어져야만 한다. 송신자와 수신자는 특히 피드백이 일어나는 동안에 그 역할이 바뀔 수 있다. 송신자는 피드백을 통하여 의사소통 과정이 얼마나 성공적으로 이루어졌는가를 알 수 있다.

5. 의사소통 경로

사람들은 의사소통에서 몇 가지 정해진 경로를 따르게 되는데, 이것을 의사소통 경로라고 한다. 의사소통 경로는 크게 중심경로와 주변경로로 구분할 수 있다(이순열, 2018).

1) 중심경로 처리

중심경로 처리란 의사소통에서 주고받는 정보의 내용에 집중하는 정보처리를 말한다. 사람들은 메시지 내용에 집중할 수 있지만 동시에 분위기나 주변 요소들에서 영향을 받을 수도 있다. 중심경로 처리는 전달되는 메시지가 수신자에게 관심 있는 영역이며, 자신과 관련이 깊고 내용에 대해서 파악하고자 하는 욕구가 강할 때와 같이 관여도가 높은 경우에 주로 이루어진다. 수신자의 기분이 안 좋거나 중립적인 경우 혹은 전달 내용이 잘 파악될 경우에도 중심경로로 정보를 처리하게 된다. 중심경로를 통해서 태도변화가 이루어지게 되면 주변경로 때보다 태도변화가 지속될 가능성이 더 높다.

2) 주변경로 처리

주변경로 처리란 의사소통에서 주고받는 정보의 내용보다는 분위기나 메시지의 주변 요소들에 더 크게 집중하는 것을 말한다. 의사소통이 메시지 주변에 집중하게 되는 것은 정보 수신자에게 전달되는 메시지가 관심 없는 영역이고, 관련성도 적으며, 내용 파악 욕구도 약할 때와 같이 주로 관여도가 낮은 경우에 일어난다. 수신자의 기분이 고양되어 있을 때나 전달내용이 빠르게 전달될 때에도 주변 경로로 처리되는 경향이 강해진다. 주변경로에 의한 태도변화는 강도도 약하고 일시적이다. 대표적인 주변경로 처리를 통한 의사소통 방법은 어림법이 있는데, 이것은 가용성 어림법과 선추정−후조절법으로 구분된다.

(1) 가용성 어림법

가용성 어림법은 기억하기 쉬운 사건을 기초로 어떤 일이나 사건이 일어날 가능성을 판단하는 전략이다. 예를 들어, "신종 인플루엔자와 일반 인플루엔자 중 어느 질병에서 더 많은 사망자가 발생하였을까?"라는 질문을 받았다고 생각해 보자. 언론은 새로운 질병에 보다 주목하여 연일 신종 인플루엔자 사망자 소식을 전할 것이다. 그렇게 되면 신종 인플루엔자에 관한 소식을 압도적으로 많이 접하게 된 사람들은 신종 인플루엔자 사망자가 엄청나게 많다고 생각할 수 있다. 따라서 신종 인플루엔자가 일반 인플루엔자보다 더 많은 사망자를 발생시켰다고 대답하게 된다. 이렇게 대답하게 되는 이유가 바로 가용성 어림법을 사용해서 판단하기 때문이다. 하지만 실제로는 일반 인플루엔자 사망자가 신종 인플루엔자 사망자보다 훨씬 더 많다. 이처럼 가용성 어림법은 정보처리를 쉽고 빠르게 해 주지만 오류나 편견이 작용할 여지도 있다는 점을 염두에 두어야 한다.

(2) 선추정–후조절법

어림법을 활용한 또 다른 처리 방법으로는 선추정–후조절법이 있다. 이것은 추정해야 하는 문제에 주로 사용되는 어림법으로 먼저 추정치를 정한 다음 추정치를 아래–위로 조절하는 전략을 사용한다. 추정치는 상식적인 경우가 많지만 기본적으로 경험에 의존하기 때문에 정답이 상식에 반하는 것이라면 아무리 추정치를 조절해도 정답에 접근하지 못하게 된다. 예를 들어, "0.1mm의 종이를 100번 접으면 두께가 얼마가 될까?"라는 질문에 대해서 별로 두께가 두껍지 않을 것이라고 생각하기 쉽다. 하지만 정답은 127,000,000,000,000,000,000,000km로 지구와 태양 간의 거리보다 80배가 넘는 두께가 된다. 선추정–후조절법을 사용해서는 우리는 절대로 이러한 문제의 정답에 도달할 수 없다. 왜냐하면 우리는 이미 0.1mm의 종이 두께를 경험상 아주 얇다고 추정하고 있기 때문에 지구와 태양 간의 거리보다 80배가 넘는 두께라는 정답에 도달할 수 없게 된다. 이처럼 선추정–후조절법도 경험이라는 주관적 인식 안에서 이루어지기 때문에 항상 오류의 여지를 가지고 있음을 명심해야 한다.

6. 의사소통 영향 요소

의사소통은 여러 가지 요소들에 의해서 영향을 받는다. 이러한 요소들은 대체로 인간으로서 가지고 있는 특성인 정서나 지능 혹은 욕구나 동기들과 관련되어 있다(이순열, 2018).

1) 정서

의사소통은 정보 수신자의 현재 기분 혹은 정서가 어떤가에 의해서도 영향을 받는다. 우선 정보 수신자의 기분이 좋을 경우에는 메시지 짜임새에 따른 차이 없이 설득효과가 좋다. 반면에 날씨가 흐려서 우울하다고 느낀다든지 불만이 생겨서 화가 난 상태라면 메시지 짜임새가 좋을 때 의사소통이 보다 잘 이루어진다. 안전교육에 적용해 본다면 기분 나쁜 상태로 교육에 참여한 사람들에게는 의사소통을 위한 노력이 훨씬 더 많이 필요하다는 것이다.

인간의 기본 정서에는 불안이나 공포정서도 있다. 인간은 생존하기 위해서 논리적 추론 없이 본능적이고 즉각적으로 위험한 대상을 알아차려야만 한다. 순간적인 알아차림을 위해서는 논리적으로 따지고 지식을 통해서 평가하는 인지적인 과정보다는 불안이나 공포와 같이 순간적으로 알아차릴 수 있는 정서가 더 유용하다. 따라서 의사소통에서는 공포감을 느끼게 해서 설득하려는 경우도 있다. 공포정서를 활용한 의사소통은 위험이 심각하며 실제 사고가 발생할 가능성이 높고 위험을 피할 수 있는 방법이 있을 때에 효과적으로 작용한다. 하지만 지나친 공포는 내용전달에 지장을 초래할 수 있다. 그리고 상반되는 주장을 모두 제시하는 것은 면역효과를 가져와서 의사소통의 효과를 떨어뜨리기도 한다.

2) 정보 노출 형태

정보를 노출하는 형태에 따라서도 의사소통은 영향을 받는다. 대표적인 것이 바로 반복이다. 반복은 친숙해진 자극에 보다 호감이 가는 것을 말한다. 하지만 짜임새가 없는 메시지가 반복될 때에는 노출효과가 없어지게 된다. 같은 메시지 내용이라도 매체나 짜임새를 변화시키면 반복효과가 증가하기도 한다.

정보가 노출되는 시간도 의사소통에 영향을 미친다. 일반적으로 오랜 시간 제시된 정보에 우리는 더 큰 호감을 가진다. 단순노출 효과라고도 하는데, 오랜 시간 동안 노출되어서 익숙한 정보에는 더 적은 방어 자세를 취하기 때문에 의사소통이 수월하게 이루어진다. 대체로 오래 보았던 사람들을 배우자로 선택하는 경향이나 오랜 시간을 같이 보낸 가족들과 의견이 잘 맞는 것도 단순노출 효과로 설명할 수 있다.

3) 인지욕구

생각하기를 즐기는 성향, 즉 인지적 욕구가 어느 정도인가에 따라서도 설득 효과는 달라질 수 있다. 인지욕구가 높은 사람은 낮은 사람들에 비해서 메시지를 논점 위주로 처리한다. 즉, 중심경로로 처리한다는 것이다. 인지욕구가 강한 사람은 물건 구매 전에 사전 탐색을 많이 하고 상품 선택에 대해서 고려하는 점이 많다. 그리고 결정에 걸리는 시간이 길며 광고내용이 객관성을 바탕으로 할 때 호의적으로 느끼게 된다. 또한 인지욕구가 높은 사람은 태도를 변화시키려는 행위에 대해서 저항감을 크게 가진다.

대학생들을 대상으로 12개의 상품광고를 보여 주고 상품 호감 정도를 평가하는 실험을 한 결과, 그중 6번째 광고인 품질이 좋아 보이는 전화 자동응답기가 가장 좋은 점수를 받았다. 이틀 후에 이들에게 다른 광고들과 섞어서 전화응답기 광고를 제시하고 다시 평가하게 했을 때 인지욕구가 높은 사람의 평가는 일관성을 유지하였지만, 인지욕구가 낮은 사람은 다양한 변화를 보였다(이순열, 2018).

4) 관여

의사소통으로 발생하는 정보처리는 관여에 의해서도 영향을 받는다. 관여는 제공된 정보와 자신이 얼마나 밀접하게 관계되어 있는가를 말한다. 관여 정도가 낮은 상황에서는 주변경로를 통해서 정보를 처리하고 주변단서가 중심단서보다 신념과 행동변화에 더 큰 영향을 준다. 반면, 관여 정도가 높은 조건에서는 중심경로로 정보를 처리하며 중심단서가 사람들의 신념, 태도, 행동에 더 큰 영향을 준다. 일반적으로 관여가 높은 조건에서는 메시지 주장의 강약이 태도변화에 영향을 주었지만 메시지 출처의 전문성은 태도변화에 아무런 영향을 주지 못한다. 관여가 낮은 조건에서는 메시지 주장의 차이가 태도변화에서 통계적으로 유의미한 차이를 가져오지 못하였지만 출처가 전문가일 때 더 잘 설득되었다. 따라서 안전교육에서는 교육대상자들의 관여 정도를 미리 파악하여 정보의 강약을 조절할지 전문성에 집중할지를 결정하는 것이 필요할 것이다.

7. 의사소통 전략

작은 행동교정부터 내면의 깊은 동의를 통해서 일어나는 습관변화까지 의사소통으로 상대방을 바꾸는 것은 여간 어려운 것이 아니다. 따라서 다음과 같은 몇 가지 의사소통 전략을 파악하고 있다면 도움이 될 것이다(이순열, 2018).

1) 매력전략

매력(ingratiation)전략이란 자기 자신을 타인에게 더 매력적으로 보이기 위한 전략을 말한다(Jones, 1964). 매력전략에 의하면 개인의 매력이 증가할 때 다른 사람들이 그 개인에게 동조할 가능성이 증가한다. 일반적으로 사람들은 자신이 좋아하는 사람에게 자기 자신을 더 매력적으로 보이게 하려고 노력한다. 그러나 매력전략은 조작적이고 계산적이라는 한계가 있다. 그럼에도 매력전략에는 다음과 같은 몇 가지 구체적인 방법들이 있고 이러한 매력전략들을 적절히 사용하면 의사소통에 긍정적인 영향을 줄 수 있다.

첫째, 비슷하게 보이기이다. 사람들은 자신과 비슷한 사람을 좋아한다. 자신의 매력을 잘 보여 주는 노련한 사람들은 상대방의 태도, 의견, 관심을 재빨리 파악해서 자신의 태도, 의견, 관심을 상대방에게 맞추려 한다. 만일 이것이 성공한다면 상대방은 자신과 유사한 사람으로 지각하고 결과적으로 그를 좋아하게 된다.

둘째, 욕구에 동조하기이다. 사람들은 자신의 욕구나 소망에 동조해 주고 인정해 주는 사람을 좋아한다. 이러한 사람은 상대방에게 보상을 줌으로써 자신의 중요성을 증가시킨다.

셋째, 칭찬 또는 선물 주기이다. 매력적으로 보이는 사람은 상대방에게 칭찬하거나 선물을 줌으로써 상대방에 대한 통제력을 가질 수 있다(Dorsch & Kelly, 1994).

넷째, 좋아함 표현하기이다. 사람들은 자신을 좋아하는 사람을 좋아한다. 사람들은 애정을 가지고 자신을 설득하려는 사람을 볼 때 그 사람이 정말로 나를 좋아하는 것이라고 생각해서 그 사람을 좋아하게 된다.

다섯째, 충고 구하기이다. 매력적으로 보이는 사람은 상대방에게 충고를 구함으로써 상대방이 존경받고 있다고 느끼게 만든다. 이 전략은 상대방에게 호의를 표현하는 방법이기도 하다.

여섯째, 상대방 이름 기억하기이다. 누가 자신의 이름을 기억해 준다는 것은 기분 좋은 일이다. 매력적으로 보이는 사람은 상대방의 이름을 부르는 것만으로도 상대방이 자신의 요청을 들어주게 만든다(Howard, Gengler, & Jain, 1995).

2) '문 안에 발 들여놓기' 전략

Freedman과 Fraser(1966)는 캘리포니아에서 안전운전 캠페인에 서명을 요구하기 위해서 만난 거의 모든 가정주부에게서 서명을 받았다. 2주 후에 이들 주부들을 재방문해서 그들의 집 정원에 "안전하게 운전합시다!"라는 입간판을 세워 줄 것을 요청하였다. 이전에 서명에 참여했던 주부는 참여하지 않았던 주부보다 세 배나 많이 그 요청을 받아들였다. 서명한 사람과 그렇지 않은 사람들에게 발생한 두 번째 요청사항에 대한 수용여부의 차이는 '문 안에 발 들여놓기' 전략(the food-in-the-door technique)으로 설명할 수 있다.

'문 안에 발 들여놓기' 전략에 의하면 처음에 요청을 받은 사람이 요청한 사람의 작은 요구를 수락하면 요청을 받은 사람은 그다음에 요청한 사람의 좀 더 큰 요구를 거부할 수 없게 되고 그 요구를 받아들인다. 이 전략에서 중요한 것은 첫 번째 요구와 두 번째 요구 사이에 시간 간격이 있다는 것이다. 이 기간에 사람들은 자신이 왜 이런 행동을 했는지에 관해 생각하게 된다. 앞의 Freedman과 Fraser(1966)의 연구에서 서명에 참여했던 주부들이 참여하지 않았던 주부들보다 두 번째 요구를 더 많이 수락한 것은 이들이 서명을 하였기에 자신이 안전에 그만큼 관심이 많다는 자기지각이 일어났기 때문이다. 즉, '문 안에 발 들여놓기' 전략은 사람들이 자신들의 행동에 일관성이 있어야 한다는 지각에 근거한다. 처음의 작은 요구를 수락함으로써 요청을 받은 사람은 자신이 그러한 일을 중요하다고 생각하거나 좋아하는 사람이라는 자기 인상을 형성한다. 그 다음에 두 번째 요구가 주어지면 요청을 받은 사람은 자신을 이러한 자기지각과 일치시키려는 욕구로 인해 추가된 요구도 수락하게 된다(Reingen & Kernan, 1977).

따라서 '문 안에 발 들여놓기' 전략이 성공하기 위해서는 첫 번째 요구의 수락이 자기지각을 유발할 수 있어야 한다. 지나치게 사소한 요구는 자기지각 효과가 덜 나타나며,

이럴 경우에는 상대방이 요구를 수락하였을 때 상대방에게 자기 이미지를 분명히 확인 시켜 주는 것이 효과적이다. 예를 들어, "당신은 안전에 정말로 관심이 많은 훌륭하신 분이군요."라고 말해 줌으로써 은연중에 상대방은 자신에 대한 인상을 수용하게 된다. 또 '문 안에 발 들여놓기' 전략이 효과가 나타나기 위해서는 첫 번째 요구를 스스로 수 락했다고 인식시킬 필요가 있다. 첫 번째 요구를 수락한 것이 강요나 순서에 의해서 어 쩔 수 없이 이루어진 경우라면 자기지각 효과는 나타나지 않을 것이다(한규석, 2002).

3) '좀 전엔 미안했어!' 전략

> 자녀: "엄마 나 50만 원만 줘."
>
> 어머니: "얘가! 50만 원이 누구 집 애 이름이니? 안 돼!"
>
> 자녀: "그럼 엄마 나 5만 원만 줘."

많은 사람이 이와 비슷한 상황을 경험해 본 적 있을 것이다. 대체로 부모는 형편이 된다면 자녀에게 돈을 줄 것이다. 물론 자녀를 사랑하기 때문이기도 하지만 좀 전의 대 화에서 자녀가 쓴 '좀 전엔 미안했어' 전략(the door-in-the-face-technique)이 영향을 주 었기 때문이다. '좀 전엔 미안했어' 전략도 '문 안에 발 들여놓기' 전략과 마찬가지로 두 가지 요구를 포함하고 있다. 그러나 '문 안에 발 들여놓기' 전략과는 다르게 '좀 전엔 미 안했어' 전략에서의 최초 요구는 매우 커야 한다. 즉, 요청을 받은 사람이 당연히 요구 를 거절할 정도로 커야 한다. 요청을 받은 사람이 최초 요구를 거절한 후에 요청한 사 람은 바로 요청받는 사람에게 두 번째 작은 요구를 한다. 두 번째 요구가 요청하는 사 람이 실질적으로 원하던 것이며, 첫 번째 요구와 비교해 볼 때 분명히 작아 보여야 한 다. '좀 전엔 미안했어' 전략은 '문 안에 발 들여놓기' 전략의 자기지각 기제로는 설명할 수가 없다. 자기지각 기제에 따르면 만일 요청받는 사람이 첫 번째 요구를 거절하면 요 청받는 사람은 두 번째 요구 역시 거절해야 한다. 따라서 '좀 전에 미안했어' 전략에서 는 다른 논리적 기제가 작용하는데, 이것을 상호성 규범이라고 한다.

상호성 규범은 만일 누군가가 당신을 위해서 무엇을 한다면 당신은 그 사람에게 대 가로 무언가를 해 줘야만 한다는 것을 말한다. '좀 전엔 미안했어' 전략은 이 규범을 교 묘히 이용한다. 이 전략에서 요청하는 사람은 부담이 큰 첫 번째 요구를 요청받는 사람이 들어줄 것이라고 전혀 기대하지도 않는다. 대신에 두 번째 요구는 들어줄 것이라고 기대한다. 그러나 요청하는 사람은 자신이 두 번째 작은 요구를 제시함으로서 자신이 무언가를 포기했음을 요청받는 사람에게 느끼게 하고, 또 요청받는 사람에게 미안한 마음이 들게 해서 요청을 들어주도록 보이지 않는 압력을 가하게 된다. 즉, 요청받는 사람이 요청하는 사람의 두 번째 요구를 들어줌으로써 미안한 감정을 풀 수 있는 기회를 주는 것이다.

이 전략이 성공하기 위해서는 두 가지 조건이 필요하다. 첫째, 앞에서도 설명하였듯이 이 전략이 상호성 규범에 근거하기 때문에 두 번째 요구가 첫 번째 요구보다 수신자가 느끼기에 많이 작아야 한다. 예를 들어, 만일 첫 번째 요구가 10페이지짜리 분량의 설문지를 완성하는 것이라면 두 번째 요구는 첫 번째 요구가 거절당한 직후에 두세 장짜리 분량의 설문지가 제시되어야 한다. 둘째, 요청하는 사람이 양보한다는 인상을 받도록 해서 요청받는 사람이 다음에 오는 요청은 거절하지 못하도록 하기 위해서는 두 요구 사이의 시간간격이 짧아야 한다.

4) '100원이라도' 전략

'100원이라도' 전략(the even-a-penny-will-help technique)은 사람들이 자신을 좋은 사람으로 보이게끔 하려는 경향에 근거를 둔다. 이 전략은 돈을 기부하는 자선행사에서 주로 사용된다. 예를 들어, 여러분은 크리스마스가 다가올 때 길거리에서 구세군 자선냄비를 보게 될 것이다. 구세군이 종을 치면서 불우이웃을 돕자고 말할 때 간혹 "100원도 괜찮습니다."라는 말을 여러분은 들어 본 적이 있을 것이다. 이때 정말로 100원만 내는 사람이 있을까? 대다수의 사람들은 100원보다는 큰 금액을 낼 것이다. 이것은 사람들이 말 그대로 100원만 내는 자신을 참으로 바보스럽다고 생각하기 때문이다. 사람들은 자선행사에서 규범적으로 적절한 무엇이든지 제공하려 한다. 실제로 Cialdini와 Schroeder(1976)는 자선행사에서 '100원이라도' 전략을 사용했을 때 기부금이 증가함을 보여 주었다. '100원이라도' 전략은 표현을 바꾸어서 다양한 상황에 적용될 수도 있다.

예를 들어, 시장조사 설문지를 실시할 때 "한두 문항에만 응답하셔도 크게 도움이 될 것입니다."라든지 또는 고객과의 전화통화에서 "고객님께서 1분만 시간을 내 주시면 저에겐 커다란 힘이 될 것입니다."와 같은 표현을 들 수 있다. 미국 대학생들이 교수에게 시간을 내 달라고 할 때 잘 쓰는 표현이 있는데, 이것은 "Do you have a few seconds?"이다. 학습자들에게 몇 초만 시간을 할애하는 교수가 어디에 있겠는가? '100원이라도' 전략의 변형은 이처럼 다양하게 적용된다.

8. 의사소통 소구점

효과적인 의사소통이 이루어지기 위해서는 교육 설계에서부터 구체적인 소구점(appeal point)과 소구방법을 결정할 필요가 있다. 소구점이란 광고나 정보전달에서 수신자에게 호소하는 부분이나 수신자의 흥미를 불러일으키거나 마음을 끌어내는 지점을 뜻한다. 앞에서 언급한 것처럼 정보내용의 종류, 관여 정도, 수신자 특성 등에 따른 소구방법은 다양하다. 기술 발달과 다양한 매체 출현은 안전교육을 표현하는 의사소통 및 소구방법을 점점 더 다양한 모습으로 변화시키고 있다. 하지만 어떠한 소구방법을 사용하더라도 인간의 신체 감각기관을 통한 체험이라는 점과 스토리텔링(storytelling)의 형태로 진행될 수밖에 없다는 특성이 있다.

감각기관을 통한 체험에 기초한 소구방법은 기술 발전에 따라 시뮬레이션 기계나 가상현실(Virtual Reality: VR) 혹은 증강현실(Augmented Reality: AR) 등의 장비를 사용하기도 한다. 교육 영역에서 활용되는 가상현실 기술 유형은 문자 네트워크 VR, 데스크톱 VR, 몰입형 VR 등으로 나뉜다(Johnson, 2009). 그러나 이러한 전문적인 방법 외에 Web에서 가상현실을 구현하는 가장 일반적인 방법은 VRML(Virtual Reality Modeling Language)을 사용하는 것이다. VRML을 통하면 보이는 그대로의 현실세계를 묘사할 수 있다. 학습자들은 브라우저를 통해서 가상현실 세계를 접할 수 있으며 다양한 동작 옵션을 사용해서 가상현실 세계를 탐험할 수 있다(〈표 4-1〉).

인간은 상상하는 존재이기 때문에 가상현실이나 증강현실과 같은 기술적 지원을 받지 않고도 머릿속으로 마치 그런 것 같은(as~if) 세계를 만들어 낼 수 있다. 예수나 부처와 같은 인류사에 남은 위대한 교사들은 스토리텔링을 활용하여 사실보다 강력한 진실의 힘으로 사람들과 의사소통하고 아직까지도 영향을 주고 있다. 이처럼 이야기(스토리)는 인간의 마음을 움직이는 강력한 힘을 가지고 있다. 안전교육에서 스토리텔링을 통한 소구점 표현방법은 사고 영상을 활용한 공포소구나 사고체험자나 간접경험자의

표 4-1 교육영역에서 사용되는 가상현실 매체 유형

	문자 네트워크 VR	데스크톱 VR	몰입형 VR
미디어	문자	3D 그래픽, 사운드, 비디오	3D 그래픽, 사운드, 비디오
플랫폼	PC+네트워크	PC+네트워크	고성능 컴퓨터, HMD, 헤드폰, 데이터글로브, 3D 마우스 등
플랫폼 비용	저가	중가	고가
내용개발비	저가	중가	고가
몰입효과	낮음	보통	높음
사용자	동시 다수 사용 가능	동시 다수 사용 가능	설계에 따라 조절 가능

진술 등을 사용하는 것이다.

안전교육에서 스토리텔링을 활용해서 소구점을 표현할 때에는 여러 가지 방법을 혼합해서 사용할 수 있다. 하지만 구체적인 안전교육의 내용 구성에는 세부적인 행동, 조작, 상황, 상태와 함께 위반과 생략, 잘못된 선택에 대한 심리적이고 근원적인 기제를 통합적으로 고려하여 사용하는 것이 효과적이다.

스토리텔링을 활용한 의사소통 소구점은 크게 정서적 소구와 인지적 소구로 구분할수 있다. 보다 세분화하여 안전교육에서 사용할 수 있는 정서적 소구는 유머나 공포, 가족애와 같은 것들이고 인지적 소구는 인지적 충격소구와 비합리적 신념소구 등이다.

1) 정서적 소구

(1) 공포소구(혐오소구)

공포소구는 혐오소구의 일종이다. 공포는 일반적으로 사람들에게 불쾌감을 주는 피하고 싶은 정서이다. 때문에 공포소구는 사람들의 위험지각을 작동시킨다. 공포감을 위험에 대한 정서적 반응으로 적절히 잘 사용한다면 반사반응처럼 신속하게 위험을 피하고 안전을 추구하도록 조절할 수 있다. 하지만 너무 가혹하게 사용한다든지 지나치게 혐오스러운 매체를 사용한다면 오히려 공포소구 자체가 트라우마(trauma)로 작용할 수 있기 때문에 섬세하고 조심스럽게 사용해야 한다(Henthornem, Latour, & Nataraajan, 1993).

공포소구는 재난과 재해, 사고나 사건을 다루는 안전교육에서 가장 빈번히 그리고 가장 효과적으로 사용될 수 있는 소구방법이다. 안전교육을 주관하는 사람들은 공포소구를 사용해서 학습자들의 집중도를 올릴 수 있고, 놀라는 반응을 통해서 교육 효과를 짐작할 수도 있다. 하지만 공포소구에서 나타나는 학습자들의 짧은 비명처럼 한번 놀라고 끝나 버리는 형태로 사용한다면 안전교육으로서의 의미와 효과는 반감될 수 있다. 공포소구가 보다 효과적이기 위해서는 사고나 사건 발생 전의 편안하고 일상적인 모습과 그 안에 숨겨져 있는 위험요소를 찾아내고, 숨겨진 위험이 어떻게, 왜 촉발되어 끔찍하고 공포스러운 사고로 이어지게 되었는지에 관한 이야기가 뒷받침되어야 한다. 다시 말해, 공포가 학습자들에게 잘 전달되어 그들의 태도와 행동을 보다 안전하게 바꾸기 위해서는 재해나 재난 그리고 사고나 사건 전의 상태가 일상적이고 평온할수록 효과가 크다. 또한 일상과 사건의 대비를 통해서 공포스러운 사고나 사건이 누구에게나 발생할 수도 있음을 인식시키는 것이 공포소구를 사용하는 핵심 이유이다.

공포소구는 흔히 긍정적 공포와 부정적 공포 그리고 이들 양자가 융합된 형태로 사용된다. 긍정적 공포소구는 권고안을 채택할 경우 얻게 될 물리적 · 심리적 혜택이나 긍정적 결과를 강조하는 형식이다. 부정적 공포소구는 권고안을 채택하지 않을 경우 발생하게 될 물리적 · 심리적 손실 및 부정적 결과를 강조하는 것이다. 이와 같이 공포소구는 특정한 행동을 하지 않음으로써 발생하는 부정적인 결과를 메시지 속에 제시하여 공포를 야기하는 형태로 제시된다.

공포는 부정적인 감정이기 때문에 공포가 발생하게 되면 이것을 제거하기 위한 동기가 작동한다. 대체로 사람들은 부정적인 결과가 발생하는 것을 원하지 않을 뿐만 아니라 그것을 경험하는 것 자체를 두려워하기 때문에 메시지에서 권하는 방향으로 행동할 가능성이 높아진다(Witte, Meyer, & Martell, 2001). 따라서 공포라는 감정반응이 문제해결에 필요한 정보처리를 방해하지 않는 한 공포소구는 효과적이다(Keller & Block, 1996). Tanner, Hunt와 Eppright(1991)은 공포소구에 대한 여러 연구들을 광범위하게 살펴보면서 효과적으로 공포소구를 다루기 위해서는 다음의 다섯 가지 조건들을 섬세하게 고려해야 한다고 주장했다.

첫째, 공포를 일으키는 문제에 대처하고 해결하기 위한 구체적인 방법을 제공하라.

둘째, 제시된 방법을 따르면 문제가 해결될 것이라는 지침을 제공하라.

셋째, 이미 상당한 위협을 느꼈거나 위협에 노출된 청중에게는 더 높은 수준의 공포는 피하라.

넷째, 자존감이 낮은 청중에게는 높은 수준의 공포 메시지는 피하라.

다섯째, 공포소구 유형과 수신자의 개인차를 고려하라.

(2) 유머소구

유머는 기대와의 불일치 또는 기대로부터의 이탈에 의해서 발생하는 유쾌한 감정이다(Alden, Hoyer, & Lee, 1993). 유머를 사용한 소구방법은 학습자들의 주의를 환기시키거나 집중도를 올리는 데 큰 도움을 준다. 하지만 공포소구와 같이 유머소구는 즐거움이라는 큰 정서적 자극을 활용하기 때문에 한번 웃고 끝나 버리는 일회적인 자극이 될 수도 있다. 따라서 유머소구를 사용하는 교수자는 안전교육은 재미를 위해서 실시하는 것이 아님을 명심할 필요가 있다. 안전교육은 손과 발을 변화시키는 행동적인 부분과 머리와 가슴을 변화시키는 태도 부분까지를 목적으로 한다. 다시 말하지만 즐거움이 안전교육의 목표는 아니다.

하지만 학습자들의 마음을 누그러트리고 안전교육에 좋은 인상을 주는 데는 유머소구만큼 효과적인 방법은 없다. 경직되고 딱딱한 교육보다는 웃으면서 하는 교육을 사람들은 더 선호한다. 안전교육으로서 유머소구가 제대로 효과를 발휘하기 위해서는 공포소구와 마찬가지로 사용된 유머 속의 이면에 위험내용과 안전내용을 학습자들에게 부각시켜서 제시해 줄 수 있어야 한다. 혹은 참여자들 간에 토의하거나 발표하는 형태로 유머 속에 숨겨져 있는 메시지를 찾고 의미를 되새겨 보는 과정이 필요하다.

특히 유머소구에서 주의해야 할 것은 성적인 유머를 사용할 때 성인지 감수성 차원에서 문제가 없는지 검토할 필요가 있다는 점이다. 그리고 차별이나 비하의 형태로 유머가 사용되지 않도록 주의해야 한다. 이를 위해서는 안전교육을 진행하고 실행하는 사람이 건전한 인권 가치관과 종합적인 감수성을 가지고 매체를 적절히 선택하는 안목이 있어야 한다.

유머는 설득 커뮤니케이션에 매우 긍정적인 영향을 준다. 예를 들어, 재미있는 전단지가 사회적 친목모임을 알려 주기 위해 배부됐을 때 평범한 전단지가 배부됐을 때보다 20% 더 많은 사람들이 참석하였다(Scott, Klein, & Bryant, 1990). 또 다른 연구에서는 유머가 특정 상표에 대한 청중들의 태도를 개선하였으며 정보에 대한 기억을 향상시켰다고 한다(Zhang & Zinkhan, 1991). 이러한 유머소구의 장점은 다음 세 가지로 정리해 볼 수 있다.

첫째, 유머는 상대방의 기분을 좋게 하여 설득 메시지에 반대되는 주장을 떠올리지 못하게 할 수 있다(Kelly & Solomon, 1975).

둘째, 유머는 상대방의 주의를 유도하여 정보 회상과 이해를 높인다.

셋째, 유머는 상대방에게 정보에 대한 호감을 증가시킨다(Weinberger & Gulas, 1992).

모든 소구방법에는 장점과 단점이 동시에 존재한다. 유머소구 역시 긍정적인 효과뿐만 아니라 다음과 같은 부정적인 효과도 있다.

첫째, 유머는 메시지 이해도를 낮출 수 있다. 예를 들어, 유머스러운 내용 회상과 진지한 내용 회상을 비교한 연구에서 진지한 내용 회상이 유머스러운 내용 회상보다 유의미하게 좋았다(Cantor & Venus, 1980). 즉, 유머가 오히려 메시지에 대한 주의를 분산시킬 수 있다는 것이다(Murphy, Cunningham, & Wilcox, 1979).

둘째, 유머는 일반적으로 생명이 짧다. 유머는 처음에는 재미있지만 반복되면 싫증이 난다. 특히 유머가 개그형태라면 더 빨리 사라진다.

셋째, 유머는 청중에 따라 기대하지 않았던 부정적 효과를 가져다줄 수 있다. 유머소구에서 가장 위험스러운 점은 청중에 따라 반응이 다를 수 있다는 것이다. 한 연구는 어떤 성별(남성이나 여성)은 유머에 더 부정적으로 반응한다고 하였다(Lammers, 1983). 또 다른 연구는 성별을 제외한 청중 특성(인종, 국적, 성격, 사회적 태도 등)이 유머효과를 조절한다고 밝히고 있다(Sternthal & Craig, 1973).

한편, 유머소구의 효과와 관련된 부수적인 요소도 두 가지가 있다. 우선 하나는 유머는 어떤 식으로든 정보내용이나 상대방과 직접 관련되어야 효과가 있다는 점이다. 아무런 관련도 없는 내용이지만 그냥 재미있으니까 제시되는 유머는 효과가 없거나 오히려 전체 안전교육의 집중도를 낮출 수 있다. 또 다른 하나는 유머 효과는 학습자의 사전평가에 의해 조절된다는 것이다(Chattopadhyay & Basu, 1990; Smith, 1993). 한 연구에서 해학적 내용에 대한 사전평가가 긍정적일 때 상대방의 행동 의도는 증가하였다. 그러나 해학적 내용에 대한 사전평가가 부정적일 때 행동 의도는 감소하였다. 진지한 정보일 때는 반대 결과가 나타났다. 사전평가가 부정적일 때 행동 의도는 진지한 정보 조건에서 증가하였지만 유머 조건에서는 감소하였다. 이런 결과는 유머와 전달하고자 하는 내용에 대한 긍정적 사전평가가 효과를 조절할 수 있음을 보이고 있다.

(3) 가족소구

가족소구는 일반적인 교육 상황에서는 사용되기 어렵다. 특히 사적 영역에 대한 존중이 강조되고 있는 요즘에는 누군가의 가족을 언급하는 것은 큰 실례로 인식될 수 있다. 하지만 안전교육에서는 적극 사용될 수 있는 강력한 소구점이다. 부모나 부부 혹은 자녀 등 누구나 주변의 가족들은 존재하기 때문에 그들과의 행복한 관계 유지는 많은 사람들에게 삶의 가장 큰 목적이다.

안전행동을 위반하는 이유들은 대개 자신의 이득(시간절약, 비용절감 혹은 이익증가)이 크기 때문인 경우가 많다. 이러한 이득에는 자신을 포함한 가족들의 이익이 같이 계산된다. 때문에 안전교육에서 가족과의 행복한 삶을 살고자 하는 강력한 소망이 사고나 사건에 의해서 얼마나 큰 위협을 받게 되는지를 부각시켜 준다면 아주 강력한 행동변화와 태도변화를 이끌어 낼 수 있다.

가족소구는 사고결과에 따른 비극을 부각시키는 것도 한 방법이지만 가족 간의 행복을 유지하기 위해서 보다 안전해져야 한다는 방향으로 진행될 수도 있다. 즉, 가족소구를 사용할 때 공포나 슬픔과 같은 부정적인 감정에만 의존하기보다는 행복이나 기쁨과 같은 다양한 정서적 반응들을 고려할 필요가 있다. 중요한 것은 학습자들이 가족과의 행복을 유지하고 그것을 잃지 않도록 위험을 해결하고 안전을 충족시키는 것이 왜 중요하며 어떻게 해야 할지를 느끼고 결정하고 행동하도록 하는 것이다.

법규 위반자나 미준수자들에 대한 처벌 교육에서도 가족소구는 강력한 방법으로 사용될 수 있다. 비자발적인 집단은 교수자가 어떠한 소구점을 활용하여도 잘 수용하지 않는 경우가 많다. 하지만 방어적인 태도를 취하는 학습자들조차도 자신의 가족들을 떠올리고 가족애를 자극하는 소구점을 사용하는 경우에는 변화에 보다 긍정적인 태도를 취하게 된다. 사고발생이나 단속처벌이라는 현상에만 매몰되어 불평하고 있는 학습자들의 관점이 가족소구를 통해서 '진정한 행복이란 무엇인가?'와 같은 보다 내밀한 진실과 만나게 되는 것이다. 또한 안전지식과 기능 그리고 태도를 습득하는 데 선임자의 중요성은 모두가 공감하는 내용이다. 선임자이자 가족의 가장 그리고 어른으로서 모범이 되는 것이 필요하다는 내용을 가족소구를 사용하여 전달한다면 학습자들의 안전교육에 임하는 자세와 태도를 변화시키는 강력한 방법이 될 수 있다. 단속이나 처벌에 불만을 가지고 있는 사람들의 방어와 불만을 누그러뜨리고 안전행동에 보다 집중하도록 동기를 강화시킬 수 있는 유용한 방법이 바로 가족소구이다.

2) 인지적 소구

(1) 인지적 충격소구

인지적 충격소구는 사람들이 착각하고 있거나 잘못 알고 있는 것들을 논리적이고 객관적으로 설득하면서 인지적인 충격(놀람)을 느끼도록 하는 소구방법이다. 인지적인 방법을 사용하지만 정서적 놀람까지 연결하기 때문에 감정적으로 소구하는 방법보다 더 어렵고 정교한 소구방법이라고 할 수 있다. 인지적 충격을 통해서 변화된 태도나 행동은 기분이나 분위기와 같은 지엽적인 경로를 통한 설득보다 지속적이라는 연구들이 많다.

인지적 충격소구를 사용하기 위해서는 우선 안전교육 대상자들이 어떤 생각을 가지고 있는지를 파악해야 한다. 즉, 강력하게 자리 잡은 학습자들의 잘못된 신념이나 인지패턴을 확인해야 한다. 그리고 경직되어 굳어진 학습자들의 인지패턴에 강력한 충격을 주어서 변화의 동인을 만들어 내는 것이 인지적 충격소구의 적용점이다.

인지적 충격을 소구점으로 사용할 수 있는 구체적인 방법은 다양하다. 예를 들어, 법령이나 규칙을 제시할 때 단순히 나열하고 열거하는 것보다 인지적 충격을 사용하면 더 효과적일 수 있다. 일반적으로 사람들은 규제나 규칙을 준수하는 것을 싫어한다. 제약하는 것을 좋아할 리 없다. 법규나 제도에 대한 불만은 규칙이란 단속을 위해서 있는 것이라거나 책임을 가리기 위한 것이라는 태도로까지 연결될 수 있다.

이러한 법규나 규칙에 대해 부정적인 태도를 가진 사람들에게는 법규나 규칙이 제정된 근원적인 이유부터 설명해 주어야 한다. 규칙이 없을 때의 위험과 제정되고 준수되었을 때 향상되는 안전에 대해서 알려 준다면 자신의 생각과 태도가 명백히 잘못되었음을 확인하면서 충격을 받게 될 수 있다. 이때의 충격은 비명을 지르거나 웃고 우는 것과 같은 정서적 반응이 아니라 개인 내면의 견고한 닻이 끊어지는 물속의 웅장한 울림과 같은 형태로 일어난다. 이런 충격을 경험한 사람은 이제 자신만의 견고한 성에서 벗어나 새로운 곳으로 옮겨 갈 수 있는 기회를 가지게 된다.

인지적 충격을 소구점으로 사용할 때 가장 많이 이용되는 방법은 사람들의 고정관념이나 잘못된 신념을 바로잡을 수 있는 실험이나 사례를 보여 주는 것이다. 실험 결과나 사례에 대해서 명백히 잘못 예견할수록 인지적 충격은 커지게 된다. 누구나 그럴 것이라고 생각했던 결과가 일어나지 않고 아닐 것이라고 생각했던 결과가 일어날 때 인지적인 충격은 배가 되고, 태도나 행동을 수정하게 되는 동력은 커질 수 있다. 인지적 충격을 소구점으로 사용하는 교수자는 일방적으로 자신의 생각을 주입하기보다는 학습자들의 생각을 물어보고 확인하면서 진행하는 방법을 사용하는 것이 좋다. 학습자들은 안전교육이 실시될 때는 대체로 모호한 태도를 취하려고 하는데, 분명한 자신의 태도를 확인시켜 줄수록 그것과 어긋날 때의 충격이 커지고 변화해야 한다는 동기가 높아진다.

(2) 비합리적 신념소구

사람들이 위험한 행동을 하는 저변에는 사고나 단속 등의 부정적인 결과가 일어나지 않을 것이라는 비합리적인 신념이 자리 잡고 있는 경우가 많다. 실제로 단속이나 사고가 발생한 당사자들조차도 재수가 없었다거나 운이 나쁘다는 등의 핑계를 내재화하기도 한다. 단속되어 처벌을 받는 경우는 사고로 연결되지 않았기 때문에 더욱더 자신의 법규위반 단속을 운이나 상황 등의 외적인 원인으로 돌리기 쉽다.

자신의 행위 결과에 대해서 외적으로만 귀인하는 사람들의 행동변화는 쉽지 않다. 따라서 잘못된 신념에 사로잡혀 있는 학습자들의 경우 자신들의 외적 귀인이 객관적 상황에서 얼마나 어리석은 것인지 알려 주면서 그들의 비합리적인 신념을 타파하는 형태로 교육내용을 설계할 필요가 있다. 즉, 비합리적 신념을 타파하는 것에 주안점을 둔 교육내용 개발이 필요하다는 것이다.

비합리적 신념을 타파하는 소구방법을 사용하는 경우 우선은 단속과 사고가 동일한 부정적 결과물이라는 점을 부각시킬 필요가 있다. 그리고 단속과 사고 중에서 선택을 하게 된다면 단속을 불평하고 있는 누구라도 사고보다는 단속이라는 부정적 결과가 그나마 조금 더 나은 결정이라는 점을 인식하도록 해야 한다.

자신이 가진 비합리적 신념을 타파하는 방법으로 자신의 자유로운 선택이나 인식의 전환을 사용하는 것이 효과적일 수 있다. 다음으로 단속이나 사고를 경험하였더라도 이러한 것이 나중에는 오히려 더 안전해지는 계기나 전화위복(轉禍爲福)이 될 수 있는 기회라는 인지적 신념을 심어 줄 필요가 있다. 이를 위해서는 자신의 현재 단속이나 사고가 추후의 사고나 단속을 예방하는 밑거름이 되거나 행동 및 태도 교정의 기회가 될 수 있음을 강조해 주어야 한다. 또한 단속이나 사고가 없었던 사람들이 그들의 잘못된 신념을 타파하지 못해서 오히려 더욱 안타까운 사고로 이어질 수 있음을 강조해 줄 필요가 있다.

　나아가 자신이 겪고 있는 사고나 단속이 자신의 인생을 망쳤다는 파국적인 생각(과대한 부정적 사고)과 이로 인한 동기가 감소하는 상황을 교정하는 데도 비합리적 신념소구를 사용할 수 있다. 과도하게 부정적인 비합리적 신념에 대해서 사고나 단속이 더 큰 불행을 예방하는 전화위복이 될 수 있음을 강조하는 것과 마찬가지로 현재의 안타까운 사고나 단속이 더 큰 문제를 예방하는 계기가 될 수 있음을 인식시키는 것도 방법이 될 수 있다.

　비합리적 신념소구는 Ellis(Ellis & Maclare, 2007)의 합리적 정서행동치료(Rational Emotive Behavior Therapy: REBT)에 근거한 상담적 기법에 기초하고 있다. 따라서 비합리적 신념을 소구로 하는 교육에서는 우선 안전교육을 수행하는 교수자가 학습자들의 불합리한 인지적 신념이 무엇인지를 구체적으로 파악하는 것이 중요하다. 그리고 이런 비합리적 신념을 타파할 수 있는 설득력 있는 논박을 적재적소에서 제시할 수 있어야 한다.

　이상의 공통점과는 다르게 상담이론인 REBT와 안전교육에서 비합리적 신념 소구를 사용할 때의 가장 큰 차이는 상담적 라포 형성이 아니라 교육적 라포 형성을 활용한다는 점이다. 따라서 안전교육에서 비합리적 신념소구를 사용하고자 할 때 모든 학습자에게 질문을 하거나 대답을 들을 필요는 없다. 중요한 것은 안전교육에 참여하는 사람들이 가지고 있는 대표적인 비합리적 신념이 무엇인가를 찾아내고 이를 타당하게 논박해서 신념의 변화가 발생하도록 하는 것이다.

　비합리적 신념소구는 앞서 살펴보았던 공포소구나 유머소구, 가족소구 그리고 인지적 충격소구 등이 모두 내재되어 있는 소구방법이라고도 볼 수 있다. 왜냐하면 비합리적 신념을 소구점으로 잘 활용하기 위해서는 개인이 가지고 있는 일반적인 생각과 개별적인 생각, 위반자들이 가지고 있는 신념, 사고를 경험한 사람들이 가지게 되는 심리 상태 등의 공통 요소를 파악하고 있어야 하기 때문이다. 동시에 각각의 상황이 가지고 있는 독립적인 신념이나 시대를 반영하는 가치관 혹은 안전문화를 형성하는 주류적인 태도에 대한 파악도 필요하다. 이러한 신념들 속에서 사고나 위반 등의 위험행동에 영향을 주는 잘못된 신념을 발견하고 이것을 논박할 효과적인 방법을 찾아 나가는 것이 비합리적 신념소구의 핵심이다.

제**5**장

코칭

1. 코칭의 개념과 특성

1) 코칭의 개념

코칭(coaching)은 학습자가 새로운 개념을 습득할 수 있도록 도와주고, 그 개념을 실천하는 것을 보조해 주며, 이미 획득된 개념들을 완벽하게 해 주는 교육방법이다. 주로 실천과 행위로 완성되는 교육과목에서 사용되는데, 학습자가 교정과 실천을 통해서 즉시 피드백을 받을 수 있어야 하기 때문이다.

코칭은 '지도하고 육성한다!'는 뜻 이외에도 '지혜를 빌려준다!'라는 뜻도 있기 때문에 학습자에게 스스로 성장할 수 있는 목표를 설정하고 추진할 수 있는 지혜와 기회를 주는 학습과정이기도 하다. 코칭의 일반적인 정의는 "임상적인 문제가 없는 정상적인 사람들이 코치와의 협동적·해결−중심적·결과−지향적 과정을 통해 자기주도적 학습, 개인적 성장, 그리고 목표달성을 촉진할 수 있도록 하는 것"이다(Grant & Palmer, 2002). 따라서 코칭형태의 교육은 학습자와 교수자의 의사소통을 통해 학습자의 능력을 개발하는 과정으로 진행된다.

표 5-1   코칭과 다른 기법들 간의 비교

구분	코칭	상담	컨설팅	멘토링
전문가 : 참가자	1 : 1(다수)	1 : 1(다수)	1(다수) : 1(다수)	1 : 1
참가자 인식	성장과 발전 주체	치료(치유)의 대상	문제해결 대상	노하우 전수 대상
참가자 자발성 정도	자발적 · 능동적	수동적	수동적	수동적
참가자–전문가 관계	수평적	수직적	수직적(수평적)	수직적
전문가 개입 정도	최소한의 개입	깊은 개입	부분적 개입	깊은 개입
문제해결 주체	코칭 대상	상담자	컨설턴트	멘토
문제해결 방식	해결책 발견 지원 (높은 구조화)	해결책 제시 (낮은 구조화)	해결책 제시	해결책 제시
주목하는 시점	현재와 미래	과거와 현재	과거와 현재	현재
참가자 고양 정도	최고 수준	부분적	없음	없음
의사소통	쌍방향	주로 일방향	주로 일방향	주로 일방향

학습자들 모두는 개개인의 특성이 있고 차이가 있으며 각기 다른 사고방식을 가지고 있기 때문에 학습동기도 다르고 적합한 교육방식도 다르다. 코칭은 이러한 문제를 해결할 수 있는 교육방법 중 하나이다. 코칭은 학습자의 지식, 기능, 태도를 좋은 방향으로 육성함으로써 조직과 학습자 모두를 유익하게 할 수 있다. 또한 문제해결 능력을 발달시킬 수 있으며 각기 다른 학습자들의 특성과 능력에 맞게 목표를 수정하면서 변화 가능성을 높일 수 있다.

코칭은 교육환경이나 조직문화에서 많이 사용되는데 학습을 통해 신뢰관계를 향상시키고 조직을 체계화할 수 있다. 코칭은 수행목표와 현실이 동떨어질 때, 즉 너무 높은 목표가 설정되었을 때에는 성과를 이루지 못할 수 있다. 따라서 학습자들의 사기가 저하되고 낙담할 수 있는 목표를 설정하지 말고 실현 가능한 수행 정도를 목표로 설정하는 것이 중요하다. 학습자들의 동기를 고양시키는 방법은 적절한 질문을 하는 것인데 질문은 정보를 캐내는 것이 목적이 아니라 학습자가 진정으로 원하는 것이 무엇인지를 알아 간다는 방식으로 접근해야 한다.

코칭은 교육생들로 하여금 자신을 '변화의 주체'로 인식하도록 돕는다. 전문 코치의 도움으로 올바른 습관을 재장착하기 위해 자신에게 필요한 것이 무엇인지를 스스로 찾아내어 자신만의 행동 실행계획을 수립하고 실천할 수 있도록 돕는 맞춤형 교육방법이다.

안전교육에서 코칭은 코치이(학습자) 주도의 변화를 목표로 하며, 전문가인 코치는 적절한 질문과 피드백을 통해 코치이 스스로 자신의 위험행동이나 잘못된 습관에 대해 객관적으로 살펴볼 수 있도록 돕는다. 단지 처벌이나 벌금을 감소시켜 주는 것과 같은 단기간의 혜택을 넘어 장기적인 관점에서 자신의 행동 변화와 관련된 구체적인 목표를 수립하도록 한다. 그리고 이와 관련된 실행 의지를 고취시킬 수 있도록 돕는다.

사고가 발생하는 많은 경우는 안전해지는 방법을 몰라서라기보다 행동선택 순간에 평가하는 위험허용 기준이 문제라 할 수 있다. 따라서 코칭을 통해서 안전에 대한 기준을 스스로 높이고 안전행동을 몸에 익히는 등의 실행계획 수립뿐만 아니라 이를 철저하게 준수하는 자신만의 이유를 가지도록 하는 것이 중요하다. 여기서 핵심은 자신만의 이유, 자신만의 기준 등 행동 주체로서 선택하고 실행에 옮기는 것에 대한 책임의식이다. 코칭은 모든 변화과정에 스스로 책임의식을 가지고 계획하고 실행하며 행동하는 것이 포함된다. 코칭은 개인의 주도적인 변화 과정들이 축적되어 자신만의 행동 조절 시스템을 구축시켜 주는 효과가 있다.

2) 코칭의 특성

코칭은 학습자가 스스로 목표를 설정하고 달성하도록 돕는 자조 활동으로서의 특징이 있다. 이러한 과정에서 경청과 질문이 중심이 되는 대화 기법을 사용하게 된다. 이와 같은 자조적 대화 기법 사용의 특징 때문에 코칭은 컨설팅이나 멘토링과는 차이가 있다. 컨설팅은 컨설턴트가 문제를 조사하고 해결책을 제시하는 형태로 진행되지만, 코칭은 학습자 스스로 문제를 탐색하고 주도적으로 해결책을 찾는다. 멘토링은 해당분야의 전문가인 멘토가 멘티에게 정보나 조언 등을 전달하는 위계적 형태로 진행되지만 코칭에서는 학습자가 가지고 있는 자원을 활용해서 스스로 해법을 찾도록 돕는 자기주도적 형태로 진행된다. 이러한 코칭의 특징을 포함하여 보다 쉬운 단어로 표현해 본다면 코칭은 '학습자 맞춤형 지도'라고 명명할 수 있다(Grant & Palmer, 2002).

코칭은 무언가를 하도록 시키는 것이 아니고 진심으로 마음에서 우러나서 자발적으로 할 수 있도록 동기를 부여해 주고 분위기를 만들어 주는 것이 핵심이다. 그런 의미에서 코칭은 인성을 증진시키는 작용을 한다고 볼 수 있으며, 참여자들의 자아실현 가능성을 믿고 문제에 대한 해답을 스스로 찾을 수 있다고 북돋우는 작업이기도 하다. 인성 증진이나 태도 변화에 있어서 코칭은 자아인식 및 의사소통에 관한 역량강화와 성장을 지원한다. 코칭은 삶을 격려하고 동기를 부여함으로써 사람들이 스스로 성장하도록 돕는 것으로 각 개인이 다양한 방면으로 성장하도록 촉진시킨다(변미옥, 도미향, 2016).

코칭은 일반적인 조력 전문분야(컨설팅, 멘토링 및 심리상담 등)와 달리 변화의 주도성 및 책임의식을 전적으로 코치이에게 부여하고, 코치이 중심의 대화로 진행된다. 이에 따라 코치이는 자신이 원하는 방향으로 변화하기 위해 코치의 질문을 통해 기존 생각의 틀을 바꾸고 새로운 관점에서 자신을 바라볼 수 있게 된다. 이러한 자기 인식을 토대로 원하는 상태나 모습을 구체화하여 변화 목표를 수립하고 이를 달성하기 위한 구체적인 실행 계획도 스스로 수립하게 된다. 이러한 자기주도적 변화 과정은 코치이로 하여금 주인 의식과 실행 의지를 높이는 데 기여한다.

코칭의 차별화된 특징은 개별화된 접근, 변화의 주체로서 학습자, 그리고 학습자의 주도성 증진에 초점을 둔다. 이것은 코치이 스스로 변화 필요성을 인식하고 변화를 통해 개인적으로 얻을 수 있는 긍정적 결과에 대한 기대감이 형성될 때 가능하다. 따라서 코치는 코치이와 대화를 통해 코치이 스스로 자신이 원하는 변화된 모습을 구체화할 수 있도록 도와야 한다. 그리고 변화가 코치이 자신에게 얼마나 중요하고 개인의 가치에 얼마나 부합되는지에 대해 성찰할 수 있도록 지원해 준다.

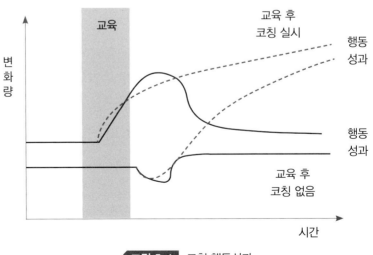

그림 5-1 코칭 행동성과

코칭은 문제의식을 넘어 코치이 스스로 원하는 방향으로의 실질적인 (행동)변화를 이끄는 것을 목표로 한다. 따라서 안전에 대한 필요성 인식(혹은 재인식) 및 행동변화의 필요성 인식에 그치지 않고 실제적인 안전행동 실행이 이루어져야만 코칭이 제대로 이루어졌다고 볼 수 있다. 행동변화적 측면에서는 전통적인 교육적 접근과 코칭이 병행되어 실시될 때보다 효과적인 것으로 나타났다([그림 5-1]).

코칭의 효과성에 관한 연구에서 T. G. Crane은 코칭과 교육의 효과성을 [그림 5-1]의 그래프와 같이 설명하고 있다. 교육실시 후 교육내용의 실천을 지원하는 코칭이 제공될 경우 행동과 성과는 변화량이 꾸준히 향상되었으며, 교육만을 실시한 경우는 일시적인 행동변화를 보이나 지속성을 갖지는 못하였다. 한 사람이 다수에게 동일한 메시지를 전달하는 교육에 비해 코칭은 코치와 코치이의 1대1 관계로 비교적 장기간에 걸쳐 진행되는 '과정중심의 맞춤형 서비스'이므로 행동과 성과 측면의 변화가 지속적으로 유지될 수 있다.

2. 코칭 과정

코칭은 구체적인 교육방법이나 특정한 교수기법(강의식, 토의식, 체험식, 참여식 등)을 사용하는 방법적인 특성보다는 교육의 목표설정, 수행자료 수집, 수행분석, 수행목표에 따른 재조사와 수정의 필요, 성장자원 확인, 행동계획 발전, 전략수행, 수행평가의 과정을 통해서 진행되는 과정 중심적인 특성이 보다 강하다. 따라서 안전교육에 코칭을 적용시키기 위해서는 '어떤 방법'으로 교육을 실시할지에 대한 고민 보다는 '어떻게' 교육과정을 진행해 나갈지에 대한 고민이 더 필요하다. 이때 고려하여야 하는 코칭의 과정은 다음과 같다.

첫째, 달성 가능한 목표를 설정한다. 참여자 특성, 시간 제약 등을 고려한 목표를 설정한다.

둘째, 수행정도를 분석한다. 참여자들의 동기와 수행 참여도 등을 고려하여 모든 참여자들의 수행이 비슷하게 되도록 노력한다.

셋째, 수행 달성치와 기대 목표치를 비교분석한다. 이것을 통해서 수정할 것들과 지속되어야 할 활동을 파악한다.

넷째, 분석결과를 통해서 수정이 필요한 부분의 목표를 새롭게 설정한다. 학습자와 코치는 상호작용하면서 새로운 목표를 설정하고 수행 동기를 고양한다.

다섯째, 목표에 도달할 수 있는 자원을 확인한다. 학습자들의 시간, 문제, 이해정도 등을 고려하여 현재 가지고 있는 자원이 무엇인지를 파악한다.

여섯째, 행동계획발전은 목표와 자원 그리고 동기를 파악하여 구체적인 행동을 계획하고 목표에 도달하기 위해서 발전시키게 된다.

일곱째, 전략수행은 수행의 성취를 위한 현실적 방법과 기법을 사용한다.

여덟째, 수행된 내용에 대해서 평가하고 목표도달 정도를 확인하며 부족한 부분에 대한 원인을 파악한다.

이상의 코칭 과정들은 교육프로그램 설계자가 선정한 교육기법을 통해서 실행되는데, 어떠한 교육기법을 선정하더라도 코칭은 의사소통을 기본으로 한다. 때문에 선정된 기법을 실행하면서 교수자와 학습자가 교환하는 의사소통이 가장 중요하다. 코칭을 사용하는 교육과정에서 사용되는 의사소통 방법은 경청하기, 질문하기, 피드백, 인정하기의 네 가지를 들 수 있다.

경청하기는 상대를 이해하고 공감하는 기술로 적극적 경청, 반영적 경청, 공감적 경청으로 구분된다. 질문하기는 상대가 스스로 자신의 문제를 해결하는 실마리를 찾도록 돕는 기술로 개방형 질문, 미래형 질문, 긍정형 질문 등을 사용하게 된다. 또 참여자로 하여금 현재 상황에 대한 이해를 높일 수 있는 질문을 하여야 한다. 피드백은 문제해결을 위하여 전진할 수 있도록 하는 기술로 코치가 말하고자 하는 것을 적절한 시기에 간결하고 중립적인 언어로 바꾸는 것을 말한다. 인정하기는 참여자가 실제적이고 구체적인 행동을 할 수 있도록 격려하고 지지하는 기술로 고객 내면의 가치를 인식하는 과정이다.

1) 경청하기

경청은 다른 사람의 말을 잘 듣는 것을 의미한다. 코칭에서 잘 듣는 것이 단순히 말의 의미를 정확하게 이해하는 것만을 말하는 것은 아니다. 코치가 코치이를 전적으로 신뢰하면서 마음을 열고 적극적이고 능동적으로 듣는 것을 의미한다. 코치이는 코치가 자신의 말을 건성으로 듣는지 공감하면서 듣는지 쉽게 알 수 있기 때문에 형식적인 듣기는 코치에 대한 신뢰를 깨뜨리고 코칭을 어렵게 할 수 있다.

때문에 코치는 자신의 입장이 아닌 코치이의 입장에서 코치이의 말에 귀를 기울이며 코치이(학습자)의 말을 판단하거나 평가하지 않도록 유의해야 한다. 또한 코치이의 말에 적절하고도 진정성 있는 반응을 함으로써 친밀하고 신뢰할 수 있는 분위기를 형성해야 한다. 코치가 적극 경청하고 있다고 느낄 때 코치이는 자신의 생각이나 느낌을 자유롭게 표현하고 스스로의 문제를 탐색하며 코칭에 대한 책임감을 느끼게 된다. 이것은 코치이의 잠재력과 성장 가능성을 믿고 지지하는 데서 출발한다(이희경, 2014).

2) 질문하기

질문하기는 코치이의 생각을 여는 기술로 코치이가 자신의 문제를 고찰하고 해결 방법을 스스로 찾을 수 있도록 하여 문제해결력을 높이는 데 도움을 준다. 국제코치연맹(ICF)에서는 발견, 통찰, 약속, 행동을 이끌어 내는 질문, 무언가를 분명하게 하거나 가능성을 높여 주거나 새로운 것을 배우게 하는 개방형 질문, 코치이가 합리화를 하거나 뒤를 돌아보게 하는 질문이 아닌 원하는 것을 향해 나아가게 하는 질문을 하라고 제안한다(Moral & Angel, 2014).

코치이는 코치가 던진 질문에 대한 답변을 생각하면서 자신을 객관화하여 다각도로 조망할 수 있고 그러한 과정을 통해 자신의 내부로부터 해결에 대한 통찰을 얻을 수 있다. 따라서 코치가 궁금한 것이 질문 내용의 주가 되어서는 안 되며, 코치이 스스로가 자신의 성장과 변화를 이끌도록 도움을 줄 수 있어야 한다.

질문하기는 코치의 생각을 코치이에게 직접 전달하는 것이다. 비판이나 질책, 평가나 판단이 들어가지 않은 중립적이고도 시의적절한 언어로 말하는 기법이다. 코치는 기본적으로 코치이에게 해답을 제시하지 않지만 경우에 따라서는 직접 문제해결에 대한 정보를 제공하여 코치의 생각을 공유하거나 코치이의 변화를 유도할 필요가 있다. 질문하기는 신뢰 관계가 충분히 형성되었을 때 사용해야 하며 코치이의 허락이나 양해를 구하는 것이 좋다.

이희경(2014)에 따르면 단순한 정보만 요구하는 닫힌 질문보다는 코치이의 잠재력을 깨울 수 있는 열린 질문이 이루어져야 한다. 구체적으로 과거에 집착하고 책임을 묻는 '왜'라는 질문보다는 코치이의 생각이나 행동을 읽을 수 있고 코치이가 상황을 긍정

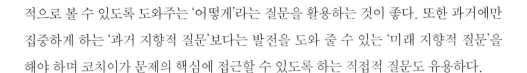

적으로 볼 수 있도록 도와주는 '어떻게'라는 질문을 활용하는 것이 좋다. 또한 과거에만 집중하게 하는 '과거 지향적 질문'보다는 발전을 도와 줄 수 있는 '미래 지향적 질문'을 해야 하며 코치이가 문제의 핵심에 접근할 수 있도록 하는 직접적 질문도 유용하다.

3) 피드백

피드백은 경청 후 반응의 하나로 적극적 경청 기법이며 인정이나 칭찬 기법이자 질문 기법이기도 하다(이소희, 2008). 피드백은 두 가지 측면에서 이루어지는데 하나는 코치이의 장점을 찾아 칭찬하는 것이며 다른 하나는 코치이의 단점을 개선할 수 있도록 하는 것이다. 전자는 코치이의 자신감과 효능감을 높일 수 있도록 칭찬과 인정, 격려와 지지가 담겨 있는 피드백을 하는 것이다. 후자는 코치이와의 신뢰 및 친밀감이 형성되었다는 전제에서 코치이에게 변화가 필요한 부분에 대해 발전적 대안을 제시해 주는 피드백이다.

4) 인정하기

인정하기 기법은 코치이를 있는 그대로 인정해 주고 칭찬해 주는 기법이다. 대부분의 사람이 인정받고 칭찬받을 때 자존감이 높아지고 하는 일에 의욕을 갖게 되는 것처럼 코칭에서도 코치이에 대한 코치의 인정은 코치이가 스스로의 잠재력을 발현하도록 도와준다. 인정과 칭찬은 코치이의 말이나 태도에 진실과 진심을 담는 것이며 다른 코칭기술에 비해 창의적일 수 있고 인정과 축하(칭찬)가 필요한 상황에 따라 타이밍에 맞게 다양하게 접근할 수 있어야 한다(이소희, 2008).

3. 코칭 모델

코칭은 동기이론을 기초로 개발되었다. 따라서 코칭 모델은 원인보다는 행동변화에 초점을 맞춘다. 코칭은 학습자나 교수자가 원하는 일정에 맞추어 목표설정이 가능하다는 점에서 단기 행동변화를 목표로 하는 교육에 적합하다. 교육프로그램의 목적과 대상에 따라 코칭 모델은 다양하게 개발될 수 있다.

어떤 모델을 통해 코칭을 진행하더라도 이론적 토대에 따라 다양한 차이가 있다. 예를 들어, 인지행동적 이론을 기반으로 하는 코칭과 인본주의적 이론을 기반으로 하는 코칭은 세부 프로그램 설정에서부터 차이가 있다. 현재 코칭을 진행하는 과정에서 기초가 되는 이론들은 대부분 심리상담에 적용하고 있는 이론들을 응용하고 있다. 이 중에서 안전교육에 적용될 수 있는 코칭 모델로는 CPA 코칭 통합모델과 GROW 모델 등이 있다.

1) CPA 코칭 통합모델

CPA(C-Plus Active) 코칭 통합모델에서 'A'는 C-Plus에 코칭대화 모델인 Active의 약자이다. C-Plus 코칭프로그램의 궁극적인 목표는 코칭을 통해 삶에 +(plus) 효과를 주어서 누구라도 A^+의 삶을 살 수 있도록 하는 것이다. 풍요로운 삶의 목표를 달성하기 위해 사명, 비전, 가치 등을 설정하고 지속적인 동기부여를 통해 자신만의 탁월한 삶을 살 수 있도록 전략적으로 구조화된 모델이라 할 수 있다.

CPA 코칭 통합모델은 코칭이 삶에 플러스 효과를 준다는 의미를 가지는 실행 모델이다. 코치가 코칭하기 위해서 필요한 지식과 기술을 체계적이고 단계적으로 이끄는 하나의 과정으로 [그림 5-2]와 [그림 5-3]의 원리를 통해 체득되도록 한다.

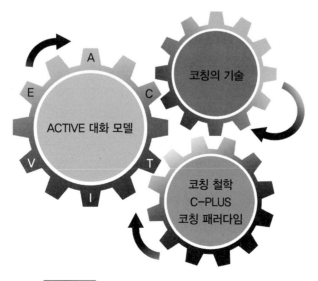

그림 5-2 CPA(C-Plus Active) 코칭 통합모델

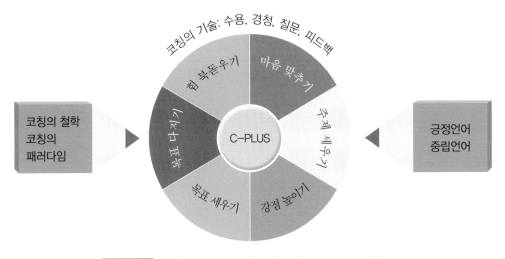

그림 5-3   CPA(C-Plus Active) 코칭 통합모델 프로그램의 구조

- Coaching: 코칭에 대한 이해로 코칭의 개념과 철학, 코칭의 필요성, 환경 등을 이해하게 된다.
- Professional: 코치로서 자신의 역할과 사명에 대한 전문성, 코칭의 패러다임 등 코치의 내적 동기와 비전-사명 등을 세우고 다짐하게 된다.
- Love: 코치가 학습자를 위해 갖추어야 하는 역량으로 코치다운 자세, 즉 사람을 사랑하고 존중하는 마음으로 학습자와 함께 호흡하는 코칭기술을 의미한다. 코치는 코칭기술을 통해 '코칭에서 Logic & Love'가 가능하게 된다.
- Unique: 코치가 학습자의 강점과 행복을 찾는 과정을 통해 학습자만의 특별하고 독창적인 탁월한 삶을 찾을 수 있도록 지원하게 된다.
- Service: 모든 사람은 원천적으로 사회에 기여하고자 하는 마음을 가지고 있다. 코칭을 통해 타인과 조직에 헌신할 수 있는 기회를 주고 코치는 학습자가 탁월한 삶을 선택할 수 있도록 지원한다. ACTIVE 코칭대화 모델을 활용하여 코칭기술을 적용한 코칭대화를 실행한다.

CPA 코칭 통합모델 프로그램은 대화기법을 기본으로 하며, 여기에는 ACTIVE 코칭대화 모델, Who/What/How 코칭대화 모델, 그리고 5S 코칭대화 모델이 있다.

(1) ACTIVE 코칭대화 모델

ACTIVE 코칭대화 모델에서 A(Adjust)는 마음 맞추기 단계, C(Concept)는 주제 세우기 단계를 말한다. T(Talent)는 학습자의 강점을 찾아 발견 가능성을 찾아가는 강점 높이기 단계이다. I(Initiative)는 학습자의 강점에 따라서 그 가능성을 발전시킬 수 있도록 목표를 정하고 계획을 세우는 단계이다. V(Verify)는 목표를 다지는 단계이며, E(Encourage)는 학습자가 계획한 바를 실천하고 목표를 달성할 수 있도록 격려하고 지원하는 힘을 북돋우는 단계이다(도미향, 2014).

CPA 코칭 통합모델 프로그램은 ACTIVE 코칭대화 모델을 바탕으로 코치이의 잠재력을 이끌어 내고 프로그램의 효과를 극대화할 수 있다. 또한 코칭대화의 방향과 목적을 설정해 주고 목표중심의 보다 효과적인 대화가 이루어질 수 있도록 도와준다. ACTIVE 코칭대화 모델은 다음과 같이 각 단계별로 세분화되어 적용된다.

- 1단계—마음 맞추기(Adjust): 코치와 코치이가 라포를 형성하는 단계로 서로의 마음이 통하여 하나가 되는 단계이다. 이 단계를 통해 코칭대화로 들어갈 수 있다.
- 2단계—주제 세우기(Concept): 코치이가 원하는 상태를 찾는 단계로 현재 상태에

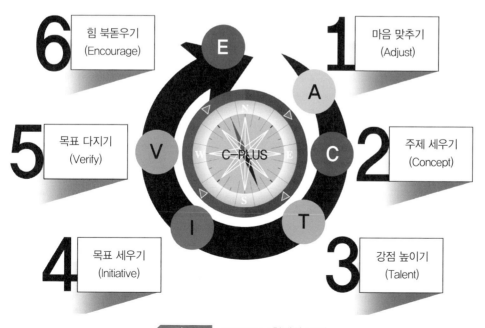

그림 5-4 ACTIVE 코칭대화 모델

서 원하는 목표를 명료화하는 단계이다. 특히 학습자의 변화하고자 하는 동기에
초점을 맞추는 단계이다.

- 3단계-강점 높이기(Talent): 코치이의 내면과 경험 탐색을 통해 강점을 찾아 변화
  가능성을 알아보는 단계이다.
- 4단계-목표 세우기(Initiative): 코치이의 강점을 생각하며 코치이가 가능성을 발휘
  할 수 있도록 명확한 목표를 수립하고 실행계획을 세우는 단계이다.
- 5단계-목표 다지기(Verify): 목표와 구체적인 계획을 실행하는 것을 이미지화 또
  는 구체화하여 빠진 곳이 없는지를 점검하는 단계이다.
- 6단계-힘 북돋우기(Encourage): 계획된 목표를 잘 실행할 수 있도록 코치이를 격려
  하고 지지하는 것으로 코치가 지원할 수 있으며 직접 개입할 수도 있는 단계이다.

(2) Who/What/How 코칭대화 모델

Who/What/How 코칭대화 모델은 학습자가 스스로 '자신이 누구이고?' '진정으로 무
엇을 원하는지?' 혹은 '어떤 현실(장애, 문제점)에 처해 있는지?' 그리고 '원하는 결과를
어떻게 얻으려고 하는지?' 등을 확인하는 대화모델이다.

(3) 5S 코칭대화 모델

5S 코칭대화 모델은 '현재의 증상(Symptoms)이 무엇인지?' '상황(Situations)은 어떠한
지?' 그리고 이러한 증상과 상황을 있게 하는 근원(Source)은 무엇인지를 파악한다. 이
후 학습자가 근원적인 문제를 해결(Solution)하기 위한 방법 및 방향을 확인하고 새로운
삶과 방향으로 전환(Shifts)할 수 있도록 하는 대화모델이다.

2) GROW 모델

코칭모델 중 가장 대표적인 것이 바로 GROW 모델이다(Whitmore, 2002). GROW 모
델은 간명하면서도 효과적으로 학습자를 성장으로 이끌어 가는 모델로 일반적으로 많
이 활용되고 있다. GROW 모델에서는 학습자 스스로가 원하는 모습 및 상태를 정하고
이런 상태가 되기 위해 체계적으로 교수자와 대화를 진행한다. GROW 모델에서 대화
는 정해진 목표를 향해 한 방향으로 정렬해 나가는 것을 돕는 기법인 동시에 실제 변화

여부와 정도를 평가해 주는 점검 틀이기도 하다.

GROW 모델의 단계별 과정은 총 4단계로 구성되어 있다. 1단계는 목표설정(Goal), 2단계는 현실파악(Reality), 3단계는 대안탐색(Option), 4단계는 실행의지(Will)이다. 각 단계를 거치면서 코치이 스스로가 행동 및 태도 변화에 이르도록 돕는다.

'목표설정' 단계에서는 여러 가지 주제가 있을 경우 우선순위를 정하고 코치이가 어떤 성과를 얻고자 하는지 어떤 변화를 추구하는지를 구체화한다. '현실파악' 단계에서는 코치이의 경험에 긍정적으로 반응하고 공감한다. '대안탐색' 단계에서는 현실성 있는 대안을 찾고 이를 실행할 수 있도록 구체화한다. '실행의지' 단계에서는 코칭의 결과로서 '앞으로 어떻게 할 것인지(Will)?' '무엇을, 언제, 어디에서, 누구와 함께 할 것인지?' '변화 과정에서 방해물을 극복하는 방법은 무엇인지?' '코칭이 완료되었을 때 나아진 상태를 유지하는 방법(way forward)은 무엇인지?'를 포함하며 변화에 대해 명확하게 인식하고 약속을 다시 점검하면서 코칭을 마무리한다. 좀 더 구체적으로 GROW 모델의 진행요령을 살펴보면 다음과 같다.

GROW 모델에서 코칭은 적절한 목표를 설정하는 것에서부터 시작한다. 이를 위해서 코칭활동은 다음의 두 가지를 기준으로 목표설정(Goal) 방향을 잡는 것이 좋다. 첫째는 코칭 주제와 관련된 코치이의 변화단계를 파악하는 것이다. 둘째는 문제중심보다는 해결중심의 대화가 좋은 목표설정을 이끌어 낸다. 이를 위해서 협조구도를 구축하고 공동의 노력으로 목표설정을 수립하여야 한다. 그리고 순방향 질문을 활용하는 것이 좋다. 이때 목표설정 단계에서는 문제의 원인을 찾거나 문제 때문에 얼마나 힘든지에 관한 호소에 너무 많은 시간을 보내지 않는 것이 좋다. 그리고 진심으로 원하는 상태를 구체적으로 묘사할 수 있고 이를 위해 전념하겠다는 결정감이 생기면 목표가 수립된 것으로 본다.

현실파악(Reality)의 진행요령은 세 가지가 있다. 첫째는 사실은 하나이나 진실은 여러 개라는 입장으로 코칭활동을 진행하는 것이다. 이때 한 현상에 대한 다양한 관점을 검토하는 것이 중요하다. 관점이 전환되면 자신과 환경에 대한 통찰이 일어나게 된다. 둘째는 관점전환에 유용한 이론들을 활용한다. 이때는 불만에 대해 계속 이야기하는 것이 해결책 발견에 도움이 되지 않음을 코치이에게 지각시키는 것이 중요하다. 코치가 한 가지 입장을 취하면 코치이는 반대편 입장을 취하도록 돕는다. 통제소재(locus of control), 귀인(attribution) 등의 원리를 활용할 수 있다. 셋째는 현실파악 단계의 주의점으로 질병모델로 접근하지 않도록 해야 한다. 질병모델로 접근하는 자세는 원인을 파악하기 위해서 너무 많은 시간과 노력을 할애하는 것이 대표적이다.

대안탐색(Option)의 진행요령은 두 가지가 있다. 첫째는 통찰이 행동계획을 이끈다는 자세이다. 통찰만으로는 행동변화가 일어나지 않는다. 그러나 통찰이 없이는 행동변화도 없다. 따라서 통찰에 기초해서 실행할 수 있는 행동계획을 수립하는 것이 중요하다. 둘째는 가장 쉽고 자신 있게 실행할 수 있는 행동계획을 수립하는 것이다. 행동계획은 구체적이어야 하며(if~, then~), 강점을 활용하여 유능감을 느낄 수 있도록 해야 한다. 대안탐색을 통해서 코치의 가슴이 뛰고 빨리 코칭을 끝내고 돌아가서 실행해 보고 싶은 마음이 생기도록 한다면 성공한 것이다.

실행의지(Will)의 진행요령은 세 가지가 있다. 첫째는 의지만으로 변화할 수 있는 것은 아님을 코치이가 명확히 인식하는 것이다. 의지에 더해서 변화가 가능한 시스템을 만드는 것이 중요하다. 이를 위해서 실행할 수밖에 없는 환경을 조성하는 것도 방법이다. 조력체계(supporting network)를 마련해 두고 중간 모니터링을 통해서 어디까지 실행되고 있는가를 계속 확인하는 것이 필요하다. 그리고 코칭의 마무리는 코치이가 하도록 하면서 코칭의 상호책임성을 인식하도록 한다(이희경, 2014).

GROW 모델의 장점은 코치이가 원하는 모습 혹은 상태를 토대로 목표가 설정된다는 것이다. 그리고 목표를 현재 모습 및 상태와 비교하여 간극을 인식하고 이를 줄이기 위한 자신만의 실행 방안을 찾을 수 있도록 프로세스에 따른 대화를 할 수 있다는 것이다. 또한 코칭대화의 주된 내용은 원하는 목표에 초점을 두고 이를 달성하기 위해 필요한 동기 유발과 실행을 촉진하기 위한 미래지향적인 대화들이다. 때문에 코칭대화의 특징은 문제의 원인을 탐색하는 데 초점을 두지 않는다는 것이다.

코칭의 목표에 도달하기 위해서 코치는 단순한 호기심에 필요치 않는 내용들을 탐색하는 데 몰두해서는 안 된다. 코치이 또한 코치의 질문에 답하면서 코치와 동일한 대화 프로세스를 머릿속에 떠올린다. 이때 자신이 원하는 목표를 향해 앞으로 나아가는 대화를 시도해야 한다. 즉, 과거 경험들을 확인하고 분석하는 대화가 아닌 원하는 모습이나 상태에 도달하기 위한 새로운 시도와 행동들을 계획하고 실행을 위한 장치를 마련하는 대화를 할 수 있어야 한다.

표 5-2　GROW 모델의 단계별 주요 내용 및 과제

단계	내용	주요과제
G(Goal) 목표설정	• 코치가 코치이와 함께 달성목표를 논의하고 결정함 • '자신이 원하는 모습' 구체화	• 당신이 얻고 싶은 것은 무엇입니까? • 목표와 관련된 자신의 가치와 기대, 충족시키고자 하는 욕구 확인
R(Reality) 현실파악	• 코칭 주제와 관련한 지금 현재 코치이의 모습이나 감정 등 인식 • 목표와 관련된 현실에 대한 다양한 관점 검토 • 핵심욕구 확인하기 및 목표 대비 현재 자신의 모습 확인과 점검하기 • 위험행동 선택 이후 벌어진 상황에 대해 자신의 모습을 객관적으로 인식하는 기회 갖기	• 당신이 하고 있는 것은 무엇입니까? • 무엇이 당신을 멈추도록 할 수 있습니까? • 관점과 시점을 달리하는 코칭 질문들을 통해 지금 이 순간 자신의 욕구에만 초점 맞추기
O(Option) 대안탐색	• 주제와 관련하여 코치이가 변화를 위해 취할 수 있는 행동이나 사고방식에 대한 다양한 대안탐색 • 목표에 한 걸음 다가갈 수 있는 행동계획 수립 • 일반적이고 일률적인 실행계획이 아니라 개별화된 개인 맞춤형 행동 변화 계획 수립 • 행동과 개인의 욕구 및 가치가 어떻게 연결되어 있는지를 확인하고 목표행동에 대한 중요성 및 몰입도를 높이는 과정 수립	• 당신이 생각하는 대안은 무엇입니까? • 대안을 실행하기 위해서는 무엇이 필요합니까? • 일대일(혹은 그룹) 코칭을 통해 행동 변화에 대한 개인적 차원에서의 필요성 인식 변화를 통해 얻을 수 있는 보상 • 가치 및 욕구 충족에 대해 충분히 생각할 수 있도록 도움
W(Will) 실행의지	• 코치이의 실천의지 약속, 변화에 대한 인식을 확인하고 마무리 • 실행의도를 높일 수 있는 장치 마련 • 기존 행동을 제어하는 내·외적 장치를 스스로 마련하게끔 도움 • 매우 정교하고 구체적인 행동 중심 실행 계획을 세울 수 있도록 도움	• 코칭이 종료되고 나서도 약속을 어떻게 지속할 것입니까? • 이후에도 변화를 위해서는 무엇을 더 노력해야 할까요? • 전문 코치의 도움으로 다양하고 정교한 제어 장치를 만드는 작업 필요

3) T-GROW 모델

GROW 모델을 변형한 모형으로 T-GROW 모델도 있다. T-GROW 모델은 GROW 모델에 코치이가 미리 생각해 온 주제나 영역에 대해 확인하는 주제 정하기 단계가 추가된 것이다. T-GROW 모델은 평소 코치이가 관심을 가지고 있는 분야가 무엇이고 요구가 무엇인지를 알아볼 수 있기 때문에 코칭을 진행하는 데 효과적이다. T-GROW 모델에서는 상담 장면처럼 내담자로서 코치이의 욕구와 소망에 대한 탐색을 적극 실시하여 코칭과정에 반영하게 된다(김은정, 2017; 탁진국, 2010).

4. 코칭을 활용한 안전교육

교육코칭은 교육 패러다임이 학습자 중심으로 전환되면서 코칭의 개념을 학습에 결합하여 학습자의 자기주도적 학습 능력을 이끌 수 있도록 하는 실천방법 중 하나이다(Law, Ireland & Hussain, 2010). 즉, 교육코칭의 기본개념은 개별 학습자의 내재된 잠재력을 끌어올려 자기 주도적 학습자가 되도록 하는 데 코칭을 활용하는 것이다. 그리고 교육코칭의 특징은 성과와 목표에 대한 결과 지향적 도움을 제공하는 과정이라는 것이다(Law et al., 2010).

교육코칭의 특징은 학습자의 성과와 목표 달성에 도움을 주는 과정이며 학습자 중심적이다. 그래서 학습자가 주도적으로 체험하고 코칭과정에 참여하게 된다. 교육코칭에는 '모든 인간이 가지고 태어나는 내재된 잠재력과 성장력은 적극적인 학습자가 되고자 하는 본성을 가지게 하고, 학습에 주도권을 가진 존재가 되도록 한다!'는 철학이 있다(Law et al., 2010). 코칭을 활용한 교육은 개인이 원하는 방향으로 목표를 설정하고 이를 성취하기 위해 스스로 행동계획을 세우고 실천을 위한 변화의지를 키워 나가는 과정이다. 코칭은 심리상담 및 심리치료와 함께 개인의 행동변화에 초점을 둔다는 공통점이 있다.

반면, 전문가의 주도하에 문제 행동의 원인을 탐색하고 부적응적인 요소들을 제거함으로써 바람직한 행동변화를 꾀할 수 있도록 지원하는 전통적인 심리서비스들의 문제중심적 접근과는 다른 측면도 있다. 그것은 학습자가 주도적으로 자신이 원하는 것(상태, 모습, 행동 등)을 명확하게 확인하고 이를 얻기 위한 방법들을 구체적으로 모색해 나가는 해결중심적 접근이라는 점이다. 또한 코칭은 구체적인 행동변화에 초점을 두기 때문에 명확하고 구체적으로 기대하는 행동을 목표로 설정한다. 그리고 이를 달성하기 위해 실행계획을 수립하고 코치의 전문적 지원으로 실행 가능성을 높인다. 코칭의 성과 또한 눈으로 확인할 수 있는 행동 변화를 토대로 측정된다.

전통적인 심리서비스들 중 상담 및 심리치료는 문제에 초점을 두기 때문에 문제 중심의 대화를 한다. 문제의 원인을 분석하는 과정에서는 과거 지향적인 대화('언제부터' '어떤 상황에서' '어떤 이유로' 등)가 주로 이루어지고 부족한 점을 떠올리게 된다. 자신감 저하와 부정적인 자아상이 재확인됨으로써 변화 동기와 에너지가 저하되거나 변화를 시도하더라도 수동적인 자세를 취할 가능성이 있다.

이에 비해 코칭은 해결중심 대화에 초점을 둔다. 구체적으로는 코치이 본인이 기대하는 모습 혹은 얻고자 하는 것을 구체화하고 이를 이루기 위해 자신의 자원과 주위의 지원을 활용한다. 그리고 자신의 방식으로 실행계획을 수립하고 실행을 통해 변화를 이끌어 가게끔 지원한다. 이에 따라 코치이는 변화에 대한 주도성과 책임의식을 가지고 참여하게 된다. 코치는 답이나 방법을 제공하기보다는 코치이의 관점과 생각의 변화를 촉진하는 질문을 통해 코치이의 자기 인식 및 변화 동기를 증진시킨다. 그리고 코치이 스스로에게 적합한 실행 계획을 수립하도록 돕고 실행을 촉진하기 위한 다양한 장치를 전문적으로 활용한다. 이러한 코치이 주도의 변화과정은 코칭성과에 대한 코치이의 만족감을 높이고 지속적인 실천 가능성도 높일 수 있다.

이상과 같은 코칭의 긍정적 요소를 적극 도출해 내기 위해서는 참가자들의 자발적 변화 동기를 유발하는 것이 무엇보다 중요하다. 코칭이 적용된 안전교육을 통해서 긍정적인 효과 및 스스로 바람직한 행동을 할 수 있는 조절능력이 증진된다면 외적 보상을 위한 행동이 아니라 자발적이고 본인이 중요하게 여기는 가치(만족감 등)를 얻기 위한 안전행동을 지속적으로 수행할 수 있을 것이다.

Ryan과 Deci(2000)의 자기결정성 이론에 따르면 외적 동기(처벌 및 벌금감면 등)에 의해 유발된 행동이 내적 동기(스스로 필요를 느끼는 것, 나에게 실제적인 도움이 되기 때문인 것, 내가 중요하고 가치 있다고 여기는 것을 지킬 수 있기 때문 등)에 의해 유발된 행동보다 지속력이 약하다. 따라서 바람직한 행동이 지속적으로 유지되기 위해서는 외적인 보상 없이도 특정한 행동의 빈도가 늘어나야 한다. 코칭을 활용한 교육은 코치이 스스로 내면화된 안전행동의 이유를 찾을 수 있게 한다. 타율적으로 할 수 없어서 하는 안전행동이 아니라 내적 동기를 기반으로 지속적인 안전행동의 동기를 가지도록 한다. 코칭은 학습자들로 하여금 안전행동 그 자체가 자신에게 이로움을 준다는 인식을 가지게 하는 학습자 주도형 교육방법이다.

제**6**장

집단 안전교육

집단을 대상으로 하는 안전교육 방법은 다음의 두 가지 요인에 따라서 다르게 진행된다.

첫째, 교육방법은 교수자의 특성에 따라 달라진다. 교수자의 집단관리 능력과 집단학습 진행 경험 및 숙련도에 따라 다르다.

둘째, 집단이 구성되는 방법에 따라 교육방법은 제한된다. 집단의 크기, 집단 구성원들의 친숙도, 그리고 집단의 의사소통 능력에 따라 다르다.

1. 집단 구성과 운영

교수자가 집단으로 안전교육을 진행할 때에는 4C[갈등(Conflict), 협동(Cooperation), 도전(Challenge), 내용(Content)]를 모두 고려하여 관리해야 한다. 집단 활동에서 교수자는 학습자들이 적극 참여할 수 있는 상황을 조성하기 위해 구성원들에게 갈등과 협력, 도전을 적절히 활용하여 동기를 부여할 수 있어야 한다. 아울러 참여자들이 학습할 수 있는 적정수준의 내용을 지속적으로 제공해야 한다.

1) 집단 구성

안전교육이 실시될 때의 집단구성은 몇 가지 기준이 있다. 집단의 크기와 수에 관한 것은 학자마다 의견이 분분하지만 모두 왜 그만큼의 인원이어야 하는가에 대해 합의된 기준은 없다. 예를 들면, 효과적인 소집단 인원은 15명 정도를 들고 있고 아주 특정한 주제와 관련된 경우 2~3인의 집단도 적절하다고 본다. 집단크기에 대한 다양한 이견들 때문에 한 집단이 몇 명으로 구성되는 것이 효과적인지 토론하는 것보다는 집단이 다루고자 하는 주제, 집단 활동을 지원하는 각종 설비 및 시설, 집단의 지속시간 등에 따라 집단크기는 달라질 수 있다고 보는 유연함이 필요하다. 기영화(2004)의 경우 소집단 인원은 전체 참여 인원에 따라 달라질 수 있다고 본다. 전체 인원이 100명인 경우와 30명인 경우가 바로 그것이다.

전체 인원이 100명인 경우 4인을 한 집단 인원으로 정하게 되면 전체 집단의 수가 무려 25개나 되어 교수자가 소집단들을 통제하기는 사실상 불가능하게 된다. 또한 집단 활동 발표가 있을 경우 25개 가운데 한 집단의 발표는 나머지 24개 집단의 충분한 관심이나 주의집중을 받을 수 없게 된다. 물론 30인이 전체 인원인 경우 4인이 한 집단을 형성하면 7~8개의 소집단으로 분류되므로 교수자의 관리자가 용이하다. 이런 경우 전체 인원을 몇 개의 소집단으로 구분할 것인가는 교수자가 통제할 수 있는 집단 숫자에 따라 한 개 집단 내의 인원을 조절하는 것이 바람직하다. 따라서 총 인원이 100명인 경우 한 개 집단의 인원은 집단 통제 가능 최고 수인 8명으로 조정해서 약 12~13개의 소집단으로 구성하는 것이 효율적일 수 있다. 이것은 행정학에서 논의하는 통솔의 범위(span of control)로 조직을 관리할 때 관리자 한 사람은 7~9명을 가장 효과적으로 지도 · 감독할 수 있다는 것에 근거하고 있다.

2) 집단 리더

집단 리더는 소집단을 운영할 수 있는 책임과 권한을 위임받은 교수자처럼 간주되기 때문에 집단 리더의 활동에 따라 소집단의 학습효과는 달라질 수 있다. 집단 리더는 교수자를 대신해서 다음의 세 가지 학습과 관련된 권한을 갖는다.

첫째, 소집단 리더는 학습자의 의견발표를 제한하거나 개진할 수 있다.

둘째, 소집단 리더는 집단의 역동성을 통제할 수 있다.

셋째, 소집단 리더는 집단의 기록자와 발표자를 지명할 수 있다.

집단 리더는 위와 같은 권한을 가지고 집단 학습을 운영할 만큼 자질을 갖추고 있어야 한다. Dutton, Seaman과 Ulmer(1972)가 제시하는 집단 리더의 자질은 다음과 같다.

첫째, 집단과정에 대한 지식이 있어야 한다.

둘째, 신속하게 생각하고 판단할 수 있는 능력을 가지고 있어야 한다.

셋째, 언어 사용능력과 연설능력이 뛰어나야 한다.

넷째, 주제에 관한 적절한 지식을 가지고 있어야 한다.

다섯째, 집단의 움직임에 민감해야 한다.

여섯째, 타인을 존중하고 자기 억제력이 있어야 한다.

일곱째, 집단이 나타내는 정서를 언어화할 수 있어야 한다.

여덟째, 집단 구성원의 혼동을 막을 수 있도록 의견들을 정리하는 능력이 있어야 한다.

집단 리더의 선정방법은 정해져 있지 않을 뿐더러 정하기도 어렵다. 집단 리더는 집단 구성원들에 의해 선임되는 방법과 교수자에 의해 지정되는 방법이 있다. 또한 집단 리더는 집단의 존속기간 동안 한 사람이 계속 맡는 경우와 혹은 바뀌거나 순번으로 골고루 돌아가게 하는 방법이 있다. 집단 리더 선정은 소집단 활동을 통해 다루게 될 문제의 중요성이나 성격에 영향을 받는다. 집단이 다룰 문제가 매우 전문적이고 이론적인 경우에는 한 사람의 리더가 집단 활동을 종료하는 시점까지 계속하는 것이 바람직하다.

전문지식을 갖지 못한 리더가 집단을 이끌 때 혹은 문제의 핵심을 파악하지 못하거나 대안이 제시되지 못할 때에는 집단 구성원들은 자신들의 집단 활동이 제대로 진행되고 있는가 불안감을 느끼고 나아가 집단 활동 자체가 존속되지 못할 수도 있다. 집단 리더는 구성원들이 문제를 이해하지 못하고 있을 경우 문제의 본질을 설명해 주고 문제를 벗어난 토론인지의 여부를 진단할 수 있어야 하기 때문에 한 사람에 의해 일관성 있게 지속되는 것이 바람직하다.

그러나 집단에서 다루고자 하는 주제나 이슈가 일상생활에 관한 것이라든지 혹은 개인의 경험에 초점을 두고 있거나 가치나 태도에 관한 내용이라면 집단 리더는 전문성에 제한받지 않는다. 이 경우 집단 리더는 순번제로 선임되거나 집단 구성원들에 의해 직접 선임되어도 무방하다. 다만 교수자는 집단 리더에게 집단 활동의 명확한 지침을 사전에 알려 주어 집단 구성원들이 집단 활동 자체를 평가절하하는 것을 방지할 수 있고 리더 역시 역할에 충실할 수 있도록 해야 한다.

3) 기록자와 발표자

집단 활동 기록자와 발표자는 집단 리더를 정하는 것만큼 중요하다. 기록자는 집단의 토의내용을 일목요연하게 정리하고 토의가 산만해질 때 토의의 방향을 제시하는 역할을 한다. 기록자는 집단이 토의한 내용을 제시하면서 논의되었던 내용과 논의되어야 할 것을 정리하는 역할을 수행한다. 기록자는 그 내용이 토의이든 프로젝트 수행이든 간에 전 과정을 기록하면서 참여자의 이름과 참여 내용들을 기록하고 전체 내용을 요약해서 제출해야 한다. 발표자는 소집단 활동의 결과를 다른 소집단들과 공유하는 발표를 진행하는데, 기록자가 그 역할을 겸하는 경우가 많다. 그러나 집단 구성 인원이 많은 경우는 기록자와 발표자를 따로 두어 많은 구성원을 참여시키는 방법으로 활용할 수도 있다.

2. 집단교육 원리

집단 교육과정을 효율적으로 설계하고 안전교육을 실시하기 위해서는 다음과 같은 사항들을 염두에 두어야 한다. 첫째, 자발학습 원리이다. 학습은 학습자의 자발적인 의지에 따라 교육에 참여한다는 것을 기본으로 하고 있다. 따라서 학습 방법을 구상함에 있어서 학습자들이 자발적으로 학습장으로 찾아올 수 있도록 관심과 흥미를 유발시키고 또 일단 관심을 보인 대상자들이 지속적으로 학습활동에 참여할 수 있도록 동기를 부여하는 것이 중요하다. 이를 위해서 학습자들이 자발적으로 학습에 참여할 수 있는 제반 여건을 갖추도록 노력해야 한다. 또한 학습자들이 특정한 분야나 내용에 대한 학습이 필요하다는 것을 인지하도록 자극하고 촉구하는 일도 중요하다. 특히 가장 중요한 것은 학습자들이 스스로 필요성을 깨닫고 자주적으로 배우고자 하는 욕구를 내부로부터 느끼도록 하여야 한다는 점이다. 그리고 매번 학습 성과를 평가하고 깨닫게 함으로써 계속 변화하고 싶은 의욕을 일으키게 해야 한다는 것이다. 자발적 학습활동이 지속되도록 학습을 조직화하고 체계화하기 위해서는 여러 매체의 학습보조 기술 및 장비 등이 동원되어야 한다.

둘째, 자기주도 학습 원리이다. 자기주도 학습은 개개인이 스스로 학습의 주체가 되어 어떤 것을 언제부터 학습할 것인지를 결정하고 아울러 학습 속도 및 그 결과에 대한 평가에 이르기까지 타인의 판단이나 기준이 아니라 스스로의 판단과 기준의 적용을 촉구하는 원리이다. 자기주도 학습 원리는 자습의 의미로도 쓰일 수 있지만 이보다는 자율성과 자기 계발의 의미를 더 내포하고 있다. 자기주도로 학습활동을 촉진시키기 위해서는 안전교육 관련 시설을 증대시킴으로써 학습자들이 이러한 교육시설을 방문하거나 견학하면서 스스로 학습할 수 있는 환경을 조성하는 방안이 있다. 예를 들면, 소방서와 같은 안전관련 기관에 홍보실이나 견학시설을 만들어 두고 이곳을 이용하는 사람이 자연스럽게 안전 활동의 필요성을 느끼고 이것을 실천하는 계기를 마련해 주는 것이다.

셋째, 상호학습 원리이다. 상호학습 원리는 교육에서 학습자들이 상호작용을 통하여 학습 효과를 높이는 원리이다. 학습과정의 기본은 혼자가 아닌 다른 사람들과 함께하는 상호작용이다. 상호작용 대상은 다른 학습자 및 교수자 심지어는 컴퓨터나 인공지능(AI)이 될 수도 있다. 상호학습은 브레인스토밍이나 집단토의 등과 같이 학습자들이 똑같은 주제를 여러 가지 각도에서 생각해 보는 형태로 일어난다. 특정 부문에 전문 지식이나 경험이 있는 사람을 택해서 그들로 하여금 설명하고 가르치도록 기회를 줌으로써 별도의 교수자나 지도자가 없어도 서로 배우고 가르칠 수 있는 과정을 마련할 수 있다. 상호학습은 배우고 가르치는 사람들 간의 지위 격차 없이 동료 간의 동료애와 같은 강력한 힘을 발휘하기도 한다. 때문에 학습자들이 어떠한 사물이나 사실에 대한 태도나 행동 변화를 촉진시키고자 할 때 효과적이다.

넷째, 현실성 원리이다. 현실성 원리는 생활즉응(生活卽應) 원리라고도 한다. 교육이 실제 생활 속에 적용할 수 있어야 한다는 원리이다. 교육 목적이나 내용 선택에서부터 교육의 결과가 생활 속에 즉시 적용될 수 있도록 구성하고 실천해야 함을 강조하는 원리이다.

다섯째, 다양성 원리이다. 안전교육 대상자들은 계층별, 연령별, 성별, 관심 및 흥미별, 학습 능력과 학력별, 학습 필요성 인식 혹은 학습결과 활용 기대 등에 차이가 있는 매우 다양한 사람들로 구성된다. 이처럼 이질적이고 다양한 사람을 대상으로 하는 교육방법도 시간과 장소 그리고 대상에 따라 다양한 방법이 적용되어야 함은 두말할 나위가 없다. 이와 더불어 다양한 대상자들의 요구를 최대한 충족시켜 주고 학습 능률을 높이기 위한 여러 가지 방법의 조화로운 활용은 더욱 중요하다. 다양성의 원리는 안전교육 이외에도 학습자들의 흥미를 유지시키기 위해 필요하다. 다양한 교육방법의 사용은 쉽게 흥미를 잃게 되는 학습자들의 특성과도 연관이 있다. 학습자들은 장시간 동안 요구되는 집중이나 학습활동에 권태감을 느끼게 되는데, 이럴 때 다양한 교육방법을 사용하거나 교육방법에 변형을 가하게 되면 학습자들의 주의를 새롭게 환기시키며 학습 의욕도 북돋울 수 있다. 안전교육은 융통성 있고 유연하게 진행되어야 한다. 비록 당초 계획에서 어느 정도 달라진다고 하더라도 상황에 따라서는 주의를 환기시키는 임기응변이 불가피한 경우가 있다. 따라서 집단학습에 있어 다양성과 융통성은 학습 성과와 직결된다.

여섯째, 효율성 원리이다. 안전교육 대상자들은 점점 다양해지고 있으며 교육에 동원될 수 있는 새로운 기법 및 기술, 시청각 기자재 등도 다양하다. 이에 발맞추어 안전교육을 필요로 하는 사람들의 요구도 역시 세분화되고 있다. 다양한 목적으로 다양한 기법과 다양한 교육기자재를 활용하여 교육이 진행되고 있고 앞으로 더욱 그렇게 될 것이다. 학습에 투입되는 다양한 노력과 시도, 기법과 기술의 변화는 효율성을 증대시키는 방향으로 이루어져야 한다. 교수방법 역시 이러한 효율성 원리가 중시되어야 한다. 새로운 교육기법 개발도 효율성을 고려하여 최신 기술과 다양한 매체 활용으로 확대해 가는 노력이 지속되어야 한다.

일곱째, 참여성 원리이다. 참여성 원리는 안전교육의 계획부터 목적 및 내용 선정, 방법 채택 및 실시, 교육 평가에 이르는 전 과정에 전문가와 학습자들이 함께 참여하는 것을 말한다. 학습자가 학습 현장에만 있을 뿐 학습활동에 참여하지 않으면 학습은 이루어지지 않는다. 그야말로 말을 물가에 데리고 갈수는 있지만 물을 마시는 것은 말이다. 학습자들은 교육 전 과정에 적극 참여함으로써 교육이 실제로 학습자들의 전반적인 삶의 질을 개선하고 더 나은 상태로 변화하는 데 기여할 수 있다.

여덟째, 유희성 원리이다. 유희성은 교육방법이 게임이나 오락의 성격을 가지는 경우 훨씬 더 학습자들의 참여와 집중도를 향상시킬 수 있다는 원리이다. 유희성은 학습자로 하여금 새로운 것을 배운다는 심리적 압박감 대신 즐겁게 학습에 몰입하게 함으로써 긴장을 완화시키면서 배움과 즐거움을 동시에 느낄 수 있도록 한다. 안전교육에서 유희성의 원리를 실천하는 대표적인 방법은 역할극을 활용하는 것이다. 역할극은 문제를 파악하고 해결하는 방법까지 깨닫게 되는 배움의 과정임과 동시에 학습이 진행되는 동안 연극을 감상하거나 연기를 직접 실행해 보는 즐거운 활동이다.

3. 집단학습의 문제와 관리

집단학습은 모든 구성원이 소속된 집단에서 토론이나 활동에 적극 참여할 수 있도록 환경이 조성되어야 한다. 집단은 다양한 배경을 지닌 학습자들로 이루어져 있고 학습자 개개인의 배경이 다르기 때문에 구성원의 참여 정도를 균형 있게 유지하는 것이 무엇보다 중요하다. 집단의 모든 구성원들이 균형 있게 참여하는 것이 바람직하겠지만 참여가 과도하거나 부족한 경우에는 문제가 발생한다. 즉, 집단학습을 운영한다는 것은 여러 사람의 욕구와 과제를 동시에 고려하고 적절히 분배하는 어려운 문제를 해결하는 작업이다.

Dutton 등(1972)은 집단운영의 문제를 집단을 구성하고 있는 개인 차원의 문제와 집단 차원의 문제로 구분하였다. 집단 간 토론이나 집단 내 토론의 경우 어느 집단이나 사람들은 과도하게 참여하고, 어느 집단이나 사람들은 참여에 반감을 가질 수 있으며, 또는 전혀 참여하지 않는 경우도 발생할 수 있다.

1) 과도한 참여

과도하게 참여하는 집단이나 사람들은 몇 가지 상황을 가정하고 생각할 수 있다. 이것은 리더가 집단 구성원들의 발언을 듣거나 혹은 집단 내에서 토론이나 집단작업이 이루어지는 것을 주의 깊게 살펴보면 발견할 수 있는 것들이다.

첫째, 집단 구성원 가운데 혼자서 말을 너무 많이 하는 구성원이 있는 경우이다. 말을 많이 하는 참여자는 다루는 주제 혹은 진행 중인 작업과 관련이 있는지와 상관없이 본인이 집단 의사소통을 주도하려고 한다.

둘째, 지나치게 앞서가는 학습자가 있는 경우이다. 집단 구성원 중에 어떤 문제나 질문에 대해 다른 누구보다도 자신이 앞서서 대답을 하는 사람이 있을 경우 결과적으로 다른 구성원들이 의견을 제시하거나 작업에 참여할 수 있는 기회를 박탈하게 된다. 그리고 한 사람의 지속적인 의견 개진은 다른 참여자들의 흥미를 반감시킨다.

셋째, 참여자가 어디서 말을 멈추어야 하는지를 모르는 경우이다. 집단 구성원 간에 자신이 하는 이야기의 요점이 무엇이고 진행 중인 집단 과제와 어떤 관련성이 있는가를 잘 파악하지 못하거나 혹은 일단 말을 시작하고 나면 끊임없이 자신이 아는 내용이나 주장만을 나열하는 경우이다.

이상과 같은 상황이 발생할 경우 구성원들은 집단 활동에 흥미를 잃거나 자신의 과제에만 집중하게 되면서 집단을 통해서 이룰 수 있는 학습효과를 놓치게 된다. 따라서 과도한 참여자가 있는 경우 교수자는 집단이 잠시 휴식을 갖도록 하고 리더에게 몇 가지 제안을 하는 것이 효과적이다. 리더가 구성원들의 발언 시간과 횟수를 제한하는 것도 한 가지 방법이 될 수 있다. 혹은 과도하게 말을 많이 하거나 발언 기회를 독점하려는 참여자가 있을 경우 리더는 발언 내용을 짧게 요약하면서 자연스럽게 다른 의견을 가진 사람이 있는가를 묻고, 발언권을 넘기는 방법을 사용하도록 제안할 수 있다.

2) 저조한 참여

집단교육에서 대다수가 침묵해 버리면 교수자는 여간 난감한 것이 아니다. 집단교육에서 참여가 저조한 학습자들의 몇 가지 유형을 생각해 볼 수 있다. 첫째는 참여자가 수줍음이 많아서 다른 사람들 앞에서 말하는 것을 불편해하는 경우나 학습 자체를 지겨워하거나 관심이 없는 경우가 대표적이다. 반면에 학습자가 학습에 대한 관심은 있지만 말하고 싶어 하지 않고 남의 의견을 듣는 것에 만족하는 경우도 있다. 학습자들의 참여가 저조할 때 교수자는 참여를 하지 않는 원인이 무엇인가를 빨리 분석하고, 수줍음이 많아서라면 그 사람이 관심이 있거나 쉽게 대답할 수 있는 질문을 하는 방법을 사용하면 좋다. 그리고 응답과정이나 다른 토의과정에서 수줍음이 많은 학습자에게 간간이 관심을 보이면서 참여를 조금씩 유도하는 방법도 효과가 있을 것이다. 한편, 집단학습을 지겨워하는 학습자들의 경우에는 직접 개인적인 경험 등을 질문하면서 논의 주제와 관련시키는 방법이 바람직하다. 교수자는 지겨워하는 학습자에게 전체 주제와 관련된 개인의 경험을 말하게 하면서 그것이 나머지 학습자들에게 유용하다는 점을 인식시키고 적극 참여하도록 유도해야 한다.

3) 참여거부

교수자가 집단학습에서 가장 주의해야 할 것은 학습자들이 학습에 대해 거부감이나 반감을 가지는 경우이다. 이러한 학습자 유형은 교수자가 말하는 혹은 집단 리더가 말하는 모든 것에 분노를 느끼거나 말하고 있는 포인트를 알지 못하는 경우, 주제에서 벗어나 자신의 문제에 몰두해 있는 경우, 그리고 다른 사람들의 이야기에 문제점만을 찾아내려고 하는 반대를 위한 반대의 행태로 나타난다.

이때 교수자는 집단 참여자들에게 지금 어떤 이야기를 하고 있으며 앞으로 어떻게 전개되어야 할 것인가에 대해 명확한 방향제시를 해 주는 것이 좋다. 그리고 다른 사람의 의견에 무조건 비판하려는 사람에 대해서는 나머지 참여자들에게 그 사람의 의견을 어떻게 생각하는지를 공개적으로 묻도록 하는 것이 효과적이다.

이외에도 교수자는 집단 토의를 벗어나 옆 사람과 개인적인 대화를 할 경우, 목소리가 너무 작아서 알아들을 수 없는 경우, 그리고 다른 사람의 의견에 대해 인신공격을 하는 경우에 학습효과가 저해될 수 있다는 사실을 염두에 두어야 한다. 따라서 옆 사람과 잡담을 하는 경우는 다른 참여자들이 조용히 하도록 해서 잡담을 다른 사람들이 듣고 있다는 것을 상기시키는 방법이 있다. 목소리가 작은 사람의 의견은 교수자나 리더가 다시 반복하면서 이런 의미로 이야기한 것이냐고 되묻는 방법을 활용하는 것이 좋다. 타인에 대해 인신공격을 하는 경우는 전체 구성원들에게 원래 논의하는 주제가 무엇이었는가를 묻고 그 주제로 환원하도록 하는 방법을 사용할 수 있다.

4) 집단논쟁

집단차원의 문제는 대부분 집단 구성원들 간 혹은 집단 리더와의 관계에서 발생하게 된다. 즉, 집단 내에서 빚어지는 문제는 집단 구성원 간에 라포(rapport)를 제대로 형성하지 못하였기 때문에 발생한다. 집단 구성원 간의 문제는 소모적인 논쟁, 반대를 위한 반대 혹은 긴장된 분위기, 갈등 등을 들 수 있다. 집단 구성원들의 논쟁은 집단에 주어진 과업이 집단 구성원들의 능력에 비해 과중하게 요구되는 경우, 집단 구성원들이 집단 내 지위를 장악하는 데 관심을 두고 있거나 또는 집단 외부의 어떤 이익에 더 관심을 가지는 경우에 발생한다.

또한 과업에 과부화가 발생하는 것이 집단논쟁을 초래하는 원인으로 작용한다. 집단토의 주제가 애매모호하게 제시되거나 혹은 교수자가 집단 활동 과정이나 지침을 명확하게 제시하지 못하는 경우에도 발생할 수 있다. 집단 과업이 구성원들 간에 함께 수행되고 있는 것처럼 보일지라도 실제 과업을 통해 집단 내에서 세력을 장악하는 수단으로 사용되는 수가 있다. 이때 구성원들은 어떤 주제에 끝까지 반대 의견을 제시하거나 혹은 의견을 묵살하려고 하거나 다른 사람의 권위를 말살하려고 하게 된다. 구성원들끼리의 갈등은 집단 구성원이 집단에 충성하지 않고 집단 외부의 이익에 연연하면서 외부의 다른 조직에 적극 활동하거나 개입하고 있을 때 발생하는 경우가 많다. 이외에도 집단 활동을 하는 동안 구성원들이 시간에 쫓기고 있다고 느끼거나 구성원들 간에 경험이 서로 부족하다고 인식될 때 집단 활동은 긍정적으로 운영되기 어렵다. 교수자는 다음과 같은 현상들이 나타날 때 집단논쟁이 일어날 가능성이 있음을 염두에 두고 적절한 시기에 집단에 개입하여 관리해야 한다.

첫째, 참을성이 없는 사람들로 집단이 구성되었을 때

둘째, 한 사람의 아이디어나 의견이 완전히 표현되기 전에 다른 사람들에게 공격받을 때

셋째, 구성원들이 각각의 입장을 명백하게 밝히고 서로 타협을 거부할 때

넷째, 구성원들의 어떤 계획이나 대안에 대해 합의되지 않을 때

다섯째, 의견이나 대안들이 아주 격렬하게 제시될 때

여섯째, 구성원들이 아주 구체적으로 개인의 사적 영역에 관계된 것을 공격할 때

일곱째, 집단 구성원들이 집단 자체가 어떤 방법이나 경험을 가질 수 없다고 주장할 때

여덟째, 집단 크기가 너무 크거나 혹은 너무 작아서 어떤 결론을 얻기 어렵다고 판단될 때

아홉째, 집단 구성원들이 리더의 의견에 동의하지 않을 때

열 번째, 집단 구성원들이 서로 간에 핵심을 이해하지 못하고 있다고 상대를 공격할 때

열한 번째, 다른 구성원이 기여하는 바를 평가절하하고 있을 때

앞에서 언급된 내용 중 어느 한 가지 경우에 해당할 때 리더는 집단에 문제가 있다고 진단할 수 있지만, 집단논쟁이 모두 부정적인 것은 아니다. 집단 구성원들 간에 건설적인 논쟁을 벌이는 경우도 있기 때문에 교수자는 집단논쟁에서 긍정적인 논쟁과 부정적인 논쟁을 구분하여 집단 활동을 관리해야 한다. 예컨대, 집단 구성원들이 격렬한 논쟁

을 하고 있지만 구성원 대부분이 관련 문제에 참여하고 있거나 서로 배려하는 표현을 하고 있다든지 문제의 해결책을 모색하려고 노력하고 있을 때 등은 긍정적이고 건설적인 논쟁이 진행되고 있는 것이다.

5) 집단 무관심

집단의 무관심은 집단논쟁과 다른 양상을 보이는 부실한 집단 활동의 결과를 초래하는 원인이다. 집단 구성원들은 각기 다른 특성들을 가지고 있기 때문에 집단 활동에서 특히 무관심하거나 서로에 대해 냉담한 태도를 가질 수 있다. 교수자가 집단의 무관심을 파악할 수 있는 징후는 다음과 같다.

첫째, 하품을 자주 하거나 존다.

둘째, 토의의 초점을 벗어난 발언을 한다.

셋째, 참여율이 낮다.

넷째, 토의가 지체된다.

다섯째, 지각과 결석이 빈번하다.

여섯째, 축 늘어져 있거나 소란스럽다.

일곱째, 과도하게 빠른 결정을 내린다.

여덟째, 집단 활동을 자주 중단하거나 다음 만남을 결정하지 못한다.

아홉째, 의무나 책임을 논의하는 데 무관심하다.

교수자는 집단이 위에 언급된 증상들을 보이는 경우 집단의 무관심을 염두에 두고 지켜보아야 한다. 이 경우 교수자가 적절하게 개입하여 집단 구성원들을 교체한다든지 혹은 리더를 바꾸게 함으로써 새로운 분위기로 집단 활동을 격려할 수 있다. 구성원들의 무관심은 학습 동기와 흥미를 저하시키기 때문에 무관심의 원인을 찾아내서 대처해야 한다.

집단을 구성하고 있는 학습자들이 다루는 주제나 문제에 대해 관심이 없거나 혹은 자신이 집중하고 있는 다른 문제가 있을 경우에 무관심이 드러나는 경우가 많다. 이때 교수자는 구성원들에게 다루는 주제나 이슈에 대해 충분한 정보를 제공해서 참여 동기를 부여할 수 있다. 그리고 교수자는 구성원들이 문제에 관심을 가지고 있거나 그것을 해결하는 데 어떤 장애요인이 있는가, 그리고 해결과정이 명료하게 제시되었는가를 점검해 보아야 한다.

　교수자는 집단 구성원들 간에 독점적인 권위를 가지고 있는 사람들이 있는지 혹은 그로 인해 다른 구성원들이 자신의 의견을 내세우기가 어렵거나 꺼리게 되는 상황이 만들어지고 있지 않는지도 살펴보아야 한다. 또한 구성원들이 자신의 의견이 최종결정에서 영향을 미치지 못할 것이라고 생각하게 되면 아예 포기하고 무관심할 수 있음도 염두에 두어야 한다.

4. 집단 안전교육 방법

　집단 안전교육은 전체 구성원들의 참여와 교수자 중심의 방법을 혼용하여 사용할 수 있다. 집단 크기에 따라서 전체 집단 참여와 소집단 참여로 구분할 수 있는데, 전체 집단은 전통적으로 원형토의와 문답법을 사용한다. 전체 집단에 대해서 안전교육을 진행하고자 할 때에는 교수자가 전체 집단의 리더 역할을 수행해야 하는데, 특히 집단관리와 운영 및 집단을 이끌어 가는 능력이 있어야 한다. 집단 안전교육 방법은 주로 브레인스토밍과 문답법이 있다. 소집단 안전교육 방법은 주로 버즈 집단토의와 퍼실리테이션 등이 사용된다.

1) 브레인스토밍

　브레인스토밍(brainstorming)은 1941년 미국의 BBDO 광고 대리점의 부사장 Osborn이 광고 아이디어를 얻기 위해 고안한 회의방식에서 나온 용어이다. 브레인스토밍은 아이디어의 발상과 평가를 철저히 분리하기 위한 방법으로서 제시된 의견에 대해서 비판 없는 '열린 마음' 혹은 '자유 연상'을 강조한다. 이것은 집단지성이라는 집단만의 특성을 살리고 사고의 연쇄적 반응을 불러일으키는 자유분방한 의견제시를 가능하게 한다. 브레인스토밍을 할 때 단시간 내에 가능한 한 자발적이고 창조적인 아이디어가 많이 도출될수록 문제해결은 용이하게 된다. 브레인스토밍은 창의성과 집단구성원 상호 자극을 최대한으로 허용하고자 할 때, 반복적인 목표와 방법 및 활동 등에서 탈피하고자 할 때, 행동 과정과 결과를 예측하고자 할 때, 문제의 어떤 측면도 놓치지 말아야 할 때, 현존하는 방침과 정책 등을 전환하고자 할 때, 제한 없는 역동적인 아이디어가 필요할 때 사용된다.

브레인스토밍은 진행자와 기록자를 두는데 주로 교수자가 진행자를 담당한다. 진행자는 브레인스토밍 주제와 과정 혹은 문제를 설명하고 진행과정에서 학습자들이 지켜야 할 규칙 등을 상세히 설명해 준다. 리더는 모든 구성원들이 의견을 내도록 하고 그것에 대해서 어떠한 비판이나 평가 없이 받아들여야 하는데 이것은 집단 구성원들의 참여를 고양시키는 가장 중요한 요소이다. 따라서 교수자는 제시된 의견이 현실적이지 않거나 우습게 보이더라도 모든 아이디어를 환영한다고 느낄 수 있도록 해야 한다. 개방성과 포용성이 핵심인 브레인스토밍을 실시할 때의 유의사항은 다음과 같다.

첫째, 학습자들에게 브레인스토밍에 대한 사전교육을 실시해야 한다. 교수자는 학습자들에게 브레인스토밍의 목적과 실시 절차를 설명하고 연습할 수 있다.

둘째, 브레인스토밍을 실시하기에 앞서 주의사항을 미리 알려 주고, 진지한 태도를 가지되 경직되지 말고 생각나는 것을 자연스럽게 표현할 수 있어야 한다. 엉뚱하거나 이상한 의견이라도 일단은 수용해야 함을 미리 집단원들에게도 주지시켜 두어야 한다.

셋째, 말하기 자체에 두려움이 있는 사람이 있다면 쓰기를 통한 브레인스토밍을 진행할 수도 있음을 염두에 두어야 한다. 쓰기를 통한 브레인스토밍은 익명성이 보장되어야 하며 이것을 통해서 보다 솔직하고 자신 있게 의견을 개진할 수 있다는 장점이 있다.

2) 문답법

문답법은 질문과 대답에 의해서 전개되는 학습활동이다. 소크라테스의 산파술이나 플라톤의 대화법에서 기원을 찾을 만큼 역사가 오래된 학습방법이다. 교수자의 질문에 학습자가 대답하고 학습자의 질문에 교수자가 대답하는 방법으로 진행된다. 문답법을 잘 활용하면 학습자들의 주의를 집중시키고 사고 작용이나 비판적 태도를 기를 수 있다. 문답법에서의 질문은 단답형 내용보다는 교재를 분석하고 비판적으로 평가하여 개관할 수 있는 것이어야 하며, 이것을 통해 다면적인 사고를 발전시킬 수 있도록 유도하여야 한다. 교수자는 질문을 통해서 학습자들의 부족한 점을 파악할 수 있으며 학습 태도도 알 수 있다. 또한 학습내용과 목적에 맞는 질문을 통해서 학습동기를 유발하고 학습내용과 관련한 개념을 분명히 밝히기도 한다.

교수자의 질문은 간결하고 명료해야 하며 학습목표와 연결된 것이어야 한다. 학습자들의 지적활동과 사고작용을 자극하도록 전개되어야 하며, 학습자의 연령, 능력 및 흥미를 고려하여 진행하여야 한다. 교수자의 질문이 학습목적에 부합하지 않으면 학습자들은 딴생각을 하거나 혼란에 빠질 수 있다. 전체 집단이 문답법에 잘 참여한다면 집단지성을 자극하는 효율적인 방법이 될 수 있다.

전체 대상으로 진행하되 대답이나 질문이 나오지 않으면 교수자는 특정인을 지목하여 답변을 요구할 수 있는데 이것을 통해서 다른 학습자들은 생각할 시간을 얻고 더 주의를 기울이게 된다. 문답법은 교육환경의 제약 없이 자유로이 사용될 수 있는 방법이다. 또 학습자들에게 스스로 생각하고 해결할 수 있는 기회를 부여한다. 때문에 학습자들 간 의사소통 등 집단 전체에 학습 분위기를 고양시킬 수 있다. 그러나 문답법의 전체 구성이 미리 체계적으로 준비되어 있지 않은 상태로 질문하는 것 자체가 목적이 되어 버린다면 오히려 집단의 동기를 떨어뜨리거나 학습속도를 지연시킬 수도 있다. 또한 질문의 난이도가 너무 어려운 경우에는 전체 집단이 참여하지 못할 수 있으며 너무 낮다면 흥미를 잃게 될 수도 있다.

3) 버즈 집단토의

버즈(buzz) 집단토의는 보통 50명 정도의 집단에서 사용될 수 있다. 집단이 너무 클 경우에는 여러 개의 집단으로 쪼개서 진행할 수 있어 소극적인 학습자를 줄일 수 있는 방법이다. 버즈 집단토의는 소집단에서부터 시작해서 점차 그 집단의 크기를 확장해 가면서 아이디어나 의견의 합의점을 찾아가는 기법이다. '윙윙 토의'라고도 불리는데 버즈 집단토의의 모습이 마치 벌들이 날아다니는 것처럼 역동적이고 떠들썩하기 때문이다.

버즈 집단토의에서 교수자는 리더 역할을 하며 토의할 논쟁점이나 문제를 소개하고 집단 구성원들이 토의하고자 하는 것에 초점을 두면서 집단의 참여를 유도한다. 교수자는 전체집단을 버즈 집단으로 나눌 수 있으며, 토의할 문제나 하위문제를 각 집단에 분담시키거나 모든 집단에 동일한 문제를 제시할 수 있다.

버즈 집단토의는 개인이 전체 집단 학습과정에 참여하도록 돕는 데 효과적이다. 버즈 집단토의는 교수자가 학습자들의 참여를 극대화시키고자 할 때나 학습자들의 이질적인 특징을 가장 폭넓게 표현하고 수용할 수 있는 기회를 주고자 할 때 사용된다. 버즈 집단토의에서 교수자는 모든 구성원이 서로 친숙해지도록 토의를 이끌어 가면서 동기를 부여해야 한다. 버즈 집단토의 진행에서 교수자는 버즈 집단을 구성하고 목적과 방법을 설명한다. 집단의 크기가 변하는 경우 어떤 방식으로 어떤 시점에서 변화될 것인지를 알려 준다. 각 집단들이 원형으로 둘러앉아 잠깐 동안 각자를 소개하고 집단별 진행자와 기록자를 선정하도록 한다. 교수자는 토론주제를 제시하고 시간을 정해 준다. 토의를 종결하고 나면 모든 토의를 중단시키고 토론 결과를 집단별로 발언하도록 한다.

버즈 집단토의는 전체 집단원이 참여하는 짧은 시간 동안의 토론으로 과제를 해결하기에 유용한 방법이다. 버즈 집단토의는 강연 등과 병행해서 활용할 수 있다. 하지만 복잡하고 전문적인 문제들을 취급하기는 어렵다. 교수자가 많은 소집단을 동시에 관리하기가 어렵기 때문에 과제를 이해하지 못한 소집단이나 한두 명이 토의를 독점하는 문제를 해결하는 데 한계가 있다. 이러한 문제점들을 극복하기 위해서는 주제가 명료하고 난해하지 않아야 한다. 또한 미리 진행과정의 주의사항을 집단원에게 충분히 숙지시켜야 한다.

4) 퍼실리테이션

퍼실리테이션(facilitation)은 사전적으로 '쉽게 하다' '용이하게 하다'라는 뜻이다. 즉, 퍼실리테이션은 여러 사람이 모여서 무언가를 할 때 쉽게 하도록 하는 것을 말한다. 집단학습에 참여한 사람들이 좀 더 쉽게 소통할 수 있도록 도와주는 것이다. 일반적인 형태는 토의나 회의에서 퍼실리테이션 기법을 이용하여 갈등 없이 효과적으로 집단 활동을 진행하는 것이다. 퍼실리테이션을 이끌어 가는 리더를 퍼실리테이터(facilitator)라고 한다. 퍼실리테이터는 회의를 총체적으로 기획하고 진행하는 역할을 한다. 퍼실리테이션을 통해서 토의나 회의를 이끌어 가는 이유는 회의나 토의에서 진정한 열린 마음과 유연성과 포용성을 유지하기 위해서이다. 수평적이고 수용적인 분위기에서만 구성원들의 아이디어가 참신해질 수 있고 수행 동기가 고양될 수 있다. 이러한 점에서 퍼실리테이션은 구성원들의 참여를 독려하고 조직 활성화를 높일 수 있는 방법이다.

리더는 퍼실리테이션을 활용하여 합리적인 집단문화를 형성하고 효과적으로 토의를 진행할 수 있다. 이러한 작업을 교수자가 진행하게 될 때 퍼실리테이터의 역할을 수행하는 것이다. 퍼실리테이터는 토의 전반의 운영방식 설계 그리고 물리적·심리적인 회의환경 준비와 자연스러운 논의 흐름을 조성한다. 이를 위해 집단원들에 대한 정보를 가지고 토의 맥락을 파악한다. 그리고 구성원들의 목적과 기대에 관련된 퍼실리테이션 진행과정을 설계한다. 다음으로 구성원들에게 퍼실리테이션의 과정과 퍼실리테이터의 역할을 설명한다. 퍼실리테이터는 활발한 토의를 위해서 집단원에게 네 가지의 질문법, 즉 객관적 질문, 반영적 질문, 예견적 질문, 결단적 질문을 사용할 수 있다.

객관적 질문은 사실적인 정보로 질문하는 것이다. 토의 참석자의 경험을 질문하면서 "무엇을 보았나?, 들었나?, 읽었나?, 기억에 남는 문구는 무엇인가?" 등을 질문하게 된다. 객관적 질문을 통해서 토의 주제의 공통 이미지를 만들어 가게 된다. 반영적 질문에서는 객관적 정보를 통해서 파악한 참석자들의 감정을 공유하는 단계가 된다. 주로 "무엇이 연상되나?, 기뻤던 점은 무엇인가?, 아쉬웠던 점은 무엇인가?" 등을 질문하게 된다. 반영적 질문을 통해서 참석자 간 인간적 친밀감 및 이해 정도를 높일 수 있으며 새로운 관점에서 독특한 의견 제시가 가능하다. 예견적 질문에서는 핵심 의미와 시사점을 파악하는 단계이다. "안전에 미치는 영향은 무엇인가?, 우리에게 시사하는 것은 무엇인가?, 사고가 발생하는 근본 원인은 무엇인가?" 등을 질문하면서 안전과 위험에 대해서 파악한 정보를 바탕으로 깊이 있는 사고를 유도하게 된다. 마지막으로 결단적 질문에서는 결정을 내리기 위한 질문을 던지는 단계이다. "그렇다면 어떤 결정을 내려야 할까?, 우리가 무엇을 해야 하는가?" 등과 같이 의사결정을 촉구하는 질문을 통해 결론을 유도하게 된다.

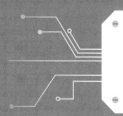

제2부

안전교육의 실제

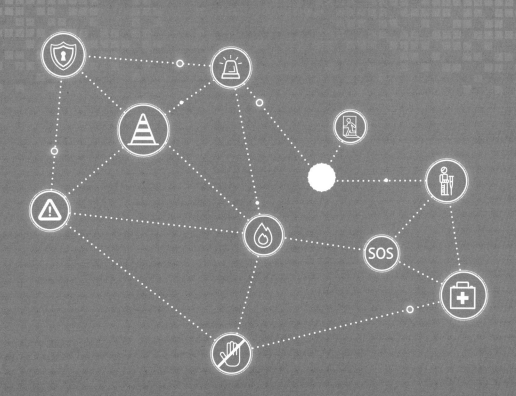

일반적인 교육은 지식전달과 습득이 주를 이룬다. 하지만 안전교육은 지식전달과 습득에 머물지 않고 반드시 실행과 실천에까지 나아가야만 한다. 따라서 안전교육의 실제는 안전교육이 궁극적인 목표에까지 움직이도록 하는 동력을 제공한다고 볼 수 있다. 안전교육의 이론은 목표를 설정해 주고 안전교육의 실제는 안전교육이 올바른 방향에 도달하도록 하는 원리가 된다.

제**7**장

학교 안전교육

　안전교육은 어릴 때부터 체계적으로 이루어질 필요가 있다. 위험해결을 위한 지식 전달뿐만 아니라 체험형 교육을 통해서 안전해지는 방법을 몸으로 익히는 것은 어릴 때일수록 효과적이다. 반면에 아동과 청소년들에게 제대로 된 안전교육을 실시하지 못한다면 경험도 없고 지식도 없는 아동·청소년기 특성상 위험의 가장 큰 희생자들이 될 수 있다.

　아동과 청소년들의 안전교육은 취학 전에는 부모들이 전담하게 된다. 취학 이후에는 교육기관을 통해서 생애 최초로 체계적인 안전교육이 이루어질 수 있는 기회를 얻게 된다. 따라서 학교에서의 안전교육은 인간 전 생애에서 안전개념이 발달하고 올바로 자리 잡는 데 결정적인 영향을 미치게 된다. 학교에서 안전교육을 실시하는 것은 다음의 두 가지 측면에서 중요하다(김지영, 2009; 서병재, 2001; 장석민, 정태화, 옥준필, 이정표, 김선희, 1997).

　첫째, 안전의식은 단기보다는 장기간에 걸쳐 형성된다는 점에서 어린 시절부터 지속적인 안전교육을 실시하는 것이 중요하다. 삶을 위협하는 각종 사고를 예방하고 사회에 안전문화를 정착시키기 위해서는 아동·청소년기부터 기본적인 안전지식과 가치관 및 태도를 체계적으로 교육하여 습관화하고 행동화시키는 것이 중요하다.

둘째, 학교는 안전교육을 시행하기 위한 인력과 시설을 가지고 있으며, 또한 가장 많은 교육 대상자를 확보하고 있기 때문에 안전교육의 효과를 극대화할 수 있다.

아동·청소년기는 다음과 같은 고유한 특성으로 인해 다른 인생주기보다 사고 발생 위험이 높다(이재연, 윤선화, 정윤경, 2008).

첫째, 한 가지 일에 몰입하는 경향이 있다.

둘째, 감정에 따라 행동 변화가 심하다.

셋째, 사물을 이해하는 방법이 단순하기 때문에 자기중심적인 사고 경향이 강하다.

넷째, 성인 행동을 흉내 내거나 성인에게 의존하기 쉽다.

다섯째, 물체의 그늘진 부분에서 노는 경향이 있다.

여섯째, 몸의 중심이 머리 등 상부에 있어서 균형 잡기가 성인들보다 어렵다.

일곱째, 거리와 속도에 대한 지각력이 약하다.

여덟째, 시각과 청각 및 운동 능력 등이 성인에 비해서 떨어진다.

아동·청소년기를 보내는 학교에서의 안전교육은 아동·청소년기의 특성들을 살펴서 그에 적합한 방향으로 실시되어야만 한다. 우선 아동은 생활 반경이 점차 확대되고 학교생활이 중요한 역할을 하게 된다. 따라서 친구들과의 단체 행동에 몰두하는 경우가 많기 때문에 충동적으로 행동하거나 실수가 발생하게 된다. 또 대부분 사고 예방 지식이 부족하거나 부주의로 인해 안전사고가 발생하는 경우가 많다. 말하자면 지식과 경험 부족, 판단력 미흡 그리고 강한 호기심 등이 아동·청소년기의 안전을 저해하는 주요 요인이 되고 있다(이수재, 2016). 다음으로 점차 학년이 올라감에 따라서 급격한 신체적·생리적 변화와 함께 여러 가지 정신적·심리적 변화로 인한 갈등을 겪게 되어 안전사고의 잠정적 위험성이 높아지게 된다. 따라서 보호자와 선생님의 각별한 주의와 체계적인 안전관리가 필요하다. 특히 아동과 청소년 스스로 자신의 건강과 생명을 지킬 수 있도록 안전관련 능력을 키워 주는 안전교육이 진행되어야 한다.

1. 아동·청소년기 특성

안전교육에서 아동과 청소년기 특성을 이해한다는 것은 안전교육의 방향 설정이나 내용 구성을 위한 선행조건이다. 아동·청소년기는 성인과는 다른 특성을 가지고 있고 심신의 큰 변화를 경험하는 시기라는 점을 잘 이해하여 그에 맞는 교육을 실행하는 것이 중요하다. 특히 아동기는 육체적 · 정신적 성장이 급속히 이루어지는 시기이다. 아동기에는 신체 활동이 왕성하게 일어나고 또래들과의 관계 속에서 다른 사람들을 존중해야 한다는 사실을 인식하기 시작한다. 이와 함께 자기 통제와 순응과 같은 성숙이 일어나는 시기이며 타인과 더불어 살아가야 함을 인식하게 된다. 동시에 아동 · 청소년기는 발달 특성상 호기심이 많고 탐구하려는 충동이 강하며 새로운 기술을 습득하려는 욕구가 큰 반면, 신체 기능의 미숙으로 위험상황에 대처할 수 있는 능력이 부족하기 때문에 사고 발생 가능성이 다른 어떤 시기보다 높다(배정이, 2003; Swell & Gaines, 1993). 아동 · 청소년기의 일반적인 행동특성으로는 탐험 충동, 자기 통제와 대처 능력 부족, 풍부한 상상력, 안전효능감 등이 지목된다(이수재, 2016; 한국교육개발원, 한국산업안전공단, 1996a).

1) 탐험 충동

아동 · 청소년기에는 놀이나 색다른 경험을 통해서 끊임없이 새로운 세계를 탐험하고자 한다. 아동과 청소년은 성장하고 성숙해짐에 따라서 놀이와 일상생활은 점차 현실적으로 변화되고 단순한 탐험이나 실험의 단계에서 벗어나 자신의 능력을 개발하게 된다. 모든 탐험과 새로운 시도에는 어느 정도의 위험이 포함되어 있다.

아동과 청소년들은 새로운 세계에 대한 탐험 충동을 가지고 있기 때문에 예상치 못한 안전사고를 유발할 수 있다. 탐험 충동과 호기심을 충족하고자 하는 욕망이 아이들을 둘러싼 세계에서 늘 사고의 위험성을 가져온다. 따라서 아동과 청소년 안전교육의 주요목표는 안전을 스스로 생각하도록 하고 안전수칙을 지키게 함으로써 새로운 세계에 대한 탐험심이나 호기심을 규칙과 질서 내에서 승화시켜 나갈 수 있도록 지도하는 것이다.

2) 자기 통제와 대처 능력 부족

위험으로부터 자신을 보호하는 것은 아동과 청소년들이 성장함에 따라 더욱 어려운 과제가 되기도 한다. 아동 · 청소년기에는 또래 친구들의 요구와 생각에 대해 감정적으로 반응하는 경향이 높기 때문에 위험에서 헤어나오기 어려운 경우가 많다. 때문에 안전을 위협하는 심각한 문제가 초래될 수 있는 모방행동 등을 적절히 통제할 수 있도록 교육해야 한다. 즉, 아동기 때부터 자기 통제와 독립적인 판단력을 향상시킬 수 있도록 지도해야 한다.

아동과 청소년들이 바람직한 행동을 하도록 지도하는 것도 중요하지만 위험한 상황에서 적절하게 대처하는 능력도 키워 주어야 한다. 그래야만 사고 위험에 직면할 때 상황을 파악하고 그에 따라 어떤 결정을 내리고 바로 실천으로 옮기게 된다. 적절한 행동은 안전사고 위험을 감소시켜 주기도 하지만 반대로 적절하지 못한 대처는 오히려 더욱 위험한 상황에 빠져들게 할 수도 있다. 따라서 아동과 청소년들은 일상적인 생활 속에서 요구되는 행동에 대해 스스로 적절하게 대처할 수 있는 능력을 키워 주어야 한다.

3) 풍부한 상상력

아동·청소년기에는 풍부한 상상력을 가지게 되는데 개인에 따라 차이는 크다. 창조적인 상상력은 보통 8~9세부터 점차 발달하여 13~14세 사이에 왕성해진다. 이때는 상상과 현실이 분화되면서 자연 현상이나 물리적인 변화에 대한 호기심과 탐험 욕구가 높아진다.

아동의 풍부한 상상력은 매스컴에서 나오는 주인공들이나 흥미로운 동작을 모방하도록 해서 사고를 일으키게 할 수도 있다. 따라서 이 시기에는 단순 모방에 따른 위험요인을 일깨워 주면서 아동과 청소년의 풍부한 상상력이 긍정적으로 발현될 수 있도록 교육을 실행해야 한다. 아동과 청소년들이 안전교육에서 사고 위험을 생각해 보거나 사고 이후의 결과에 대해서 상상하게 해 봄으로써 풍부한 상상력을 안전교육의 도구로 사용할 수도 있다.

4) 안전효능감

효능감 혹은 자기효능감(self-efficacy)은 Bandura(1997)에 의해서 개념화되었다. 효능감은 개인이 어떤 수행의 결과를 얻을 때 필요한 행동을 어느 정도 성공적으로 할 수 있는지를 의미한다. 이러한 효능감 개념에 더하여 박영신, 박동현과 김의철(1998)은 안전효능감이라는 개념을 제안하였다. 박영신 등(1998)의 연구에 의하면 안전효능감은 안전한 활동을 위해 자기를 조절할 수 있는 효능감, 안전을 위해 주위 사람들의 적절한 도움을 받을 수 있는 효능감, 안전을 위해 주위 환경을 통제할 수 있는 효능감 등의 하위요소로 구성된다.

박영신 등(1998)은 청소년 연령층을 초등, 중등, 고등, 대학교로 분류하여 안전효능감의 변화를 살펴보았다. 전체 안전효능감에서는 초등학생과 중학생은 이질적인 집단으로 구분되었고, 고등학생과 대학생은 동질적인 집단으로 구분되었다. 전반적으로 초등학생의 안전효능감이 가장 높았고, 다음으로 중학생, 고등학생 그리고 대학생 순으로 안전효능감이 감소하였다. 안전효능감의 하위요소들 차이를 살펴보았을 때 자기조절 안전효능감은 초등학생이 다른 집단에 비해서 높았다. 주위 사람의 도움을 받을 수 있는 효능감은 초등학생과 중학생이 이질적인 집단으로 나타났으며, 고등학생과 대학생은 동질적인 집단으로 나타났다. 마지막으로 주위 환경에 대한 안전효능감은 중학생이 가장 높았고 고등학생이 가장 낮게 나타났다. 청소년의 경우 안전효능감이 높은 집단이 낮은 집단보다 더 주의하거나 조심하는 자기조절을 많이 하는 것으로 나타났다.

박영신 등(1998)은 아동 및 청소년들의 안전효능감 증진 방안으로 모델링을 통한 관찰학습, 구체적인 작업 특성에 부합되는 안전효능감 개발, 숙달 모델링을 위한 모의 상황과 실제 상황에서의 응용, 안전행동의 단순 모방이 아닌 안전관련 기술의 생산적 활용, 안전과 관련된 자기조절 효능감의 중요성 인식 등을 제안하였다.

2. 학교 안전교육의 체계

학교 안전교육은 '학교 안전에 관한 교육' 또는 '학교에서 이루어지는 안전에 관한 교육'의 두 가지 의미가 혼용되는 경향이 있다.

1) 학교 안전교육의 개념

학교 안전에 관한 교육의 관점으로는 '학교 내에서 학습자들이 헌법과 법률이 보장하고 있는 범위에서 자유롭게 학습에 참여하여 활동할 수 있도록 여건을 조성하는 것'

이라고 정의하였다(김원중, 2011). 「학교 안전사고 예방 및 보상에 관한 법률」에서는 학교 안전교육을 '학교 안전사고를 예방하기 위하여 교육부령이 정하는 바에 따라 학습자 및 교직원에게 실시하는 학교 안전사고 예방 등에 관한 교육'으로 정의한다. 그리고 학교 안전사고는 '교육활동 중에 발생한 사고로서 학습자와 교직원 또는 교육활동 참여자의 생명 또는 신체에 피해를 주는 모든 사고 및 학교급식 등 학교장의 관리와 감독에 속하는 업무가 직접 원인이 되어서 학습자와 교직원 또는 교육활동 참여자에게 발생하는 질병으로서 대통령령이 정하는 것'이라고 정의하고 있다.

다음으로 학교에서 이루어지는 안전에 관한 교육의 관점으로 학교 안전교육의 개념을 정의한 한국산업안전공단(1995)에 따르면 '학교 안전교육은 학교생활에서 발생하는 안전사고 및 건강상의 문제와 가정, 사회, 산업체 등 성인사회에서 발생할 수 있는 각종 사고, 건강상의 문제 등을 방지할 목적으로 학교 학습자들에게 안전에 관한 지식, 기능, 태도 및 그 대책과 방법 등을 학교교육을 통하여 체계적으로 습득하게 하는 것'이라고 하였다.

학교 안전교육에서 다루는 내용을 학교 안에서 발생한 안전사고로 그 범위를 한정하면 교육종료 후 일과시간 내, 운동장 개방에 따른 늦은 시간대, 학습자 부주의나 다툼, 외부 침입자로 인한 범죄, 학교폭력, 전염병 전파 등 교육활동과 무관하게 발생하는 사고와 사건들이 많이 일어나는 현실을 고려하지 못하는 한계가 있다. 따라서 학교 외의 현장에서 발생하는 재해 및 사건과 사고 등에 대처할 수 있도록 학습자 및 교직원의 안전의식과 대처역량을 향상시키기 위해서는 한국산업안전공단(1995)에서 정의한 바와 같이 학교 안전교육을 학교에서 실시하는 안전교육으로 개념화하고 학교 안전교육의 내용 및 범위에 관해서도 학습자의 일상생활 속에서의 활동범위를 고려하여 포괄적으로 생각할 필요가 있다. 즉, 학교 안전교육은 학교 내에서의 안전사고 및 사회에서 발생할 수 있는 각종 사고와 사건 예방 및 대처능력 향상을 지향한다. 학교 안전교육의 내용면에 있어서도 학습자들이 학교뿐만 아니라 생활 속에서 경험할 가능성이 있는 사고, 재해, 범죄 등의 다양한 사안 등을 포괄적으로 검토하여 그 예방 및 대처법을 몸에 익힐 수 있도록 안전교육을 실시할 필요가 있다.

2) 학교 안전교육의 실행

'어떻게 학교 안전교육을 실행하는 것이 바람직한가?' 이 질문에 대한 가장 기본적인 대답은 아동 및 청소년들을 위한 안전교육은 가능한 한 구체적이고 실제적인 상황에서 행동 중심적으로 실시하는 것이 바람직하다는 것이다. 안전교육에 관한 일련의 연구들을 검토한 결과 단순히 어떻게 하라고 지시하는 것('만지지 마라!' '멀리 가지 마라!' '조심해라!' 등)만으로는 행동 변화에 효과적이지 못하다고 밝혀져 있다. 말하자면 아동에 대한 효과적인 안전교육 방법은 언어 중심적인 교수법보다는 실제와 유사한 상황에서 경험 중심적 방법을 활용하는 것이다(이기숙, 장영희, 정미라, 윤선화, 2014). 그런가 하면 학교 안전교육은 적절한 지도 원리에 입각하여 이루어져야 하는 동시에 신체뿐만 아니라 자신과 타인의 생명을 존중하는 차원에서 접근되어야 함을 강조하는 견해도 있다. 이에 따른 학교 안전교육의 원리는 일회성 원리, 자기 통제 원리, 이해 원리, 지역성 원리이다(김창현, 2014; 이상우, 이준희, 정광복, 1994).

첫째, 일회성 원리란 인간 생명의 탄생과 죽음은 단 한 번뿐이기 때문에 엄숙성을 전제로 안전교육에 임해야 함을 의미한다.

둘째, 자기 통제 원리란 안전행동 수행능력을 기르기 위해서 평소 스스로 통제 능력을 길러야 한다는 것이다.

셋째, 이해 원리란 사고와 안전지식을 실천적으로 이해하면서 행동으로 옮길 수 있도록 해야 한다는 것이다.

넷째, 지역성 원리란 지역에 따라 상이한 환경적 요인과 사고 유형을 고려하여 그에 맞는 안전교육이 실행되어야 한다는 것이다.

학교 안전교육의 적절한 실행원리는 다음과 같다(유병열, 이언주, 2016).

첫째, 아동들이 일상생활 속에서 스스로의 안전을 도모할 수 있도록 바른 습관을 기르고 생명 존중의 가치관을 형성해 가도록 교육한다. 생활 주변 곳곳에 잠재해 있는 안전사고의 위험 속에서 아동 스스로가 적절하게 대처해 나갈 수 있는 능력을 기르는 동시에 다양한 안전학습 경험을 통해 어릴 때부터 자신과 타인의 생명을 존중하면서 안전하게 행동하는 습관이 몸에 배도록 해야 한다.

둘째, 학교나 가정에서 안전교육을 제대로 지도하지 못해서 신체에 상해를 입거나 생명을 잃는 안타까운 사고를 종종 볼 수 있다. 한 번의 사고라 할지라도 회복할 수 없을 정도의 중대한 상해를 입거나 재산의 막대한 손해를 입게 될 수 있으므로 한 번의 사고도 일어나지 않도록 방지하는 자세가 안전교육의 대전제이다. 따라서 일회성 원리를 염두에 두지 않고서는 안전교육이 이루어지기 힘들며 타인의 생명을 존중하고 아끼는 안전의식 또한 제대로 배양하는 데 한계가 있다.

셋째, 안전교육은 스스로를 통제하고 적절히 대처해 나갈 수 있는 안전능력을 향상시키고자 한다. 안전교육은 지적 능력과 실천적 능력의 배양 및 의지 함양의 지도를 통해 궁극적으로는 자신과 타인 그리고 가정, 사회, 국가를 위해 자기를 통제할 수 있는 능력을 배양하는 데 그 본질이 있다.

넷째, 안전교육은 안전에 관한 이해와 실천을 조화롭게 추구하되 체험, 실습, 실기, 훈련 등을 통한 교육이 집중적이고 지속적으로 이루어져야 한다. 안전행동 및 안전생활에 관한 지식과 이해를 통한 지적 기반을 잘 갖추도록 하되 반드시 실천 능력을 기르는 데까지 나아가도록 해야 한다. OECD 주요국의 안전교육 분석에서도 공통으로 나타나고 있듯이 체험과 훈련을 통한 안전교육에 역점을 두어야 한다(이덕난, 2015). 또한 무계획적이고 산만한 교육이나 일회성 및 단기간의 행사 위주가 아닌 집중적이고 응집된 교육 그리고 반복과 지속적인 교육을 통해 안전행동이 습관화될 수 있도록 하는 것이 중요하다.

다섯째, 아동 및 청소년들의 발달단계에 따라 적절한 교육 내용과 방법, 교재, 자료 등을 통한 안전교육이 이루어져야 한다. 그런데 우리나라의 안전교육 교재는 대체로 학년별 구분 없이 한 권의 책으로 되어 있어 내용이나 수준의 일관성이 미흡하다. 즉, 저학년에게는 어렵고 고학년에게는 너무 쉬운 학습이 반복되는 경향을 보이고 있다(석혜민, 박찬석, 윤명오, 2013). 따라서 학교 현장에서는 학습자들의 발달단계별 수준에 맞는 내용과 방법 및 교재 등을 구성하여 지도하는 일이 요청된다.

여섯째, 아동 및 청소년들의 생활 형태와 주기를 중심으로 장소별 사고 및 대처 방법을 채택하여 각 장소에서 일어날 수 있는 다양한 경우를 중심으로 지도하는 일이 필요하다. 어디에서나 공통적으로 나타나는 안전사고도 있겠지만 지역 및 주위 환경에 따라 나타나는 안전사고의 유형이 다를 수 있기 때문에 학교현장에서는 이것을 고려하여 아동들의 피부에 실제로 와닿는 교육을 실시해야만 한다.

일곱째, 가정과 연계한 교육이 되어야 한다. 우리나라의 경우 아동 및 청소년들의 안전사고 67.5% 정도가 가정에서 그리고 대부분 성인의 부주의에 의해 일어나고 있다.

다음으로 여가 및 문화, 놀이 시설, 교육 시설 등의 순서로 높게 나타나고 있다(한국소비자원, 2015). 그런데 이러한 가정에서의 안전사고는 예측 가능한 범위 내에서 발생하는 경우가 많다. 따라서 보호자의 철저한 사전 대책이나 감독에 의해 관리될 수 있으며 대부분 예방이 가능하다(이기숙 외, 2014; Hall-Long, Schell & Corrigan, 2001). 또한 학교에서의 안전교육은 학부모와 연계하여 안전교육을 실행하면 그 효과가 더욱 크게 나타난다는 연구 결과도 있다(이재남, 정명애, 박지원, 2006). 따라서 부모를 대상으로 하는 안전교육을 통해 아동 및 청소년들의 안전사고 예방뿐만 아니라 사고가 발생했을 경우 적절한 대처 및 부모의 안전지도 등이 적절히 실행될 수 있도록 학교-가정이 연계된 안전교육을 추진해 갈 필요가 있다.

여덟째, 사고와 안전은 지역적인 차이에 의해 그 유형이 다르기 때문에 지역별 특성을 고려하여 지도하는 것이 중요하다. 도시와 농어촌 그리고 산업이 발달한 지역과 그렇지 않은 지역, 산간 지역과 해안 지역 등 인간의 생활환경과 양상에 맞추어 안전교육이 이루어져야 한다. 지역의 특수성에 적합한 안전교육 내용과 방법을 찾아서 각각의 실정에 잘 어울리면서 융통성 있는 안전교육을 실시한다면 그 실효성을 증진할 수 있다(이상우, 이준희, 정광복, 1994).

3. 우리나라 학교 안전교육의 실제

우리나라 학교에서 실시되는 안전교육은 사회나 교과과정이 가지고 있는 독특한 특성을 반영하고 있다. 따라서 학교에서의 안전교육은 학습자들의 심신 발단단계를 고려하기 때문에 성인이나 직장에서의 안전교육과는 다소 차이가 있다(교육부, 2016).

우리나라는 2017년 교육부에서 최초로 안전관련 정규교육 과정 국정 교과서인『안전한 생활』을 초등학교 1, 2학년용으로 편찬·보급하였다. 이것은 다음과 같은 아홉 가지 원리를 주축으로 구성되어 있다.

첫째, 초등학교-중학교-고등학교로 구분된 교육과정을 충실히 반영해야 한다.

둘째, 생명존중을 바탕으로 안전생활을 실천할 수 있도록 안전규칙과 행동 수칙을 구체적으로 제시하고 익히도록 한다.

셋째, 발달단계를 고려하여 유아부터 초등 저학년, 초등 중학년, 초등 고학년, 중등

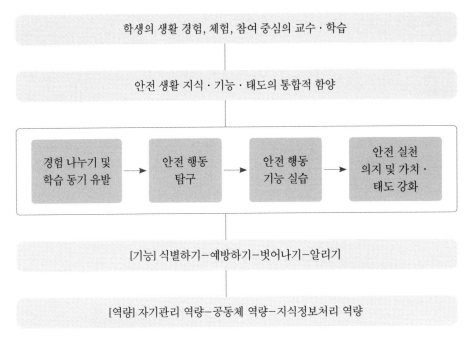

학생의 생활 경험, 체험, 참여 중심의 교수 · 학습

안전 생활 지식 · 기능 · 태도의 통합적 함양

경험 나누기 및 학습 동기 유발 → 안전 행동 탐구 → 안전 행동 기능 실습 → 안전 실천 의지 및 가치 · 태도 강화

[기능] 식별하기-예방하기-벗어나기-알리기

[역량] 자기관리 역량-공동체 역량-지식정보처리 역량

그림 7-1 우리나라 학교에서의 안전교육 교수 · 학습 모형

과정, 고등과정 등의 세분화된 접근이 필요하다.

넷째, 자기관리 역량, 공동체 역량, 지식 정보처리 역량을 함양할 수 있는 교수 · 학습이 이루어질 수 있도록 구성해야 한다.

다섯째, 현장실습 등을 통하여 직접 보고 듣고 따라 함으로써 안전생활이 습관이 되도록 반복학습, 체험행동 중심의 교육이 이루어져야 한다.

여섯째, 학습 내용을 일상생활에 적용할 수 있도록 가정 및 지역사회와의 연계를 고려한다.

일곱째, 학습 내용을 적정화하여 학습자들의 학습 부담을 줄일 수 있도록 한다.

여덟째, 전체 교과과정의 연계성을 고려한다.

아홉째, 교수 · 학습 과정을 통해 인성교육이 구현되도록 한다.

이상과 같은 안전교육의 아홉 가지 원리를 토대로 실제 학교 안전교육의 체계 및 내용을 생활안전, 교통안전, 신변안전, 그리고 재난안전의 4대 영역을 포함하도록 구성하였다([그림 7-2]).

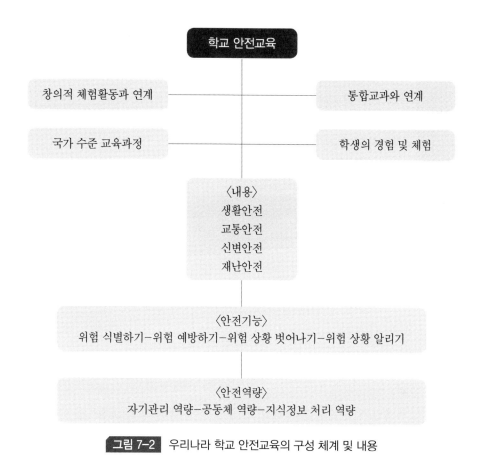

그림 7-2 우리나라 학교 안전교육의 구성 체계 및 내용

1) 학교 안전교육의 구조

교육부는 2017년 『안전한 생활』 국정 교과서를 편찬하면서 학교 안전교육의 구성 체계는 교육과정의 성취 기준을 효과적으로 달성할 수 있어야 한다고 제시하였다. 안전에 관한 개념이나 원리를 이해하도록 하는 인지 영역을 바탕으로 안전한 생활습관이 몸에 체득되도록 하는 기능적 영역과 안전생활에 필요한 올바른 가치관이나 합리적인 생활태도를 기르는 정의적 영역에 초점을 맞추어 구성하였다(〈표 7-1〉).

학교 안전교육 구성 체계는 인지적 영역 중심으로 내용을 나열하는 방식이 되지 않도록 유의해야 한다. 그리고 교육과정에서 제시된 학년별 내용요소를 충실히 반영하고 학습시기를 고려하여 구성해야 한다.

표 7-1 학교 안전교육의 구조

비전	생명존중 · 안전사회 및 더 안전한 학교 구현			
목표	• 자신과 타인의 생명존중의식 배양 • 위기상황 대응능력 제고 • 안전위협 요소 사전 제거 및 예방 • 안전하고 건강한 학교생활 구현 • 가정과 교육기관 통합형 안전교육체계 구성 • 발달과정을 감안한 전 생애 안전교육의 토대 구축			
주요과제				
체험중심의 체계적 안전교육 실행	학교 구성원의 예방능력 강화	안전한 교육 행동 및 시설 여건 조성	학교 내외 안전체계 구축 및 안전생활 문화 활성화	교육 분야 안전인프라 구축

2) 학교 안전교육의 내용

『안전한 생활』 국정 교과서의 주된 내용은 위험 '식별하기' '예방하기' '벗어나기' '알리기' 등의 구체적인 행동 수준을 목표로 하고 있으며, 생활 속 안전행동을 중심으로 학습 내용을 구성하였다. 그리고 학습자들의 발달수준과 학습 내용의 계열성, 통합성을 유지하는 내용으로 구성되어 있다. 안전교육 내용은 크게 생활안전, 교통안전, 신변안전, 재난안전으로 구분하여 전체 위험과 안전영역에 대응한 교육이 진행된다.

생활안전은 학습자들의 생활공간인 학교와 가정 및 사회에서의 위험요인들에 대해서 알고 대처할 수 있는 방법을 탐색해 본 후, 구체적이고 실제 사고 사례 중심의 실습교육을 실시하여 각종 안전사고에 스스로 대처할 수 있는 능력을 기르는 내용으로 구성되었다. 교통안전은 다양한 상황에서 지켜야 할 교통안전규칙을 바르게 알고 실생활에서 체험을 통해서 습관화하도록 하는 내용으로 구성되었다. 신변안전은 유괴 및 미아사고, 학교 및 가정 폭력을 포함한 다양한 폭력 상황 이해와 사건 발생 시 실천할 수 있는 대처 방법을 익혀 자신을 보호할 수 있는 능력을 기를 수 있도록 하는 내용으로 구성되었다. 재난안전은 화재 발생의 원인을 알고 예방하는 태도를 습관화하며 발생 시 대피 방법을 익히도록 한다. 또한 지진과 같은 재난과 황사, 미세먼지 등과 같은 계절 및 기후 변화에 따른 재해에 대한 실제적인 대응 방법을 익혀 생활화하는 내용으로 구성되었다.

실제 안전교육은 이상의 내용을 바탕으로 학습자들의 흥미와 관심을 유발할 수 있도록 다양한 체험 중심의 교육방법을 활용한다. 즉, 시청각 교육법, 소그룹 토의, 게임 및 놀이, 역할극, 실습, 가상 학습, 사례 발표, 견학 및 훈련장 행동 등을 활용하여 직·간접 체험 중심의 참여형 교육방법으로 진행한다.

3) 안전교육 교수·학습 전략 및 교육 모형

우리나라 학교에서 진행되는 안전교육은 교수·학습 전략 및 교육 모형을 4단계로 구분하여 설정하고 있다.

(1) 1단계: 경험 나누기를 통한 위험감수성 및 학습 동기 강화

해당영역에서는 학습자들이 직접 겪었던 사고경험이나 위험상황을 상기해 보고 이것을 다른 사람들과 나누는 단계이다. 자신이 알고 있는 사고 사례나 안전수칙 등에 관한 경험을 다양한 체험 행동을 통해 상기시켜 봄으로써 일상생활에서 위험요소나 상황을 식별한다(위험 식별하기 기능). 그리고 이것을 다른 사람들과 함께 나눔으로써 위험 감수성과 학습 동기를 불러일으킬 수 있는 체험행동을 제공한다. 이 단계에서는 학습자들의 경험을 향상시킬 수 있는 다양한 체험행동을 제공하는 체험형 교수학습 방법이 활용될 수 있다. 그리고 또래와의 상호작용 및 모둠 활동을 통해서 공동체 역량을 강화하는 전략을 도입할 수도 있다.

(2) 2단계: 바른 안전행동과 안전지식 습득 및 이해

해당 영역에서는 모범이 되는 안전행동은 어떤 것인지를 구체적으로 알아보고 모범이 되는 안전행동을 실천하기 위한 행동수칙을 익혀 안전사고를 예방하는 활동(위험 예방하기 및 위험에서 벗어나기 기능)이 이루어진다.

이 단계에서는 안전한 생활을 실천할 수 있는 모범적인 방법과 올바른 행동수칙을 배우고 연습해 볼 수 있는 교수·학습 방법, 즉 이해형과 실습형이 활용된다. 이해형이란 안전한 생활과 관련된 지식 요소를 단순히 나열하는 방식이 아니라 다양한 체험 활동과 경험을 스스로 이해하는 활동으로 구성하는 것이다. 이것을 위해 학습자들이 움직이면서 이해할 수 있는 체험 위주의 활동이 될 수 있도록 구성한다. 실습형은 학습자들에게 보다 적극적인 역할을 부여함으로써 스스로 위험상황에서 벗어나 안전하고 바른 모범적인 행동을 연습해 보도록 하는 유형이다. 이 유형에서는 올바른 안전행동에 관한 매뉴얼 및 주의사항 등을 교과서에 제공된 정보와 자료들을 활용하여 실행한다. 구체적인 행동이나 절차들을 실제로 수행하면서 바른 행동들을 습득한다. 그리고 이것을 숙지함으로써 지식 정보처리 역량을 강화하는 전략을 도입하게 된다. 그리고 바른 행동을 해 보기 위하여 자신의 평소 행동을 조절하는 차원에서 자기관리 역량을 강화하는 전략을 활용할 수 있다. 아울러 안전을 생활화하기 위해서는 실천할 수 있는 폭넓은 학습의 장이 요구되기 때문에 가정이나 지역사회와 연계하여 안전한 생활을 실천할 수 있는 방법을 제시하고 생활 속에서 꾸준히 실천할 수 있도록 하는 내용으로 구성한다.

(3) 3단계: 바른 안전행동 기능 실습

해당 영역에서는 일단 안전행동 기능을 실습해 보고 위험한 상황이 실제로 발생했을 때를 가정하게 된다. 다음으로 위험상황에 대처하는 방법과 행동 수칙에 따라 침착하게 대처하여 벗어나는 활동('위험 예방하기' 및 '위험에서 벗어나기' 기능)을 위한 실습이 이루어지는 단계이다. 이것은 앞선 1, 2단계의 학습을 발전시킨 형태로 안전수칙과 위험상황에서의 대처 방법 등을 준수하고 질서와 규칙을 지키며 바른 안전행동 기술을 실습하게 된다.

구체적으로는 실제 위험이 발생했을 때를 가정하고 침착하게 대처하여 대피해 보는 역동적인 기능훈련을 할 수도 있다. 모의훈련형 등과 같은 다양한 체험 활동을 통하여 안전한 행동을 실습하고 익혀 보는 실습형 교육방법 등이 활용될 수 있다. 이 단계에는 행동을 조절하고 올바른 안전행동 기능을 익혀 보는 차원에서 자기관리 역량 그리고 공동체 내에서 지켜야 할 규칙과 질서를 정하기도 한다. 그리고 이것을 지키며 실습과 훈련을 수행하게 되면 개인차원의 위험대응 향상뿐만 아니라 또래 공동체 전체의 위험대응역량 강화로까지 나아갈 수 있다.

(4) 4단계: 안전실천 의지와 태도 강화

이 단계에서 학습자들은 평소 일상생활에서 그리고 가정이나 지역사회 생활에서 그들 스스로의 행동 계획을 세우고 안전한 생활을 꾸준히 실천한다. 자신의 안전생활 태도를 되돌아보고 앞으로 더 나은 태도를 가질 수 있도록 스스로 다짐하고 의지를 강화하는 행동을 한다. 이 단계에서는 자신의 안전생활 태도를 반성하고 점검하며 보다 안전한 생활을 실천하는 데 필요한 올바른 가치관을 가지게 된다. 일상 혹은 재난 상황에서 안전을 실천하고 사고를 예방하려는 태도를 기르도록 하는 행동(자기점검형, 실천형) 등으로 진행된다. 이 단계에서는 자신의 행동을 통제하고 조절하는 차원에서 자기관리 역량을 강화하는 전략을 도입할 수 있다.

또한 이 단계에서는 위험한 상황이 발생하였을 때 내 주변 사람들에게 정확하게 알릴 수 있는 행동(위험 알리기 기능)을 해 볼 수 있는데 앞서 익힌 위험 식별하기, 위험 예방하기 및 위험 벗어나기의 기능을 종합적으로 활용한다. 구체적으로는 자신이나 다른 사람들이 처한 위험한 상황을 효과적으로 알려서 도움을 요청하고 위험에서 벗어나는 행동을 수행해 보아야 한다. 다음으로는 자신과 타인을 보호할 수 있도록 직접 연습해 보는 행동을 진행한다. 아동 및 청소년들이 도움을 요청할 수 있는 방법은 가까운 경찰서나 소방서, 아동 안전지킴이 집, 안전지대(safety zone) 등을 통해서이다. 도움을 요청할 수 있는 정확한 방법과 주변에 해당하는 장소를 정확히 파악한다. 또한 위험상황이 발생했을 때 119 신고 요령 내지 휴대전화, 그리고 학교생활안전 애플리케이션 등을 이용하는 방법을 익히는 행동 등도 해 볼 수 있다. 아울러 가정이나 지역사회와 연계하여 안전한 생활을 실천할 수 있는 방법을 제시하여 생활 속에서 꾸준히 안전한 생활을 실천하려는 의지와 태도를 강화시키는 내용으로 구성한다.

제**8**장

성인 안전교육

아동이나 청소년들과는 다르게 성인은 자기주도성과 자율성이 일생에서 가장 큰 시기이다. 심신기능은 대체로 성인기에 최고점에 도달하여 쇠퇴가 시작되기 때문에 이러한 성인 생애주기 특성을 반영한 안전교육이 이루어질 필요가 있다.

1. 성인교육 특징과 원리

성인들은 아동 및 청소년이나 고령자들을 제외한 생애주기에 해당한다. 이들은 대체로 학교교육과정을 마쳤으며 심신기능이 절정에 도달해 있다. 자신들의 욕구가 무엇인지 분명히 알고 있는 경우가 많으며 필요에 의해서 스스로 학습을 선택하는 시기이다. 따라서 안전교육의 효과도 성인 학습자들의 욕구나 필요 정도에 따라서 크게 차이 날 수 있다.

1) 성인교육의 특징

성인들에 대한 교육적 접근은 '안드라고지(andragogy) 모델'에 근거한다. 'andra'는 그리스어로 '성인'이란 뜻이며 'gogy'는 '이끌다'라는 뜻이다. 즉, 어른들을 이끌어서 교육을 시키는 것이 '안드라고지 모델'의 핵심이다. '안드라고지 모델'은 성인들은 무엇인가를 왜 배워야 하는지에 대해서 알고자 하는 욕구를 가지고 있다고 본다.

성인들에게 학습이란 실제 생활에 즉각 적응하기 위한 것으로 학습 성향은 교과 중심이 아니라 문제해결 중심에 맞추어져 있다. 안드라고지 모델은 학습자의 개인 특성에 관심을 두고 학습에서 당위적으로 해야 할 것들을 다루는 일종의 교육철학이다. 따라서 안드라고지 모델은 실생활에서 쓰임새를 강조하는 학습관을 가진다.

안드라고지 모델은 학습내용과 관련해 변하지 않는 절대적인 진리란 없다는 입장에서 교육과정의 유연성을 확보한다. 그리고 안드라고지 모델에서는 학습자들에게 상대적인 가치를 인정한다. 다만, 학습 결과가 학습자 및 조직 그리고 사회에 어떻게 사용될 것인가에 따라서 선택된다는 입장을 가진다. 안드라고지 모델을 기반으로 하는 성인교육은 정보를 어떻게 전달할 것인가에 초점이 맞추어져 있고, 과제 중심적(task-centered)으로 학습하며, 교수자와 학습자가 양방향(two-way)으로 정보를 전달하는 방식으로 진행된다.

표 8-1 성인교육과 학교교육의 차이

구분	성인교육	학교교육
학습모델	안드라고지 모델	페다고지 모델
학습장소	기업 및 조직교육	학교
학습목표	어떻게 전달할 것인가?	무엇을 전달할 것인가?
학습방법	과제중심적 학습	주제중심적 학습
소통방향	양방향	일방향
내용구성	필요 내용 선별 제공	논리적 순서

2) 성인교육의 원리

앞에서 살펴본 것처럼 성인교육은 아동 및 청소년들에게 실시되는 교육과는 여러 가지 면에서 차이가 있다. 또한 성인들의 경우 학교에서만 집중적으로 교육이 이루어지는 것이 아니라 직장이나 지역사회, 동호회 등 다양한 형태 및 장소에서 이루어진다. 따라서 아동 · 청소년기에 이루어지는 학교교육과 다른 성인교육의 기본 원리는 다음과 같다.

첫째, 자기주도 학습 원리이다. 성인교육은 교육대상자가 자발적으로 학습의 주체가 되어 학습속도나 결과 평가에 이르기까지 스스로 결정하는 교육이 진행되어야 한다.

둘째, 상호학습 원리이다. 성인교육은 상호작용을 통해서 학습의 효과를 높이도록 여러 가지 집단과정을 활용할 필요가 있다.

셋째, 현실성 원리이다. 성인교육의 목적이나 결과가 생활 속에 즉각 활용될 수 있도록 설계되고 실시되어야 한다.

넷째, 다양성 원리이다. 성인 학습자들은 다양한 적성, 능력, 기능, 필요, 흥미, 욕구, 동기 등을 가지고 있고 그들의 직무 내용, 성별, 연령, 지능, 학력 수준 등도 다양하다. 따라서 이러한 여러 가지 요인을 고려하여 학습능률을 높이기 위해 다양한 방법을 사용해야 한다.

다섯째, 능률성 원리이다. 성인대상의 교육은 투입되는 노력, 시간, 경비 최대의 효과를 얻도록 해야 한다.

여섯째, 참여교육 원리이다. 성인은 계획부터 목적 및 내용 선정, 교수방법의 채택 및 실시, 평가에 이르기까지 전문가와 학습자가 같이 참여할 수 있어야 한다.

한편, 성인은 주체적으로 자신이 학습과정을 주도하기를 원한다. 따라서 성인교육이 잘 이루어지기 위해서는 기본적으로 개인의 동기와 욕구 그리고 무엇이 필요한지를 살펴야 한다. 성인교육의 효과를 올리기 위한 촉진 원리는 다음과 같다.

첫째, 자발적 참여이다. 성인은 일반적으로 새로운 지식이나 기술을 배우려는 욕구가 있다. 따라서 교수자는 자발적인 참여를 유도하면 많은 시간과 노력을 절감시킬 수 있으며 교수방법에 대한 저항감도 감소하게 된다. 자발적인 참여를 높일 때 성인교육의 효과는 높아지게 된다.

둘째, 상호존중이다. 교육 참여자들은 독립된 존재로서 각자의 가치를 인정받는다.

셋째, 협동 정신이다. 협동하기 위해서는 자발적 참여와 학습자 존중이 필요하다.

넷째, 행동과 숙고이다. 연습이나 실습은 효율적인 학습촉진의 가장 중요한 요소이다.

다섯째, 비판적 사고이다. 성인학습의 목적은 비판적인 사고를 길러 주는 것이다.

여섯째, 자기주도 행동이다. 학교교육과 달리 성인학습에서는 학습자가 주도적으로 학습내용을 검토하고 그 결과를 평가한다.

2. 직장 안전교육

성인들을 대상으로 한 체계적인 안전교육은 대부분 직장에서 일어나므로 이하에서는 직장 안전교육의 실제에 대해서 설명하고자 한다. 직장에서 실시되는 안전교육 대상자들은 현재 작업이나 직무를 수행하고 있는 현직자들이다. 현직자들 중에서는 신규로 직무나 작업에 투입되는 사람들을 신규 채용자라고 하는데, 이들을 대상으로 한 안전교육이 직장 안전교육의 기본이라고 할 수 있다.

신규 채용자들은 과거 어떠한 교육을 받았는지에 상관없이 채용한 조직의 기준에 합치되도록 작업을 실행할 수 있어야 한다. 높은 수준으로 기능하는 신규 채용자들을 확보하기 위해서는 교육이 가장 효과적이다. 직무 수행에 필요한 지식, 직무 수행에 적절한 기능을 교육시켜서 업무의 중요성과 안전의 필요성을 인식시켜야 한다. 작업자 안전교육을 위해서는 비용과 시간 등의 여러 노력이 필요하지만 경영자는 다음과 같은 다섯 가지 이익을 생각할 수 있다.

첫째, 사고 감소

둘째, 장치 보수 및 유지비 감소

셋째, 결근 감소 및 업무 이해도 증가에 따른 직무 만족도 상승

넷째, 감독 부담 감소

다섯째, 홍보 효과 증가

직장에 속해 있는 사람들은 사고나 사건을 예방함으로써 비용을 절감할 수 있지만 그들 자체가 움직이는 홍보효과를 가져다주기도 한다. 현직자는 다른 조직이나 사람들과 접촉하면서 자연스럽게 회사를 홍보하는 주체가 된다. 안전인식이 높고 실천력이 높은 작업자는 회사의 신용을 높이는 움직이는 광고판이다. 따라서 직장 관리자나 책

임자는 근로자들에 대해 내부고객을 대하는 관점에서 위험관리와 만족도 관리를 계획하고 실시해야 한다. 이상과 같은 여러 가지 기대 이익을 가지고 작업자에게 안전교육을 실시할 때 가장 중요한 부분은 교육 내용이다. 교육 내용에는 작업자가 업무를 수행하는 데 꼭 숙지해야 할 내용으로 구성해야 한다. 따라서 교육 내용은 다음과 같은 순서에 따라 결정하는 것이 바람직하다.

첫째, 업무 달성에 필요한 내용

둘째, 업무의 기본 이해에 필요한 내용

셋째, 업무에 관계가 있으며 업무 수행에 도움이 되는 내용

넷째, 업무 수행에 꼭 필요하지는 않지만 알아 두면 좋은 내용

이상의 우선순위를 고려하여 교육 내용이 결정되었다면 다음의 아홉 가지 내용을 중심으로 구체적인 안전교육 커리큘럼을 구성해야 한다.

첫째, 사고경향성에 대한 내용이다. 작업 환경이나 작업자 특성에 따른 사고 경향을 먼저 제시하고 해당 조직의 사고 건수 및 사고 비용을 제시하면서 다른 조직과 비교·검토 해야 한다. 사고 감소가 자신과 지역사회에 공헌한다는 사실과 함께 안전조치가 경비절감과 고객서비스의 기본이 된다는 사실을 제시해야 한다.

둘째, 법규 및 규칙의 중요성이다. 조직이나 회사는 모든 구성원들이 법규나 규칙 및 규정을 준수할 것이라고 기대하고 있다는 사실을 강조해야 한다. 그리고 규칙이나 법규 위반의 위험성과 법규 준수의 이익에 대해서 설명해야 한다.

셋째, 사고 원인에 대한 분석이다. 사고는 우연하게 일어나는 것이 아니라 대부분 작업자의 제어 능력 및 대처 능력의 오류 때문에 발생한다는 사실을 통계 수치나 과학적 지식을 바탕으로 설득력 있게 제시해야 한다.

넷째, 인간 요인에 대한 중요성 강조이다. 작업자의 신체적·정신적 변화가 작업에 미치는 영향 그리고 약물이나 알코올이 작업에 미치는 영향 등을 설명하고 피로나 부주의해지는 조건에 대해서 교육해야 한다. 위험과 사고에서 인간 요인이 얼마나 작용하고 있는지를 설명함으로써 인간 요인의 중요성에 대해서 강조해야 한다.

다섯째, 위험예측 능력 및 실행 능력의 향상이다. 위험예측은 사고가 일어날 만한 상황에 직면했을 때 사고 발생을 방지할 수 있는 능력을 작업자에게 요구하고 이것을 실행하는 방법에 관한 것이다. 작업자는 주의, 지식, 판단기능을 사용하여 위험을 예측할 수 있다. 따라서 위험을 감소시킬 수 있는 구체적인 실행 방법과 기법을 습득하는 능력

을 발전시켜야 한다.

여섯째, 장치 및 조작에 의한 사고 방지이다. 장치나 도구의 위험요소와 안전하게 사용하는 방법에 대해서 습득하고 이것을 통해 사고를 방지할 수 있다.

일곱째, 작업자의 감각 및 지각의 문제이다. 작업자가 지각적 실수나 오류 그리고 감각기능의 한계에 대해서 제대로 인식하고 있을 때 보다 안전하게 행동할 수 있다.

여덟째, 장치 특성과 조작 특성에 대한 이해이다. 기계나 전자 장치 혹은 물리・화학적 도구들의 특성과 조작 방법에 대해서 실제 지식이 높을수록 위험은 줄어든다.

아홉째, 실제 장치에 대한 사용 연습 및 응급 상황 대처이다. 강의식 교육에만 머무르지 말고 실습이나 실제 체험 혹은 훈련을 통해서 지식을 체화시키는 것이 중요하다. 예견되는 위험에 대해서는 반사적으로 대응할 수 있을 때까지 체화시켜야 위험을 감소시킬 수 있다.

3. 직장 안전교육의 절차

성인을 대상으로 조직에서 실시하는 안전교육은 안전교육 관리자 선임, 조사, 계획 수립, 계획 승인 요청, 안전교육 실시, 추적 검토, 보고의 순서로 구성된다.

첫째, 안전교육 관리자 선임이다. 안전교육 관리자는 안전교육이나 안전교육 관련 직무에 대한 경험이 있어야 한다. 안전교육 관리자는 직무를 충실히 수행하기 위해서 안전에 관한 서적, 세미나 참석, 안전단체 행동 등을 통하여 자기 개발 노력을 계속해야 한다. 필요하다면 안전교육 전문 과정이나 학위과정에 입학하여 특정 안전지식을 함양할 수도 있다.

둘째, 조사이다. 안전교육을 새롭게 수립하거나 진행 중인 계획이라 하더라도 사실 관계를 분명히 하기 위한 재검토가 필요할 수 있다. 조사는 사고기록의 재검토에서부터 출발하며 사고 유형, 장소, 원인 및 다른 요인들을 명확하게 검토해야 한다. 그러나 사고보고서에 관련된 정보가 충분하지 못할 경우가 있을 수 있기 때문에 관리자는 사고 당사자와 면접을 통하여 원인을 심층 분석하고 필요한 정보를 확보해야 한다.

셋째, 계획 수립이다. 안전교육 관리자는 사고 조사, 현지 관찰, 구성원 면접 등을 통하여 분석한 내용을 바탕으로 실시 계획을 세워야 한다. 계획 수립 당시 제안 사항도 잘 반영되어야 하고 이해하기 쉬워야 하면서 실제적이어야 한다. 계획이 치밀하고 과학적일수록 성공할 가능성이 높다. 계획은 탄력적이어야 하며 대안이 포함되어야 하고 나아가 개정도 가능해야 한다.

넷째, 계획 승인 요청이다. 안전교육 관리자는 안전계획의 실시를 경영자에게 보고하고 승인받아야 한다. '안전계획을 실시하는 것이 바른 길이며 도의적인 책임이다.'라고 조직 책임자에게 보고하여 승인을 받을 수 있다면 좋겠지만 어려울 수 있음도 알아야 한다. 대부분 경영책임자는 안전교육 계획 수립에 투입되는 비용과 결과로 나타날 수 있는 효과 분석을 통하여 계획 승인 여부를 결정할 것이다. 따라서 안전교육 관리자는 상세한 비용 분석을 제시하고 안전교육에 의해 절약할 수 있는 비용도 포함시켜야 한다.

다섯째, 안전교육 실시이다. 안전교육은 감독자 혹은 중간 관리자에게 먼저 실시해야 한다. 구성원과 최고 책임자의 연결 역할을 담당하고 있는 감독자 혹은 중간 관리자가 계획의 내용을 이해하지 못한다면 계획의 성공을 기대하기가 어렵기 때문이다. 안전교육에서는 감독자 혹은 중간 관리자에게 계획의 내용을 알리는 것뿐만 아니라 구성원의 사고방지에 관한 지식을 효과적으로 전달할 수 있는 방법, 구성원이 받은 다른 교육과 사고방지 교육과의 조정 역할 내용도 포함되어야 한다. 구성원에 대한 안전교육을 감독자 혹은 중간 관리자, 교육 전문가 중 누가 담당하더라도 안전교육 관리자는 그것을 점검해야 한다. 계획을 입안한 안전교육 관리자가 책임을 지고 교육 내용 및 교육 과정의 진행과 성취 여부를 살펴보아야 한다.

여섯째, 추적 검토이다. 안전교육이 실시 중일 때는 실시 상황을 추적 검토해야 한다. 추적 검토는 간단한 것에서부터 상세한 것까지 수행할 수 있다. 사고로 인한 결근자 확인, 사고보고서 제출 여부 확인 혹은 점검표를 이용한 점검행동 등이 여기에 포함될 수 있다.

일곱째, 보고이다. 관리자 및 구성원의 안전계획 실시 상황과 결과를 보고하고 이에 따른 피드백이 되어야 한다. 관리자에게 안전교육 계획을 보고할 때에는 정보 제공뿐만 아니라 회계방식에 대한 것까지 포함되어야 한다. 또한 최고 책임자에게 보고할 때는 누가 사고를 일으켰다는 사실 보고가 아니라 '어떠한 직무의 어떤 행동이 사고를 유발하였다.'와 같은 내용이어야 한다.

4. 직장 안전교육의 실행

직장에서 실시되는 안전교육은 조직에서 위험을 해결하고 안전을 충족시킬 목표를 가지고 필요에 의해서 공식적으로 행해지는 체계적인 행동이다. 안전교육의 결과는 학습자의 직무 행동에서 어떤 구체적인 변화가 일어나야 한다.

직장과 같은 조직에서 구성원들에게 전달하는 모든 교육 프로그램은 조직 경영이 추구하는 가치를 보여 주는 단서들을 포함하고 있다. 따라서 안전교육에 기업이나 조직이 얼마나 공을 들이는가는 구성원들의 안전태도와 의식 나아가 조직 및 사회의 안전문화에 지대한 영향을 미치게 된다. 또한 조직 구성원들이 안전을 중요시 여기는 조직문화를 지지하는 태도도 교육 프로그램에 몰입 정도나 실천율을 변화시킨다. 때문에 직장에서 실시되는 안전교육은 개인과 조직에 순환적인 영향을 주며 이런 상호적 영향을 제대로 인식하고 안전교육을 실시해야 한다. 이를 위해서는 교육 전 대상자들의 속성 파악이 필요하다.

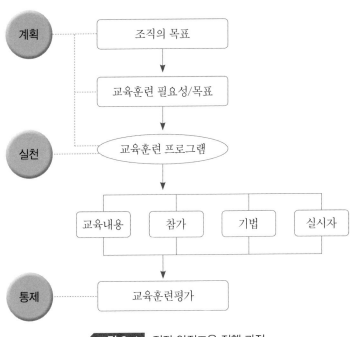

그림 8-1 직장 안전교육 진행 과정

1) 교육대상자 속성

직장에는 다양한 연령과 성별 그리고 환경적 차이를 가진 사람들이 모여 있다. 이들을 대상으로 한 안전교육 역시 이러한 차이를 감안해야 한다. 안전교육에서 고려해야 할 교육 전 대상자 속성은 여섯 가지가 있다.

첫째, 개인능력 차이이다. 개인이 가지고 있는 지적능력이나 운동능력 차이, 개인 간 작업에 필요한 지식 차이를 파악하여 교육을 구성해야 한다.

둘째, 교육 전 기대감 차이이다. 교육 프로그램이 학습자의 기대에 미치지 못하면 교육에 몰입하지 못하게 되고 비효율적인 교육이 될 수밖에 없다.

셋째, 동기의 차이이다. 배움에 대한 동기나 열정은 성공적인 교육에 대단히 중요하다.

넷째, 직무관여도 차이이다. 직무관여도는 일과 자신이 밀접하게 연관되어 있다고 느끼는 동일성 정도를 말한다. 높은 직무관여도를 보이는 학습자들은 학습동기가 높다.

다섯째, 통제소재 차이이다. 통제소재는 발생한 현상의 이유를 자기 자신으로 돌리는지 아니면 외부로 돌리는지를 말한다. 내적 통제소재를 가지고 있는 사람은 임금과 승진과 같은 일 관련 보상과 직무수행이 그들 자신의 행동, 태도, 노력에 의존하는 개인적 통제 아래에 있다고 믿게 된다. 반면 외적 통제소재를 가지고 있는 사람들은 직장 안팎에서의 사건들이 그들의 통제 밖에 있다고 믿는다. 이들은 운이나 기회 또는 상사가 자신들을 좋아하는지 여부와 같은 외부적 힘에 의존한다.

여섯째, 자기효능감 차이이다. 자기효능감은 자신의 수행능력을 믿는 정도를 말한다.

2) 안전교육 진행과정

안전교육 진행과정은 안전교육 요구분석, 안전교육 목표수립, 안전교육 방법설정, 안전교육 프로그램개발, 안전교육 평가계획수립, 안전교육 실시, 안전교육 평가의 7단계를 거치게 된다.

- **1단계. 안전교육 요구분석:** 안전교육은 필요에 의해서 이루어지게 된다. 따라서 안전교육 진행과정의 첫 단계는 현 시점에서 근로자가 보유하고 있는 기술을 전제로 안전교육이 필요한지를 살펴보는 것이다. 이것을 요구분석이라고 하는데, 이것은

다시 개인분석, 과제분석, 조직분석의 3단계를 거치게 된다.

- 2단계. 구체적인 안전교육 목표수립: 안전교육 요구가 무엇인지를 분석하고 나면 그에 따라서 구체적인 목표를 정해야 한다. 이때 안전교육의 목표, 즉 안전교육을 통해서 변화시키고자 하는 행동이 무엇인지를 명확하게 기술할 수 있어야 한다. 만일 안전교육의 목표가 구체적 행동이 아니고 애매하고 일반적인 용어로 기술된 경우에는 교수자나 학습자 모두 안전교육을 통해서 무엇을 달성하려는 것인지 분명하게 이해할 수 없고 안전교육이 효과가 있었는지를 평가하는 기준도 애매해질 수 있다.

- 3단계. 안전교육 방법설정: 안전교육의 목표가 명확히 정해졌다면 설정된 목표를 달성하기 위해서 어떤 안전교육 방법을 사용할 수 있는지를 모색하고 방법들의 장·단점을 분석하여 목표달성에 적합한 방법을 선택해야 한다. Campbell(1971)은 매년 새로운 교육 기법들이 나오고 얼마 전까지만 해도 새롭던 기법들이 또 다른 기법들에 의하여 밀려나는 순환과정이 계속되고 있다고 보았다. 즉, 안전교육 기법들은 너무나 많고 다양하기 때문에 어떤 기법들이 어떤 효과를 나타내는지를 잘 이해하고 있어야지만 제대로 안전교육을 계획하고 실시할 수 있다.

- 4단계. 안전교육 프로그램 개발: 3단계까지 결정한 안전교육 방법에 따라 구체적인 안전교육 프로그램을 개발하고 이것을 언제, 어디서, 누구를 대상으로, 어떻게 실시할 것인지에 관한 사항들을 계획한다. 대상자가 신입사원인지 혹은 간부사원인지에 따라서 안전교육은 크게 달라질 것이다. 또한 무엇을 교육할 것인지도 중요하며 그것을 어떠한 방법(강의, 토의, 실습 등)으로 교육할지도 중요하다. 그리고 얼마나 오랜 시간을 교육할지도 조직차원에서는 중요한 문제가 될 수 있다.

- 5단계. 안전교육 평가계획 수립: 안전교육 프로그램이 개발되고 그것을 실시하기 전에 반드시 안전교육 프로그램의 효과가 어떻게 나타났는지를 평가하기 위한 평가계획을 수립해야 한다. 왜냐하면 평가에 대한 구체적인 계획 없이 먼저 교육을 실시한 이후에 평가를 어떻게 할 것인지를 고려하게 되면 올바른 평가를 위한 자료수집 시점을 놓쳐 버릴 수 있다.

- 6단계. 안전교육 실시: 안전교육 실시 이후 평가계획까지 모두 고려된 후에는 앞에서 수립한 안전교육 계획과 평가계획에 따라서 실제로 교육을 실시하게 된다. 안전교육 프로그램이 아무리 잘 설계되어 있더라도 실제 실행단계에서 제대로 실시

되지 못하거나 부적절하게 실시된다면 기대하는 효과를 얻지 못할 것이다. 따라서 안전교육 내용이 제대로 실시되고 있는지를 관련자들은 지속적으로 확인해야 한다.

- 7단계. 안전교육 평가: 마지막 단계로 실시된 안전교육에 대해 여러 가지 관점에서 평가를 해야 하며 이 평가 결과는 다음에 실시될 안전교육의 목표수립에 반영되어야 한다. 안전교육에 대한 평가를 통해서 교육 프로그램을 향상시키고 효과를 증진시킬 수 있다. 교육 대상자들이 얼마나 안전교육 내용을 습득하고 이해하고 있는지 그리고 안전교육 효과가 실제로 나타나고 있는지를 확인하는 준거로는 주로 사고율이나 안전행동 이행률 그리고 직무스트레스 정도 등이 사용된다.

3) 안전교육 요구분석

기업체와 같이 이익을 추구하는 조직에서는 모든 활동이 비용으로 책정된다. 따라서 '중요하니까 해 보자!'는 식의 접근은 금물이다. 직장에서 안전교육을 체계적으로 실시하기 위해서는 우선 안전교육이 반드시 필요하다는 확신이 필요하다. '안전교육이 과연 필요한가?'에 해답을 주는 것이 바로 요구분석(need analysis)이다. 직장에서의 안전교육은 먼저 '그것이 왜 필요한지?' '그것이 조직에 현재 요구되는 것인지?' '어떤 종류의 행동에서 요구되는 것인지?' '누구에게 요구되는지?' 등을 분석해야 한다. McGehee와 Thayer(1961)는 요구분석을 개인분석, 과업분석, 조직분석의 3단계로 체계화하였다.

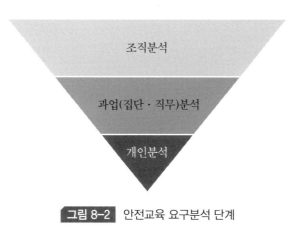

조직분석

과업(집단·직무)분석

개인분석

그림 8-2 안전교육 요구분석 단계

- **개인분석**: 개인분석은 구성원들을 대상으로 누구에게 안전교육이 필요하고 구체적으로 어떤 안전교육이 필요한지를 분석하는 것이며, 주로 직무수행평가를 통해서 이루어진다. 개인분석에서는 먼저 조직 구성원 개개인의 현재 직무수행 정도가 어떠한지를 알아야만 한다. 어떤 구성원의 안전수행 정도가 매우 만족할 만한 수준이라면 안전교육이 필요 없겠지만 수행정도가 어떤 기준 이하로 저조하다면 안전교육이 필요한 것으로 판단할 수 있다.

- **과업분석**: 과업분석이란 교육이 필요한 행동을 분석하는 것으로 과업분석을 통해서 구체적으로 어떤 과업에 대해서 안전교육이 필요한지를 파악하는 것이다. Wexley와 Latham(1981)은 이러한 과업분석을 다섯 가지 과정으로 구분하였다.

  첫째, 해당 직무에 대한 직무기술서를 작성한다.

  둘째, 해당 직무에서 작업자가 수행하는 여러 행동 중에서 작업자가 자주 실행하고 중요하며 직무수행을 향상시키는 데 반드시 필요한 행동들을 직접 관찰 가능한 행동수준에서 나열해 놓은 과업 항목표를 작성한다.

  셋째, 작업자에게 요구되는 지식, 기술, 능력을 파악한다.

  넷째, 학습자들이 습득해야 할 구체적이고 바람직한 행동들로 명확하게 서술되어야 한다.

  다섯째, 교육 프로그램의 결정이다. 우선 결정해야 할 사항은 교육 부서에서 자체개발할 것인지 기존의 프로그램을 사거나 또는 임대해서 사용할 것인지를 결정한다.

- **조직분석**: 조직분석이란 안전교육 프로그램 개발이 과연 필요한지 그리고 이것이 과연 조직이 당면한 문제를 해결할 수 있는지 등을 분석하는 것이다. 따라서 조직분석은 조직이 처해 있는 환경을 포함한 전체 조직을 대상으로 분석한다. 또는 안전교육에서 배운 기술을 실제 직무로 전이시키는 것을 촉진하거나 저해하는 이유들을 분석하는 것이 포함된다.

  조직분석을 통해 조직효과성도 살펴볼 수 있다. 이 경우 주의해야 할 점은 조직진단 결과로 나타난 문제들이 교육에 의해서만 개선될 수 있는 것은 아니기 때문에 교육을 통해 문제해결이 이루어질 가능성이 있는 것들을 가려내야 한다. 예를 들어, 조직이 현재 보유하고 있는 인적자원 현황을 조사해 놓은 차트나 최근에 각 기업에서 개발하고 있는 전산화된 인적자원 데이터베이스(database) 등을 이용할 수 있다. 이를 통해 현재 조직 구성원의 수, 연령, 각자의 기술이나 능력, 단위 부서 이직률 등과 같은 자료를 알아낼 수 있으며 요구인력 분야와 수, 향후 인력수급 계획, 승진 예상인원 계획 등을 수립할 수 있다.

5. 성인 안전교육 교수자의 역량

성인을 대상으로 한 안전교육 교수자가 가져야 할 역량은 다섯 가지 핵심 행동으로 요약할 수 있다. 첫째는 명료성, 둘째는 다양성, 셋째는 과업지향성, 넷째는 학습과정 관여 정도, 다섯째는 중간 이상의 성공률이다. 이 다섯 가지 행동을 수행함에 있어서 교수자들의 역량은 상당히 차이가 있으며, 이것은 학습자 수행에도 역시 상당한 차이를 발생시킨다.

명료성은 교수자의 내용 제시(presentation) 중에서 얼마나 해석되고 이해되는지의 정도를 말한다. 어떤 교수자는 학습자에게 보다 쉽게 이해되도록 학습내용을 제시할 수 있다. 다양성은 교수자가 교육 자료를 제시할 때 얼마나 융통성이 있는가를 가르친다. 예를 들어, 효과적인 교수자는 강의, 토론, 사례연구, 역할연기 등과 같이 여러 가지 교수방식을 혼합해서 계획을 세운다. 다음의 〈표 8-2〉는 성인을 대상으로 한 안전교육에서 좋은 교수자의 자질과 권고사항 등을 소개하고 있다. 좋은 교수자는 사실질문, 과정질문, 수렴적 질문, 가산적 질문과 같은 여러 종류의 질문을 사용해서 다양성을 높일 수 있다.

과업지향성은 교수자가 성취지향적인 정도를 의미한다. 높은 과업지향성을 가진 교수자는 정해진 절차를 따르거나 피훈련자가 과정을 즐기는 것에 초점을 두는 것이 아니라 모든 관련된 자료가 전달되고 학습되는가에 관심을 가진다. 좋은 안전교육 교수자는 학습자의 학습에 높은 기대를 가지고 교수시간을 효과적으로 사용한다. 예를 들어, 교수자는 주어진 시간에 어떤 결과를 성취해야 하는지를 알고 있으며 이러한 결과를 도출하도록 교육 내용을 조직하고 어떠한 방해에도 학습목표에 집중할 수 있다.

학습과정의 관여는 학습자들을 학습과정에 관여시키는 정도이다. 예를 들어, 교수자는 필요한 학습자들에게 여분의 학습 자료를 제공함으로써 학습자를 학습과정에 관여시킬 수 있다. 또한 비평가적인 분위기 속에서도 피드백을 통해 학습동기를 고취시키

표 8-2 다양성 측면에서 성인 안전교육 교수자의 역량

다양성 충족 (좋은 안전교육 교수자)	다양성 빈약 (좋지 않은 안전교육 교수자)	권고사항
• 주의를 끄는 도구를 사용한다. (도전적인 질문, 시각적 질문, 사례를 사용해서 교육을 시작함 등)	• 전반적으로 학습자들의 주의를 끌지 못한 상태로 교육을 시작한다.	• 다양한 방식의 교육시작 기법을 개발한다.
• 눈 맞춤, 목소리 및 몸짓에서의 변화를 통해 열정과 생동감을 보여 준다. (목소리 고저와 리듬변화, 새로운 내용으로 들어갈 때 목소리와 몸짓의 변화 등)	• 단조롭게 말하고 정서를 나타내는 신호가 없다. • 같은 위치에 고정되어서 경직된 몸짓을 보인다.	• 정규적으로 위치를 바꾸고 말의 속도나 음량을 수정해서 내용과 행동에 변화를 준다.
• 내용제시 방식에 변화를 준다. (강의, 질문, 실습 등)	• 학습자들에게 관심을 주지 않으면서 자습시킨다. • 교육방법의 변화가 적다.	• 교육 순서를 보기 중심, 듣기 중심, 해보기 중심 등으로 수정해 본다.
• 여러 가지 보상과 강화물을 혼용해서 사용한다. (상, 처벌, 칭찬, 자습 등)	• 칭찬에 인색하고 상투적인 어구만을 사용한다.	• 언어적 칭찬표현을 목록화하고 다양하게 사용하도록 노력한다. • 구체적인 칭찬 이유를 제시한다.
• 학습자의 아이디어 또는 참여를 유도한다. (간접 교수방법 사용, 수렴적인 질문, 의견을 구하고 방향을 바꾸는 교육 등)	• 주로 교수자의 권위에 의존하며 정보제공자 역할만 수행한다. • 학습자의 건의나 아이디어는 수용하지 않는다.	• 학습자의 의견을 교육에 바로 적용해 본다. (당신이라면 어떻게 하겠습니까? 등)
• 질문 유형을 다르게 한다. (수렴적·확산적·심층적 질문 등)	• 수렴적인 질문(어떻게 생각하는가? 등)만을 사용한다.	• 교육계획에 따라서 목표를 다양하게 구성한다.

는 분위기를 조성한다. 중간 이상의 성공률이란 학습자들이 적어도 중간 이상의 성공률을 달성하도록 하는 것에 초점을 두는 교수자의 특성을 의미한다. 교육내용은 이전의 학습을 병행하도록 순서화되어 있고 학습자들이 쉽게 소화할 수 있도록 교육시간들이 할당되어 있다. 새로운 자료를 통해서 학습자들이 자기효능감을 유지하고 구축하도록 돕는다.

제**9**장

고령자 안전교육

현대사회의 특징을 한마디로 요약한다면 '고령 사회'가 될 것이다. 사람들의 수명은 늘어나고 있다. 학교에도 다니지 않고 직장생활도 하지 않는 노인들은 새로운 위험에 직면하고 있다. 직장을 퇴직하고도 30~40년을 더 생활해야 한다. 1956년 UN에서는 고령자를 65세 이상이라고 정의하고 있다. 65세 이상 고령자가 전 인구 7% 미만인 사회를 성숙인구 사회라고 한다. 7% 이상을 고령화 사회(aging society), 14% 이상을 고령 사회(aged society), 21% 이상을 초고령 사회(post-aged society)라고 하는데 출산율 저하와 의학 발전이 맞물리면서 전 세계는 급속도로 초고령 사회로 나아가고 있다. 우리나라의 경우에도 현재는 고령 사회에 속해 있으며 2030년경에는 초고령 사회에 진입할 전망이다(〈표 9-1〉).

표 9-1   고령화 단계와 양상

단계	성숙인구 사회	고령화 사회	고령 사회	초고령 사회
65세 이상 고령자 비율	7% 미만	7~14% 미만	14~21% 미만	21% 이상
진입연도 (1995년)〈2025년〉	(개발도상국 등)	(미국, 캐나다 등)	(서유럽 및 일본 등)	(-) 〈북유럽, 일본 등〉
우리나라 상황	2000년 이전	2000년	2018년	2030년경 도달 예상
생산자 인구 대비 고령자 비율	2000년 10% 이하	2010년 15% 이하	2020년 20% 이하	2030년 30% 이하
가족 형태	핵가족	3세대 가족		3~4세대 가족 (고령자 단독)
학습 형태	고정학력	생애/평생/순환교육		트라이고지 (세대초월 교육)
정년 형태	고정정년	정년연장(60~70세)/촉탁형		선택적/평생취업
주거 형태	세대단절	독거노인		2세대 독거노인
간호 형태	시설간호	시설 및 재택 간호		home helper

1. 고령자의 신체기능 변화

고령자는 나이가 들면서 소화기 운동성과 소화액 분비 및 영양분 흡수 능력이 감소된다. 소장 점막 흡수 면적이 줄어들면서 엽산이나 비타민, 칼슘 및 철분 등의 흡수가 저하된다. 심혈관계에서도 변화가 나타나는데, 50세 이후는 혈액순환 기능이 감소한다. 혈관벽 내의 탄력도가 줄어들면서 굳어지고 동맥경화나 고혈압이 나타나면서 뇌졸중의 원인이 될 수 있다. 콜라겐이 축적되는 정도도 늘어나면서 혈관벽이 두꺼워지고 혈관 직경이 증가하여 혈류량이 줄어들 수 있다. 혈압은 나이가 들면서 증가하는데 수축기 혈압이 높아지면서 고혈압이 발생하게 된다. 반면, 기립성 저혈압이 발생할 수 있는데 갑작스런 자세 변화로 인한 어지럼증이나 실신과 같은 균형에 관련한 문제가 발생할 수 있다(박영배, 1997).

근육 및 골격계도 노화에 따라 변화된다. 근육 체적이 감소하는데, 25~30세에 근력기능이 최고 수준에 도달한 후 차츰 근력이 감소하고, 30~70세 사이에 근육의 힘은

12~15% 정도 쇠퇴한다. 뼈 주위에 붙어 있는 수의근은 수축력이 약해져서 뼈에 부담을 주기 시작하고, 근육 민첩성도 떨어진다. 골밀도도 감소하여 골소실은 외형적인 변화뿐만 아니라 골다공증을 초래해 골절의 위험을 증가시킨다. 골소실은 남성보다는 폐경기 이후의 여성과 신체 행동이 적은 사람에게서 급격히 증가한다. 나이가 들수록 신체 연결 조직에 영양(콜라겐, 엘라스틴 등) 공급이 제대로 되지 않아 관절 질환에 취약해지는데 젊은 층에 비해서 고령자의 관절은 약 25% 정도 쇠퇴하는 것으로 나타났다(이용재, 이상규, 2005).

고령자는 젊은이에 비해 호르몬 분비도 감소한다. 이것은 스트레스 대처 능력 저하와 회복 능력 감퇴를 불러올 수 있는데, 이는 심한 신체적·심리적 충격으로부터 회복이 늦어진다는 것을 의미한다. 절대적인 수면 시간과 수면의 질도 악화된다. 25세 이하의 평균 수면시간은 7~7.5시간인 데 비해 75세 이상에서는 5시간 이하로 떨어진다. 또한 REM(Rapid Eye Movement) 수면 양도 줄어들면서 신체 회복이나 정신 능력의 회복도 더뎌진다. 신생아의 경우 REM 수면 시간이 전체 수면 시간의 50% 이상을 차지하는 것에 비해 50대 이후에서는 REM 수면 시간이 전체 수면 시간의 15% 정도로 급격히 줄어든다(김애순, 2002).

2. 고령자의 정신기능 변화

인간의 정신기능도 신체와 마찬가지로 노화과정을 겪게 된다. 인간의 뇌는 20대에 가장 성숙하며 40대가 지나면서 노화에 따른 변화를 겪는다. 정신기능의 노화는 신체보다 더 천천히 이루어지는데, 대체로 50대가 지나면서는 스스로도 차이를 느낄 수 있다. 65세 전후에는 뇌 자체의 무게도 젊었을 때보다 매년 2~3g 정도씩 줄어든다. 뇌 부피 감소는 뇌신경세포의 감소를 의미하지만, 뇌 가소성으로 인해서 어느 정도 대체해 나가게 된다. 대뇌 혈류량에도 변화가 오는데 일반적으로는 감소되지만 급격한 감퇴(뇌졸중, 뇌경색, 뇌출혈 등)는 사망에까지 이를 수 있다.

나이가 들면서 나타나는 인지기능의 감퇴는 기억력과 지능에서 가장 두드러진다(박민, 진영선, 2002). 기억이나 지능은 나이가 증가할수록 심각하게 감소한다. 또한 치매와 같은 기질성 장애가 발병할 위험성도 나이가 들면서 증가한다. Baltes(1987)는 지적 능력을 유동성 지능과 결정성 지능으로 구분하여 각각이 어떻게 연령에 따라 변화하는지 살펴보았다. 결정성 지능은 학습에 의해서 후천적으로 습득되는 지식으로 연령 변화에 크게 영향을 받지는 않는다. 반면, 유동성 지능은 문제해결에 관여하는 지적 능력으로 선천적이고 생득적으로 습득되는 지능이다. 유동성 지능은 유아기 때 급속히 성장하고 성인기 때부터 감소하며 노년기에는 급속히 감퇴되는 것으로 나타났다.

치매는 정신 및 신체 행동에 치명적인 부담을 주는 뇌질환이다. 대다수 고령자는 정도의 차이는 있지만 치매를 경험하게 된다. 치매를 진단받으면 일상생활의 수준을 낮추거나 적절한 도움을 받아야 한다. 그러나 치매의 가장 큰 위험은 당사자가 자신의 치매 발병 여부를 모를 수 있다는 것이다. 몇몇 연구에서는 치매로 진단받은 사람들이 가족의 만류에도 예전과 같은 왕성한 행동을 유지하려고 한다. 왜냐하면 자신의 변화된

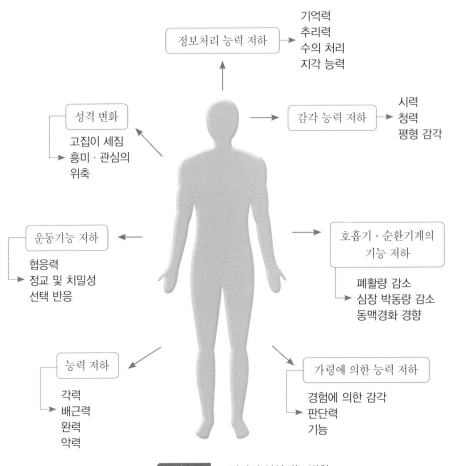

그림 9-1 고령자의 심신기능 변화

인지 능력과 운동 능력에 대해 알아차리지 못하고 나아가서는 자신의 심신기능이 여전히 별 문제 없다는 잘못된 확신감에 변화 주기를 거부하고 있기 때문이다. 즉, 고령자들은 자신에 대한 확신감이 기능적인 부분에서 과장되어 나타날 수 있다.

3. 고령자의 정서 변화

연령의 변화는 정서에도 변화를 가져온다. 김진영(2009)은 우울감이 청년기와 중년기에는 별 차이가 없으며 30대 후반에 최저점에 도달한다고 보고하였다. 이후 중년기부터는 우울감이 점차 증가하다가 노년기에 크게 증가하는 비대칭적인 U자 곡선을 그린다고 밝혔다. 가장 낮은 우울 수준의 연령층은 45세 정도의 중간 연령층이고 가장 높은 우울 수준을 보인 연령층은 80세 이상이었다.

노년기는 신체기능 쇠퇴가 행동성을 저하시키고 타인과의 대인관계나 상호작용이 어려워진다. 이것은 심리적인 위축을 초래할 수 있고 우울증의 원인으로 작용할 수도 있다. 배우자나 친구의 죽음, 은퇴, 노화인식, 이사, 질병, 소득 감소 등으로 인해 사회적 관계가 감소하게 된다. Lang과 Carstensen(1994)은 70~104세 고령자 156명을 대상으로 사회연결망에 대해서 연구한 결과 전체 사회연결망의 크기는 연령이 증가함에 따라 감소하였다. 85세 이상의 고령자들은 85세 미만 고령자들보다 절반 이하의 사회적 연결망을 가지고 있었다. 사회적 관계의 감소는 노년기의 독특한 변화를 반영한다. 여성보다 남성은 은퇴로 인한 사회연결망의 붕괴 위험이 더욱 크게 나타났다.

노년기는 죽음, 은퇴 그리고 노화와 같은 상실을 주로 경험하는 시기이기 때문에 우울증을 유발하는 스트레스가 더욱 많아진다. 더불어 과거 경험이 반추되면서 미해결된 갈등이나 자책감 혹은 죄책감 같은 정서적 문제가 발생하기 쉽다. 우울증 경향은 불면증이나 체중 감소, 감정적 무감각, 강박관념이나 분노 혹은 열패감 같은 증상들을 동반할 수 있다. 백옥미(2013)는 7,462명을 대상으로 한 연구에서 중·노년기 우울 증상이 높을수록 인지기능이 낮다고 밝혔다. 우울한 고령자의 인지장애는 52%인 데 반해, 우울하지 않은 고령자는 인지장애가 13% 정도로 나타났다. 이것은 우울 증상이 인지기능의 저하를 예측하게 하는 중요한 변인임을 밝힌 것이다. 우울 증상은 인지기능 장애와 매우 밀접한 관련을 가진다.

우울과 더불어 고령자의 심리적 특성에는 불안도 있다. 노년기는 삶을 달관하고 여유와 관용이 생겨날 것이라는 기대와 다르게 현대 사회를 살아가는 고령자들의 불안은 점점 더 증가하고 있다. 불안정한 생활 여건과 침체된 경제 행동, 가족체계를 비롯한 사회지원체계의 붕괴와 난치성 질환의 증가 등이 고령자의 불안을 가중시키는 요인이다.

　　노년기에 정서는 사회적 행동성이 줄어들면서 내향성이 증가되는 특징을 보이기도 한다. 주위 환경에 대한 대응이 젊은 시절에 비해서 소극적 대처로 바뀌고 내부지향적이고 내면적 행동이 보다 증가하게 된다. 문제해결에서도 효과성 여부를 떠나 익숙한 태도나 방법을 고집하는 경직성이 증가할 수 있다. 그리고 새로운 변화에 대한 저항과 더불어 적응의 심리적 부담도 젊은 시기보다 커진다. 또한 노년기는 제2의 유년기라고 부를 수 있을 만큼 자기중심성과 타인의존성이 증가하는 시기이다. 연령이 증가할수록 물질적인 도움이나 원조뿐만 아니라 심리적 의존의 대상을 필요로 하게 되는데, 이러한 욕구가 제대로 해결되지 않으면 심리적 결손에 따른 예민함이 더 큰 정서적 변화를 가져올 수 있다(이인수, 2001).

　　부정적 정서는 위험행동과 강한 상관관계를 가지고 있다. 권민정(2014)은 신경질적이거나 과민한 혹은 괴롭거나 두려운 정서가 높은 사람일수록 난폭한 운전이나 법규위반 운전을 더 많이 선택한다고 보고하였다. 이것은 부정적 정서가 높은 사람일수록 안전운전과 여유운전을 적게 하고 난폭운전과 법규위반을 더 많이 시도하고 있음을 나타내는 것이다.

　　노년기의 부정적 정서 증가와는 반대로 연령 증가에 따라 부정적 정서가 감소하고 긍정적 정서가 유지된다는 연구 결과도 있다. Lawton, Kleban, Rajagopal과 Dean(1992)은 노년기에 '정서최적화' 개념으로 긍정적 정서가 안정되는 것이 안녕감을 향상시킬 수 있다고 설명하였다. 고령자들은 부정적 정서 경험을 피하고 긍정적인 자극을 받는 상황을 선택하는 쪽으로 노력하는데, 이것이 긍정적 정서를 안정적으로 유지하는 방법이다. 고령자들은 정서적 표상과 정서적 조절을 더 잘하고 대인관계 추론 과제에서 젊은이들보다 더 좋은 결과를 보인다. 유경과 민경환(2005)은 청년, 중년, 노년 집단에게 정서복잡성 과제 수행의 차이를 알아보았다. 정서복잡성이 가장 높은 집단은 노년이었다. 정서복잡성은 장년 · 노년기 안정감 유지에 유의미한 영향을 미치는 것으로 나타났는데, 이것은 정서복합성 향상이 정서최적화를 이루고 안녕감을 유지하는 데 중요한 역할을 한다는 것을 의미한다.

노년기의 성격 변화는 내향성 증가와 남성성과 여성성의 변화 때문이라고 주장하는 학자도 있다(Caspi & Roberts, 2001). 이들은 성역할 관념의 변화가 사람들의 억눌린 부분을 표출한다고 보았으며 심리적 성숙의 지표라는 긍정적인 해석을 내놓았다. Mroczek과 Kolarz(1998)는 외향성과 신경성의 변화를 1,600명의 남성을 대상으로 12년간 조사한 결과, 통제와 규범지향성 그리고 신중성 등은 연령이 증가함에 따라서 증가하였고 신경성과 외향성은 감소하였다.

윤진(1985)은 인생을 마무리하는 단계인 노년기에는 지나간 실수나 잘못에 대해서 긍정적으로 받아들이는 것이 중요하다고 하였다. 이룩한 일에 대해서 감사하는 자세를 가지고 최선을 다했다고 느끼는 것이 자아통합감을 달성하는 것이라고 보았다. 그러나 자신의 삶을 수용하지 못하는 고령자는 자아통합감에 이르지 못하게 되고 절망감을 느끼게 된다. 노년기에는 누구나 한두 가지 질병이나 신체적 손상을 경험한다. 직업이나 가까운 사람을 잃는 경험을 하며 자신에게도 죽음이 다가오고 있다는 것을 느끼게 된다. 따라서 노년기에는 반드시 이러한 상실감의 통합이 제대로 이루어져야만 건강한 삶을 살아갈 수 있다. 자신의 생과 타인의 삶에 대한 통합이 적절히 이루어지지 않으면 우울이나 불안은 더욱 크게 느껴지고 노년기 삶의 질이 위협받게 된다.

4. 고령자 안전교육

고령자 안전교육은 주로 사회교육이나 평생학습에서 고령자만을 따로 떼어 내어 교육하는 형태로 이루어져 왔다. 하지만 초고령 사회에서는 고령자들을 하나의 세대로 구분하여 접근하는 트라이고지적 관점이 필요하다(〈표 9-2〉). 즉, 세대-초세대-간세대로 고령자 교육을 살펴보아야 한다는 것이다.

고령자들은 생애발달 주기상 노년기로 인생을 마무리하면서 가장 완벽한 자아실현을 체험하는 시기이다. Eriskson의 발달주기 단계에서도 모든 과제들을 통합하는 시기가 바로 65세 이상의 연령층이다. 따라서 페다고지와 안드라고지 그리고 노년기의 제라고지를 모두 아우르는 통합적 교육관인 트라이고지가 고령자 교육의 기본 관점이 되어야 하는데, 그 이유는 바로 통합이라는 고령자들의 발달 주기와 발달 과제에 근거하고 있다.

표 9-2 트라이고지 모델의 구성

교육 개념	페다고지	안드라고지	제라고지
자기 개념	타인의존 (교사 중심)	자기주도 (학습자 중심)	자기주도성/ 종교적 의존성 증대
경험 수준	학습자원으로 전개	학습-직업 상황에서 상호적	전문경험 축적/경험 퇴화
학습과제 및 요구	과학적 계통성에 근거	경험 및 과제 중심	생활 및 교양 중심
교육 과정	공교육 및 법제화	학습과제 중심	학습과제 중심
학습성과 적용	직업에 연계된 적용	사회 즉시적 적용	인생적용/내세적
학습조직과 방법	학교교육	사회조직교육	평생학습기관
학습 동기	보수 및 미래기대	사회적 역할 및 보수	인생적응 및 통합

1) 고령자 안전교육의 문제

모든 안전교육은 실행상황에서 난관과 문제를 가지고 있다. 고령자 안전교육도 몇 가지 문제를 가지고 있다. Cross(1979)는 고령자를 대상으로 하는 안전교육의 문제를 상황적 문제요인, 성향적 문제요인, 그리고 제도적 문제요인으로 구분하였다. 상황적 문제는 개인 각자의 생활사정에 의해 교육행동이 제한되는 것을 말한다. 경비, 교통, 심신기능의 문제에서 기인하는 제약이다. 성향적 문제는 흥미가 없다든지 공부하기에 너무 늦었다고 생각한다든지 하는 학습의욕과 동기의 고갈을 말한다. 마지막으로 제도적 문제는 교육기관에서 고령자를 염두에 두지 않는 것, 교육기회나 학습참여에서 고령자들이 소외되는 것을 말한다.

상황적 문제를 극복하기 위해서는 교통편의를 제공한다거나 안전교육 수강비용을 경감해 주는 방법 등이 필요하다. 성향적 문제는 오랜 시간 몸에 밴 요인이기 때문에 극복이 어려울 수 있지만 고령자의 의견이나 능력을 진심으로 존중하는 사회적 분위기 조성을 통하여 극복할 수 있다. 또 고령자들이 안전교육을 기획하는 단계에서부터 참여하여 자신들의 필요와 요구 등을 제시할 필요가 있다. 제도적 문제 극복은 교육기간이나 교육을 고령자들이 원하는 시간에 원하는 장소에서 실시할 수 있도록 하는 것, 출장 교육이나 온라인 교육 실시 등으로 극복할 수 있다(허정무, 2007).

일반적으로 고령자 안전교육의 문제는 신체기능 손실과 이로 인해 발생하는 심리적 변화로 발생한다. 신체적 기능 손실과 심리적 변화 중에서 안전교육에서 더 많이 고려해야 하는 것은 고령자들의 심리적 특성이다. 우선 고령자들은 우울증 경향이 증가하게 된다. 즉, 학습동기나 의욕이 줄어든다는 것이다. 우울증 경향은 50세 전후에서부터 나타날 수 있다. 우울증 경향의 증가는 신체 및 사회적 스트레스를 이겨 내는 힘을 약화시킨다. 특히 노년기 배우자나 동료의 죽음, 신체적 쇠약, 경제적 악화, 고립 등을 경험하면서 불만과 후회가 우울감을 불러온다. 이로 인해 나타나는 신경증, 무감동, 무기력, 강박 등은 학습능률을 급속히 떨어뜨린다.

또한 고령자들은 수동성이 증가한다. 고령자들은 환경을 개척하거나 변화시켜 보려는 자세를 철회하게 되고 타인이 대신해서 처리해 주기를 바라는 자세가 많아진다. 더나아가서는 심리적 스트레스에 압도되어 자아기능을 제대로 발휘하지 못하고 신비한 경험이나 우연한 확률에 모든 것을 내맡기는 체념적 자세를 취하게 된다. 이러한 수동성은 학습동기를 수동적으로 만들고 안전에 관련한 정보나 기술을 습득하는 데 방해가된다.

고령자들은 경직성도 증가하는데, 어떤 태도, 의견, 문제해결 방식에서 예전의 경험이나 태도만을 유지하려고 한다. 경직성은 새로운 변화에 적응하고 학습해야 하는 안전교육의 효과를 낮추는 주요 원인이다. 고령자 지능검사에서 유동성 지능이 낮아지는 이유는 지능의 쇠퇴가 아니라 경직성으로 인한 부적절한 문제해결 방법의 고수 때문이다.

마지막으로 고령자들은 지나친 조심성으로 오히려 위험한 행동이 증가할 수 있다. 고령자들은 자신의 심신기능에 대해서 자신감이 높지만 마음 한쪽에서는 예전 같지 못한 자신을 인식하면서 조심성을 키운다. 하지만 너무 지나친 조심성은 중요한 순간에 머뭇거리거나 우물쭈물하게 만들 수 있으며 확신하지 못하기 때문에 내면화하는 수용 정도가 떨어지기도 한다.

2) 고령자 안전교육의 방향

고령자 안전교육은 보다 창조적인 노년기를 영위할 수 있도록 돕는 것을 목적으로 해야 한다. 노년기 생활에 필요한 안전지식과 정보, 관심사와 취미, 취업과 봉사 교육, 사회적 변화에 적응하기 위한 교육이 이루어질 필요가 있다. 이러한 관점에서 고령자 안전교육의 방향은 다음과 같다(한준상, 1999).

첫째, 고령자들로 하여금 자신의 위치를 확인하고 노화의 특성을 정확히 이해하게 함으로써 노화에 대해 보다 효율적으로 적응하고 노년기에 요구되는 발달과업들을 성취할 뿐만 아니라 자신의 문제를 스스로 해결해 나갈 수 있도록 도와주어야 한다.

둘째, 고령자들로 하여금 사회 변화를 이해하고 그에 적응할 수 있도록 도우며 고령자들도 변화하는 사회 일원으로서 능동적으로 참여할 수 있도록 도와주어야 한다.

셋째, 고령자들의 학습과 자기개발 욕구를 충족시킬 수 있도록 인간으로서 당면한 계속적인 학습 기회를 제공해 주어야 한다.

넷째, 교육의 장을 통하여 고령자들이 보다 다양한 인간관계를 구축하여 서로 협력하고 정보교환을 위한 대인관계망을 확대시킬 수 있도록 도와주어야 한다.

다섯째, 교육 참여를 통해 고령자들로 하여금 보다 적극적이고 능동적인 삶의 태도를 고취시킬 수 있도록 도와주어야 한다.

여섯째, 고령자들의 사회참여와 취업에 필요한 지식과 기술을 제공함으로써 고령자들이 경제적으로 자립하고 사회에 능동적으로 참여할 수 있도록 도와주어야 한다.

이상의 교육방향을 고령자 안전교육에 실행하기 위해서는 구체적인 몇 가지 원칙이 있다.

첫째, 안전교육은 고령자들이 경험할 수 있는 내용으로 일상생활에 도움이 되어야 한다.

둘째, 안전교육 대상자의 능력과 흥미 그리고 필요에 맞을수록 효과가 높다.

셋째, 안전교육 내용 중 인지적인 부분은 고령자들의 경험 내용과 밀착되어야 한다.

넷째, 안전교육 내용은 반복을 통해 누적효과가 나타나도록 구성해야 한다.

다섯째, 안전교육 내용은 고령자들의 경험과 통합되어서 실생활에 행동화되도록 해야 한다.

제**10**장

사고관련자 안전교육

자연재해나 천재지변이라고 하더라도 대처와 대응에서 가해자와 피해자로 구분될 수 있다. 대다수의 경우 인적자원의 배분과 정책결정이 사람에 의해서 이루어지기 때문이다. 전염병이 국제적으로 창궐하는 경우 국가의 존망이나 사회체계의 붕괴로 이어지는 것은 국가 시스템을 좌우하는 정치인이나 관료들의 잘못된 판단이 원인인 경우가 많기 때문에 가해자로 인식될 수도 있다. 일반적으로 사건과 사고에는 가해자와 피해자가 발생하고 이러한 사고에 직·간접적으로 관련되어 있는 사람들에 대한 교육적 접근이 필요하다. 가해자의 경우에는 안전교육이 교정이나 처벌적 성격을 가질 수 있으며, 피해자의 경우에는 안전교육이 상담이나 회복의 측면으로 접근하게 된다.

1. 사고 성향

안전에 관해서 연구하는 사람들은 사고와 사건은 환경과 인적 요인들의 결합과 같은 인과관계를 가진다고 여긴다. 그렇다면 '사고를 내는 사람들은 누구일까?' '모든 사람이 동일한 행동을 할 때 사고로 이어질 확률은 똑같은 것인가?' '아니면 사람들의 특정한

성향이나 요인들이 사고 가능성을 높이는 것인가?'

    사고와 관련된 사람들의 심리·행동적 연구의 가장 큰 쟁점 중 하나는 사람들의 사고경향성(accident proneness)을 파악하는 것이다. 사고가 경향성을 나타낸다는 것은 사고 가능성이 모든 사람에게 동일하게 나타나는 것이 아니라 특정 요인을 가지고 있거나 보다 강하게 나타내는 사람들이 사고 발생 가능성도 높다는 것을 의미한다.

    독일 심리학자 Marber은 과거의 사고 횟수가 앞으로의 사고 가능성을 예언한다고 주장하였다. 그는 1920년대 초기 독일 육군의 현역장교와 하사관 3,000명이 과거 5년에 걸쳐 일으킨 사고를 점검하고 무사고 집단과 1회 사고 집단 그리고 2회 이상의 사고 집단으로 분류하여 연구를 진행하였다. 이후 5년간의 사고를 추적 조사한 결과, 무사고 집단은 0.52회의 사고를 발생시켰다. 반면에 1회 사고 집단은 0.91회, 2회 이상의 사고 집단은 1.34회의 사고를 발생시켰다. 과거 5년간 사고가 많았던 집단이 미래 5년간에서도 사고에 많이 연루된 것이다. 이것은 사고를 유독 많이 발생시키는 인간적인 요인이 존재할 수 있음을 시사한다.

    Greenwood와 Woods(1919) 역시 사고를 발생시키는 경향성이 높은 사람이 있을 것이라고 가정하고 연구하였다. 이것은 어떤 사람은 사고를 일으키지 않지만, 어떤 사람은 유독 반복적으로 사고나 문제를 가지게 된다는 경험에 근거한다. 소위 '재수가 없는 사람들'로 불리는 이들에 대해 학자들의 접근은 다른 사람들보다 얼마나 운이 나쁜지가 아니라 과로나 위반 혹은 부주의와 같은 행동적 측면과 함께 지각-운동 속도의 개인차, 지각 스타일, 스트레스에 대한 대처방식 등과 같은 인지 및 지각적 요소 그리고 연령과 경험, 성격적 특성 등을 알아보는 탐구로 넓혀져 갔다.

    심리학이 발전하면서는 외향적 성격, 통제 소재, 충동성, 공격성, 사회적 부적응, 신경증, 스트레스와 스트레스 대처 전략 등이 강조되고 있다. 사고경향성을 높이는 성격으로 외향성이 지목되는 이유는 외향적 성격이 지속적인 주의를 기울이는 데 어려움이 있다는 여러 연구 결과들 때문이다. 외향적인 성격은 주의가 새로운 자극들로 쉽게 옮겨 가기 때문에 반복적인 일은 쉽게 지루해하고 지속적인 주의 유지가 안 될 수 있다.

    Tillmann과 Hobbs(1949)는 사고를 많이 발생시키는 사람들은 일상생활 중에 법원이나 보건소 혹은 사회복지기관이나 신용 조사기관 등 스트레스를 많이 받는 문제에 휘말리는 비율이 사고를 겪지 않는 사람보다 많다고 보고하였다. 또한 이순철(1993)은 교통사고로 사망한 운전자들 가운데는 성격문제를 가지고 있는 사람이 그렇지 않은 사람들보다 더 많았다고 보고하였다. 그 밖에 스트레스와 관련되어 '참을성 없고 경쟁적이고 행동적인' 특성을 보이는 A형 성격의 경우 심리적 긴장이나 스트레스 수준이 높았는데 이것은 실수나 사고를 유발할 가능성도 높인다.

1) 사고경향과 사고통계

Greenwood와 Woods(1919)는 사고경향성에 대해서 통계적이고 조직적인 연구를 진행하였다. 이론적 분포와 실제 사고 분포의 유사성을 조사하여 가장 설명을 잘해 주는 가설로 정립된 3개의 사고경향성 가설은 다음과 같다.

첫째, 사고는 우연적으로 발생할 것이라는 가설로 단순 우연 분포(simple chance distribution)를 가정하였다.

둘째, 사고를 일으킬 가능성은 동일하지만 사고가 발생한 사람들은 사고 가능성이 높아진다는 가설로 편파 분포(biased distribution)로 이론적 분포를 가정하였다.

셋째, 어떤 사람들은 사고가 일어날 확률이 높다는 가설로 비균등 분포(distribution of unequal liability)로 이론적 분포를 가정하였다.

이상의 가설들을 검증하기 위하여 영국 군수공장의 실제 사고 분포와 3개의 이론적 분포를 비교·검증하였다. 〈표 10-1〉과 같이 실제 사고 분포와 이론적 분포를 비교한 결과, 실제 사고 분포는 단순 우연 분포와는 달랐고 편파 분포와 비균등 분포와 유사하

표 10-1　실제 사고 분포와 이론적 분포의 비교

사고 수	실제 인원(명)	수학적 기대치		
		단순우연	편파	비균등
0회	448	406	452	442
1회	132	189	117	140
2회	42	45	56	45
3회	21	7	18	14
4회	3	1	4	5
5회	2	0.1	1	2
전체	648	648.1	648	648

였다. 좀 더 많은 자료를 분석한 결과, 실제 사고 분포는 비균등 분포와 유사하다는 사실을 확인하였다.

Greenwood와 Woods(1919) 연구의 의미는 이론적 사고 분포와 실제 사고 분포를 비교한 실증적 연구라는 점과 사고경향성이 있을 수 있다는 이론적 토대를 마련했다는 점이다. 그러나 사고경향성이 어느 정도 발견되었다고 하더라도 그러한 사고경향성에 영향을 미치는 요인들이 무엇인지, 사고경향성 자체가 어떤 요소들을 말하는 것인지에 대해서는 밝히지 못하였다는 한계도 있다. 더욱이 추후 연구에서 일관된 결과를 발견하지 못했다는 것은 사고경향성이 실제로 존재하는 것인지 근본적인 의문을 가지게 한다.

산업재해 역시 동일한 사람에 의해서 반복되는 경우가 많다. Greenwood와 Woods(1919)에 의하면 영국의 기업체에서 일어나는 사고는 대부분 몇몇 작업자에게서 반복적으로 발생하는 것으로 나타났다. 이러한 사고 빈발자들이 생겨나는 이유에 대한 연구는 초기 위험연구에 관한 주요 주제였고, 이들은 미숙성 빈발자, 상황성 빈발자, 그리고 소질성 빈발자의 세 종류로 구분된다.

미숙성 빈발자는 기능이 미숙하거나 환경에 익숙하지 못해서 사고를 발생시키는 사람이므로 적절한 교육 및 훈련 그리고 정보 습득의 기회를 가진다면 감소하게 된다. 2006년 우리나라 노동부 통계자료에 따르면 국내 산업체에서 발생하는 근속 기간별 추락 재해는 6개월 미만자의 비율이 77.3%에 달하였다. 이러한 사고 유형이 바로 전형적인 미숙성 빈발자에 의한 사고 비율이라고 할 수 있다.

상황성 빈발자는 작업 자체의 어려움이나 기계설비의 결함 그리고 작업 환경의 여건상 주의집중의 어려움이나 작업자 개인의 심리적 부담의 증가로 사고가 발생하는 것을 말한다. 따라서 상황성 빈발자 조치는 작업 방법의 개선이나 기계 설비의 조절, 환경 개선 및 상담이나 작업자 종합 지원 프로그램(Employee Assistance Program: EAP) 등을 통해서 개선해 나갈 수 있다.

소질성 빈발자는 주로 태도나 성격상의 기질 문제로 인한 사고유발자이다. 주의력 산만, 주의력 협소, 낮은 지능, 불규칙한 생활, 작업 경시, 흥분 성향, 비협조적 성향, 위반의 무시, 감각 운동의 부적합 등이 원인이다. 이러한 기질적 성향의 교정은 쉽지 않기 때문에 선발과정에서부터 배제하거나 적절한 업무 배치, 동기와 태도 변화를 위한 교육 및 상담이 병행되어야만 개선될 수 있다.

사고경향성에 대해 Heinrich(1931)는 위험행동의 발생 비율에 따른 사고 발생 비율은 1:29:300의 비율로 위험행동과 사고가 발생한다고 제안하였다. 즉, 300번의 위험행동 중 29건의 경미한 부상을 동반한 사고가 일어나고 1건은 중상 혹은 사망에 해당하는 심각한 사고를 발생시키게 된다는 것이다. 실제 사고 발생 비율에는 차이가 있을 수 있지만 Heinrich의 위험행동과 사고비율은 반복된 위험행동이 필연적으로 사고를 발생시킨다는 위험연구의 주요 명제를 증명하였다는 점에서 의미가 있다.

Iversen과 Rundmo(2002)는 2,605명의 노르웨이 근로자를 대상으로 한 연구에서 통제소재, 규범동의 정도, 감각추구, 분노 그리고 사고경험 등을 살펴보았다. 감각추구가 위험감수성에 많은 영향을 미쳤고, 다음으로 규범 준수 정도와 분노가 위험감수성에 영향을 미쳤다. 분노와 감각추구, 규범동의는 사고경험에 직접 영향을 미치거나 위험행동을 매개로 간접 영향을 미치는 요인이었다. 그러나 통제소재는 의미 있는 관계를 나타내지 않았다. 분노와 감각추구, 규범동의는 사고와 관련된 변량의 20% 정도를 설명하고 있는데, 이것은 사고 자체가 드문 경험이기 때문으로 생각된다. 즉, 사고와 관련된 근로자들의 성격적 변인들은 최대한 광범위하게 설정하더라도 39% 내외의 설명력을 가지며 보수적으로 파악할 때는 20% 정도만 설명할 뿐 나머지 부분에 대해서는 사고의 명확한 원인으로 지목할 수 없다는 결과를 제시하였다.

Rimmo와 Aberg(1999)의 연구에서와 마찬가지로 다양한 성격 요인이 사고와 관련되어 있을 것이라고 생각하고 연구되고 있지만 큰 성과를 못 내고 있는 현실을 잘 반영해 주는 결론이다. 이러한 성격 요인에 대한 사고와 위험에 관련한 연구의 한계는 기억의 부정확성 때문이라고 볼 수 있다. 또한 사고 발생의 복합성으로 인해서 성격이 사고의 출발선 어디쯤에 자리 잡고 있는 요인인지 규명하기 어렵다는 점이다.

도로교통공단(1998)은 운전적성검사 개발에서 위반행동이나 교통사고에 영향을 미치는 성격 요인으로 성숙성, 참을성, 충동 조절성, 준법성, 주의집중력, 운전 태도, 적응경향 및 성실성을 꼽았다. 이들 요인은 전체 운전자들로부터 교통사고 경험자들을 비교적 정확하게 변별하는 것으로 나타났는데, 이들 요인이 설명하는 운전자의 부적응적 측면은 제도 반감, 본인 욕구 충족 및 사회적 적응 능력의 부족으로 지목하였다.

박정희와 이순철(1997)은 버스 운전자들을 대상으로 한 연구에서 교통사고 발생 요인들로 성실성과 운전규칙 준수 및 태도와 책임감을 지목하였으며, 미네소타다면인성검사(Minnesota Multiphasic Personality Inventory: MMPI) 특성 가운데 정신분열척도와 편

집중, 경조증 등의 특성이 많이 관여한다고 밝혔다. 사고를 많이 발생시키는 사람들은 성실성과 책임감이 낮고 규칙에 대해서 부정적인 태도를 가지고 있었다. 또한 위험한 행동을 선택하는 사람들은 조현병과 편집증 및 경조증 척도가 높게 나타났다.

일본 택시회사 운전사들을 대상으로 한 연구에서도 10년 무사고 운전자와 한 해마다 4~5회씩 교통사고를 발생시킨 교통사고 다발 운전자들의 뇌파에서 차이가 나타났다. 무사고 운전자들의 경우 간단한 덧셈을 수행할 때 뇌파가 줄곧 베타파였던 것에 비해 사고 다발 운전자들은 베타파와 함께 10초에서 20초 정도 알파파가 나타났다. 알파파는 다소 긴장도가 떨어지거나 주의가 분산될 때 나타나는 뇌파형이다. 이러한 연구 결과는 사고 다발 운전자들이 문제해결 상황에서 의식의 긴장이 자주 이완된 상태로 옮겨 갈 수 있음을 나타내는데, 이는 운전 중 부주의가 발생할 수 있음을 의미한다(박민용, 박인용, 2015).

2) 사고경향 연구의 한계

심리학이 가지는 개인차에 대한 관심은 위험과 안전 그리고 사고의 영역으로까지 확장되었다. 일례로 3만 명의 교통사고 자료를 분석한 결과, 6년 동안 발생한 전체 사고의 36%를 사고 운전자가 발생시킨 것으로 나타났다. 이것은 전체 운전자 중 4%도 안 되는 운전자들이 더 많은 교통사고를 야기한다는 것이다. 이 자료는 사고 다발자들이 있다는 증거 자료로 사용될 수 있다. 이러한 사고경향이 높은 사람들만 조절할 수 있다면 사고율은 3분의 1로 줄어들게 된다. 그러나 앞에서 살펴본 6년간의 사고 자료를 각각 3년씩 분리해서 다시 분석해 본 결과, 첫 번째 3년 동안 사고 없이 운전한 사람들은 두 번째 3년 동안 전체 교통사고의 96%를 발생시켰다. 이것은 사고가 없었던 사람이라고 해서 사고경향성이 적은 것이 아니라는 증거가 된다. 동일한 자료를 어떻게 분류하고 분석하느냐에 따라서 전혀 다른 결과가 나오는 것이다. 이처럼 사고 성향 연구 결과들은 확고하지 못하다(Haight, 2001).

사고 관련 연구에서 사고경향성을 높이는 것으로 가정되는 공통 요인으로는 사람들의 심리적이고 기질적인 문제나 법규위반과 같은 행동적 요인들이 거론되고 있다(이순철, 2000). 하지만 사고경향성에 영향을 주는 요인들은 다양하고 폭넓게 제시되고 있는 반면, 사고경향성을 측정할 수 있는 도구나 방법이 부족한 실정이다. 왜냐하면 사고란 일종의 사건(event)인데 특정한 사건의 발생 유·무를 측정한다는 것은 쉬운 일이 아니며 어떤 사람이 앞으로 사고를 발생시킬 것인지 아닌지를 몇 가지 심리적 기제나 행동 패턴으로만 분석하는 데에는 여러 가지 한계가 있기 때문이다. 이러한 현실적인 어려움으로 사고경향성에 관한 연구들은 사고경향성을 주로 과거 사고경험으로 규정하여 연구하는 경우가 많다(이순철, 2004). 하지만 과거의 사고경험을 현재 사고경향성으로 규정하는 것 또한 다음의 몇 가지 한계가 있다(Lee, Lee, & Song, 2009).

첫째, 과거 사고의 측정을 현재 사고경향성으로 규정하는 것은 사고경향성 연구 목적에 부합하지 않는 측면이 있다. 과거 사고경험이 높은 사람이라고 해서 미래에도 역시 고사고군일 것이라는 예상을 지지하지 않는 연구 결과도 있다(Stradling, Meadows, & Beatty, 2004). 또한 사고 연구의 실제 목적은 과거 사고경험보다는 현재 행동이나 심리상태가 앞으로의 사고 발생과 어떠한 관계가 있고 얼마나 영향을 미치는지를 밝히는 데 있다. 즉, 과거의 사고 발생 경험이 아닌 현재적인 사고 발생 위험을 측정해 내야만 한다(Warner & Aberg, 2006).

둘째, 과거 사고경험을 사고 발생 경향성으로 해석하는 것은 과거의 사고경험이 오히려 현재 사고경향성을 낮출 수 있다는 사실을 간과하는 것이다. 사람들은 자신이 가지고 있는 위험지각을 일정 수준으로 유지하기 마련인데 이러한 행동 특징은 위험항상성이론으로 설명된다. 즉, 사고를 경험한 사람은 사고경험으로 인해 자신의 위험민감도를 높이게 될 것이다. 그리고 사고경험을 통해 학습한 위험도에 맞게 자신의 행동을 보다 안전하게 수정할 수 있다는 것이다. 과거 사고경험이 나쁜 태도를 고치게 했거나 보다 안전한 방법을 학습하도록 하는 보상행동을 발생시켜서 오히려 미래의 사고를 예방할 수 있음을 의미한다. 과거에 사고를 발생시켰다고 해서 행동의 일관성 측면에서 미래에도 사고를 발생시킬 가능성이 높아질 것이라고 예견하는 것은 과거 사고경험이 오히려 사고나 위험민감도를 높이고 사고 발생 위험을 낮출 수 있다는 가능성을 소홀히 다루는 것이다.

셋째, 사고경험 횟수를 측정한 값을 사고경향성으로 규정할 경우 피응답자에 의해서 사고경험 횟수가 과장되거나 축소되면 연구 결과가 왜곡되기 쉽다는 문제가 있다. 이러한 피험자들의 응답 왜곡현상은 교정시설 혹은 처벌적 성격을 내포하는 집합식 교육장에서 수거되는 자료를 분석하였을 때 사고를 예언해 내는 설명력이나 변인들과의 상관관계가 연구자의 연구 가설만큼 충분하지 못하다는 결과들을 통해서 나타나기도 한다(Lee, Lee, & Park, 2007). 태도나 자세를 교정할 목적으로 소집된 사람들이 연구에 사용되는 설문지에 솔직하게 대답하기보다는 자신의 태도를 좋게 포장하거나 긍정적으로 보이도록 응답하는 경향은 사고와 관련된 연구를 진행하는 사람들이 해결해야 할 중요한 문제 중 하나이다(이순열, 이순철, 2009).

2. 외상 후 스트레스 장애(트라우마)

외상 후 스트레스 장애(Post Traumatic Stress Disorder: PTSD)라고 불리는 PTSD 혹은 트라우마(trauma)는 충격적 경험에 의해서 발생하는 심리적 · 신체적 증상들을 말한다. 충격적 경험은 전쟁이나 국가 폭력, 강간이나 사고 혹은 재난 등 잊히지 않는 혹은 기억되지는 않지만 과거의 사건이 현재까지도 심신에 어떠한 영향을 미치는 질긴 끈으로 작용하는 것들을 말한다. 심리학적으로 외상 후 스트레스 장애는 생명과 신체적 안녕을 위협하는 재난 및 충격적 사건에 노출됨으로써 경험하게 되는 여러 가지 정신적 · 신체적 증상을 의미하며 재난과 사고 피해자들에게 진단되는 대표적인 정신과적 질환이다(김환, 2016). 실제로 재난을 직접 경험한 피해자들의 약 30~40%에서 외상 후 스트레스 장애가 발병된다고 보고되어 있으며, 자연재난 피해자들의 심리적 고통에 관한 연구에서도 약 18~21%가 임상적으로 유의한 수준의 PTSD를 경험하고 있다고 보고되었다(Neria, Nandi, & Galea, 2008).

일반적으로 외상 후 스트레스 장애는 공포와 슬픔 혹은 분노와 같은 강렬한 정서를 동반하는데 강렬한 정서적 재경험은 행동에 영향을 주고 일상적인 삶을 파괴하기도 한다. 가장 일반적인 외상 후 스트레스 증상은 고통스러운 기억이 불현듯 떠오르게 되는 침습과 사건을 떠올리게 하는 장소나 사람 혹은 행동 등을 회피하게 되는 것이다. 또한 부정적인 감정의 변화로 삶이나 일상의 흥미를 잃고 무능력감에 휩싸이게 된다. 이와는 반대로 자기 파괴적 행동이나 지나친 경계, 지나친 각성 상태로 인해 오히려 집중의 어려움이 발생할 수 있다.

하지만 이러한 외상 후 스트레스 장애의 질긴 끈도 약해지거나 끊어질 수 있다. 외상으로부터 생존한 사람들은 어떠한 역량을 강화시키는가에 따라서 회복될 수 있고 끔찍했던 경험이 자신을 성장시키는 밑거름이 될 수 있다. 또는 철회된 반응에서 다른 사람

들과의 새로운 연결 지점을 찾아서 회복될 수 있는 고리를 마련할 수도 있다. 즉, 인간
은 회복될 수 있는 존재이다. 일반적으로 외상 후 스트레스 장애가 상황이나 관계에 의
해서 만들어지기 때문에 새로운 관계 형성은 회복을 위해서 반드시 필요하다. 따라서
생존자에게 새롭게 덧입혀지는 역량은 신뢰나 자율성, 주도성과 정체성, 그리고 친밀
감 등이다(Herman, 2007).

1) 외상 후 스트레스 장애

현대사회의 가장 빈번한 외상 후 스트레스 장애의 발생 원인은 일상에서 경험하게
되는 사고나 사건으로 교통사고가 대표적이다. 교통사고 경험자를 대상으로 한 외상
후 스트레스 장애 유병률을 보면 외국의 경우 6~46% 정도였다. 우리나라의 경우 교통

표 10-2 외상 후 스트레스 장애 진단기준(DSM-5, APA, 2013)

진단기준	PTSD 증상
침습	[외상사건에 관련하여] • 반복적이고 고통스러운 기억 • 관련한 고통스러운 꿈 • 갑작스러운 과거 정서 재경험 • 기억하게 되었을 때 나타나는 심리적/생리적 고통
회피	• 외상사건과 관련 있는 기억과 생각, 감정 회피 • 외상사건을 떠올리게 하는 사람, 장소, 행동 회피
인지와 감정의 부정적 변화	[외상사건에 관련하여] • 기억하지 못함 • 자신, 타인, 세계를 향한 부정적인 믿음 • 원인과 결과에 대하여 자신이나 타인을 비난함 • 지속적인 부정적 감정 • 주요행동에 대한 저하된 흥미 • 다른 사람과 소원해지는 감정 • 긍정적인 감정을 경험할 수 없는 무능력감
과각성	• 사람이나 물건을 향한 언어 혹은 신체적 공격 행동과 분노 폭발 • 무모하거나 자기 파괴적인 행동 • 지나친 경계 • 과장된 놀람 반응, 집중의 어려움, 수면방해

사고로 인한 신체 손상환자는 외상 후 스트레스 장애 유병률이 61%로 나타났으며, 이 중 만성적인 외상 후 스트레스 장애로 진단되는 경우는 40%에 달했다.

　외상 후 스트레스 장애는 미국정신의학회의 진단 통계위원회가 발간한 정신장애의 진단 및 통계 편람(Diagnosis and statistical manual of mental disorders-5: DSM-5)에 따라서 진단을 내리게 된다. DSM-5에서는 '외상 및 스트레스 관련 장애'라는 범주에서 외상 후 스트레스 장애의 진단기준을 제시하고 있다. 진단기준은 침습(재경험), 회피, 과각성, 인지와 감정에서의 부정적인 변화이다.

　우리나라의 경우 버스사고 피해자들을 대상으로 한 연구에서는 외상 후 스트레스 장애 유병률이 27.7%로 나타났다. 부분적인 외상 후 스트레스 장애 증상 호소까지 포함한다면 38.3%에 달했다(이선미, 김정희, 2002). 고의성이 없다는 교통사고의 특성상 외상 후 스트레스 장애는 피해자뿐만 아니라 가해자에게도 발생할 수 있다. 사고경험이 있는 지하철 기관사들을 대상으로 한 연구에서 사고경험 기관사들이 사고를 경험하지 않은 기관사들에 비해 외상 후 스트레스 장애 진단이 유의미하게 높게 나타났다(변준수, 김세은, 이종언, 이혜은, 채정호, 김형렬, 2013). 버스 운전기사들 연구에서도 사망 사고를 발생시킨 운전자들이 사고를 경험하지 않은 운전자들에 비해서 외상 후 스트레스 장애 유병률이 높게 나타났다(최원선, 조성애, 김경연, 조영승, 구정완, 김형렬, 2011).

　사고로 인한 외상 후 스트레스 장애 증상은 침습적 사고(제어되지 않고 갑자기 떠오르는 생각)와 동일한 작업 중 발생되는 불안과 공포 등이 가장 대표적이다. 또한 이러한 증상을 완화하기 위해서 알코올이나 약물과 같은 물질이나 도박, 게임 혹은 기타 행동에 몰입하는 현상이 나타날 수 있다. 그리고 갑작스런 분노 표출이나 울음과 같은 돌발적 정서표현 등이 가장 흔하게 보고되는 외상 후 스트레스 장애 증상이다(〈표 10-2〉).

2) 외상 후 스트레스 장애의 회복

　외상 후 스트레스 장애를 회복하기 위한 첫 번째 원칙은 생존자의 역량 강화이다. 어떤 조건이나 환경이 아무리 유용한 이득을 주더라도 그것이 생존자의 자율성이나 자발적 역량을 제한하는 것이라면 궁극적으로 회복에 도움을 주지 못한다. 즉, 안전해 보인다고 해서 모든 것이 좋게 작용하는 것이 아니라는 것이다. 위험과 안전에 관한 정서적 측면은 다른 영역에 비해서 더욱 섬세하게 혹은 역설적으로 다루어야 하는 부분이다.

외상 후 스트레스 장애의 회복을 돕는 모든 사람은 조력자의 역할을 수행한다. 정서적인 부분에서 임상적 결정을 내리고 효과를 거두는 모든 주체는 결국 생존자이고 그들이 어떠한 결정을 내리는가에 온전히 몰입할 수 있어야 한다(Herman, 2007).

따라서 외상 후 스트레스 장애 회복을 위한 치료 관계는 몇 가지 독특한 측면이 있다. 첫째, 생존자의 회복이 유일한 목적이다. 둘째, 생존자와 치료자는 권력의 차이를 계약을 통해서 맺게 된다. 모든 의학적 관계가 불평등한 관계일 수밖에 없는 이유는 바로 권력의 차이 때문이다. 이러한 불평등 관계로 인한 전이와 역전이 등의 갈등 양상을 조절하기 위해서라도 치료동맹은 고통을 인내하는 과정이 될 수 있다. 강요보다는 설득이, 그리고 강제보다는 생각하도록 하는 것이 필요한 이유이다. 그리고 치료자는 통제보다는 상호성이 효과를 발휘하도록 인내가 필요하다(Herman, 2007).

인내가 필요한 또 다른 이유는 외상 후 스트레스 장애 치료가 트라우마를 발생시키는 결정적 사건에서의 회복뿐만 아니라 '왜 나에게 이런 일이 일어나는가?'와 같이 외상 후 스트레스 장애를 발생시킨 사건의 의미 찾기 과정까지를 포함하고 있기 때문이다. 이런 의미에서 외상 후 스트레스 장애를 비롯한 모든 심리치료와 상담은 인간의 본성과 삶의 지혜를 바탕으로 인간의 성장에 대해서 고민하는 긴 여정이라고 할 수 있다(권석만, 2012).

3. 심리상담을 활용한 안전교육

사고나 재난을 당한 피해자들은 심신에 후유증을 가지게 될 가능성이 크다. 특히 사고나 재난의 당사자가 된 것이 '인과응보'라는 인식이 강한 경우 안전교육은 단순히 위험지식이나 대응기술을 전달하는 것 이상이 필요하다. 앞에서 살펴본 사고유발자들 역시 자신들의 사고나 사건이 '재수가 없었기 때문'이라거나 '단속이 문제다'라는 인식을 가지는 경우 기존의 강의식 안전교육 방법은 큰 효과가 없을 수 있다. 따라서 사고다발자나 고의적인 규정위반자들에 대한 접근 역시 상담(相談, counseling)이라는 보다 내밀한 심리적 접촉방법이 필요할 수 있다.

실제로 음주운전자들을 대상으로 한 상담식 안전교육이 진행된 결과 재발률이 상담적 접근을 하지 않는 통제조건에 비해서 약 7~9% 감소되었다고 한다(Wells-Parker,

Bangert-Downs, McMillen, & Williams, 1995). 우리나라의 경우에도 강의식 교육보다 단기 집단상담 프로그램에 참여한 교육 대상자들이 태도나 주관적 규범, 행동통제력 지각 및 행동의도 등에서 긍정적인 개선을 보였다(류준범, 이세원, 김순나, 2014).

1) 상담

상담이라는 말은 개인과 목적에 따라서 크게 다르기 때문에 정의도 다양할 수 있다. 심리학에서 사용하는 상담(相談, counseling)이라는 용어는 라틴어의 'consulere'에서 유래한 것으로 그 의미는 '고려하다' '반성하다' '숙고하다' 등의 뜻을 포함한다. Wrenn(1951)은 "상담이란 필요로 하는 사람의 특징에 따라서 변화될 수 있는 절차 속에서 두 사람 이상에서 발생하는 역동적이며 목적 있는 관계"라고 정의하였다. 이장호 (1982)는 "도움을 필요로 하는 사람(내담자)이 전문적 훈련을 받은 사람(상담자)과의 대면관계에서 생활과제의 해결과 인지, 행동 및 감정 측면의 성장을 위해서 노력하는 학습과정"이라고 정의하였다. 즉, 상담이란 궁극적으로 상대방에게 도움을 주는 과정이며, 상담자와 내담자가 얼굴을 맞대고 긴밀히 접촉하는 과정이다. 이를 통해 여러 가지 삶의 과제를 해결하고 생각이나 행동 및 감정적 측면에서 성장하고 성숙하도록 함께 노력하는 학습의 한 과정이라고 정의할 수 있다. 즉, 상담은 교육의 한 형태로 여겨질 수 있으며, 안전교육 교수자의 또 다른 역할이 상담가의 역할이 될 수 있음을 시사한다.

Magoon(1980)은 상담자의 교육적 측면을 강조하면서 네 가지 기능을 제시하였다.

첫째, 여러 사람 또는 조직체를 위한 조력자(consultant)의 기능이다.

둘째, 위기 개입자의 기능이다.

셋째, 필요로 하는 영역에 대한 훈련자의 기능이다.

넷째, 상담에 대한 전문가의 기능이다.

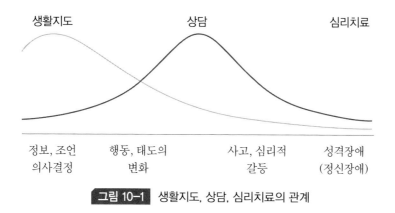

생활지도 | 상담 | 심리치료

| 정보, 조언 의사결정 | 행동, 태도의 변화 | 사고, 심리적 갈등 | 성격장애 (정신장애) |

그림 10-1 생활지도, 상담, 심리치료의 관계

2) 상담이론

전통 심리학에서 다루는 상담이론들은 크게 정신분석적 상담, 행동주의적 상담, 인본주의적 상담으로 분류할 수 있다. 다시 상담이론을 세분화해 보면 정신분석 상담, 인간중심 상담, 행동주의 상담, 인지치료적 상담, 실존주의 상담, 합리적-정서치료적 상

표 10-3 상담이론 비교

구분	정신분석적 상담	행동주의적 상담	인본주의적 상담
인간관	〈성악설〉 인간은 본능의 집합체	〈백지설〉 자극과 반응에 따른 변화	〈성선설〉 성장하려는 힘 강조
성격론	• 유년기 양육자와의 관계가 성격 형성 • Id와 Ego, Super-ego로 나눔	• 후천적 조건하의 결과 무수한 반응양식을 학습 • 반응양식의 다발이 성격임	• 자기 개념이 행동의 핵심임 • 자기개념은 타인의 평가를 받아들여서 형성
병리론	억압	조건화의 일반화가 조건화의 부족을 초래함	있는 그대로의 자신과 있고 싶은 자신과의 차이
치료 목표	무의식의 의식화	잘못된 일반화 타파, 적응적인 대응 학습	자기 개념의 재구성
상담자 역할	행동의 유형과 의미 파악	교사 역할	허용적·비심판적 동지
상담 과정 중시 사항	저항, 전이 분석	증상의 대처와 치료계약	우호적 관계

담, 게슈탈트 상담, 교류분석적 상담, 현실치료적 상담 등 다양하다. 각각의 심리상담 이론들은 나름의 인간관과 성격에 대한 이해, 병리론과 상담 및 심리치료 이론, 상담자 역할과 강조사항 등을 가지고 있다.

상담이론은 상담을 필요로 하는 사람의 호소문제가 무엇인지에 따라서 결정될 수 있다. 동시에 상담을 이끌어 가는 사람이 어떠한 이론을 토대로 수련을 받았는지도 중요한 결정사항이다. 즉, 어떤 호소문제에는 어떤 상담이론이라는 대응 공식이 존재하는 것이 아니라 내담자와 상담자의 우호 관계를 기본 배경으로 정해진 시간과 공간에서 함께 인생의 여정을 공유하는 계약이자 동지적 관계의 전인적 만남이 상담의 궁극적인 지향점이다. 이것을 내담자와 상담자가 잘 설정하고 공유한다면 어떠한 상담이론을 사용하는가는 중요하긴 하지만 부수적인 문제가 된다.

3) 상담목표

내담자와 상담자 사이에 형성되는 상담관계는 상담자의 전문적인 지식과 기능을 배경으로 하는 심리적 조력관계이다. 단순히 무엇을 가르치고 배우는 관계이거나 부모와 자녀 관계처럼 피할 수 없는 유대를 기본으로 하는 관계이거나 경제적 이해관계도 아니다. 상담은 심리적 조력관계이기 때문에 복잡하고 다양한 요소가 포함되어 있다. 따라서 이것을 부분으로 분석하여 이해하게 되면 상담관계의 본질을 파악하지 못할 위험이 있다.

심리적 조력이라는 특징을 전체적으로 파악하기 위해서는 통합적인 이해와 상담 원리에 근거한 파악이 중요하다. 상담에서 성공하려면 라포(rapport)가 중요하다고 지적하는 것도 이러한 점을 강조하는 것이다. 상담은 진실성을 토대로 하는 공감적 이해를 바탕으로 내담자와 상담자가 서로 존중하는 분위기에서 이루어지는 인간관계이다. 이러한 상담의 궁극적인 목표는 내담자로 하여금 직면한 문제에 대한 이해를 증진시키고 의사결정을 도움으로써 내담자의 성장과 발달을 촉진하려는 것이다. 상담의 목표는 내담자의 성장과 회복이라는 분명한 목표를 가지는데, 이는 다음의 다섯 가지로 세분화할 수 있으며, 안전교육으로서 상담목표 역시 동일하다.

첫째, 행동변화 촉진이다.

둘째, 내담자 능력개선이다.

셋째, 의사결정 증진이다.

넷째, 조력관계 개선이다.

다섯째, 잠재력 촉진이다.

(1) 행동변화 촉진

상담의 일반 목표는 내담자들이 보다 생산적이고 만족하는 삶을 영위할 수 있는 행동의 변화를 가져오는 데 있다. 그러나 상담자들이 행동 변화에 대해 이야기하는 방법은 다양하다. 행동에 초점을 맞춘 행동주의적 상담뿐만 아니라 인본주의적 상담의 창시자인 Rogers도 행동변화를 상담의 필연적인 결과라고 보았다.

따라서 안전교육으로서의 상담도 상담종결 이후에는 행동의 변화가 반드시 있어야만 한다. 상담을 눈에 보이지 않는 마음을 다루는 것이라고 생각하기 쉽지만 눈에 보이지 않는 심리는 반드시 눈에 보이는 행동으로 나타나게 된다는 것이 심리학의 기본 전제이기 때문이다. 그리고 행동변화는 심리상담의 효과를 측정할 수 있는 척도가 된다.

(2) 내담자 역량개발

많은 사람들은 성장하는 과정에서 어려움을 겪게 된다. 어떤 사람들은 자신들의 과업을 발달과정에서 완성해 내기도 하지만 대다수의 사람은 그렇지 못한 것이 현실이다. 중요한 것은 성장과정에서 가정과 같은 특정한 관계에서 유용했던 기술들이 다른 환경이나 대상에서는 그렇지 못한 경험을 하게 되는 것이다. 이때 사람들은 자신의 존재 자체가 위협받는 불안이나 고통을 경험하게 된다. 따라서 사람들은 자신들이 처해 있는 환경에 보다 기능적으로 작용할 수 있는 역량을 향상시킬 필요가 있다. 그것이 대인관계 기술일 수 있고 문제해결 능력일 수 있으며 위험을 극복하는 기술일 수 있다. 인간은 다양한 환경 속에서 성장하고 발달하는 것을 목표로 하기 때문에 지금-여기에서 기능적으로 작동하는 기술을 습득하는 것이 필요하다. 이처럼 새로운 환경과 요구에 적응할 수 있도록 돕는 일은 상담의 중요한 목표가 된다.

(3) 의사결정 증진

어떤 상담가들은 상담의 목표를 개인이 신중한 의사결정을 하도록 돕는 데 있다고 본다. 의사결정에서 중요한 것은 내담자가 그것을 최종 결정하는 것이며 그 책임 또한 내담자가 지는 것이다. 이러한 의사결정의 책임이 자칫 위협적인 행동으로 다가올 수 있기 때문에 상담자는 내담자의 결정이 보다 안전하게 느껴지도록 하며 책임이 필요 이상으로 무겁게 느껴지지 않도록 하는 역할을 한다. 이를 위한 가장 보편적인 방법은 내담자가 왜 그러한 결정을 내리게 되었는지 또 결정의 과정이 어떻게 이루어졌는지를 알고 인정하고 수용하며 변화시킬 수 있는 용기를 갖게 하는 것이다.

(4) 조력관계 개선

인간생활은 다른 사람과 더불어 사회적 상호관계를 나누는 것이다. 때문에 자의든 타의든 상담을 필요로 하는 사람들은 이러한 관계에서 문제가 발생하는 경우가 많다. 이런 경우 상담가들은 내담자들이 환경이나 타인과의 관계형성에서 수준 높은 질적 향상이 이루어지도록 돕는다. 각 사례마다 상담자는 내담자들로 하여금 상호관계 속에서 보다 적응적인 방법을 선택하게 함으로써 삶의 질을 개선하는 데 도움을 주려고 노력한다.

(5) 잠재력 촉진

상담의 목표가 모호한 경우도 있지만 거의 모든 상담은 내담자의 역량과 잠재력을 믿고 그것을 촉진하는 방향으로 진행된다. Blocher(1966)는 상담이란 내담자 자신과 환경에 제공된 범위 내에서 개인의 자유를 가능한 극대화하는 데 있다고 보았다. 또한 내담자가 상황을 유리하게 조성함으로써 개인의 효율성을 확대하는 것이다.

4) 동기강화 집단상담 프로그램

사람들이 위험한 행동을 선택하는 이유는 다양하다. 편리함을 위해서나 단기간의 이익 때문인 경우가 많다. 스릴과 같은 자극을 추구하기 때문이기도 하고 자신의 행동이 위험한 것인지 몰라서인 경우도 있다. 이유가 어찌되었든 사고를 유발했거나 위험을 반복해서 선택하는 사람들을 변화시키기 위해서는 상담을 활용한 안전교육을 진행하는 것이 효과적일 수 있다(이순열, 이순철, 박길수, 2018). 우선, 위험을 해결하고 안전을 충족시키려는 동기, 자신과 타인의 삶에 안전을 선택하는 것이 중요하다는 의식의 고양이 기본이 된다. 이러한 안전동기를 강화하기 위한 상담프로그램으로는 동기강화

상담이 가장 많이 사용된다. 동기강화상담은 자신의 문제를 인정하고 자신의 잠재력을 발휘하여 변화할 수 있도록 도와주는 것이 목표이다. 상담자는 내담자를 편안하게 느끼도록 하면서 내담자의 말을 경청한다. 이러한 경험을 통해서 내담자는 자신이 이해받았다는 느낌을 가지게 되고 자신의 감정과 내밀한 심리적인 부분을 공유하게 된다. 또 상담자의 정확한 공감을 통해서 내담자는 힘을 얻고 자신의 감정을 이해하면서 자신을 보다 깊이 있게 수용하게 된다. 내담자는 상담자로부터 지지받고 공감받음으로써 자신의 문제를 제대로 인식하게 되어 변화하려는 동기가 일어난다. 변화 동기를 고양시키는 방법으로는 공감 표현하기, 불일치감 증폭하기, 저항에 맞서기, 자기효능감 지지하기 등이 있다(박상규, 2020).

표 10-4 동기강화상담의 4가지 기본원리

4가지 기본원리	내용
공감 표현하기	• 수용은 변화를 촉진시킨다. • 노련한 반영경청이 필수적이다. • 양가감정을 느끼는 것은 정상이다.
불일치감 증폭하기	• 스스로 변화를 위한 대화를 해야 한다. • 변화 동기는 현재의 행동과 개인의 중요한 가치관 사이에 불일치감을 느낄 때 생기게 된다.
저항에 맞서기	• 변화에 대한 논쟁을 피하라. • 저항에 직접적으로 맞서지 말라. • 새로운 관점은 강요가 아니라 유도되어야 한다. • 해답과 해결책의 중요한 자원임을 인식하고 지지하라. • 저항은 반응을 바꾸라는 신호이다.
자기효능감 지지하기	• 개인의 변화자신감이 중요한 동기요인이다. • 변화를 선택, 이행하는 책임은 자신에게 있다. • 변화능력에 대한 신뢰는 자기예언 충족이 된다.

상담을 안전교육에 활용할 때는 개인상담보다는 집단상담의 형태로 진행하는 경우가 많다. 동기강화 집단상담 프로그램을 8회기로 구조화시켜 본다면 구체적인 목표와 내용과 과정은 다음과 같이 진행된다.

표 10-5 동기강화 집단상담 프로그램(8회기)을 활용한 안전교육 커리큘럼

회기	목표 및 내용
1	초기상담 구조화 (집단소개 및 라포 형성)
2	동기강화 I (라포 형성 및 자신의 미래)
3	동기강화 II (라포 형성 및 가족과 미래)
4	동기강화 III (위험행동의 인식)
5	습관변화 I (자신의 습관 인식)
6	습관변화 II (새로운 습관 선택하기)
7	습관변화 III (대안탐색과 실천)
8	마무리상담 (긍정적 미래를 향한 새로운 출발)

(1) 1회기: 초기상담 구조화 (집단 소개 및 라포 형성)

1회기에서는 상담과정을 소개하고 집단에 참여한 사람들의 친밀감을 형성하는 것이 주요 목표이다. 집단상담에 대해서 이해하고 변화하고자 하는 개개인의 구체적인 목표를 설정하게 된다. 이를 위해서 구체적으로 참가동의서 작성 및 집단상담에서 지켜야 할 규칙 등을 구성원들이 합의한다. 개개인이 집단상담 과정에 참여한 이유와 변화의 목표를 세우게 된다.

표 10-6 변화목표 세우기(예시)

현재의 문제	변화목표
안전관련 규칙과 규정의 미준수	안전관련 규칙과 규정의 준수
반복된 규정위반으로 비용증가(과태료 등)	규정준수가 나의 생활에 도움을 줄 것임
(현재문제 기술)	(변화목표 기술)

(2) 2회기: 동기강화 I (라포 형성 및 자신의 미래)

2회기에서는 집단원 간 친밀감을 높이고 신뢰감을 형성하는 것을 목표로 한다. 동기강화를 위해 자신의 인생과 위험행동의 문제점을 인식한다. 자신의 향후 인생을 위한 준비와 희망을 통해서 안전사고 예방을 위한 동기를 강화한다. 구체적으로 자신의 전체 인생 그래프를 통해서 현 시점의 문제를 인식한다. 미래 인생 그래프를 통해서 자신

의 미래를 생각해 보고 희망을 가지게 한다.

(3) 3회기: 동기강화 Ⅱ (라포 형성 및 가족 혹은 가까운 사람과의 미래 그려 보기)

3회기에서는 가족 혹은 가까운 사람과의 긍정적 관계를 인식하도록 하는 것이 목표이다. 가족이나 가까운 사람들이 원하는 자신과 자신의 변화된 모습을 인식하여 동기를 강화한다. 자신이 미래에 원하는 모습을 통해 변화에 대한 동기를 강화한다.

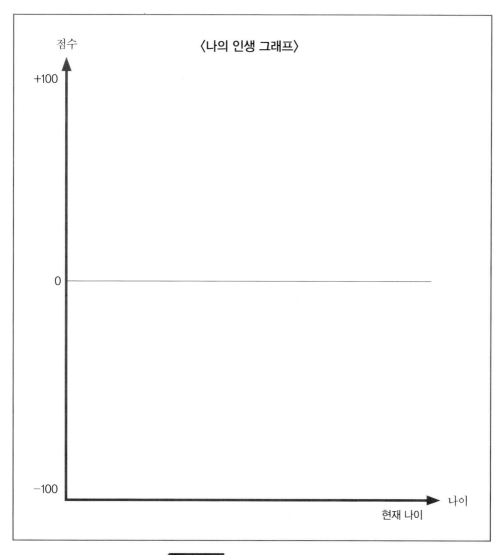

그림 10-2 나의 인생 그래프(예시)

<변화 목표 세우기>

■ 가족/주변 사람이 바라는 나의 변화된 모습과 1회기에서의 '변화 목표 세우기' 활동지를
참고로 하여 내가 바라는 나의 변화된 모습을 가능한 한 구체적으로 생각해 보고, 목표를
설정해 주시기 바랍니다.

가족/주변 사람이 바라는 나의 변화된 모습	내가 바라는 나의 변화된 모습
☞	☞
☞	☞
☞	☞
☞	☞

가능한 나의 변화 모습 목표
☞
☞
☞
☞

그림 10-3 변화 목표 세우기(예시)

(4) 4회기: 동기강화 Ⅲ(위험행동 및 사고의 심각성 인식)

4회기에서는 위험행동의 위험성과 사고의 심각성에 대해서 인식하는 것을 목표로
한다. 사고 발생의 피해와 심각성을 인식하고 경각심을 가진다. 자신의 선택에 따라서
사고와 위험을 통제할 수 있는 기회와 가능성을 인식한다. 구체적으로 '만약 ~라면'과
'유언장'을 작성하여 본다. 그리고 사고에 대한 가상현실(Virtual Reality: VR)체험이나 실
제 사고사례(동영상 및 관련자 인터뷰 등)를 제공할 수 있다.

〈만약 ~하다면〉

▶ 만약 _____ 하다가 사고가 났더라면 난 어떻게 되었을까?

▶ 만약 _____ 상대방이 죽었다면 나의 인생은 어떻게 되었을까?

▶ 만약 _____ 사고로 상대방이 죽었다면 난 피해자 가족에게 무슨 말을 할까?

▶ 만약 _____ 사고로 내가 가장 사랑하는 사람이 죽었다면 난 가해자에게 무슨 말을 할까?

▶ 만약 _____ 사고로 내가 죽게 된다면 가족들은 나에게 무슨 말을 할까?

▶ 만약 _____ 사고로 내가 죽게 된다면 난 사랑하는 사람들에게 무슨 말을 할까?

〈나의 마지막 유언〉

나 _____는 오늘 _____ 사고로 인해 죽게 되었다.

이 글을 보고 있을 나의 사랑하는 사람들에게 마지막으로 유언을 남긴다.

나의 사랑하는 사람 _____에게.

_____

_____

_____

_____

나의 사랑하는 가족, 형제들에게.

_____

_____

_____

_____

나의 사랑하는 친구, 동료들에게.

_____

_____

_____

_____

그림 10-4 만약 ~하다면 및 유언장(예시)

(5) 5회기: 습관변화 I (자신의 습관 인식)

5회기 상담의 목표는 자신의 습관을 인식하는 것이다. 위험행동을 거부하고 안전행동을 선택한 경험을 통해 습관 변화 가능성을 인식한다. 자신의 미래에 대한 희망을 통해 변화 의지를 확인한다. 자신의 행동 패턴을 확인하고 취약점을 확인한다. 안전행동 선택경험을 통해 자신의 변화 가능성과 강점을 확인한다.

〈위험행동/안전행동 장단점〉

■ 빈칸에 자신이 생각하는 위험행동/안전행동에 대한 장점과 단점에 대해 적어 보세요.

	장점(이득)	단점(손실)
위험 행동	☞ ☞ ☞ ☞	☞ ☞ ☞ ☞
안전 행동	☞ ☞ ☞ ☞	☞ ☞ ☞ ☞

그림 10-5 위험행동과 안전행동의 장 · 단점 분석(예시)

(6) 6회기-습관변화 II (새로운 습관 선택하기)

6회기 상담의 목표는 자신의 가치관을 확인하고 대안적인 선택을 시도하는 것이다. 안전행동을 선택하고 실천할 수 있도록 훈련한다. 구체적으로 '가치관 경매'를 통해서

〈가치관 경매〉

	가치관 경매 목록	우선 순위	경매 가격	구매 여부
자유	구속이나 무엇에 얽매이지 않고 자기 마음대로 할 수 있는 상태			
우정	친구에게 믿음과 신뢰를 주고받는 것			
가족	즐겁고 행복한 가족을 이루고 있는 것			
건강	정신적으로나 육체적으로 아무 탈이 없고 튼튼함			
지식	어떤 것들에 대하여 쉽게 배우는 능력			
종교	세상을 초월한 종교적 믿음과 영원한 안식			
평등	권리, 의무, 자격 등이 차별 없이 고르고 한결같음			
봉사	국가나 사회 또는 남을 위하여 도움을 주거나 베푸는 마음			
즐거움	삶에서 충분한 만족과 기쁨을 느낄 수 있는 상황이나 상태			
인간관계	어떤 사람이나 영역에서 좋은 관계를 맺고 있음			
원하는 직업	자신의 적성에 맞거나 원하는 일을 언제든 할 수 있는 능력			
화술	사람들 앞에서 말로 능란하게 표현하거나 설득할 수 있는 능력			
외모	아름다운 얼굴, 체형, 어디서나 돋보이는 외모			
음악 능력	음악을 작곡하거나 악기를 다루는 능력, 노래를 잘 부르는 능력			
미적 능력	패션, 그림, 시각 디자인 등 탁월한 미적인 능력			
돈	무엇이든 살 수 있는 풍요로운 경제적 능력			
운동	어떤 운동이든 잘 할 수 있는 만능스포츠의 신체적 능력			
사랑	영원히 사랑하고 함께 할 수 있는 세기의 커플			
지혜	사물의 이치를 빨리 깨닫고 정확하게 처리하는 능력			
권력	대통령과 같이 세계에 영향력을 미치는 절대적인 권력			

〈총 금액 1,000만 원〉
-10만 원 단위로 책정할 수 있다. 구매 시 금액이 차감되며 구매하지 못한 금액은 그대로 잔액에 남아 있다.
-입찰 최고 금액은 500만 원 이내에 가능하며, 동일한 금액의 경쟁자가 있을 경우 나머지 친구들의 투표로
 최종 낙찰자가 결정된다.

그림 10-6 가치관 경매(예시)

자신의 가치관을 인식한다. 선택이론 교육을 통해서 나의 선택이 인생을 결정한다는 것을 인식한다. 상황극을 활용하여 안전을 선택하는 훈련을 실시하고 안전선택에 대한 자신의 역량을 향상시킨다.

(7) 7회기-습관변화 Ⅲ (대안탐색과 실천)

7회기 상담의 목표는 선택이론에 따라 자신의 성취경험과 성공경험을 통해 변화실천력을 향상시키는 것이다. 안전선택의 방해요인을 찾아보고 분석한다.

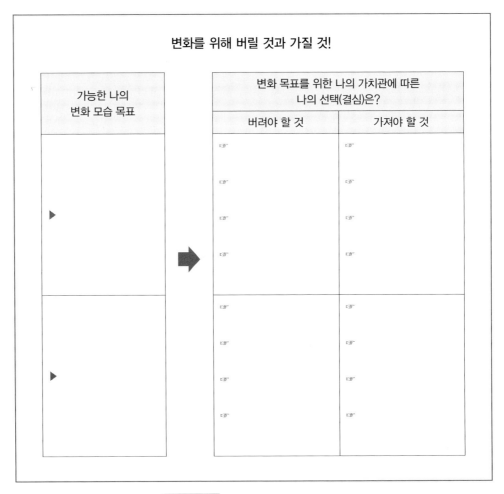

그림 10-7 변화를 위한 선택표(예시)

(8) 8회기-마무리 상담 (긍정적 미래를 향한 새로운 출발)

8회기에서는 자신의 삶에 대해 긍정적인 관점을 발견하도록 하는 것을 목표로 한다. 변화된 자신의 습관을 통해 행복한 미래를 생각하고 계획하도록 한다. 그리고 지속적인 습관변화를 위해 노력하도록 다짐한다.

나의 다짐 십계명

* 그동안 여러분은 본 프로그램에 참여하면서 많은 것을 생각하고 깨달았을 것입니다. 이에 여러분이 실천할 수 있는 십계명을 만들어 보도록 하겠습니다.

제1계명	
제2계명	
제3계명	
제4계명	
제5계명	
제6계명	
제7계명	
제8계명	
제9계명	
제10계명	

그림 10-8 나의 다짐 십계명(예시)

5) 위기상담 프로그램

위기상담 프로그램(Crisis Counseling Assistance and Training Program)은 1974년 미국 「재난 구호법」에 포함되었으며 1988년에 「스탠포드법」에 의해서 개정되었다(신선인, 2000; 이동훈, 강현숙, 2015). 미국에서 실시되고 있는 위기상담 프로그램은 대통령이 선포한 주요 재난 및 비상 사태가 발생할 때에 심리교육, 정서적 지지, 진단, 치료 의뢰, 자원 연계서비스를 제공하는 내용으로 구성되어 있다. 구체적으로는 사고나 재난, 폭력 피해자들에게 1년간의 단기 무료 상담과 훈련 프로그램 등을 지원하는데 주정부의 자원을 초과하는 재난에 대해서는 미국 연방이 추가 구호해 주는 내용을 골자로 한다.

위기상담프로그램의 운영에서 연방재난관리청은 재정지원 및 감독을 담당하고 미 보건복지부 산하기관인 약물남용 및 정신건강청(SAMHSA)이 운영하는 정신보건센터 (CMHS)와 응급정신건강과 외상스트레스 서비스지사(EMHTSSB)는 실무운영 및 감독을 맡는다. 또한 정신보건센터는 유관기관 간의 보조금 관리와 프로그램 감독을 담당하여 주 및 지방의 정신건강 인력 훈련과 기술적 지원도 제공한다(Federal Emergency Management Agency & U.S. Department of Health and Human Services, 2013).

위기상담 프로그램의 주된 목적은 정신의학적 의미의 외상 후 스트레스 장애 치료를 위함은 아니며 비정상적 상황에서 정상적인 사람이 겪는 정신적 혼란을 해소하는 것이다(노진철, 2014). 위기상담 프로그램은 재난이 대부분의 사람에게 물리적인 위해를 입히지 않을지라도 재난을 경험한 모두에게 영향을 미친다는 전제에서 출발한다. 그리고 대부분의 재난 생존자들은 그들의 역량 계발을 통해 자연적인 탄력성을 회복할 수 있다고 보며 심각한 증상을 보이는 소수에 집중하기보다 재난의 영향 범위에 있는 다수에게 서비스를 제공하는 데 초점을 맞추고 있다. 중요한 것은 재난과 사고에 대한 정신의학 및 심리적 영역의 지원까지를 포함시킨다는 것이다. 예를 들어, 2001년 발생한 뉴욕 911테러 후 3년간 약 150만 명의 뉴욕 시민에게 개인상담 및 공공교육 서비스에 관한 위기상담 프로그램이 제공되었다.

미국의 위기상담 프로그램은 즉각적 서비스 프로그램과 정규 서비스 프로그램으로 구분된다. 즉각적 서비스 프로그램은 재난 발생 선포 후 60일까지이며 정규 서비스 프로그램 단계는 9개월까지로 규정된다. 즉각적 서비스 프로그램 단계에서는 연방재난관리청의 감독과 책임하에 정신보건센터(CMHS)가 제한적 역할을 수행한다. 그러나 정

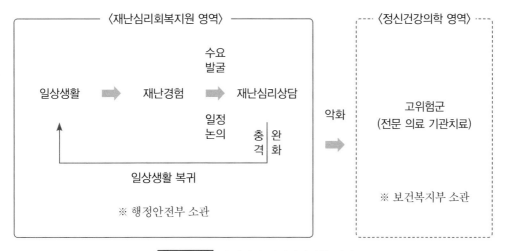

그림 10-9 우리나라 재난심리지원 영역

규 서비스 프로그램 단계에 접어들면 정신보건센터(CMHS)가 연방재난관리청 대신 지역 정신건강 서비스 사업의 감독 책임까지 맡게 된다(이동훈, 강현숙, 2015).

우리나라의 경우 재난심리지원 영역은 행정안전부 소관으로 일상생활 복귀를 목표로 진행된다. 재난심리 상담을 통해 재난경험의 충격을 완화시켜서 일상생활로 복귀하도록 돕는다. 만약 재난경험으로 인한 충격이 악화된다면 보건복지부 소관으로 옮겨가고 전문 의료기관의 치료지원을 받을 수 있다. 이러한 재난심리지원은 행정안전부가 공공기관과 단체 및 관련학회의 협조를 받아서 지방자치단체와 재난심리회복지원센터 그리고 지역 의료기관의 연계지원 체계를 통해서 이루어진다.

구체적으로는 「재난 및 안전관리 기본법」 제66조 제5항을 통하여 국가와 지방자치단체가 재난으로 피해를 입은 사람에 대하여 심리적 안정과 사회적응을 위한 상담행동을 지원할 수 있도록 하고 있다([그림 10-9], [그림 10-10]). 또한 「재난 및 안전관리 기본법」 시행령 제73조의2를 통하여 재난으로 피해를 입은 사람에게 심리적 안정과 사회적응을 위한 상담 행동을 체계적으로 지원한다. 법령에서는 재난 및 피해 유형별 상담 행동의 세부 지원방안, 상담 행동 지원에 필요한 재원의 확보, 심리회복 전문가 인력 확보 및 유관기관과의 협업체계 구축, 상담행동 지원을 위한 교육 및 연구, 홍보 등을 포함하는 상담행동 지원계획을 수립하고 시행해야 한다고 명시한다(신우리, 강형기, 2018).

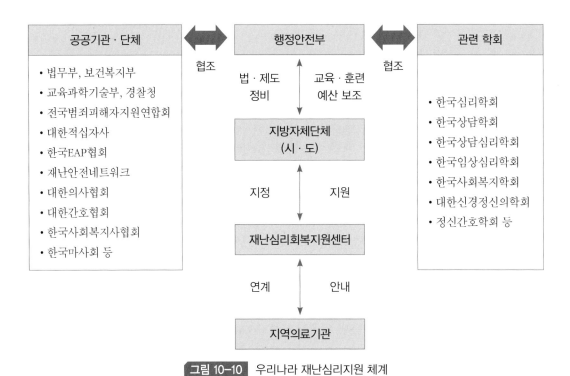

그림 10-10 우리나라 재난심리지원 체계

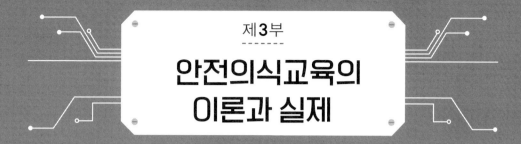

제3부

안전의식교육의
이론과 실제

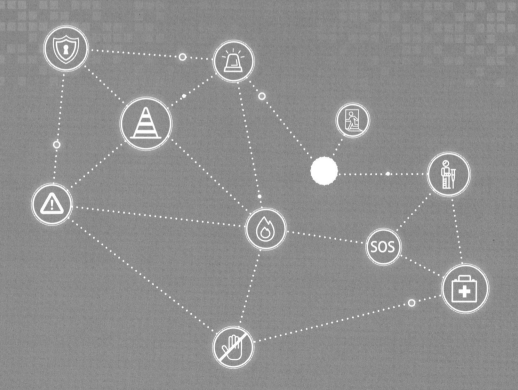

안전은 한글 사전에서 '위험이 없는 평안함'이란 뜻인데 영어에서도 'safe'란 한 단어로 쓰이고 있다. 안전이란 말은 독립적 상태나 상황을 나타내기보다는 위험의 반대 상황, 즉 위험하거나 사고가 일어날 염려가 없는 상태 혹은 허용할 수 있을 정도의 위험상태를 가리킨다. 따라서 안전(safe)은 '용인할 수 있는 수준까지 위험을 감소시킨 상태'라고 정의할 수 있다.

안전은 위험을 해결한 상태를 말하는가? 슬프지 않다고 해서 기쁜 것이 아닌 것처럼 위험하지 않은 것이 안전한 것은 아니라는 것이다. 이런 이유들 때문에 위험을 해결하고 안전을 성취하는 것은 물리 현상인 동시에 인간 내면의 의식 작용이기도 하다.

따라서 위험을 줄이고 안전을 향상시키기 위한 교육은 위험을 선택해서 지불하게 되는 비용을 강조하는 방향으로 진행되어야 한다. 미래의 막연한 유토피아보다는 지금 여기의 위험이 어떠한 손실을 야기하는지 확실히 보여 주어야 한다는 것이다. 그리고 안전을 선택하는 것이 확실한 현재의 유익이 되도록 조치가 마련되어야 한다. 안전규정을 준수하지 않았을 때 확실히 비용이나 시간의 증가가 일어나도록 분명하고 강력한 처벌이 이루어져야 한다. 안전규정을 준수하는 경우 확실한 시간과 비용의 이득이 생길 수 있도록 조치를 취하는 것이 '안전해지면 좋다!'는 식의 막연한 강조보다는 효과적이다. 요점은 미래적이며 불확실한 안전의 특성에 집중하기보다는 현재적이고 확실한 위험의 특성에 초점을 맞추는 것이 위험과 안전의 속성을 고려한 보다 실용적이고 효과적인 대응이 될 수 있다는 것이다.

제**11**장

안전의식교육

　안전의식에 대한 교육적 접근 역시 안전을 생각할 때 떠오르는 막연하고 불분명한 백지 상태의 이미지보다는 위험이 보내오는 구체적인 신호들에 집중할 필요가 있다. 안전을 연구한다는 것은 위험을 줄이려는 시도이기 때문에 안전에 대해 알기 위해서는 위험에 더 집중해야 한다. 또한 안전의식은 안전에 대한 인간의 심리적 작용으로 그야말로 개인적인 영역에 속한다.

　따라서 안전의식에 대한 교육 역시 개인이 가지고 있는 위험과 안전에 대한 심리내적 인식과 판단, 지각 및 행동에 관한 것을 다룬다. 이러한 의미에서 안전의식교육은 "위험인식과 안전에 대한 판단 그리고 위험행동과 안전행동을 선택하는 인간의 심리 과정에 대해서 교육하는 것"이라고 정의할 수 있다.

1. 안전의식교육의 범위

　위험은 국어사전에서는 '위태롭고 험함'이라는 한 가지 단어와 뜻으로 표현되지만 영어에서는 'danger' 'hazard' 'risk' 등의 3가지 단어로 표현되고 각기 구별된 뜻을 가지고 있다. 우선 'danger'는 현상적으로 발생된 위험 자체를 나타내는 가장 넓은 의미의 단어이다. 'hazard'는 사고 발생 가능성이 있는 상황을 일컫는 물리적이고 객관적인 위험을 말한다. 구체적으로는 상해나 사망의 원인이 되거나 그러한 사건에 기여할 가능성이 있는 조건 혹은 상황을 의미한다. 'risk'는 사고 발생 가능성도 있지만 어떻게 대응하는가에 따라서는 기회가 될 수 있는 위험으로 사고나 사건 혹은 기회의 가능성을 의미한다. 따라서 'risk'는 객관적인 위험이라기보다는 위험에 대응하는 주체의 주관적 판단에 따라서 달라질 수 있는 사고 가능성으로서의 의미를 가지고 있다.

위험에 대한 정의 중 'risk'는 서양의 항해술 용어에서 유래하였다. '위험을 감수한다!'는 것은 '암초를 뚫고 나아간다!'는 의미를 가지고 있다(Ulrich, 2014). 이처럼 'risk'로서의 위험은 난관을 극복하여 이득을 쟁취하거나 장애를 넘어서 전진한다는 의미를 포함하고 있다. 현대 산업자본 사회에서도 위험은 극복의 대상으로 인식되고 있으며, 기업 이득이나 조직 안녕을 위해서 위험을 체계적으로 조절하고 관리해야 한다는 관점에는 변함이 없다.

위험을 관리하겠다는 인식이 위험을 감소시키는 데 많은 기여를 해 온 것이 사실이다. 그러나 인간이 삶에서 직면하게 되는 위험은 'risk'에만 국한되는 것이 아니라 'hazard'와 'danger'까지를 포함한다. 따라서 위험에 대한 접근이 'hazard'와 'danger'까지를 포함하는 보다 포괄적이고 근원적인 접근으로 나아가지 못한다면 제대로 된 위험 감소, 나아가 안전획득을 성취하기는 어려울 것이다.

더욱이 인간 행동과 행동의 원인이 되는 심리내적 기제를 탐구하는 안전의식의 영역에서조차 위험을 'risk'나 'hazard'의 관점으로만 한정해서 살펴보는 것은 위험대응에 문제를 발생시킬 수 있다. 위험과 안전에 대한 대응 범위를 위반이나 오류행동 등의 인지 및 지각적 실수와 같은 행동적 관리로만 국한시킨다면 전체 인간 의식 연구를 통해서만 파악할 수 있는 근원적 위험과 안전에 대한 탐구를 등한시하는 한계에 놓이게 된다. 이와 같은 의식에 대한 제한적 접근 태도는 현대사회에서 직면하고 있는 수많은 위험을 제대로 설명할 수 없을 뿐만 아니라 위험에 적절하게 대응하거나 위험을 예방하는 데도 문제가 발생한다.

일례로 새롭게 발생한 전염병을 생각해 보자. 전염병의 위험을 해결하기 위해서 노력한다는 것은 병원체에 대한 방역은 물론 심리적 안녕감까지를 포함하는 것이다. 왜냐하면 전염병이 개인과 사회를 파괴시키는 강력한 힘을 발휘하는 것은 병원체가 가지고 있는 전염력이나 치사율 그리고 새롭게 발생한 전염병에 대해 사람들이 가지는 심리적 불안과 공포와 같은 정서적 작용도 있기 때문이다.

　과학기술과 관리체계의 발전으로 위험은 점점 더 잘 관리되고 있는 것 같지만 에이즈(AIDS), 에볼라(Ebola), 사스(SARS)와 메르스(MERS), 코로나19(COVID19) 등과 같은 신종 질병의 발생은 위험(danger)이 인간이 대응할 수 있는 범위를 뛰어넘고 있다는 것을 보여 준다. 새로운 종류의 질병이 생겨날 때마다 그 질병을 예방하거나 치료할 수 있느냐의 문제와 함께 불안과 공포라는 또 다른 위험의 씨앗이 발생한다. 이것은 안전해지기 위해서 해결해야 하는 위험의 범위가 의료적인 부분은 물론 '심리적 방역'과 같은 정서적인 영역까지로 확대되어야 함을 보여 주고 있다. 따라서 안전의식에서 다루어야 하는 위험의 범위는 환경적 위험을 해결하는 것과 함께 인간심리 내면에서 발생하는 불안과 공포와 같은 위험요소들에 대한 대응과 관리까지 포함해야 한다.

　안전의식에 대한 접근이 보다 포괄적이어야 하는 이유는 체르노빌과 후쿠시마 원자력 발전소 폭발 사고를 통해서도 알 수 있다. 인간의 실수와 자연재해로 발생한 원자력 발전소 사고들은 현대사회의 위험관리가 완벽하게 실수를 관리하는 것은 불가능하며 자연재해에 대한 관리에는 거의 무방비 상태에 놓여 있음을 여실히 보여 주었다.

　안전의식이 작용하는 범위가 현대사회에서 더욱 확장되고 있다는 증거는 곳곳에서 나타나고 있다. 차별과 반목으로 발생하는 전쟁과 테러의 위험은 몇몇 국가에만 국한되는 것이 아니라 전 지구적 영역으로 확대되어 가고 있다. 기계화의 발달과 인공지능의 출현으로 항공기나 차량 사고는 줄어드는 듯 보이지만 점점 더 빈약해지는 존재 의미에 스스로 목숨을 끊는 사람들은 늘어나고 있다. 기계와 정보통신 그리고 인공지능의 발달은 신체행동의 단절과 밀도 있는 인간관계를 축소시키고 있으며 가상적 허구세계에 중독될 위험을 가중시키고 있다. 기술과 과학의 발달로 관리되는 위험은 더 많아지는 것 같지만 이에 비례하여 인간성의 상실과 관계의 단절은 현대사회를 또 다른 위험으로 몰아가고 있다.

　같은 맥락으로 질병 사망률은 감소하고 있지만 행복지수는 낮아지고 출산율 또한 줄어들고 있다. 자산은 증가되어 가지만 양질의 일자리는 줄어들고 있으며 안정적인 일자리를 얻는 것은 현대사회 젊은이들의 지상과제가 되어 가고 있다. 즉, 현대사회가 위험을 다루기 위해서 노력해 왔지만 결국 위험이 다른 얼굴로 변모되어 나타나는 것일 뿐 "실제 위험감소와 안전충족이 이루어지고 있는가?"라는 물음에는 확실히 "그렇다!"

위험 > 안전

danger

hazard

risk

그림 11-1 위험과 안전 그리고 안전의식교육의 범위

라고 대답하기는 어려운 실정이다.

이처럼 점점 더 다각적이고 포괄적으로 발현되고 있는 위험에 대해서 직접적 사고나 재난으로만 한정하여 다루는 것은 그야말로 근시안적인 한계 상황으로 스스로를 가두는 어리석은 제한이 될 것이다. 표면에 드러나 쉽게 눈길을 사로잡는 위험과는 다르게 인간의 의식작용으로 발생되는 위험은 심리적 불안과 갈등을 증가시키는 보이지 않는 페달로 작동할 수 있다. 따라서 위험과 안전에 대해서 인간 의식에 기초한 접근을 다루고자 할 때에는 훨씬 더 포괄적인 범위에서 보다 더 근원적인 방향으로 이루어질 필요가 있다.

위험대응이 'risk'를 넘어선 'hazard'와 'danger'까지를 포함해야 한다는 것은 위험에 대한 접근이 인간 존재와 심리 전반을 다루어야 한다는 결론에 이르게 한다. 위험과 안전에 관한 접근이 인간이 삶에서 직면하게 되는 모든 위험을 제대로 해결하는 데까지 나아가기 위해서는 행동 관리와 인지 및 지각·감각적 측면을 넘어서 생리적 속성과 발달, 적응, 동기 및 성격과 태도 그리고 산업·조직과 인간공학 등의 인간의식 전반을 살펴보는 방향으로 확장되어야 할 것이다.

따라서 안전의식(safety consciousness)이 다루는 범위는 위험과 안전이 개인에게 작용하는 모든 심리 내·외적인 발현까지를 포함하여야 한다. 구체적으로는 위험과 안전이 인간 삶에서 어떠한 성격의 문제인지를 규명하는 것에서부터 출발하여 위험과 안전이 발현되는 방식과 역할 및 기능에 대한 탐구까지를 모두 포괄하는 영역이 안전의식의 범위가 된다. 더불어 안전의식을 교육하고자 할 때 다루어야 하는 범위 역시 안전의식의 범위와 동일하다.

2. 안전의식교육의 목표

환경이 가지고 있는 실체적 위험을 '객관적 위험(objective danger)'이라고 정의한다면 환경의 실체적 위험평가를 통해 개인에게 인식되는 위험을 '주관적 위험(subjective danger)'이라고 정의할 수 있다(이순열, 2016). 인간은 환경에 존재하는 실체적 위험인 객관적 위험에 대해서 주관적으로 인식하고 느껴지는 정도만을 위험으로 인식할 수 있다. 따라서 인간에게 위험이란 실체적으로 존재하는 '객관적 위험'을 말하는 것이 아니라 실체하는 위험에 대해서 인식하는 정도인 '주관적 위험'을 말한다.

그러므로 안전의식교육은 객관적 위험을 줄이기 위한 접근과 함께 위험에 대해서 인식하는 주관적 평가 과정을 파악하고 개인과 사회공동체의 주관적 위험인식이 적절성을 유지하도록 하는 방향으로 나아가야 한다. 왜냐하면 객관적 위험에 대한 주관적 위험평가가 어긋나게 되면 인간은 위험을 올바르게 파악할 수 없으며 안전을 온전히 누릴 수 없기 때문이다. 객관적 위험과 주관적 위험평가가 일치하는 것, 즉 위험한 상황을 위험하게 인식하고 안전한 상황을 안전하게 받아들이는 것을 통해서 위험에 적절히 반응하고 안전을 온전히 누릴 수 있도록 하는 것이 바로 안전의식교육의 목표이다.

1) 위험과 안전의 특성과 교육방향

앞서 밝힌 안전의식의 정의를 바탕으로 '객관적 안전(objective safety)'을 환경의 실체적 위험이 줄어든 상태라고 정의한다면 '주관적 안전(subjective safety)'은 실체적 위험이 줄어든 것에 대한 주관적 인식이라고 정의할 수 있다. 줄어든 위험을 제대로 인식하지 못한다면 끊임없이 위험감소를 위해 에너지를 소비하게 되거나 남아 있는 위험을 인식하지 못하여 방심하는 실수를 범할 수 있다. 따라서 안전의식을 연구하는 또 하나의 목표는 줄어든 위험을 제대로 인식하여 안전해지기 위해 사용되는 에너지를 적절히 조정하거나 남아 있는 위험을 인식하지 못하여 방심하는 문제 상황을 해결하는 것이다.

Klebelsberg(1989)는 객관적 안전과 주관적 안전의 관계에 대해서 객관적 안전보다 주관적 안전인식이 더 높을 때 덜 안전해지는 상황에 놓이며 주관적 안전보다 객관적

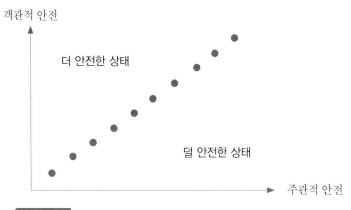

그림 11-2   주관적 안전과 객관적 안전 모델(Klebelsberg, 1989)

안전이 더 높을 때 더 안전해지는 상황에 놓인다고 설명하였다([그림 11-2]). 그러나 이순열(2016)은 객관적 안전과 주관적 안전의 차이 자체가 문제가 될 수 있다고 보았다. 객관적 안전보다 주관적 안전인식이 더 낮은 것도 또 다른 위험으로 작용할 수 있다(〈표 11-1〉).

객관적 위험을 줄이고 안전을 획득하기 위해서는 물리ㆍ공학적 기술개발과 안전투자, 인지 및 인간공학적 행동 관리와 교육 등의 방법을 사용할 수 있다. 반면 주관적 위험과 안전은 심리적 작용을 통해서 획득되는 것이기 때문에 적절한 조절이나 대응이 쉽지 않다. 실제로 객관적 위험이 높고 안전이 낮은 상황인데도 위험을 제대로 인식하지 못해 안전행동을 생략해 버리고 사고가 발생하는 경우가 있다. 반대로 객관적 위험이 낮고 안전이 높은 상황인데도 과도하게 위험을 느껴서 불안과 공포에 휩싸인 나머지 제한된 부분에만 몰입하거나 한두 가지 방향에만 집착하다가 다른 국면에서 위험을 발생시킬 수 있다.

이 때문에 안전의식교육은 객관적 위험을 낮추고 객관적 안전을 향상시키기 위한 노

표 11-1   객관적 위험과 주관적 위험수준에 따른 개인의 안전의식 상태

	수준			
객관적 위험	↑	↑	↓	↓
주관적 위험	↑	↓	↑	↓
심리적 상태	위험회피	위험둔감	위험과민	위험해결

력과 함께 위험과 안전에서 객관성과 주관성의 차이가 발생하는 이유를 알아 가도록 실시해야 한다. 동시에 객관적 위험과 객관적 안전에 주관적 위험과 주관적 안전을 일치시키는 방법을 찾아내는 방향으로 진행되어야 한다.

2) 객관적 위험과 객관적 안전의 특성

Schrodinger(2007)에 따르면 인간이 속한 자연계는 보존된 에너지의 변화를 통해서 모든 현상들을 구현한다. 이순열(2015)은 객관적 위험과 안전 역시 물리적 환경 속의 현상들로 에너지 변화를 통해 설명할 수 있다고 보았다. 열역학 제2법칙(엔트로피 증가 법칙)에 따르면 자연계는 사용할 수 있는 에너지가 감소하는 방향으로 나아가게 된다.

열역학 제1법칙(에너지 보존법칙)에 따라 에너지의 총량은 변하지 않기 때문에 사용할 수 있는 에너지가 감소하는 것은 반대로 사용할 수 없는 에너지가 증가하는 것이다. 따라서 자연계에서의 객관적 위험은 바로 이러한 사용할 수 없는 에너지와 무질서도가 증가되는 방향으로 움직이는 엔트로피 증가 현상이 발현된 것이라고 규정할 수 있다. 즉, 물리학적으로 위험은 사용 가능한 에너지가 감소하는 것, 무질서도가 증가되는 것, 의미 있는 정보가 줄어드는 것이라고 정의할 수 있다. 위험이 가지고 있는 물리적 속성에 따르면 환경 속의 '객관적 위험'은 항상 증가되는 쪽으로 나아가기 때문에 위험해지는 것은 당연하다. 실제로도 자연 현상계는 점점 더 위험해지고 있다(Jeremy, 2015).

위험이 증가하는 것은 자연스러운 방향인데 이에 맞서는 모든 의도적 작용이 안전이다. 따라서 자연계의 '객관적 안전'은 위험을 감소시키려는 모든 의도적 작용이라고 정의할 수 있다. 사용할 수 있는 에너지와 정보가 감소하는 것이 위험이라면 안전은 사용할 수 있는 에너지와 정보를 증가시키고 무질서를 감소시키려는 의도적 작용의 결과물이다.

Schrodinger(2007)는 사용할 수 없는 에너지가 증가되는 것을 제한하기 위해서는 사용할 수 있는 에너지와 의미와 질서가 있는 정보의 공급[네트로피(netropy) 공급 이론]이 반드시 필요하다고 하였다. 이러한 견해를 안전에 적용해 본다면 객관적 안전이란 객관적 위험 현상(엔트로피 증가 법칙의 발현)에 사용 가능한 에너지를 공급해서 무질서도를 줄이고 의미 있고 사용 가능한 정보를 증가시키는 작용(네트로피 공급 이론의 적용)이라고 규정할 수 있다(이순열, 2016).

3) 주관적 위험과 주관적 안전의 특성

주관적 위험은 객관적 위험과 객관적 안전이 가진 대칭적인 관계에 의해서 발생한다. 또한 주관적 안전은 주관적 위험에 대한 의도적 반작용이기 때문에 일상생활에서 안전이란 감내할 수 있는 위험수준 혹은 용인할 수 있는 위험을 지칭하는 것이다. 객관적 안전은 객관적 위험을 완벽히 상쇄시키거나 압도할 수 없다. 따라서 이순열(2016)은 "객관적 안전은 객관적 위험을 상쇄하고 남는 정도를 통해서만 인식할 수 있다."고 하였다.

의미 없는 정보의 증가, 즉 의미 있는 정보의 감소 상황은 물리·환경적으로는 위험을 발생시키는 동시에 인간 내면에는 불안을 만들어 낸다. 이렇게 발생한 인간 내면의 불안은 대상이 존재하는 상태적 불안이 아니라 우주와 인간 존재 자체가 가지는 숙명적이며 실존적인 불안이다. 극복할 수 없는 한계로서 위험에 대한 인식은 객관적인 안전으로 상쇄시키지 못한 주관적 위험 인식과 마찬가지로 개체마다 다르다. 이 때문에 위험과 안전에 대한 인식은 인간에게 있어서는 상대적이고 주관적일 수밖에 없다. 이러한 객관적 위험의 미해결성과 객관적 안전의 비충족성이 바로 위험과 안전을 주관적으로만 인식할 수 있게 하는 주관성(主觀性)이라는 제한점이자 특성을 만들어 낸다.

Maslow(1943, 2012)는 위험을 인식하고 안전해지려는 것을 인간의 기본 욕구(생리적 욕구 다음) 중 하나라고 보았다. 인간에게 위험을 줄이는 것은 숙명적인 과업이며 안전을 추구하는 것 역시 삶의 기본원리이자 방향이다. 하지만 위험을 해결하고 안전을 성취하려는 인간 삶의 동기들은 개개인이 신체를 통해 환경과 상호작용하면서 겪어 온 경험과 정보에 대한 의미 부여의 차이로 인해 주관성을 발생시킨다. 이러한 위험인식과 안전인식의 주관성은 인간 개인이나 공동체에 서로 다른 위험감수성(danger sensitivity)을 가지도록 만든다. 인간은 자신의 지식이나 경험을 바탕으로 수용할 수 있는 위험역치 이상에 대해서만 인식할 수 있는데 이것이 개체마다 다르게 위험을 인식하는 위험감수성(감수성)의 차이로 나타난다.

(1) 주관성과 문제 상황 극복

위험에 대한 평가가 개체마다 다르게 인식되는 이유는 개체마다 경험과 정보가 각기 다르게 투입되기 때문이다. 문제는 경험과 정보의 차이로 인해서 주관적 위험인식이 적절하게 이루어지지 못한다면 실체적 위험에 대해 지나치게 둔감하거나 민감하게 인식하는 문제 상황이 발생할 수 있다는 것이다.

이순열(2016)은 위험과 안전에 대한 주관적 평가가 적절성을 획득하기 어렵다는 문제 상황을 극복하는 방법으로 주관적 위험과 안전에 대한 인식 기준을 자신이 아니라 타자(약자)를 기준으로 인식하는 방법을 제안하였다. 자신을 기준으로 한 위험평가는 경험이나 정보의 과·감으로 왜곡될 수 있다. 하지만 타자, 특히 약자 편에서 위험을 평가하는 것은 위험평가의 기준을 외부로 향하도록 하기 때문에 객관적 위험과 안전에 대해서 보다 일치된 평가를 내릴 수 있을 것이라고 보는 것이다. 같은 맥락으로 안전의식교육 역시 왜곡이나 편파 되기 쉬운 자기기준의 위험평가를 타자(약자)에 기준한 위험평가가 이루어지도록 하는 방향으로 나아가야 한다.

(2) 역투성과 문제 상황 극복

객관적 위험과 객관적 안전의 관계와 마찬가지로 주관적 위험을 해결하고 주관적 안전을 획득하기 위해서는 인식된 위험에 대해서 의도적으로 사용 가능한 에너지를 투입해야만 한다. 이러한 의도적 에너지 공급은 주관적 위험과 주관적 안전의 관계에서 역투성(力投性)의 특성을 발생시킨다.

이순열(2016)은 모든 개체에는 사용할 수 있는 에너지가 한정되어 있기 때문에 개체가 가진 욕구를 해결하기 위해서 한정된 에너지를 어디에 어떻게 공급할 것인가는 동기나 욕구와 같은 본능이나 선호의 순서와 같은 가치판단을 통해서 결정될 것이라고 보았다. 따라서 위험을 극복하고 안전을 성취하기 위해 얼마만큼의 에너지를 어떻게 투입할 것인가는 주관적 위험과 주관적 안전수준을 바탕으로 개체나 공동체가 가지고 있는 동기나 태도 그리고 성격 구조와 욕구 혹은 위험에 대한 정서적 반응 등에 차이가 발생한다.

그러나 위험을 극복하기 위해 반드시 사용 가능한 에너지가 투입되어야 한다는 필수 조건은 개체나 공동체가 가진 에너지가 한정되어 있기 때문에 잘못된 선택을 하도록 만들기 쉽다. 잘못된 선택은 발생된 위험을 제대로 해결하기 위해 자신의 에너지를 사용하는 것이 아니라 자신이나 공동체의 한정된 에너지를 절약하는 데만 몰두하기 때문에 발생하게 된다. 이때 가장 흔하게 발생하는 잘못된 선택은 위험을 해결하기 위해서 자신이나 공동체의 에너지를 적절히 제대로 투입하는 것이 아니라 임시방편으로 적은 에너지만 사용해서 문제 상황만 넘기겠다는 기만적인 방법을 사용하는 것이다. 또 다른 역기능적 선택은 자신이나 자신이 속한 공동체의 에너지 투여는 줄이는 대신, 타자[대상(object)]나 다른 공동체의 에너지 투여로 자신이나 공동체의 위험을 해결하려는 이기적인 선택을 하는 것이다. 이러한 선택을 하는 이유는 위험극복 및 안전획득을 위한 에너지 투여를 타자나 다른 공동체에게 전가시켜서 자신과 공동체의 에너지는 아끼고 이렇게 절약한 에너지는 자신과 공동체의 다른 과제 해결이나 욕구 충족에 사용하기 위함이다.

하지만 위험을 해결하기 위해서는 반드시 지금 여기에서 자신과 소속된 공동체의 에너지를 적절하게 투입하여야만 한다. 열역학 물리 법칙을 보더라도 의도적인 에너지 공급 없이 극복할 수 있는 위험은 없다. 적절하게 에너지를 투여하지 못하는 상황들은 결국 위험을 제대로 해결하지 못하는 문제 상황에 빠지도록 만들 것이다.

이러한 문제 상황을 극복하기 위해서 이순열(2016)은 투여되어야 하는 에너지를 줄여 버린다든지 에너지 투여를 자신이 아니라 타자에게 미루는 것이 결국 제대로 위험을 해결하지 못하고 안전을 획득하지 못하는 또 다른 위험의 반로가 됨을 인식할 수 있도록 의식수준을 고양시켜야 한다고 주장하였다. 이러한 역투성과 그 문제 상황을 인식하게 되면 안전의식의 교육 방향은 위험을 해결하고 안전을 충족시키기 위해서 적절히 자신과 공동체의 에너지를 투여하도록 하는 것이다. 그리고 이것은 더 큰 에너지 투여의 낭비와 문제 상황을 예방하는 현명한 일임을 인식시키는 방향으로 진행되어야 한다.

이순열(2016)은 현대 인류가 위험(danger)을 줄이고 근원적으로 안전(safe)을 성취하여 미래에도 살아남는 것은 어디까지를 자기(self)의 범위로 포함시킬 수 있느냐에 달려 있다고 보았다. 즉, 자신이나 공동체의 에너지를 기꺼이 타자(자기로 인식되고 포함되는 타자)나 다른 공동체의 위험해결과 안전충족을 위해서 사용할 수 있는 의식수준의 도약을 실현해 낼 수 있느냐에 인류 번영을 위한 위험해결과 안전충족 여부가 달려 있다는 것이다. 자신이나 소속된 공동체의 위험을 해결하기 위해서만 에너지를 투여한다면 오늘은 살아남아 생존할 수 있겠지만 내일 발생할 또 다른 종류의 위험을 해결할 수 있으리라고는 장담할 수 없다. 모든 사람이 기만적이거나 이기적인 선택을 하려고 한다면 아무도 위험해결을 위해서 제대로 에너지를 투여하지 않을 것이기 때문이다.

하지만 타자와 다른 공동체를 위험하지 않도록 하기 위해서 자신과 소속된 공동체의 에너지를 기꺼이 제대로 사용하는 사람이 많아진다면 내일 만나게 될 또 다른 종류의 위험을 해결할 가능성은 증가하게 될 것이다. 기만적이거나 이기적이지 않으며 진심으로 자신의 에너지를 투여하는 사람이 많아진다면 위험은 줄어들 수밖에 없다는 역투성의 법칙이 작용하기 때문이다. 다양한 위험에 대응하는 방법은 천차만별이겠지만 타자[약자]의 위험해결을 위해서 자신의 에너지를 기꺼이 사용하려는 의지가 실천되는 것이 위험해결과 안전충족의 핵심이며 방법이다.

　이상과 같은 위험해결의 특성을 종합해 볼 때 제대로 위험을 해결하고 안전을 성취해 내는 것은 타자(약자)를 기준으로 적절히 위험을 평가하는 것과 자신의 에너지를 타자의 위험해결을 위해서 진심으로 기꺼이 투여하고자 하는 의식의 고양을 통해서 이루어진다. 위험해결과 안전충족이 인간의 숙명이듯 안전의식에 대한 교육 역시 이상과 같은 위험해결과 안전충족 원리가 인간 삶에서 실현되어야 한다는 분명한 목표와 방향성을 가지고 있다.

제**12**장
안전의식이론

사람들은 일반적으로 위험하다고 생각될 때는 조심하지만 위험하지 않다고 생각될 때는 굳이 불편한 안전행동을 하려고 하지 않는다. 때문에 일상을 살아가면서 경험하게 되는 위험수준은 대체로 일정한 경우가 많다. 위험이 기준치 이상으로 고조될 때에는 안전행동을 증가시켜서 위험을 줄이고 위험이 낮은 곳에서는 안전행동을 생략하기 때문에 개인이 환경 속에서 경험하는 위험수준은 대체로 비슷하게 된다. 그리고 개인이 가지고 있는 위험수준은 사회적 위험수준에서 크게 벗어나지 않기 때문에 한 국가의 사고율은 그 나라의 구성원들이 참고 견딜 수 있는 사고율을 반영하고 있다고도 볼 수 있다.

예를 들어, 제3세계 국가를 방문한 우리나라 사람의 경우 그곳의 교통 환경이 위험하다고 느낄 수 있을 것이다. 그 나라의 도로 특성이나 교통 법규의 차이 등이 원인일 수 있겠지만 그 나라 사람들이 허용하고 있는 위험수준과 우리나라 사람들이 허용하는 위험수준이 다르기 때문일 가능성이 크다. 일반 시내도로에서 시속 80km까지는 안전하다고 생각하는 제3세계 사람들과 시속 50km까지는 안전하다고 생각하는 우리나라 사람들은 30km 정도 위험인식에 차이가 있는 것이다.

1. 동기이론

Maslow(2012)는 인간 삶의 동기를 생리적 욕구, 안전과 안정욕구 등의 다섯 가지로 구분하였으며, 이것을 욕구위계이론 또는 동기이론이라 한다. Maslow(2012) 동기이론의 특징은 다섯 가지 욕구들이 위계를 이루고 있으며, 하위 단계의 욕구가 충족되어야지만 상위 단계의 욕구로 동기 전환이 일어난다는 것이다.

1) Maslow의 동기이론

Maslow(2012)가 지목한 인간의 가장 기본이 되는 첫 번째 욕구는 생리적 욕구이다. 그다음 두 번째 상위 욕구는 안전과 안정의 욕구, 세 번째는 소속의 욕구이며, 네 번째는 존경과 인정의 욕구, 다섯 번째는 가장 상위의 욕구인 자기 및 자아 실현의 욕구이다. 생리적 욕구는 굶주림, 갈증, 성(性), 수면 등의 기본 욕구를 의미한다. 생존에 필요한 생리적 욕구가 충족되어야만 다음 상위 단계인 안전과 안정을 위한 욕구들을 실현시키기 위해서 동기화될 수 있다는 것이 Maslow의 동기이론의 핵심이다.

구체적으로 안전과 안정의 욕구는 범죄, 폭력, 학대, 사고(재해), 질병, 전쟁의 위협이나 위험으로부터 자유로워지고 싶은 욕구를 말한다. 안전 및 안정 욕구는 생명의 위협이나 위험에 대한 반동으로 형성되는 것이기 때문에 가장 기본이 되는 생존의 욕구와 유사한 것이라고 생각할 수도 있다. 상위 욕구로 갈수록 사회적 성격이 강해지고 하위 욕구로 갈수록 생물학적 성격이 강해진다.

(1) 욕구위계이론

Maslow(2012)가 말하는 생리적 욕구는 모든 욕구 중에서 가장 강렬하고 우선순위에서 가장 앞서는 개체적 생존 욕구이다. 생리적 욕구가 어느 정도 충족되면 안전욕구가 부각된다. 생리적 욕구와 안전욕구가 어느 정도 충족되면 소속 욕구가 발생하는데, 이것은 단순히 어딘가에 속하는 것 이상의 실존적 고립감을 극복하고자 하는 욕구라고볼 수 있다. 다음으로는 존경과 긍지를 얻고 싶은 욕구가 나타나는데 무엇인가 쓸모 있는 사람으로 인식되기를 바라는 욕구이다. 명예, 신망, 위신, 지위 등과 관계되는 것으로 자기의 일에 자부심을 느끼며 타인으로부터 존경받고자 하는 것을 말한다. 마지막 단계인 자아실현의 욕구는 자기의 잠재력을 최대한으로 고양하고 자기가 하고자 하는 일을 실현하려는 최상위 욕구이다.

Maslow의 다섯 가지 욕구는 반드시 계층 순서대로 유발되는 것이 아니라 성장배경 이나 특수한 경우 순서가 바뀌는 예외도 있을 수 있다. 이를테면 오랫동안 굶주림에 시달려 온 사람은 남은 생애 동안 배불리만 먹으면 그 이상의 욕구는 추동되지 않을 수 있다. 또 사랑을 받지 못하고 자란 사람은 애정 결핍 상태가 학습되어서 애정 욕구가 상실되는 경우도 있다. 또한 욕구 충족에 있어서도 다섯 가지 욕구가 만족할 정도의 수준은 못 되지만 골고루 분포되는 사례도 발견된다.

사실 어떤 행동의 동기 유발에 작용하는 욕구는 대개 복합적이다. 하나의 욕구가 어떤 행동을 유발하는 데 유일하게 영향을 미치는 경우를 찾아보기 어렵다. 예를 들어, 직장에 취업하게 되면 소속과 인정의 욕구를 충족시킬 수 있음과 동시에 받은 임금을 통해서 생리적 욕구를 해결할 수도 있다. 또한 직장생활을 통해서 얻게 되는 긍지와 어느 정도의 자아실현도 있다.

(2) 자아실현적 인간

Maslow(2012)의 동기이론에 의하면 가장 잘 적응된 사람은 자아를 '실현'하는 사람이다. 자아를 실현하려는 사람은 다른 사람들의 평가보다는 자신의 충족과 성장에 가장 적합하다고 생각하는 방향으로 살아간다. 그는 자아실현의 욕구가 강한 사람의 특성을 다음의 일곱 가지로 제시하였다.

첫째, 현실 성향으로 자신과 타인 그리고 세계를 편견 없이 수용한다.

둘째, 전통과 관례보다는 자유로운 성향을 가지고 있으며 인정이 많으면서도 타인과의 거리를 유지하며 사생활을 즐긴다.

셋째, 자기보다 문제나 임무에 중심을 두며 목적과 수단을 구분하되 목적을 보다 중시한다.

넷째, 독자성이 강하며 자기 자신의 계속적인 성장을 통해서 만족을 얻는다.

다섯째, 무비판적인 획일화를 싫어하지만 집단의 잘못된 점은 거부하는 방식이 아니라 참여하여 개선을 시도하는 방식으로 접근한다.

여섯째, 인류를 위하여 봉사하려는 욕구를 가지고 있다.

일곱째, 많은 사람과 방만한 관계를 유지하는 것이 아니라 특별히 좋아하는 소수의 사람과 긴밀한 관계를 즐긴다. 한편, 화를 낸다든지 고집을 부린다든지 하는 성격상의 사소한 결함을 가지고 있는 경우도 있다.

Maslow(2012)는 유명인과 우수한 대학생들을 대상으로 한 연구 결과를 토대로 자아를 실현한 사람들에게는 다음과 같은 특성이 있다고 주장했다.

- 현실을 정확하게 지각한다. 자아를 실현한 사람들은 현실적으로 다른 인간과 사건을 판단하며 불확실성을 더 잘 수용한다.
- 자기와 다른 사람을 수용한다. 자아를 실현한 사람들은 자신과 다른 사람들을 있는 그대로 받아들이며 자기 자신에 대해서 죄의식을 가지거나 방어적이지 않다.
- 자발성이 높다. 자아를 실현한 사람들의 사고방식은 자발성이 높다.
- 문제 중심성이 높다. 자아를 실현한 사람들은 자기 자신의 이익보다 문제해결에 더 많은 관심이 있고 중요하다고 생각하는 행동 목표들을 가지고 있다.
- 초연하다. 자아를 실현한 사람들은 개인 시간이 필요하고 혼자 있는 것에 부담이 없다.
- 자율적이다. 자아를 실현한 사람들은 환경에 지배되지 않고 독자적으로 행동할 수 있다.
- 신선한 감각을 가진다. 자아를 실현한 사람들은 비록 반복되는 경험이라도 새롭게 느끼고 의미를 감상할 수 있다.
- 신비 경험 또는 절정 경험을 한다. 자아를 실현한 사람들은 우주나 자연과의 일체감 혹은 자기가 사라지는 것 같은 신비감 등을 경험한다.
- 인류사회적 관심을 가진다. 자아를 실현한 사람들은 인류 공동체 의식을 갖는다.
- 친숙한 대인관계를 맺는다. 자아를 실현한 사람들은 많은 사람과 교류하기보다는 소수의 사람과 깊고 친숙한 관계를 맺는다.
- 민주적 성격을 가진다. 자아를 실현한 사람들은 인간을 판단하는 기준에서 성별, 인종, 출생 배경, 종교 등과 같은 것에 비교적 영향을 받지 않는다.
- 결과와 수단을 구별한다. 자아를 실현한 사람들은 목표에 급급하기보다는 행동 자체를 즐기며 수단과 결과 간의 차이를 분별한다.
- 유머감각이 있다. 자아를 실현한 사람들은 상대를 공격하거나 비하하는 농담보다

는 철학적인 유머를 사용한다.
- 창의성이 높다. 자아를 실현한 사람들은 새로운 생각을 이끌어 내는 창의성이 높다.
- 기성 문화의 압력에 대해 저항한다. 자아를 실현한 사람들은 기성 문화에 대해 항상 반항하는 것은 아니나 대체로 그 영향을 받지 않고 독립적이다.

Maslow는 자아실현적 인간이 완전하다고 말하지는 않았다. 자아실현적 인간에게서 발견될 수 있는 단점으로는 다른 사람들을 신경 쓰지 않거나 모든 사람의 기대와 행동을 반드시 따르지 않는 측면을 들고 있다. 또한 앞의 특성을 어느 정도 가지고 있다고 해서 반드시 '자아실현적'이라고 단정할 수 없다. 다만 자아실현적 상태에 접근하기 위해 노력하는 인간이라고 말하는 것이 보다 정확할 것이다.

2) ERG이론

ERG(Existence, Relatedness and Growth)이론은 Alderfer(1972)에 의해서 제안된 이론이다. Maslow의 욕구위계이론과 유사하게 동기를 발생시키는 것이 욕구라고 가정하고 있다. 여러 가지 실증적인 연구 성과를 통해서 Maslow의 이론을 수정·보완하는 데 기여하였다는 평가를 받는다.

Alderfer는 인간의 동기 수준이 크게 생존, 관계 그리고 성장으로 위계화되어 있다고 보았는데 Maslow의 욕구위계이론을 보다 간단하게 분류한 것이라고도 볼 수 있다(〈표 12-1〉). Alderfer의 생존 욕구는 Maslow의 생리적 안전(생존)과 물리적 안전에 해당하고 관계 욕구는 소속과 인정의 욕구에 해당한다. 마지막 성장의 욕구는 자존감이나 자아실현의 욕구에 해당한다. Alderfer와 Maslow 이론의 차이는 세 가지 정도로 정리될

표 12-1   Alderfer와 Maslow의 욕구위계 비교

Alderfer	Maslow
성장(Growth: G)	자아실현
관계(Relatedeness: R)	인정 소속
생존(Existence: E)	물리적-생리적 안전 육체적 생존

수 있다.

첫째, Maslow는 욕구가 위계성을 가지고 있으며 하위 욕구가 충족되면 상위 욕구로 옮겨 간다는 이론체계를 가지고 있다. 하지만 Alderfer는 위계를 이루고 있는 욕구가 충족되면 상위 욕구로 전진하지만 충족되지 못하면 하위 욕구로 퇴행할 수 있다고 보았다. 또 욕구 수준이 충족에 이르더라도 상위 욕구로 전진할 수 있는 환경적 여건이 마련되어 있지 못하면 동일한 욕구위계에 계속 머물러 있을 수 있다고 보았다.

둘째, Alderfer는 세 가지 욕구위계 중에서 하나 이상의 욕구가 동시에 작용하거나 활성화될 수 있다고 보았다. 물론 욕구의 강도는 다를 수 있다고 가정하였다.

셋째, Alderfer는 욕구가 의식적으로 인식될 수 있다고 보았다. 특히 우세한 욕구일수록 더 잘 인식할 수 있다. 따라서 욕구를 선택하고 충족하기 위해서 노력하는 것은 의식적 과정에서 일어난다고 본다.

3) Herzberg의 동기-위생이론

Herzberg, Mausner와 Snyderman(1959)은 '2요인 이론'이라고도 부르는 동기-위생이론(motivation-hygiene theory)을 주장하였다. 동기-위생이론에서는 만족에 영향을 미치는 요인과 불만족에 영향을 미치는 요인으로 구분하여 불만족에 영향을 미치는 요인을 위생 요인으로, 만족에 영향을 미치는 요인을 만족 요인으로 파악하였다. 동기-위생이론의 특징은 불만족 요인이 충족되었다고 해서 만족에 이르는 것이 아니라 단지 기본 위생이 지켜지는 상태라고 보는 것이다. 따라서 만족 수준까지 도달하기 위해서는 위생 단계를 충족시키고 다시 만족 요인이 충족되는 상태에까지 이르러야 한다고 주장한다.

사회나 조직에서 나타나는 대표적인 위생 요인들은 불만족 상태에 영향을 미치는데, 정책, 관리, 감독, 대인관계, 환경 조건, 수입과 안정성 등이다. 만족 요인들은 만족 상태에 영향을 미치는데, 성취, 인정, 직업 특성, 책임 및 승진 등이다. 동기-위생 이론에 대해서는 다음의 몇 가지 비판적 평가도 있다.

첫째, 불만족과 만족 등의 개념 진술이 모호해서 실증 검증이 어렵다는 것이다.

둘째, 실시된 실증적 연구들의 결과가 대부분 중간 수준의 만족을 경험한다고 보고하는데, 동기 요인과 위생 요인의 비교가 잘못된 것이 아닌가 비판받기도 한다.

셋째, 만족 요인과 불만족 요인의 구분이 실제로 존재한다고 하더라도 주로 만족 요인은 내적 귀인으로 분류될 수 있고 불만족 요인은 외적 귀인으로 분류될 수 있는 항목들이었다. 따라서 귀인 성향의 문제를 동기로 혼동하고 있다는 비판을 받기도 한다.

넷째, 만족과 불만족에 집중하고 있기 때문에 동기에 관한 것이 아니라 만족감 이론이라고 비판받기도 한다.

그러나 이러한 비판에도 Herzberg 등(1959)의 동기-위생이론은 인간 삶의 동기를 과제와 욕구 수준으로 분화시켜 살펴본 최초의 연구라는 의의를 가지고 있다. 인간이 점점 더 상위 욕구를 쫓아간다는 생각은 단순히 생리적 욕구 충족에 머물지 않는 존재라는 인식에 기반하고 있다. 즉, 위생 수준이라는 생존 자체에만 머무는 것이 아니라 보다 상위의 욕구를 추구해서 존재의 완성을 향해 간다는 개념을 고안해 낸 것이다.

여러 비판에도 불구하고 동기-위생이론을 곱씹어 보아야 하는 이유는 위험과 안전의 영역에서도 다음과 같은 시사점이 있기 때문이다. 우선 위험하지 않다고 해서 과연 안전한 것인지를 생각해 볼 필요가 있다. '단순히 생존해 있는 것, 위험하지 않은 것만으로 인간은 만족하는 존재인가?' '안전이란 어떤 개념인가?'. Herzberg 등(1959)의 이론 이전까지는 위험해결과 안전충족이 같은 선상의 양극단에 존재하는 지점들로 인식되는 경우가 많았다.

그러나 Herzberg의 관점에서 위험과 안전을 보다 섬세하게 분석해 본다면 위험해결과 안전충족은 구별되는 두 가지 차원으로 파악할 수 있다. 인간은 위험을 해결하는 것만으로 만족하는 것이 아니라 안전을 충족시키려는 보다 고차원적 수준까지를 추구하는 존재이다. 이러한 관점은 동기-위생이론을 인간이 삶에서 직면하게 되는 여러 가지 다른 과제(죽음, 소외, 고독, 무의미 등)와 욕구(생존, 소속, 사랑, 자아실현 등)들로 확장시켜 볼 수 있다는 새로운 아이디어를 제공해 준다.

2. 위험보상이론과 위험항상성이론

사람들이 위험을 어떠한 방식으로 인식하는가의 기본은 주관성이다. 즉, 개인마다 위험이라고 인식하는 것이 다르다는 기본 가정에서부터 출발한다. 위험을 인식하는 개인차를 인정하면서도 사람들의 위험인식에는 몇 가지 공통 요소들이 있다.

Taylor(1964)는 피부전위반응(Galvanic Skin Response: GSR)과 자동차 속도와의 상관관계를 분석하였다. 운전자의 위험인식 정도와 자동차 주행속도와의 관련성을 살펴본 결과, 교통 상황의 위험도를 주관적으로 높게 인식하면 할수록 주행속도가 감소한다고 보고하였다.

그는 이러한 연구 결과를 통해서 운전자의 위험인식과 관련된 정서적 긴장 상태가 주행속도를 조절하는 중요한 요인임을 밝혔다. 그리고 위험이 일정 수준으로 유지되도록 속도를 조절한다는 위험속도 모델(risk speed model)을 제시하였다. 위험속도 모델은 위험하다고 인식하는 장소에서는 속도를 감소시키고 위험하지 않다고 생각하는 곳에서는 속도를 증가시킨다는 단순한 내용이다. 하지만 사람들이 위험인식과 속도를 통합한 일정량을 유지하려는 경향이 있다는 위험속도 모델의 이론적 함의는 위험보상이론(risk compensation theory)과 위험항상성이론(risk homeostasis theory)의 근거를 마련해 주었다.

1) 위험보상 결정이론

O'Neil(1977)은 안전을 위한 개선이 사고율이나 치명도가 떨어진다는 것은 인간 행동이 변화하지 않고 고정되어 있을 경우에만 가능하다고 보았다. 장비나 시설물이 안전하게 개선되었을 경우 사고율이 떨어질 것이라고 생각하지만 이런 생각은 인간의 반응을 무시한 발상이라는 것이 O'Neil의 주장이다. 일례로 안전장비를 착용하게 되면 사람들은 안전장비가 심각한 사고결과를 예방해 줄 것이라고 기대하기 때문에 오히려 안전장비를 착용하지 않았을 때보다 더 위험한 행동을 선택할 수 있다는 것이 O'Neil의 생각이다. O'Neil(1977)은 사람들의 반응이 상황을 고려해서 수정되기 때문에 결국 안전장비를 갖추고 있을 때나 안전장비를 갖추지 않았을 때의 위험은 비슷하게 유지될 것이라고 보았다. 이상과 같은 O'Neil의 위험보상 결정이론 모델(decision theory model of danger compensation)은 인간의 행동변화와 안전대책과의 관계를 잘 설명하고 있다. O'Neil이 제시한 위험보상 결정이론 모델의 기초는 다음 두 가지이다(OECD, 1990).

첫째, 인간 행동은 불변하는 것이 아니다.

둘째, 환경 변화에 대해서 인간은 자신의 행동을 변화시키면서 위험을 보상하는 선택을 하게 된다.

그러나 O'Neil의 이론은 매우 정교하지만 실증적이지 못하다는 지적을 받고 있다. 즉, 그럴 것 같긴 한데 경험적이거나 실험에 근거한 연구 결과를 제대로 제시하지 못하고 있다(Streff & Geller, 1988).

2) 위험보상이론 실증 연구

Aschenbremer와 Biehl(1993)은 독일 뮌헨의 택시들을 36개월간 관찰하는 장기간 추적 조사연구를 실시하였다. 관찰된 택시 중 절반은 ABS(anti-lock brake system) 브레이크 시스템을 장착하였고, 다른 절반은 ABS 브레이크 시스템을 장착하지 않았다. 일부 택시에는 가속페달의 변화를 기록하였고 도시 여러 곳에서의 속도를 수집하였다. 그리고 승객으로 가장한 기록자가 운전 행태를 기록하고 과거의 사고기록과 실험에 관련한 면접도 실시하였다.

ABS 브레이크 장착 택시는 제동거리가 향상되었음에도 두 집단의 택시는 비슷한 속도로 운전하였다. 62%의 운전자는 ABS 브레이크 시스템이 위험운전과 조심성이 부족한 운전을 유발시킨다고 보고하였다. 그들은 ABS 브레이크 장착 택시에 의한 추돌사고는 현저하게 줄었으며, 특히 눈길에서는 사고가 많이 줄었다고 보고하였다. 그러나 전체 사고 경향을 보면 유의한 차이는 아니지만 ABS 브레이크 택시 집단의 사고가 조금 더 많았다. 이러한 결과는 위험보상이론을 적용하면 설명된다. 위험보상이론에 따르면 ABS 브레이크를 장착한 택시 운전자는 더 안전하다고 느끼기 때문에 덜 조심할 수 있다. 그리고 ABS 브레이크 시스템이 미끄러운 노면의 위험을 보상해 줄 것이라고 기대하기 때문에 미끄러운 노면 상태에서의 운전행동 변화가 감소할 수 있다. 또한 ABS 브레이크 운전자의 믿음은 개인의 책임감을 낮추고 목표하는 위험수준을 높이고 위험운전으로 연결되어 결국은 교통사고를 증가시키게 된다.

Harano와 Hubert(1974)는 971명의 피험자를 세 그룹으로 나누었으며, 다음해 사고를 내지 않으면 필기시험을 면제하고 운전면허 갱신을 1년 연장해 준다고 약속하였다. 두 번째 그룹은 무작위로 선택된 통제집단이다. 다음해에 운전면허 갱신을 해야 하는 그룹은 통제집단보다 사고율이 22%나 감소하였다. 그러나 운전면허 갱신 기간이 아직 남은 집단에서는 사고율의 변화가 없었다. 이것은 필기시험 면제라는 유인책(incentive)이 사고방지에 기여하는 정도를 보여 주고 있다. 이 밖에도 안전교육, 법적 강제 규정, 안전띠 착용과 사고감소 효과에 관한 많은 연구가 위험보상이론과 관련되어 이루어지고 있다.

3) 위험항상성이론

위험항상성이론(Risk Homeostasis Theory: RHT)을 정립한 Wilde(1982)에 의하면 사람들은 주관적으로 경험하는 위험정도를 특정 수준으로 유지하려는 경향으로 행동을 선택하고 결정한다. Wilde는 위험인식을 주관적 위험과 객관적 위험으로 명확하게 구분하지는 않았지만 본인이 느끼는 위험인식을 주관적으로 파악하였고 안전대책이나 시설 개선으로 형성된 환경을 객관적 위험으로 파악하였다.

위험항상성이론은 인간의 선택은 항상 위험을 완벽하게 제거하는 방향으로 향하는 것이 아니라 개인이 생각하기에 최적의 상태라고 느끼는 수준까지 위험을 유지하는 형태로 나타난다는 개념에서 출발한다. 따라서 위험항상성이론에 따르면 도구나 재료 혹은 환경이 보다 안전해지는 것도 중요하지만 인간 개개인 혹은 사회공동체가 '괜찮다!'고 여기는 위험수준 자체를 적절히 조절하는 것이 중요하다.

객관적인 위험이 감소될 때 개인의 위험인식에 변화가 없다면 안전은 증가할 것이다. 그러나 위험항상성 이론에 따르면 이러한 안전대책의 효과는 단기간에 끝날 가능성이 높다. 왜냐하면 객관적 위험감소가 효과를 발휘하기 위해서는 개인의 위험인식 수준이 유지되어야 하는데 낮아진 객관적 위험을 인식하면서 개인의 위험인식 수준도

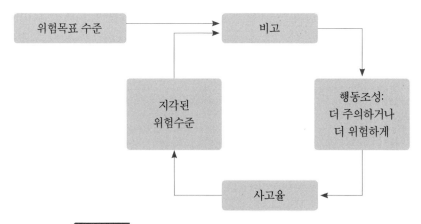

그림 12-1 단순 위험항상성 모델(Simonet & Wilde, 1997)

변화할 것이기 때문이다. 즉, 개인의 위험목표 수준(target level of risk)은 항상 변화를 준비하고 있다. 따라서 위험항상성이론에 따르면 실제 안전향상은 사람이 수용하고 받아들이는 위험 정도를 감소시켜야지만 제대로 달성될 수 있다.

위험항상성이론에 따르면 사람들은 '이 정도까지는 괜찮다!'라는 수용되는 위험수준이 각기 다르게 형성되어 있다고 본다. 그리고 개인들은 자신이 괜찮다고 설정한 수준까지는 위험에 도달하도록 자신의 행동과 선택을 조절한다는 것이 위험항상성이론의 핵심이다. 예를 들어, 좁은 도로에서는 자동차의 속도를 줄이는 반면에 넓은 도로에서는 자동차의 속도를 높이는 상황을 생각해 보자. 사람들은 좁은 도로라는 위험증가를 인식하게 되면서 낮은 속도를 선택한다. 이것은 고조된 환경적 위험을 느끼면서 '이 정도까지는 괜찮다!'는 수준까지 속도를 줄여서 위험을 조절한다. 반면에 사람들은 넓은 도로라는 위험감소를 인식하게 되면 속도를 높이게 된다. 이것은 감소된 환경적 위험을 느끼면서 역시나 '이 정도까지는 괜찮다!'는 수준까지 속도를 높여서 위험을 일정하게 조절하는 것이다. 이처럼 도로 상태라는 환경적 변화에 대해서 사람들은 속도를 조절함으로써 항상 비슷한 수준으로 위험을 유지하게 된다.

위험항상성이론은 위험해결과 안전충족을 위해서 안전의식에 관한 교육이 왜 필요한지를 보여 주는 이론이며 인간 개인의 의식수준 정도가 위험을 해결하고 안전을 제대로 충족시키기 위해 어떻게 작용하는가를 알려 준다. 위험항상성이론에서 위험수준을 결정하는 요인은 개인의 위험목표 수준이며 이것은 행동 결정 시 비용(costs)과 이익(benefits)에 대한 평가에 의해서 결정된다(Streff & Geller, 1988). 이순열, 이순철, 박길수(2018)는 위험의 목표 수준을 형성하는 네 가지 요인을 다음과 같이 설명하고 있다.

① 위험한 행동으로 인한 이익
② 안전한 행동으로 인한 비용
③ 안전한 행동으로 인한 이익
④ 위험한 행동으로 인한 비용

①과 ②는 위험목표 수준을 높이는 요인이며 ③과 ④는 위험목표 수준을 낮추는 요인이다. 예를 들어, 취직 시험에 응시하기 위해서 급하게 자동차를 운전해 가고 있는 사람은 위험한 행동으로 인한 이익(시험 시간까지 도착함)과 안전한 운전으로 인한 비용

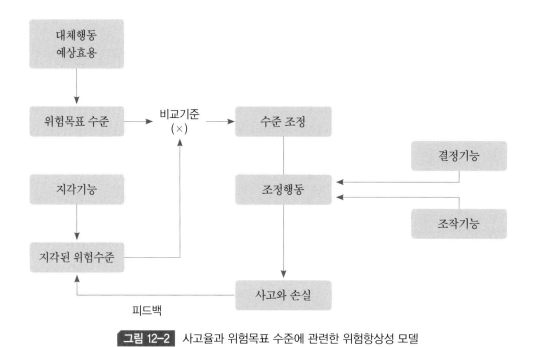

그림 12-2 사고율과 위험목표 수준에 관련한 위험항상성 모델

(시험 시간까지 도착하지 못해 취직하지 못함)이 안전한 운전으로 인한 이익(사고나 단속이 없음)과 위험한 운전으로 인한 비용(사고나 단속이 발생함)보다 많다고 지각할 가능성이 크기 때문에 비교적 높은 수준으로 위험목표를 상향해서 설정해 놓았을 가능성이 크다.

사람들이 어떠한 행동을 선택하는가는 개인의 심리·신체적 특성은 물론 사회적 요인도 크게 작용한다. 따라서 국가나 지역사회의 사고율은 구성원들이 참을 수 있는 수준을 반영하고 있다. 사회 전체로 볼 때도 각 사회가 가지고 있는 위험목표 수준이 존재한다. 따라서 안전시설물의 개선은 객관적인 위험수준은 낮추어 주겠지만 사회 구성원이 가지고 있는 위험에 대한 목표 수준을 낮추지 못한다면 제대로 된 사고 감소를 이룰 수 없다.

이런 의미에서 Wilde(1982)는 위험인식 수준 자체를 변화시키지 않은 상태에서 이루어지는 기술개발과 시설물 개선 등이 안전향상에 큰 기여를 하지 못할 것이라고 주장하였다. 위험항상성 이론에 따르면 주관적 위험수준 자체가 낮아지지 않으면 사람들은 개선된 환경이나 여건 등을 고려해서 결국은 자신이 설정한 위험수준까지 도달할 것이기 때문이다. Wilde는 사람들이 설정한 위험수준이 낮아지도록 하는 것, 즉 스스로 안전해지기를 선택하는 것만이 제대로 된 안전향상 방법이 된다고 보았다(이순열, 2016).

3. Klebelsberg의 주관적 안전과 객관적 안전

Klebelsberg(1989)는 위험인식과 인간 행동을 주관적 안전과 객관적 안전이라는 개념을 활용하여 설명하며 그것은 다음 두 가지 가정에서 출발한다.

첫째, 상위 개념으로서의 안전은 주관적 안전과 객관적 안전 중 어느 하나에 의존하는 것이 아니라 두 가지 안전의 상호작용과 상대적 차이에 의존하고 있다.

둘째, 적절한 행동은 객관적 안전이 적어도 주관적 안전과 동일하거나 객관적 안전

표 12-2	주관적 안전과 객관적 안전 수준(Klebelsberg, 1989)
	〈첫 번째 수준〉 주관적 안전 = 객관적 안전
사례	• 굽은 도로를 자동차의 물리적 한계에 다다른 속도로 통과하는 상황이다. 이런 경우를 위험한 상태라고 하지는 않지만 안전측면에서는 전혀 여유가 없는 상태이다. 운전자는 차량과 도로의 물리학적 가능성을 끝까지 이용하고 있다. • 도로가 얼어붙어 있는 상태로 객관적 안전이 저하되었고 이것이 주관적 안전의 저하를 이끌게 되는 경우이다. 운전 물리학 가능성을 완전히 이용하고 있지만 아직까지 한계치를 넘지는 않았다. • 도로의 정비 개선으로 객관적 안전이 상승하게 되었고 주관적 안전이 동반해서 상승하게 되는 경우이다. 도로 상태의 안전은 상승되었지만 운전자의 행동 변화로 향상된 객관적 안전이 상실된 상태이다.
	〈두 번째 수준〉 주관적 안전 〉 객관적 안전
사례	• 굽은 도로의 안전에 대해서 과대하게 평가하여 물리적 한계치를 넘어선 상태로 운전하는 경우이다. • 도로가 얼어붙어 있는 상태로 객관적 안전이 저하되었음에도 주관적 안전이 감소하지 않아서 물리적 한계를 넘어선 운전을 하는 경우이다. • 도로의 정비 개선으로 객관적 안전이 상승하게 되었지만 운전자가 개선 효과를 과대하게 평가해서 물리적 한계를 넘어선 운전을 하는 경우이다.
	〈세 번째 수준〉 주관적 안전 〈 객관적 안전
사례	• 굽은 도로를 운전자가 넉넉하고 여유 있는 상태로 운전하는 경우이다. • 도로가 얼어붙어 있는 상태를 실제 위험 이상으로 평가하여 운전자가 상당히 안전에 여유가 있는 상태로 운전하는 경우이다. • 도로의 정비 개선으로 객관적 안전이 상승하게 되었지만 운전자가 도로 정비의 개선 효과를 인식하지 않고 예전과 같은 수준으로 운전하는 경우이다.

이 더 클 경우에만 성립한다. 즉, 주관적 안전이 높아지면 높아질수록 선택하는 행동은 물리적 한계치를 넘어선다.

Klebelsberg(1989)는 다시 주관적 안전과 객관적 안전의 수준을 세 가지로 구분하였다(〈표 12-2〉). 주관적 안전과 객관적 안전 모델은 인간공학적 대책과 교육적 대책 그리고 캠페인에 의한 행동 변화 가능성을 고려할 때 유용한 설명 모델이다. 그리고 안전대책의 효과를 평가하거나 비교할 경우에도 시사점을 제공해 준다.

Klebelsberg의 주관적 안전과 객관적 안전 모델에 따르면 안전한 시설이나 안전한 장치는 안전해지기 위한 완벽한 개념은 아니다. 안전한 장치나 안전한 시설이라는 것은 인간이 주관적으로 안전을 판단할 때 참고하는 자료의 일부분이다. Klebelsberg의 주관적 안전과 객관적 안전 모델은 객관적 안전의 개량과 더불어 높아진 주관적 안전을 감소시키는 방안도 함께 비교·분석되어야만 제대로 된 안전대책이 수립될 수 있다고 주장한다.

4. Näätänen과 Summala의 주관적 위험모니터이론

Näätänen과 Summala(1976)는 주관적 위험모니터(subjective risk monitor)이론을 통해서 위험을 동기보다 더 깊은 내면의 위험인식 상태라고 규정하였다. 주관적 위험이라는 용어 대신 주관적 위험모니터라고 부르는 이유는 주관적 위험을 전혀 느끼지 않는 상태를 설명하기 위해서이다. 이러한 관점은 개인은 일정 수준의 주관적 위험을 추구한다는 항상성에 기초한 이론들과는 다른 입장을 취하는 것이다.

Summala(1988, 1997)는 개인은 일상에서 위험하다고 느끼는 경우가 그렇게 많지 않다고 보았다. 그리고 개인의 주관적 위험모니터는 실제로 위험을 느끼고 행동 변화를 요구할 때에만 관여하게 된다고 보았다. 따라서 위험을 느끼지 않는 경우에는 주관적 위험모니터가 작동하지 않는다. 사고가 많이 발생한다는 것은 주관적 위험모니터를 적절히 활성화시키지 못하기 때문이며 그 이유는 다음과 같다.

첫째, 사람들이 환경 속에 존재하는 변화를 고려하지 못하기 때문이다.

둘째, 사람들은 가끔 너무 바쁘기 때문에 안전을 추구할 만큼 여유가 없기 때문이다.

즉, 사람들에게 안전보다 더 시급하게 달성하고 싶은 동기가 있을 때 주관적 위험모

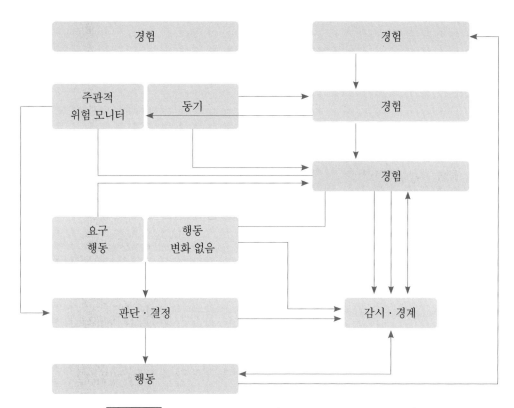

그림 12-3 주관적 위험모니터이론(Näätänen & Summala, 1976)

니터는 작동하지 않을 수 있다. [그림 12-3]은 주관적 위험모니터의 역할을 보여 주고 있다. 일상의 행동에서 개인은 주관적 위험과는 전혀 관계없이 행동을 결정하고 있다. 주관적 위험모니터가 활성화되려는 시점에서 행동 변화가 일어나 위험원인을 제거하게 된다. 일반적으로 주관적 위험모니터가 활성화되는 데 필요한 한계치가 높게 책정되어 있기 때문에 주관적 위험모니터의 도움을 받아 행동 변화가 일어나는 경우는 많지 않을 수 있다.

5. 위험감수성이론

인간은 탄생과 동시에 위험을 인식하고 그것을 줄이기 위해 노력하는 존재이다. 그러나 객관적 위험은 줄어들지 않으며 사용할 수 없는 에너지는 증가하고 의미를 잃어

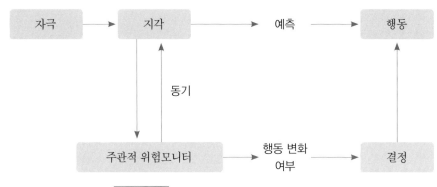

그림 12-4 주관적 위험에 기반한 위험감수성

버린 정보가 늘어나는 현실을 경험하게 된다. 이러한 위험의 미해결성과 안전의 비충족성에 대한 인식은 인간 내면에 '불안(anxiety)'이라는 심리내적 흔들림을 만들어 낸다. 완벽히 해결될 수 없는 위험과 충족될 수 없는 안전은 상쇄될 수 없는 근원적 위험에 대해 실존적 불안을 느끼도록 한다.

안전에 의해 상쇄되지 못한 위험은 인간의 기분이나 느낌 혹은 정서와 인지적 측면을 통해서 인식되는데, 이것을 '위험감수성(danger sensitivity)'이라고 한다. 따라서 위험감수성은 '안전에 의해 상쇄되지 못한 위험에 대한 주관적 인식' 혹은 '해결되지 못한 위험에 대한 주관적 인식'이라고 정의할 수 있다. 일반적으로 감수성이란 유기체가 내·외의 자극을 수용하는 능력을 말한다. 유기체는 환경의 변화에 대응하여 반응을 나타내는데, 변화된 환경에 대한 반응이 바로 감수성이다(Slovic, Finucane, Peters, & MacGregor, 2004). 위험에 직면한 대상은 위험을 인식하는 예민함(위험감수성)에 따라 위험을 평가하게 될 것이고 평가 결과에 따라서 대책을 세우고 대응하게 된다.

하지만 앞에서 살펴본 것처럼 위험이 가지고 있는 주관성과 역투성의 특징으로 말미암아 현실에서 인식되는 위험은 둔감하거나 과민하게 평가되는 문제 상황에 놓이기 쉽다. 즉, 위험감수성은 적절성을 획득하기가 어렵다는 것이고 이것은 위험해결과 안전충족을 방해하는 큰 장애물로 작용한다. 왜냐하면 객관적 위험에 대한 주관적 평가가 어긋나 있다면 고조된 위험에 제대로 대응하지 못하거나 성취된 안전을 제대로 누릴 수 없는 또 다른 위험상황을 발생시키기 때문이다.

1) 위험감수성 요인과 우리나라의 안전의식

이순열(2015, 2016)은 위험감수성 등의 연구를 종합적으로 분석하여 인간의 위험감수성에 영향을 주는 요인들을 다음의 네 가지로 구분하였다.

첫째, 체험 및 관찰적 경험과 정보

둘째, 인지적 경험과 정보

셋째, 지각적 경험과 정보

넷째, 정서적 경험과 정보

빗길 자동차 운전 상황을 예로 들어 위험감수성에 영향을 미치는 네 가지 요인을 설명하면 다음과 같다. 운전자 개인은 자동차를 운전하면서 겪어 왔던 과거 위험이나 교통사고에 관한 직·간접적 경험과 정보 등을 통해서 현재 자신이 처한 빗길 교통상황이 주는 위험을 평가하게 된다. 또한 빗길과 자동차 운전이 가지고 있는 물리적·공학적 지식을 토대로 위험을 인식한다. 그리고 자신의 운전 능력과 자동차의 제동 성능, 도로 환경 등을 평가해서 현재 차량 속도가 어느 정도 위험한 것인지 지각한다. 마지막으로 빗길 자동차 운전이 가져다주는 불안과 위험상황에 대한 정서적 평가 혹은 속도를 줄일 수 없게 만드는 사회·문화적 압력(빨리빨리 문화, 속도나 빠른 일처리를 중시하는

그림 12-5 위험감수성을 기반으로 한 위험분류

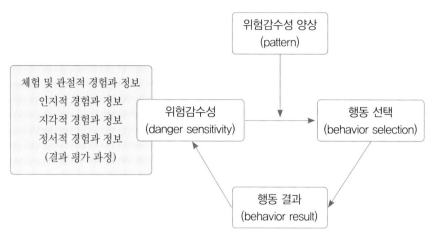

그림 12-6 위험감수성을 기반으로 한 위험행동 발현 경로

의식 구조 등)이나 개인의 욕구와 태도(조급성, 난폭성, 위험추구 성향 등) 혹은 가치순위(안전보다는 성과, 신속성 등) 등을 종합적으로 고려해서 위험에 대한 최종 인식에 도달하게 된다.

위험감수성은 위험선택과 행동결과에 따라서 다시 개인의 주관적 위험평가에 영향을 미치는 순환 구조를 가지게 된다. 개인이 가진 주관적 위험평가는 궁극적으로 어느 정도의 위험을 선택하느냐를 통해서 나타나는데 사회나 조직의 위험감수성 또한 여러 가지 발현된 사회 제반 현상을 통해서 현상적으로 드러날 것이다. 개인은 완벽히 독립적으로 존재하는 것이 아니며 속해 있는 사회와 문화적 환경들과 상호작용한다. 따라서 개인뿐만 아니라 사회 집단의 위험감수성 또한 이상의 네 가지 구성요소들에 따라서 영향을 받는다. 그런 의미에서 한국사회의 위험감수성도 나름의 독특성을 가지고 있을 것이기 때문에 발현된 현상을 토대로 문제점을 살펴보고 해결 방안을 모색할 수 있다.

2) 체험 및 관찰 경험과 정보

위험감수성은 위험에 관한 체험이나 위험을 관찰한 경험과 정보에 의해서 영향을 받을 수 있다. Lee, Lee와 Song(2009) 그리고 이순열과 이순철(2010)은 교통사고 위험지수(Traffic Accident Risk Index: TARI) 연구를 통해서 사고에 대한 위험인식이 과거의 사고 경험이나 사고가 발생할 뻔했던 경험을 통해서 민감해질 수 있다고 보고하였다. 2003년 발생한 대구지하철 참사의 경우를 보더라도 사고 이전과 이후 유사한 상황에서 사람들의 대처가 달라졌다는 여러 보고가 있다. 이것은 사고를 직접 체험하거나 관찰한 경험과 정보가 위험감수성에 영향을 미치고 위험대응과 태도에 영향을 준다는 것을 의미한다(이종한, 2003; 한덕웅, 2003).

사고가 발생한 경험과 정보는 극심한 고통과 불안을 야기할 수 있다. 사고를 직접 체험하거나 관찰한 경험과 정보 등으로 위험감수성은 과민해질 수 있다. 불안과 분노 그리고 위기에 대한 정서적 고조는 또 다른 사건을 촉발할 수 있는 불씨가 된다(이순열, 2016). 반면, 위험이 사고로 이어지는 경험을 하지 못한다면 위험감수성은 둔감해질 수 있다.

Daalmans(2013)는 위험상황에서 인간 행동을 세 가지 학습모델로 제시하였다. 첫 번째는 고전적 조건형성으로 사고를 자극에 대한 공포반응으로 바라보는 학습모델이다. 두 번째는 조작적 조건형성으로 위험과 공포를 어떻게 다루었는가에 대한 학습모델이다. 그리고 세 번째는 다른 사람들이 위험과 공포에 어떻게 반응하는가를 관찰함으로써 학습하게 되는 사회적 학습모델이다. 학습모델을 통한 위험평가를 보더라도 직접적 사고 경험과 사고 처리 경험 그리고 조직이나 사회구성원들이 위험과 사고를 어떻게 다루는가를 관찰하는 간접적 경험이 위험평가를 다르게 인식시킬 수 있음을 알 수 있다.

이순열과 이순철(2010)이 실시한 위험평가에 관한 연구에서도 사고경험이 있는 사람이 그렇지 않은 사람들보다 위험을 높게 평가하는 경향을 보였다. 김기식과 박영석(2002)의 연구에서도 산업시설 작업자 중 사고를 경험한 사람들이 그렇지 않은 사람들보다 안전행동과 안전동기 등이 긍정적으로 변화되었다고 보고하였다. 이것은 사고경험이 안전동기를 강화시키고 위험평가를 변화시키고 있음을 나타내는 것이다.

사고경험을 통한 주관적 위험평가는 언론매체에서 사고 소식을 접하는 것과 같은 간접적 관찰과 정보의 형태로도 영향을 받을 수 있다. 대표적으로는 대구지하철 사고 이후 비슷한 지하철 방화사건이나 실화 사고가 미연에 방지되거나 작은 규모의 피해로 끝난 사례들을 들 수 있다. 이것은 사람들이 대구지하철 사고에 대한 언론 보도를 접하면서 지하철 화재 발생 위험성을 예전보다 높게 평가하게 되었고, 고조된 위험평가가 안전동기와 안전행동의 실행을 강화시킨 결과라고 볼 수 있다.

최인철과 김범준(2007)은 안전체감 연구에서 안전평가는 사고가 발생하더라도 그 충격을 여러 가지 사회관계망이 흡수할 것이라는 기대를 얼마만큼 할 수 있는가를 연구하였다. 연구 결과는 위험에 대해서 관계기관이 얼마나 효율적으로 대응할 역량을 가지고 있는가를 인식하는 정도에 따라서도 영향을 받는다고 나타났다. 즉, 발생된 위험과 사고를 개인과 사회 조직이 어떻게 처리하는가를 관찰하는 것을 통해서도 위험평가가 이루어진다는 것이다.

사고 자체와 사고 처리 경험을 통한 위험평가 사례로 2010년 칠레의 산호세 광산 사고와 2015년 우리나라의 메르스(MERS) 사태를 들 수 있다. 2010년 8월 5일 칠레 산호세 광산에서 33명의 광부가 700미터 깊이의 갱도에 매몰되는 사고가 발생하였다. 칠레 정부는 발 빠른 대처와 대내 · 외 원조를 받으며 69일 만에 전원 구조의 성과를 이루었다. 산호세 광산 사고는 칠레 국민에게 광산 붕괴사고에 대한 경각심을 높이는 계기가 되었고 더불어 칠레 정부에 대한 긍정적 신뢰감이 증가하면서 향후 어떠한 위기도 극복할 수 있을 것이라는 국민적 자긍심이 고양되는 계기를 마련하였다.

반면에 2015년 5월 20일 우리나라의 첫 메르스 감염자 발생은 몇 달 동안 한국사회 전체에 전염병 공포와 정부의 위기관리 불신, 사회 · 경제적 불안을 가중시키는 진통을 겪게 했다. 이러한 이유는 메르스라는 병원체의 위험을 언론이 제대로 알리는 데 소홀하였던 것을 꼽을 수 있다. 2009년 신종 인플루엔자 A형(H1N1) 발병에 대해서는 한국 언론들이 과도하게 국가 정책을 비난하거나 치사율을 과대 해석하면서 불안을 조성하였다. 2009년 신종 인플루엔자 유행사태와는 반대로 2015년 메르스(MERS) 사태에서는 또 다른 형태의 간접적 체험과 관찰 경험이 이루어지면서 위험고조와 불안형성의 큰 축을 형성하게 된 것이다. 이처럼 언론 등의 간접적 체험이나 관찰 경험 역시 위험을 인식하는 데 중요한 기준이 될 수 있으며 이를 통한 새로운 위험조성이 일어날 수 있음을 알 수 있다.

Hsee와 Weber(1999)는 공적 형태뿐만 아니라 여러 형태로 사적 관계망을 가지고 있는 동양 국가 사람들이 국가제도와 같은 공적 관계망 중심의 서양 국가 사람들보다 위험평가가 더 낮을 것이라는 가설을 세웠다. 이러한 가설은 투자와 의료, 학업의 세 분야에서 검토되었는 데, 투자와 같은 경제 분야는 실제로 위험평가가 동양 사람들이 서양 사람들보다 낮았다. 반면 의료와 학업 영역은 위험평가에 차이가 없었다. 이러한 이유에 대해서 Hsee와 Weber(1999)는 투자 실패나 실업과 같은 경제적 위험은 가족, 친척, 친구 등의 사적 관계망 영역이 작동할 여지가 있기 때문에 동양 사람들이 서양 사람들보다 위험을 더 낮게 평가한다고 설명하였다. 또한 의료나 학업의 영역은 사적 관계망보다는 공적 관계망이 작용하는 영역으로 위험평가에서 차이가 발생하지 않는다고 보았다.

Hsee와 Weber(1999)의 연구는 위험이나 사고에 대해 사회관계망이 어떻게 작동하는지를 경험함으로써 위험평가가 달라질 수 있음을 시사하고 있다. 투자 손실이나 파산과 같이 경제적 사고는 사적 부조의 형태로 회복이 가능한 영역으로 공적 관계망을 대신하여 위험평가를 낮추는 기능을 담당할 수 있다. 그러나 생명이나 신체 안전을 위협하는 사고나 재난의 경우 어떠한 사회안전망도 완벽하게 가치를 회복시켜 줄 수는 없다. 이러한 영역의 경우 공적 관계망의 붕괴는 사회 전체적으로 위험평가를 높일 수밖에 없다. 사회관계망의 붕괴로 위험평가가 높아지면 오히려 위험에 대해 적절히 반응하는 것을 방해할 수 있다.

김의철, 박영신과 박동현(2001)은 아동・청소년과 대학생의 안전효능감 연구에서 대학생들이 아동・청소년보다 안전효능감을 더 낮게 느낀다고 보고하였다. 이러한 연구 결과에 대해서 김의철 등(2001)은 향후 연구를 통해 적절한 대답을 찾아야 한다고 논의하였다. 우리나라의 반복된 인재형 참사와 그 처리 과정을 살펴보면 김의철 등(2001)이 논의해 보자고 남겨 두었던 연령 증가와 함께 안전효능감이 낮아지는 현상을 설명할 수 있을 것이다. 연령이 증가하면 일반적으로는 신체적・물리적 안전행동과 실행능력이 증가한다. 그리고 동시에 성장해 가면서 더 많은 일련의 사건과 사고들을 직・간접으로 경험하게 된다. 그런데 2001년경 우리나라의 경우에는 여러 인재형 참사들의 발생과 또한 불합리한 사고 처리 과정을 관찰할 수 있었다. 이것은 사고와 사건 혹은 재난과 참사에 대한 부정적인 경험을 증가시키는 것이다. 때문에 우리나라 대학생들의 경우 아동・청소년보다 제대로 작동하지 않는 사회안전망에 관한 경험과 정보가 많이 축적되어 있을 수 있다. 즉, 우리나라 대학생들이 가진 낮은 안전효능감은 잦은 사고 발생에 대한 정보와 함께 발생한 사고나 사건에 대한 불합리한 처리로 인해서 위험에 관한 비관적인 의미 부여가 증가되었기 때문일 수 있다는 것이다.

국무총리실 산하 안전관리기획단(2000)이 조사한 바에 따르면 우리나라 사회구성원들은 정부의 안전관리에 대해서 80.8%가 제대로 이루어지지 않고 있다는 불만을 가지고 있었다. 나아가 우리나라 사람들은 법규를 지키는 것이 손해라는 의식이 강하다고 지적하였는데 이것은 사고나 사건의 원인이 결국 부조리한 사회관계망에 연결되어 있음을 반복적으로 경험해 왔기 때문일 수 있다(최상진, 김정인, 박정열, 손영미, 2001).

우리나라 사회의 경우 사고나 사건이 발생하면 직접 행위자나 현장 관리자에 국한된 비난과 처벌로 마무리되는 경우가 많았다. 사고가 발생하게 된 배경과 관행, 위험을 방조하는 악습이나 사회문화적 병폐 현상과 그렇게 될 수밖에 없는 구조적 문제에 대해서는 제대로 된 변화를 주지 못했다. 이것은 한국사회를 살아가는 사람들에게 객관적인 위험에 대한 올바른 평가를 가로막고 오히려 '어차피 일어날 사고는 막을 수 없는 것' '사고는 운명이며 어쩔 수 없는 것'이라는 체념이나 운명론을 강화시켜 위험에 적절히 대응하지 못하게 만들 수 있다(이영애, 2005). 즉, 위험을 느끼지만 어떻게 할 수 없는 불가항력으로 인식해서 '가만히 있을 수밖에 없는 무기력한 상태'를 만들어 버리거나 '가만히 있다가는 큰일 나겠다!'는 과도한 불안 반응이 나타나 혼란이 조장될 수 있는 것이다.

공적 관계망에 대한 불신은 사회구성원들로 하여금 위험평가를 불필요하게 고조시킬 것이고 이것은 위험에 대한 사회적 반응의 문제로까지 옮겨 갈 수 있다. 우리나라 사회의 경우 반복되는 참사 경험과 정부 부처의 책임 회피, 주먹구구식 대처, 금전적 보상에 집중된 사후 처리 등을 경험하면서 공적 관계망에 대한 불신이 증가하게 되었다. 공적 관계망에 대한 불신은 왜곡된 사적 관계망이라는 사회병리 현상으로 나타날 수 있다.

우리나라 사회가 여타 선진국들에 비해서 학연이나 지연, 혈연과 같은 사적 관계망이 유독 큰 힘을 발휘하는 이유가 바로 공적 관계망이 제대로 된 기능을 상실하였기 때문일 수 있다(한성열, 2005). 만성적인 부패 구조와 갑·을의 부당한 관행, 규정 편의, 정부와 이익집단의 부패한 연결고리 등 사적 인연에 기초해서 서로의 편의를 봐 주고 이득을 담보해 주는 문화가 형성된 것은 제대로 된 공적 관계망의 작동을 경험하지 못했기 때문일 수 있다는 것이다. '우리가 남이가!'라는 말로 대표되는 사적 인연에 근거한 패거리 문화는 결국 믿을 것은 나와 인간적으로 친한 사람, 사적인 연결고리를 가진 사람밖에 없다는 경험에 근거한다고 볼 수 있다. 사적 인연에 대한 기대와 의존은 다시 사익을 쫓아 공적 의무를 소홀히 하거나 사적 관계를 보존하기 위해서 공공의 안녕을 해치는 결정을 하는 악순환의 고리가 될 수 있다.

사고와 사건을 극복한 경험과 정보는 현재 위험을 평가하는 강력한 준거가 된다. 위험이 사고로 이어지더라도 이것을 제대로 극복한 경험과 정보의 공급을 통해서 위험에 대해 적절한 평가를 내릴 수 있고 이것을 통해 위험에 제대로 된 대응과 대책을 마련할 수 있다. 사고를 겪을 수는 있지만 사고와 위험을 어떻게 인식하고 대처할 것인가는 개인 및 사회적 경험과 정보에 따라 달라질 수 있기 때문이다.

3) 인지적 경험과 정보

위험감수성에 영향을 미치는 또 다른 요인으로는 위험에 대한 지식적 요소인 인지적 경험과 정보를 들 수 있다. Slovic(1987)은 기술 발전에 의해서 알지 못하는 위험은 제대로 된 평가를 내릴 수 없다고 하였다. 특히 인간이 만들어 내는 현대 산업사회의 위험은 과학이나 기술에 관한 지식 없이는 제대로 인식하거나 파악할 수 없다. 발생한 위험이나 잠재적 위험을 인식하기 위해서는 우선 위험으로 인식할 수 있는 준거 틀(schema)이 있어야만 하기 때문이다. 따라서 산업화로 나타나는 여러 가지 다양하고 새로운 위험들에 대한 인식은 위험을 파악해야 하는 당사자들의 지식 유·무에 의해서 결정적인 영향을 받게 될 것이다(이영애, 2005; Ramsey, 1985).

김기식과 박영석(2002)은 산업체의 경우 안전지식이 많을수록 안전과 관련한 행동에 보다 참여적이고 순응한다고 보고하였다. 반면에 사람들이 위험에 대한 제대로 된 지식을 가지고 있지 못하거나 위험인식이 피상적일 경우 위험평가와 대처에도 효과적이지 못했다고 보고하였다. 이것은 안전에 관한 지식 정도가 위험평가에 영향을 미치고 다시 이러한 위험평가의 정도에 따라 위험감소 행동이나 안전행동이 영향을 받게 됨을 나타낸다.

위험평가에서 인지적 경험과 정보란 위험에 관한 지식을 의미하며 이것은 세 가지 지식체계로 구분할 수 있다(이순열, 2015).

첫째, 인간에 관한 지식(인간 신체기능 및 심리작용, 생리적 특성 및 한계)

둘째, 도구에 관한 지식(도구, 재료, 기계장치, 구조물, 다른 생물학적 대상 등)

셋째, 환경에 관한 지식(작업장 및 환경, 기상·기후 조건, 과학 법칙 등)

위험과 사고를 감소시키기 위한 인지적 접근의 경우 위험을 감소시키기 위해서 제어해야 할 행동이 무엇인지를 다루는 행동기반안전(Behavior Based Safety: BBS)을 대표적인 사례로 들 수 있다. 산업체와 조직별로 많이 발생하는 사고 유형이 무엇인지 작업자의 주된 불안전행동이 무엇인지를 파악하고 관리하려는 행동기반안전은 행동주의 심리학에 기초하여 위험에 대한 지식을 바탕으로 안전교육을 통해서 위험행동을 관리하려는 시도이다(노진철, 2005: 오세진, 1997; 이강준, 권오영, 2005; Arunraj, Mandal, & Maiti, 2013).

인간과 도구 및 환경적 지식을 기반으로 한 위험관리에서 인간에 관한 지식은 주로 발달과정에 따른 심신기능의 특성 및 한계, 감각기관의 오류나 생리 · 생물학적 특성 등이다. 인간의 심신기능에 관한 연구는 전통 심리학의 연구 영역이기도 하다. Reason (1990)은 사고로 이어지는 실수에 관한 행동연구에서 주의나 기억 실패와 같은 인간의 인지적 원인을 주된 요인으로 꼽았다. 주의능력과 기억과 같은 심리적 능력의 한계를 인식하지 못하면 착오를 발생시키고 사고로 이어질 수 있다. 완료해야 하는 행동정보가 제대로 수집되지 못할 때 실수가 발생할 수 있는데 신체능력의 한계나 시각능력의 한계를 제대로 인식해야 적절한 주의와 정보량을 투입할 수 있는 것과 같은 이치이다 (Reason, Manstead, Stradling, Baxter, & Campbell, 1990).

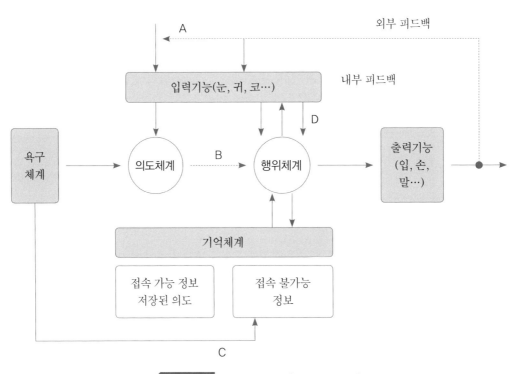

그림 12-7　인간행위 모델(Reason, 1984)

각성 상태와 같은 신체 생리작용에 따른 의식 수준의 변화도 위험과 사고의 원인으로 지목된다. 수면과 사고에 관해 이스라엘에서 실시된 연구에서 교통사고 발생은 오전 1시부터 4시까지가 가장 높았고 다음으로 오후 1시부터 4시까지가 높게 나타났는데 이러한 결과의 가장 큰 원인으로는 교통량 감소로 인한 인간의 각성 상태 둔화가 지목된다. 이 연구는 주의 탐색의 감소가 절대적으로 긍정적인 영향을 미치는 것이 아니며 인간의 각성 상태가 어떻게 변화되는지 그리고 시간대에 따라서 의식 수준이 이완과 긴장으로 변화될 수 있다는 것을 아는 지식이 있을 때 제대로 안전향상이 이루어질 수

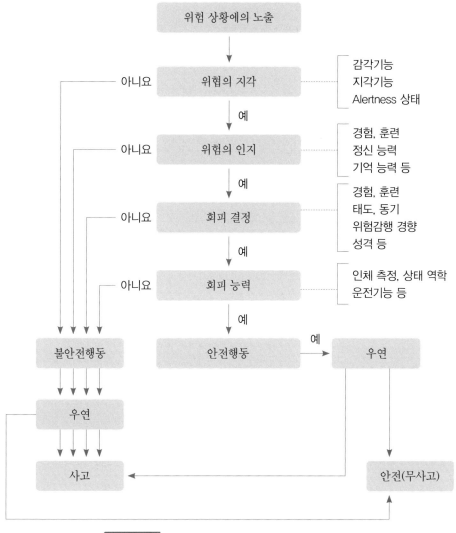

그림 12-8 시계열적 사고모형(인지행동적 위험모델)

있음을 시사한다.

Reason(1984)은 인지체계 내의 문제로 발생하는 사고에 대해서 오작동과 실수와 같은 지각적 혹은 감각적 영역의 문제가 61%, 해석과 이해에서 발생하는 문제가 27%, 지식의 부정확함으로 인해 발생하는 문제가 11%의 비율을 차지한다고 보고하였다. 이것은 작업자가 위험을 인식할 때 지각과 감각의 문제가 가장 잘 탐지되고 해석과 이해의 문제, 지식의 부정확함 문제 순서로 탐지된다는 것이다.

이것은 위험평가가 인간 감각기능과 의식기능의 착오나 착각에 대한 지식이 있을 때 제대로 이루어질 수 있음을 나타낸다. 또한 해석과 이해에서 발생할 수 있는 문제와 더불어 산업재료나 구조물, 기계나 도구가 가지고 있는 위험요소에 대한 정확한 지식이 있어야지만 올바른 위험평가가 가능함을 나타내는 것이기도 하다. 지식을 기반으로 한 위험평가는 인지적 틀이 제공되어야 한다는 점에서 오랜 시간과 노력이 필요하다.

따라서 산업조직체 차원에서 지식을 기반으로 한 행동관리를 위해 많은 투자가 이루어지고 있는 것처럼 사회공동체 차원에서도 위험지식을 향상시키기 위해서 정책적인 목표를 가지고 지속적인 접근이 이루어져야 한다. 또한 위험에 대한 지식을 기반으로 한 평가는 구성원들의 노력이 동반되어야 한다는 특징이 있다. 따라서 구성원들이 위험에 대한 올바른 해석과 지식 함양의 필요성을 인식하도록 하는 교육이나 홍보행동을 통한 지속적이고 일관성 있는 메시지 제공이 요구된다. 위험에 관한 지식체계 또한 불안전환경이나 불안전행동이라는 전통적인 주제를 보다 확장하여 위험이 주는 정보 및 신호의 범위로까지 확대되어야 한다(Heinrich, Petersen, & Roos, 1980).

인지적 측면의 경험과 정보에 영향을 주는 위험감수성은 학습과 교육 등에 대한 체계적인 관리를 통해서만 갖출 수 있다(Geller, 2001, 2005). 직접적 체험이나 관찰은 조절할 수 없기 때문에 한계가 있다. 우리나라 사회의 경우 어떤 위험인지 몰라서 사고가 발생하거나 발생한 사고의 규모를 키우는 경우가 많았다(국무총리실 안전관리기획단, 2000). 그런데도 우리나라 사회는 안전학습과 교육을 개인 차원으로 돌릴 뿐 국가나 사회 조직, 교육 체계에서 제대로 된 조치를 취하지 않는 등 인지적 측면의 경험요소에 관한 대책과 실행이 많이 부족한 실정이다. 사건과 사고가 장소와 대상만 바뀌어서 반복되고 있지만 초등학교 1, 2학년 수준에서만 '안전한 생활' 정규교과 프로그램이 진행될 뿐 아직까지 우리나라 사람들의 전 생애주기에 걸친 안전교육 커리큘럼이나 위험상황별 행동관리 매뉴얼이 마련되어 있지 않다. 사고나 참사 당시에만 이벤트성 활동이 진행될 뿐 이내 다시 안전교육은 시간낭비나 비용소모로 취급되는 경우가 많다.

안전교육이나 홍보, 캠페인에 쓰이는 비용은 현재 우리나라의 경제 규모에 비추어 감당할 수 있는 수준이다. 위험에 관한 지식을 제대로 교육하고 위험상황별 구체적인 행동지침을 교육할 수 있도록 정책적 접근이 이루어져야 하는 이유는 충분하며 여건 또한 갖추어져 있다. 따라서 위험상황에 대한 지식을 적절히 제공할 수 있는 효과적인 교육 프로그램 및 위험상황별 구체적인 행동관리 기법을 개발하는 데 안전의식에 관한 이론과 적용이 기여할 점들을 찾아 나가야 할 것이다.

4) 지각적 · 감각적 경험과 정보

위험감수성은 위험에 대한 지각적 · 감각적 인식을 통해서도 영향을 받을 수 있다. Lerner와 Ketlner(2000)는 불확실한 상황 자체가 위험을 고조시키는 조건이 된다고 밝혔는데, 이는 위험이 확률적으로 지각되기 때문이라고 주장하였다. 왜냐하면 사람들은 위험하다고 해서 반드시 사고나 재해로 연결되는 것이 아니라는 것을 경험하면서 의사 결정에서 사고가 발생할 수 있는 객관적 확률을 무시하는 태도가 강화되기 때문이다. 즉, 위험평가에서 이미 형성된 지각적 · 감각적 패턴이 태도나 행동을 자동적으로 결정하게 된다는 것이다.

NHTSA(2003)는 평소 안전띠를 착용하는 운전자와 그렇지 않은 운전자를 비교했을 때 안전띠를 착용하는 운전자의 평균 속도가 더 높았고 앞차와의 차간거리도 더 짧았으며 더 많은 차로 변경과 브레이크 페달 조작을 한다고 보고하였다. 이러한 현상은 안전띠를 착용하게 됨으로써 운전자가 자신이 처한 운전 상황의 위험도가 낮아졌다고 지각하면서 다른 부분의 위험행동을 증가시킨 결과라고 해석할 수 있다. 이처럼 위험에 대한 지각적 · 감각적 인식은 위험감수성에 영향을 미치고 행동선택에 변화를 준다.

위험평가에서 지각적 편파는 Eberts와 MacMillan(1985)의 연구에서도 나타났는데 운전자들은 크기가 작게 지각되는 차량의 경우 실제보다 훨씬 먼 거리에 있다고 판단하는 경향이 있었다. 이러한 위험에 대한 지각적 평가 오류는 과속이나 법규위반과 같은 위험 행동을 증가시키는 주요 원인이 된다. Katila, Keskinen과 Hatakka(1996)는 차량 미끄러짐 사고 방지 교육을 받은 사람들이 미끄러짐 방지 교육을 받지 않은 사람보다 더 많이 눈길 미끄러짐 사고를 야기한 사례를 보고하였다. 이것은 위험한 상황을 기술적 측면에서 제어한 경험을 가지게 되면 오히려 위험을 과소평가하고 자신의 통제력을 과대평가하면서 위험행동이 증가하고 사고로 이어지게 되는 과정을 설명해 주는 것이다. 즉, 위험을 기술적으로만 제어하려는 접근이 오히려 의식적 차원에서는 자신의 위험통제력을 과대평가하면서 위험에 대한 지각적 평가를 왜곡시킬 수 있음을 나타내는 것이다.

위험지각은 위험이 작용하는 환경 정보를 평가하고 분석하여 처리하는 것이다. 즉, 현재 처한 위험상황에 대해 어느 정도 통제하고 조절할 수 있는지를 지각함으로써 위험을 평가하게 된다. 위험평가에서 사고발생에 대한 귀인과 통제감을 기반으로 하는 평가는 지각적 측면의 접근이다(이영애, 2005). 위험지각 정도는 실재하는 위험이 얼마나 강력한 피해를 줄 수 있는지와 함께 그것을 자신이 얼마나 적절히 관리해 낼 수 있는가, 그리고 위험발생과 사고예방 및 처리의 책임소재가 어떠한가에 의해서 영향을 받는다(Slovic, Kunreuther, & White, 1974). 위험을 지각적으로 평가하는 경우 사고로 이어지느냐 아니냐를 운명에 맡기는 세계관이냐 아니냐에 따라서도 영향을 받을 수 있다. 앞서 살펴본 위험감수성에 영향을 미치는 경험적 측면과 인지적 측면이 위험에 대한 세계관에 영향을 미치고 위험을 지각적으로 평가하는 데 영향을 주는 관계를 예상해 볼 수 있다(이순열, 2015, 2016).

Wuebker, Jones와 Du Bois(1985)는 사고 발생을 자신이 통제할 수 있다고 여기는 사람들과 운명이나 재수에 달려서 조절이나 관리가 불가능하다고 생각하는 사람들의 안전행동이 차이가 있다고 보고하였다. 사고를 자신의 대처와 조치로 조절할 수 있다고 여기는 사람들은 사고를 운명에 달렸다고 생각하는 사람들보다 더 많이 안전한 행동을 선택하고 수행하였다. 이것은 위험이 사고로 이어지는 것에 무엇이 결정적으로 관여하는지를 지각하는가에 따라서 행동이 영향을 받을 수 있음을 시사한다. 사고에 대해서 확률론적으로 받아들이는 문화의 경우 사고 확률이 낮음에도 발생 가능성이나 본인이 사고에 연루될 수 있다는 의식이 높았다. 반면 운명론적 사고를 하는 사람의 경우 사고는 '운이 없어서 나는 것'이고 '위험한 상황에도 재수가 좋으면 피해 갈 수 있다'는 의식을 가지게 된다(송동빈, 2002; Kim, 2003).

사람들은 자신이 위험을 얼마나 잘 통제할 수 있는가를 평가하여 위험을 지각하기도 한다. 김의철 등(2001)의 연구에 의하면 우리나라 사람들의 경우 익숙한 위험요소에 대해서는 통제력을 과도하게 높이 설정하는 경향이 있다고 하였다. 그리고 이것이 위험행동이 증가하는 원인이라고 지적하였다. 즉, 위험평가가 익숙한 상황이냐 아니냐에 의해서 과도한 통제력을 지각하는 것이 사고의 원인이 될 수 있다는 것이다.

심리학자들은 지각적 위험평가의 문제를 제어하기 위해서 여러 가지 공학심리학적 접근을 시도하고 있다(이재식, 2005). 가장 대표적인 접근은 운전자가 차량 속도감을 제대로 평가할 수 있도록 방호 울타리 구조물의 결을 보다 촘촘히 만든다든지 전기자동차에 의도적으로 엔진소음을 강화시켜 주행 중 속도감에 영향을 주는 것 등이다. 그러나 이러한 공학심리학적 접근을 통해 위험평가를 향상시키려는 노력은 태도와 행동 변화라는 직접적 접근이 병행될 때 효과가 극대화될 수 있다. Evans(1996)는 사고방지와 개선을 위한 장치개발로 인해 줄어드는 사고위험보다 사람의 태도변화에 초점을 맞춘 접근이 더욱 효과적이라고 밝히고 있다. 즉, 위험을 줄이기 위한 설비보충과 함께 사고로 발생되는 유·무형의 비용과 고통을 강조함으로써 인간 스스로 내면화된 의식변화가 일어나도록 유도하는 것이 보다 효과적인 위험감소 방법이라는 것이다.

위험통제 능력에 대한 과도한 긍정적 평가를 조절하기 위해서는 지식전달 위주의 교육이 아니라 시뮬레이션 장치를 활용한 교육이나 실제 교육장을 이용한 체험식 교육이 필요함을 여러 관련 연구 결과가 뒷받침해 주고 있다(Pires, 2005; Sime, 2001). 이순열(2015)은 차량 시뮬레이션을 활용하여 과속운전 상황에서 속도제어의 어려움과 사고로 이어지는 경험을 가상으로 체험하는 교육이 강의식 교육에 비해 위험통제 지각력을 보다 긍정적으로 변화시켰다고 보고하였다.

위험에 대한 주관적 평가는 사고 책임을 어떻게 지각하는가에 따라 달라지기도 한다. 박영신, 박동현과 김의철(1998)은 안전행동에 대해서 자신이 개입할 여지가 많다고 지각하는 사람의 경우 안전행동이 증가하였다고 보고하였다. 문제는 위험 제거가 주의나 조심과 같은 개인 차원에서의 노력에 집중되면 제도나 시스템의 변화 요구나 개선 노력이 부족해진다는 것이다. 우리나라 사회는 위험통제를 개인 차원에서 주로 다루고 조직이나 제도적 측면에서는 개선 노력이 부족하다는 지적을 받는다(이종한, 2003; 한덕웅, 2003; 한성열, 2003, 2005).

최종 위험관리 주체인 정부 역시 사고발생을 줄이기 위한 제도적·행정적 개선 노력보다는 개인 차원의 일탈이나 실수로 돌리려는 태도를 취하는 경우가 많다. 개인과 조직이 사고 발생에 대해서 운으로 돌리는 등 위험통제 주체로서의 의식이 부족하면 위험에 대한 올바른 지각적 판단에 문제가 발생할 수 있다(이원영, 2006). 사고와 위험에 관한 지각적·감각적 측면의 문제는 위험에 대한 올바른 평가를 방해하고 위험행동을 증가시켜 사고 발생 확률을 높게 만든다. 또 발생한 사고에 대해서 잘못된 평가가 반복되면서 사고 발생 경험을 통해 적절히 위험감수성을 획득할 수 있는 기회를 놓치게 만들 수 있다. 위험과 사고관리 책임이 모호해지면 위험평가가 안일해지고 적절한 대응에 문제를 발생시킬 수 있다.

따라서 위험평가와 책임소재를 수신자와 제공자 그리고 관리자 등의 행동 주체별로 차등화시키고 책임영역을 분명히 규정해서 위험에 대한 책임 있는 평가가 이루어지도록 할 필요성이 있다. 위험을 해결하고 안전을 충족시키기 위한 접근을 시도할 때도 책임소재의 모호성과 지각적 · 감각적 평가의 오류 및 잘못된 귀인(attribution)을 감소시키기 위한 노력을 기울이는 방향으로 이루어져야 할 것이다.

우리나라 사회의 경우 위험이 사고를 발생시켰고 발생된 사고가 참사로 이어질 수 있는 급박한 상황임을 제대로 인식하지 못한 지각적 · 감각적 평가가 반복되고 있는 실정이다(이순열 외, 2018). 1995년 삼풍백화점 사고와 2003년 대구지하철 사고, 2014년 세월호 참사 등은 안일한 위험평가와 사고발생에 대한 지각적 편파 그리고 위험해결 주체를 모호하게 인식한 것들이 뒤엉킨 전형적인 인재형 사건이라는 공통점이 있다. 시설이나 재화, 서비스를 이용하는 사람과 시설이나 재화, 서비스를 공급하는 주체 그리고 사회 및 국가 시스템 관리자가 인식하는 위험지각은 차이가 날 수밖에 없다. 각 주체별로 위험에 대한 지각적 · 감각적 인식이 어떻게 이루어지는지 연구가 진행될 필요가 있는 이유가 여기에 있다.

위험에 대한 잘못된 지각적 · 감각적 평가로 인해 발생되는 사건과 사고 그리고 재난을 막기 위해서는 다양한 환경(산업환경, 교육환경, 교통환경, 생활환경, 의료환경, 건설환경, 자연환경 등)에 따른 정밀하고 세분화된 위험평가 및 대응정보가 제공되어야 한다. 또한 행동 주체별(개인, 조직, 지방정부와 국가 등)로 구체적인 책임 수준을 설정하여 각 주체가 담당해야 하는 위험정보를 숙지하고 적절한 위험지각을 통해 대처방법과 책임 있는 위험처리가 가능하도록 세부행동 및 관리 매뉴얼을 개발하는 형태로 각각의 안전의식을 함양할 필요가 있다.

5) 정서적 경험과 정보

오주석과 이순철(2011)은 위험상황 발생에 대해서 걱정하거나 두려움을 느끼는 사람

보다 위험상황에 대해서 스릴이나 즐거움을 느끼는 사람들의 위험감행 행동이 증가한
다고 보고하였다. 위험에 대해서 스릴이나 즐거움의 정서반응을 보이는 사람들이 그렇
지 않은 사람들보다 위험상황을 더 많이 경험한다는 것이다. 이것은 위험에 대해서 가
지는 호기심이나 스릴추구 등의 정서적 반응양상에 따라서 위험평가와 민감도 및 대응
이 달라질 수 있음을 나타내는 것이다.

Slovic(2000)은 위험평가에 두려움과 같은 정서적 반응이 중요한 영향을 미친다고
밝혔다. 위험이 반드시 사고로 이어지는 것은 아니기 때문에 불확실한 상황 및 갑작
스런 위험발생 상황에 대한 평가는 느낌이나 기분과 같은 즉각적 정서반응이 시간을
필요로 하는 인지 및 지각 반응보다 훨씬 더 빠르고 큰 영향을 미칠 수 있다(Finucane,
Alhakami, Slovic, & Johnson, 2000; Loewenstein, Weber, Hsee, & Welch, 2001).

위험평가에서 정서적 측면에 관심을 가지는 것은 인간의 위험행동과 사고의 저변에
실수나 오류에만 기인하는 것이 아닌 무의식적 위험의 반로, 위법하고 위험한 행동, 불
합리하고 문제를 일으키는 파괴적이며 공멸적 행동에 도달하도록 촉진하는 심리적 기
제가 있다고 보기 때문이다. 따라서 위험을 인식하는 주관적 평가는 위험태도나 자세,
안전해지려는 동기가 어떠한지 혹은 위험에 대한 정서적 반응이 무엇이며 강도에 의해
서도 영향을 받는다(이순열, 2015, 2016). 그렇기 때문에 안전의식에 관해서 위험해결과
안전충족을 논의하는 작업이 행동적인 측면에만 집중한다든지 경험이나 인지 · 지각
적 접근의 어느 한쪽에만 몰입하는 것은 위험과 안전을 바라보는 제한적인 시각을 제
공할 가능성이 크다. 개인과 조직체 및 국가 공동체가 위험과 안전을 바라보는 태도나
정서적 반응이 무엇인지 사회 저변에 흐르는 위험과 안전에 반응하는 정서적 태도가
어떠한지를 살펴보는 접근이 필요하다.

위험과 사고에 대한 인적 요인 연구는 Greenwood와 Woods(1919)의 사고다발 경향
성, 즉 사고를 내는 사람들의 성격적 특성에 관한 연구에서 출발하였다고 보는 견해가
많다. 사고를 내는 사람들은 그렇지 않은 사람들과 차이가 있을 것이라고 생각하는 것
이다. 이 같은 생각은 사고나 위험을 바라보는 주요 주제로 현재까지도 이어지고 있고
사고경향성이 높은 사람들의 독특한 성격 구조를 알아내려는 시도가 가장 대표적이다.

일련의 연구 결과, 사고가 많은 사람은 그렇지 않은 사람에 비해서 성격측정 도구
인 MMPI(Minnesota Multiphasic Personality Inventory) 척도 중 반사회성(Psychopathic
deviated: Pd) 점수와 경조증(Mania: Ma) 점수가 높게 나타난다. 외향성과 정서적 불안

이 높은 사람이 그렇지 않은 사람보다 사고와 관련이 더 많다는 연구 결과도 있다(박영호, 1989; Spielberger, 1972). Kunce와 Reeder(1974)는 성격과 같은 기질적 요인이 영구적 사고경향성의 기초가 되며 슬픔이나 분노, 스트레스와 같은 정서적 요인은 일시적 사고경향성의 기초가 된다고 하였다. Hansen(1988)은 신경증 경향성이나 정서적 불안정성이 위험행동의 유발 가능성을 높인다고 보고하고 있다. 위험과 관계가 깊은 정서로는 두려움, 공포, 분노, 우울, 불안과 같은 부정적 정서가 대부분이다. 특히 위험에 대한 정서적 접근이 이루어질 때 불안을 눈여겨볼 필요가 있다. 사회조직 차원과 개인 차원에서 불안이 어떻게 작용하고 있는지 불안이 어떠한 형태로 사회와 개인의 삶에 나타나는가에 따라서 위험을 평가하고 인식하는 것이 달라질 수 있다.

불안은 위험을 느낄 때 발생하는 가장 기본적이고 근원적인 정서 반응이다. 인간은 위험을 인식하면서 불안을 느끼게 되고 이것을 극복하려는 강력한 동인으로 작동한다. 정신분석학적으로 불안을 인간 내면의 가장 강력한 에너지로 파악하는 것도 아마 이러한 강력한 동인으로서의 작용 때문일 것이다. 의식적 영역에서 불안에 대해 체계를 갖춘 접근이 최초로 시도된 것은 현상학과 실존주의 철학을 기반으로 하는 실존주의 심리학을 들 수 있다. 정신분석학파 이전부터 인간의식에 관심을 가지고 있었던 초기 심리학자들은 감각으로서 혹은 철학적 개념으로서 불안을 다루어 왔고 이러한 견해들은 실존주의 심리학자들을 통해서 이어져 왔다. 실존주의 심리학에서는 불안을 인간의 주요 내재적 동인으로 지목한다(이순열, 2016).

인본주의 심리학자이자 실존주의 심리학자로도 분류될 수 있는 Maslow(1943, 2012)는 욕구위계이론(needs hierarchy theory)을 통해 인간의 내재된 불안을 극복하기 위한 동인으로서의 욕구를 설명하였다. 생존 욕구는 생리적 결핍이 가져다주는 불안을 극복하기 위해 동기화되는 것이며 안전욕구는 불안전의 불안을 극복하기 위해서 동기화되는 것이다. 소속과 인정 욕구는 홀로 남는 것과 배척받는 불안을 극복하기 위해 동기화되며 자아실현 욕구는 실존적 피투성(被投性)의 불안, 끊임없이 중첩되는 존재적 변화에 대한 불안을 극복하기 위해서 동기화되는 것이다(안상혁, 2015).

욕구위계이론에 따르면 인간은 가장 기본이 되는 욕구인 생리적 측면에서 불안을 경험하게 되면 다음 단계인 안전욕구나 소속의 욕구를 추구하기보다는 생리적 욕구에만 몰입하게 된다. Maslow의 욕구위계이론에 의하면 생존의 위협을 느끼는 인간에게 위험을 줄이기 위한 노력은 뒷전이 될 수밖에 없다. 왜냐하면 위험해결을 위해 투자되는 에너지를 줄이고 생존을 획득하기 위해서 에너지를 투입하는 것이 급하기 때문이다. Spielberger(1972)도 불안 정서에 관한 연구를 통해 개인이 느끼는 불안 정도가 위험평가에 영향을 미칠 수 있음을 보고하였다. 불안 수준이 높은 사람들은 불안 수준이 낮은 사람들보다 위험평가가 둔감해지고 의도치 않게 위험을 추구하려는 성향이 강하게 나타난다고 하였다. 이것은 위험을 인식하고 받아들이는 과정에서 불안이 주요 원인으로 영향을 줄 수 있음을 의미한다.

  Morgan, Jones와 Harris(2013)는 불안과 행복감 등의 정서가 위험결정 과정에 어떠한 영향을 미치는지를 연구하였다. 그 결과, 불안을 경험하는 작업자는 불안 증가가 피로도 증가로 이어지고 동시에 보다 더 위험한 결정을 하도록 여러 방향에서 영향을 미치게 된다고 보고하였다. 이것은 불안이 사람들로 하여금 위험한 선택을 하도록 유도하는 동인으로 작용할 수 있음을 시사한다. 불안의 대표 증상은 속도를 높여서 불안한 상황을 회피하려는 것이고 이러한 행동의 대표적인 것이 서두름이다(박선진, 이순철, 2009, 2011). 인간에게 불안한 정서는 서두르는 행동을 가져다주는데, 서두름은 적절한 확인이나 안전조치를 생략하면서 사고 위험을 고조시킨다(김동우, 박선진, 이순철, 2009; Hansen, 1988).

  위험에 대한 정서적 평가에서 불안을 기본 정서로 파악하고 살펴보는 것은 성격심리학적 요소와 동시에 안전의식에 관련한 연구에서도 중요한 작업이 될 수 있다. 인간은 자신의 내면에 의식적 혹은 무의식적으로 익숙한 불안 수준을 설정하고 있다. 개인은 자신이 설정한 익숙한 불안 수준까지 전체 삶의 불안 수준을 유지하려고 한다. 익숙한 불안 수준을 추구하려는 성향으로 인해 개인은 삶의 일부분에서 불안이 낮아지면 또 다른 삶의 영역에서 불안을 고조시켜서 전체 불안 수준을 익숙한 수준으로 몰아 가려고 한다(이순열, 2015). 불안 수준의 일정성은 위험이 인간의 삶에서 일정한 양을 유지하는 것과 비슷한 형태를 취하게 되는데, 이는 불안과 위험이 유사한 구조로 파악될 수 있음을 보여 주는 사례이다.

  불안이 일정 수준의 보존성을 나타내는 것과 이로 인해 발생하는 불안 평가의 왜곡은 위험수준의 일정성에 대해 설명하는 '위험항상성 이론(Risk Homeostasis Theory: RHT)'을 적용해서 살펴볼 수 있다. Wilde(1982)는 인간행동과 안전대책, 구조물 안전 등을 종합한 위험이 항상 동일한 수준이 되도록 변화를 주는 사람들의 선택을 위험항상성으로 설명하였다. 위험항상성 이론은 사람들이 설정한 나름의 위험수준 목표치가 있다는 것을 기본 전제로 한다. 개인이 허용하는 위험수준이 정해져 있기 때문에 객관적 상황에서의 환경이나 도구의 위험이 감소하면 조작 행동에서 위험을 증가시켜서 목표 위험수준까지 도달하게 된다.

반면 환경이나 도구의 위험이 증가하면 조작 행동의 위험을 감소시키게 되는데 결국 환경이나 도구, 개인이 결정한 행동 등을 평가해 보면 자신에게 적용되는 위험수준은 대체로 동일하다는 것이 위험항상성 이론의 핵심이다. 위험항상성 이론을 불안의 영역에 적용해서 생각해 보면 객관적 위험을 감소시키려는 노력은 개인 및 사회가 설정한 위험수준, 즉 불안 수준의 감소 없이는 제대로 된 효과를 발생시킬 수 없음을 짐작케 한다. 아무리 객관적으로 안전한 환경이나 도구, 구조물이나 사회 및 행동 관리 시스템을 개발하더라도 개인과 사회의 불안 수준 및 용인하는 위험수준이 높으면 의도적 범죄나 위험행동 혹은 이기적인 일탈 행동을 선택하여 개인 및 사회적 차원에서의 안전확보를 불가능하게 만들 수 있다. 따라서 현대사회가 과거에 비해서 객관적 위험을 많이 감소시켰고 위험을 관리하기 위한 여러 기술적 방법들을 발달시켰음에도 정작 예기치 않은 사건과 사고 및 폭동과 소요의 발생이 끊이지 않는 이유가 무엇인지 해답을 찾고자 할 때 정서적 불안 수준을 제대로 낮추지 못하였기 때문이 아닌가를 살펴보아야 하는 이유가 여기에 있다. 이처럼 정서적 경험과 정보를 위험해결과 안전충족의 중요한 요소로 바라보는 것은 인간행동을 조절하는 의식적 기저가 중요함을 알기 때문이다. 따라서 행동관리나 기술체계 관리만으로 위험을 낮출 수 있다고 생각하는 것은 인간에 대한 기계적 관점이 지적받고 있는 동일한 한계를 가지게 만든다.

사고에 직접 관련된 행동에만 초점을 맞추게 되면 행동적 차원에서는 위험을 낮출 수 있겠지만 정서적 분노로 인해 발생하는 공멸적 행동이나 인간성 소외로 발생하는 자해적 행동에 대한 대응은 불가능하다. 행동에만 집중된 기계적인 위험관리는 분노와 불안을 내포하고 있는 인간정서의 촉발에 무관심 할 수 있다. 이러한 위험과 안전에 관한 제한적 접근은 오류(error)와 착오(lapse)는 감소시킬 수 있겠지만 소외와 분노, 불안에 기인한 위험행동(violence), 의도적 범죄나 테러 혹은 여러 종류의 일탈행동 등 또 다른 차원에서의 위험증가는 막을 수 없다.

현대사회를 살아가는 사람들은 신체적 위협뿐만 아니라 고용과 소득 등의 경제적 측면, 지진이나 해일과 같은 자연재해나 테러와 전쟁과 같은 인적 재난, 새로운 전염병이나 질병의 출연 등 여러 방면에서 위험과 불안을 경험하고 있다. 위험과 불안은 유사한 발현 양상을 가지는데, 익숙한 불안 수준을 유지하려는 경향은 객관적인 위험이 낮아졌는데도 이기적인 선택이나 범죄 행동 및 일탈적 행동 등으로 자신이 설정한 불안과 위험수준까지 도달하도록 추동시킬 수 있다.

이순열(2016)은 불안 수준이 높아지면 위험을 제대로 평가하지 못하고 오히려 자신에게 익숙한 위험을 수용해 버릴 수 있다고 지적하였다. 자신에게 익숙한 위험수준까지 불안을 수용함으로써 자기도 모르게 위험한 행동을 선택하거나 파괴적 상황이 진행되도록 만들어 버릴 수 있다. 객관적 위험에 대한 적절한 평가를 통해 인식된 불안은 사고 발생 확률을 낮추도록 기여하겠지만 지나치게 고조된 불안은 위험평가에 문제를 발생시키고 잘못된 선택을 하도록 하여 사고나 위험행동 발생에 작용하게 된다.

따라서 사회나 조직이 위험에 제대로 대응하기 위해서는 Maslow(1943)의 욕구위계 이론과 Wilde(1982)의 위험항상성 이론 등을 종합적으로 고려하여 위험이 발현되는 현상을 세심하게 살펴볼 필요가 있다. 즉, 위험이 가진 정서적 측면을 비롯하여 보다 더 다양한 방면의 접근이 필요하다. 우리 사회에서 인재형 참사와 사고가 반복해서 발생하는 이유가 구성원들이 높은 불안 수준을 용인하고 있으며 생리적 결핍 충족과 같은 기본적이고 낮은 차원의 욕구에 동기화되어 있기 때문이다. 또한 우리나라 사회 구성원들이 안전을 적절히 추구하지 못하는 것이 개개인의 사고경향성이나 행동 관리의 빈틈뿐만 아니라 사회풍토나 조직 문화적으로 생존에 지나치게 고착되어 몰입하도록 하는 분위기 때문이다. 생존과 경쟁에서 승리하는 것에만 고착되면 당장의 이익을 위한 이기적인 선택을 하는 비율을 높이게 된다. 비양심적인 행동을 통해서라도 살아남는 것에만 급급하게 된다. 사회와 개인 차원에서 불안 수준이 생존 단계에 고착되어 버리면 상위 단계인 안전욕구를 성취할 수 없다.

불안 수준의 감소는 해당되는 욕구 수준에 대해서 적절히 반응하고 정보를 제공하는 것을 통해서 이루어질 수 있다(이현주, 이영애, 2011). 최인철과 김범준(2007)은 원자력 주민 안전체감에 관한 연구를 통해 주민들은 원자력 안전에 관한 의사소통을 신뢰하지 않고 있으며 이로 인해 위험을 느끼는 정도가 높아졌다고 보고하였다. 김형수, 오세진, 양병화와 김형일(2002)은 위험과 재난에 관련한 솔직한 의사소통이 안전몰입에 긍정적인 영향을 준다고 하였다. 이러한 연구 결과는 당사자들 간의 지지와 격려, 활발한 상호 의사소통을 통해 정보 제공이 이루어질 때 불안이 줄어들고 안전행동이 증가할 수 있음을 나타낸다. 적절한 정보제공이 아닌 과도한 불안조성은 위험에 대한 의사소통에서 반드시 지양되어야 한다. 위험의 관리에서 정서를 다루는 것은 객관적 위험을 너머 인간 특성이 가지고 있는 정서적 위험의 조절이 무엇보다도 중요함을 보여 주고 있다.

2020년 코로나19(COVID-19) 사태의 경우 언론의 보도 태도는 다른 전염병에 대한 보도 사례와 차이를 보였다. 2020년 3월 코로나19 환자를 신속하게 파악하려는 질병관리 본부의 선제적 검사로 확진자 숫자가 증가하자 언론에서는 이를 '확진자 급속확산'으로 보도하면서 국가 재난관리에 대해 지나친 불안을 조성한 측면도 있다. 일부 외국 언론에서는 코로나19의 발생이 중국 때문이라는 시각을 보도하면서 동양인 혐오 감정을 부추기기도 했으며 실제 테러로 이어지는 사례가 나타나기도 하였다.

이상에서 살펴볼 수 있듯이 불안 감소는 정확하고 올바른 정보제공과 신뢰관계를 형성함으로써 가능하다. 따라서 사회적 불안 수준의 감소는 사회적 신뢰 수준을 높이고 예측 가능한 안전문화와 안전풍토를 만들어 가는 것이 관건이 된다. 신뢰가 낮은 조직과 사회는 그 자체로 여러 위험요소를 발생시킨다(이순열 2016; 한성열, 2005). 임성만과 김명언(2000)은 목표나 결과 중심 사회나 선의를 신뢰할 수 없는 조직풍토가 위험을 높이고 사고를 증가시킬 수 있다고 하였다. 위험에 관한 정보와 사고에 대한 의사소통이 제대로 이루어지지 않는 조직에서는 시민 행동이 감소하고 눈앞의 표면적 문제만 제거하려는 임기응변식 행동이 만연하게 된다. 이로 인해 위험을 적절히 다루지 못하는 악순환에 빠지게 되는데 이것은 사회나 조직의 커다란 손실이 아닐 수 없다.

신뢰 감소는 조직과 사회 붕괴로 이어지는 가장 치명적인 사고이자 사건의 씨앗이다. 신뢰를 경험하지 못하면 불안이 줄어들 수 없고 잠재적 위험행동을 감행함으로써 자신과 사회 조직에 자해적 선택을 하게 된다. 조직분위기가 생존과 경쟁에 고착되면 당장의 생존을 위한 선택에 급급할 뿐 미래의 안전은 무시되기 쉽다(Slovic, Layman, Kraus, Flynn, Chalmers, & Gesell, 1991). 따라서 위험을 확실히 해결하고 안전을 제대로 향상시키기 위해서는 낮은 수준에 고착되어 있는 불안 수준을 해소하고 한 단계 높은 성숙된 안전문화(safety culture)를 만들기 위한 노력이 필요하다.

사고를 경험하면서 생긴 트라우마(trauma)를 극복하기 위한 심리상담 및 정신의학적 접근과 함께 사회적 측면에서도 낮은 수준에 고착된 삶의 동기를 높이고 근원적 불안 수준을 낮추기 위한 접근이 이루어져야 한다. 우리나라 사회가 급속도로 경제 발전을 이룩하였고 안전투자나 시설 증가를 보였음에도 온전히 안전을 누리지 못하는 이유는 위험의 불씨인 개인 및 사회공동체의 불안 수준을 제대로 낮추지 못하였기 때문이다.

또한 사회와 구성원들이 추구하는 동기 수준이 낮은 단계에 고착되어 있고 상위단계로 향상될 수 있도록 적절한 동기부여가 이루어지지 않았기 때문이다.

우리나라 사람들이 경제성장과 발전을 이룩하였음에도 사회를 불안하게 인식하고 과도하게 생존에 몰입하는 이유도 바로 사회나 조직이 상대적 우월감이나 경제적 성취에만 몰입할 뿐 생명과 인간 자아가 실존적 의미를 획득하는 것에 가치를 두지 않는다는 불신에 기초하고 있다. 사회문화나 조직풍토가 경쟁에서의 승리만을 쫓고 경제적 이득이 주는 가치에만 집중하고 있다고 느끼는 순간 안전이나 위험감소는 형식적 구호로 그칠 수밖에 없다(박진영, 최혜원, 서은국, 2012). 따라서 한국사회가 가지고 있는 심연의 불안과 불신의 씨앗을 그대로 두고 표피적인 위험해결과 안전충족만을 추구하는 것은 기둥 없이 지붕을 세우려는 행동에 불과하다.

개인과 사회 내부에 잠재되어 있는 불신의 트라우마에서 회복하는 가장 강력한 방법은 개인과 사회가 신뢰를 새롭게 경험하도록 하는 교정적인 정서 경험을 체화시키는 것이다(Kellermann & Hudgins, 2008). 사회적 불안을 다루는 것은 조직 구조를 강화시키고 감독 체계를 수정하는 것만으로는 부족하다. 조직문화와 사회전반에 걸친 신뢰풍토 조성은 명령체계의 확립이나 조직계통의 변화로 이룩할 수 있는 수준의 문제가 아니다.

Harlow와 Zimmermann(1958)의 애착실험이 말해 주듯이 불안 수준을 낮추고 신뢰를 획득해 나가는 것은 생존을 위한 자원의 쟁취나 투쟁에서의 승리가 아니라 불안해하는 개체가 보내는 요구에 진실하게 부응하려는 선의와 타자(약자)의 결핍에 반응하려는 진실한 노력을 통해 가능한 일이다. 우리나라 사회가 보다 안전해지기 위해서 구성원들이 무엇을 요구하는지 어떤 것에 결핍을 느끼고 있는지를 파악하여 요구를 충족시켜 주고 사회적 갈등을 해소하려는 노력이 병행되어야 하는 이유가 여기에 있다. 안전의식에 관한 연구도 행동관리나 조직개발 및 체계정비, 효과적인 조직 구조 확립과 같은 환경을 개선하고 행동을 관리하려는 산업·조직적 접근, 인지·학습적 접근, 기계 성능이나 구조물·재료의 안전성을 확보하기 위한 공학적 접근과 함께 사회적 신뢰를 형성하고 불안 수준을 감소시키기 위해서 어떠한 작업이 필요한지 살펴보는 정서적 접근도 병행되어야 할 것이다.

이를 위해서는 우선 사회구성원들의 요구와 결핍이 무엇인지를 제대로 파악하는 데 관심을 기울일 필요가 있다. 우리나라 사회의 안전풍토를 높이고 개인과 사회 차원의 불안 수준을 낮추기 위해서는 투명하고 공정한 사회, 공적 관계망의 올바른 작동, 정직한 책임 규명과 제도적 정비가 이루어질 수 있다는 긍정적인 정서 경험을 전체 사회구성원들에게 제공할 필요가 있다. 요구가 충족되고 결핍이 채워지는 정서적 경험을 통해서 우리나라 사회와 구성원들이 익숙하게 여기고 있는 위험수준을 낮추고 낮은 단계에 머물러 있는 동기수준을 보다 높은 차원으로 향상시킬 수 있을 것이다.

제**13**장

안전의식 양상과 안전교육 방향

이순열(2018)은 위험감수성 조절 모델을 통해서 위험감수성을 변화시키는 방법을 제시하고 있다. 위험감수성 조절 모델에 따르면 위험감수성은 체험 및 관찰, 인지, 지각·감각, 그리고 정서의 네 가지 측면의 경험과 정보에 의해서 조절된다. 위험감수성은 다시 개인의 안전의식을 통해서 행동을 선택하고 결과로 이어지게 된다. 행동 결과는 다시 네 가지 측면으로 수렴되어 개인의 안전의식을 변화시킨다([그림 13-1]).

위험감수성은 끊임없이 변화하는 객관적 위험에 대한 주관적 인식이다. 따라서 인간이 위험을 해결하고 안전을 성취하기 위해서는 개인의 안전의식이 끊임없이 움직이고 유연하게 적절성을 찾아가야 한다는 또 다른 과제가 발생하게 된다. 그러나 일상에서 객관적 위험에 대한 주관적 인식이 적절성을 유지하는 것은 쉬운 일이 아니다.

이순열(2016)은 개체에 공급되는 경험과 정보의 의미에 따라서 위험해결 과민이나 둔감 혹은 안전충족 과민이나 둔감으로 개인의 안전의식이 고착되어 버리기 쉽다고 주장한다. 개인의 안전의식이 위험이나 안전의 어느 한쪽 방향으로 고착되는 것은 일상에서 위험을 제대로 해결하지 못하고 안전을 온전히 누리지 못하는 문제 양상의 핵심 원인이다. 이순열(2016)은 이러한 안전의식의 고착 현상을 극복하고 적절한 운동성을 회복시키는 방법으로 개인의 안전의식이 고착된 방향(위험고착 혹은 안전고착)이 나

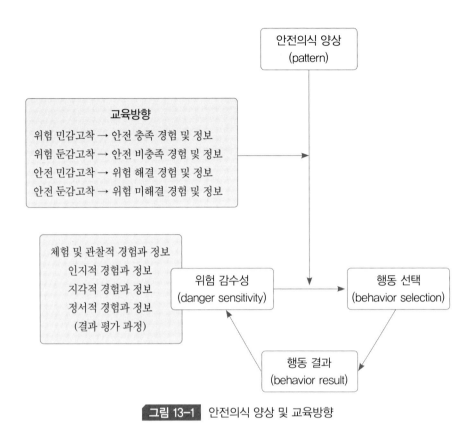

그림 13-1 안전의식 양상 및 교육방향

타내는 현상적 문제 양상에 반대되는 경험과 대칭되는 의미의 정보를 공급하는 것을 제안하였다. 즉, 안전의식의 양상에 따른 교육방향을 네 가지 형태로 제시하였다(〈표 13-1〉).

이순열(2016)은 안전의식의 네 가지 문제 양상에 대한 각각의 교육(조절) 방향을 주제상태조절이론(Theme Condition Adjustment Theory: TCAT)으로 설명한다. 주제상태조절이론의 핵심은 발현된 주제(위험 혹은 안전)의 상태를 파악하고 그것에 대칭되는 특성과 상태(결핍 혹은 과잉)로 인식될 수 있는 방향으로 경험과 정보를 공급해 주는 것이다. 안전의식의 문제 상태는 위험에 머물러 버리는 고착양상(위험고착)과 안전에 머물러 버리는 고착양상(안전고착)으로 나타난다.

표 13-1 안전의식 양상에 따른 교육방향

		위험민감 고착	위험둔감 고착
안전의식 상태	위험고착	원인: 위험해결 경험과 정보 결핍 현상: 위험민감, 불안 및 분노, 위험해결 과몰입, 적대적 환경평가 교육: 안전충족 경험과 정보 공급	원인: 위험해결 경험과 정보 과잉 현상: 위험둔감, 타자 백안시, 위험해결 무시, 이기적 환경평가 교육: 안전비충족 경험과 정보 공급
		안전민감 고착	안전둔감 고착
	안전고착	원인: 안전충족 경험과 정보 결핍 현상: 안전민감, 의존과 투사, 회피 및 부인, 유용성 환경평가 교육: 위험해결 경험과 정보 공급	원인: 안전충족 경험 및 정보 과잉 현상: 안전둔감, 기만적 관점, 충족 유보, 기만적 환경평가 교육: 위험미해결 경험과 정보 공급

1. 위험고착 양상과 안전교육

안전의식이 고착된 문제 양상은 크게 위험해결 경험과 정보가 결핍된 상태에서 일어나는 고착(이하 위험민감 고착)과 위험해결 경험과 정보가 과잉된 상태에서 일어나는 고착(이하 위험둔감 고착)으로 구분할 수 있다.

1) 위험민감 고착 양상과 안전교육

위험민감 고착은 위험해결에 민감한 특성을 나타낸다. 위험해결 경험과 정보가 결핍되어 있는 상태에서는 위험해결에 민감하기 때문에 위험에 대해 불안을 기본 반응으로 나타낸다. 위험이 해결되지 못하는 상황이 지속되면 분노가 나타날 수 있는데, 그 이유는 외부환경을 위험을 고조시키는 주체로 인식하면서 적대적으로 평가하기 때문이다. 또한 위험해결에만 과도하게 몰입하는 태도를 취할 수 있다.

위험민감 고착을 해소하기 위해서는 대칭 방향으로 인식될 수 있도록 경험과 정보를 공급해 주는 것이 필요하다. 즉, 안전충족으로 인식될 수 있는 경험과 정보를 공급해 줌으로써 기존의 위험해결 경험과 정보가 결핍된 불균형 상태를 회복하도록 하는 것이다. 자동차 운전을 처음 시작하는 초보 운전자를 생각해 보자. 초보 운전자는 위험한 교통 상황을 해결한 경험이나 정보가 부족하며 동시에 자신에게 닥친 위험을 해결하는 데 민감한 특성을 가지고 있다. 위험한 교통 상황을 해결한 경험이나 정보가 부족한 상태에서 위험해결에 민감하기 때문에 위험반응은 불안을 기본으로 한다. 위험에 민감한 상태에서 위험한 운전 상황이 해결되지 않으면 분노가 나타날 수 있다. 왜냐하면 초보 운전자는 다른 운전자들이나 교통 상황을 자신의 위험을 고조시키는 대상으로 파악하면서 적대적으로 평가하기 때문이다. 또한 위험해결에 민감하기 때문에 현재 당면한 교통 상황을 해결하는 데 급급한 태도를 취하면서 오히려 위험한 선택이 증가할 수 있다.

이러한 초보 운전자의 위험한 교통 상황 해결 경험이나 정보가 결핍된 상태에서의 고착을 해소하기 위해서는 대칭 방향으로 인식될 수 있는 안전충족 경험과 정보를 공급해 주는 것이 좋다. 구체적으로는 초보 운전자가 안전을 느끼면서 목적지까지 성공적으로 운전한 경험을 공급할 필요가 있다. 또한 다른 교통참여자들의 위험을 감소하도록 운전을 하는 것이 자신의 위험해결에도 좋은 영향을 줄 수 있다는 정보를 공급해 줄 필요가 있다. 즉, 전체 교통 환경[대상(타자)]의 위험을 줄이는 운전 방법을 익혀서 실행하는 경험을 통해서 타자의 위험해결과 자신의 위험해결이 통합될 수 있음을 인식하도록 해야 한다. 이상과 같은 안전교육 방향을 통해서 초보 운전자가 자신의 당면한 위험해결에만 과도하게 민감해하는 문제 양상을 조절할 수 있다.

2) 위험둔감 고착 양상과 안전교육

위험둔감 고착은 위험해결에 둔감한 특성을 나타낸다. 위험해결 경험과 정보가 과잉되어 있는 상태에서는 위험해결에 둔감하기 때문에 타자의 위험을 해결하기 위한 노력을 기울이지 않을 수 있다. 왜냐하면 자신이 처한 환경을 위험이 해결된 상태로 규정해 버림으로써 타자의 위험상황에 대해서는 제대로 파악하지 못하기 때문이다. 또한 자신의 위험만 해결하면 된다는 이기적인 태도를 취할 수 있다.

위험해결 경험과 정보가 과잉된 상태에서의 고착을 해소하기 위한 방법은 대칭 방향으로 인식될 수 있는 경험과 정보를 공급해 주는 것이다. 구체적으로 안전비충족으로 인식될 수 있는 경험과 정보를 공급해 줌으로써 기존의 위험해결 경험과 정보가 과잉된 불균형 상태를 회복하도록 하는 것이다.

상습 음주운전자를 생각해 보자. 운전자는 음주운전이 사고나 단속을 발생시키지 않았다는 경험이나 정보가 과잉된 상태로 위험해결에는 둔감한 특성을 가지고 있다. 그렇기 때문에 음주운전을 근절하려는 적극적인 노력을 기울이지 않을 수 있다. 왜냐하면 자신의 음주운전이 사고나 단속으로 이어지지 않았다는 경험과 정보의 과잉으로 인해 음주운전이 가진 교통사고와 단속 위험을 낮게 평가하기 때문이다. 또한 위험해결에 둔감하기 때문에 음주운전은 위험하지 않으며 자신에게는 크게 문제가 되지 않는다는 이기적인 태도를 취할 수 있다.

음주운전 단속이나 사고가 없었던 경험과 정보가 과잉된 상태에서의 고착을 해소하기 위해서는 대칭 방향으로 인식될 수 있는 안전비충족 경험과 정보를 공급해 주는 것이 좋다. 구체적으로는 운전자가 다른 교통참여자들을 위험하게 만드는 음주운전을 선택하는 것이 결국은 자신의 위험을 해결하지 못하는 상황이 된다는 것을 인식하도록 하는 경험과 정보를 공급해 주어야 한다. 음주운전이라는 다른 교통참여자들을 위험하게 하는 행동이 자신이 획득했다고 생각하는 것들(시간, 비용, 편리함 등)보다 더 큰 손실을 발생시킬 수 있음을 인식하도록 해 줄 필요가 있다. 이상과 같은 방식의 교육으로 음주운전이 발생시키는 위험에 대해서 둔감하게 인식하고 반응하는 문제 양상을 조절할 수 있다.

2. 안전고착 양상과 안전교육

안전의식이 안전욕구에 고착된 문제 양상은 크게 안전충족 경험과 정보가 결핍된 상태에서 일어나는 고착(이하 안전민감 고착), 안전충족 경험과 정보가 과잉된 상태에서 일어나는 고착(이하 안전둔감 고착)으로 구분할 수 있다.

1) 안전민감 고착 양상과 안전교육

안전민감 고착은 안전충족에 민감한 특성을 나타낸다. 안전충족 경험과 정보가 결핍되어 있는 상태에서 안전충족에 민감하기 때문에 안전충족을 타자(운이나 타인 등)에게 의존하는 수동적 자세를 취할 수 있다. 자신의 위험을 타자에게 투사하거나 타자의 위험을 자신의 것으로 수용해 버리는 태도를 취할 수 있으며, 또한 자신과 타자의 위험을 해결하기 위한 적극적인 노력을 오히려 회피하거나 역설적으로 부인해 버리는 태도를 취할 수 있다.

안전민감 고착을 해소하기 위한 방법은 대칭 방향으로 인식될 수 있는 경험과 정보를 공급해 주는 것이 방법이다. 구체적으로 위험해결로 인식될 수 있는 경험과 정보를 공급함으로써 기존의 안전충족 경험과 정보가 결핍된 불균형 상태를 회복하도록 하는 것이다.

자동차 운전을 처음 시작하는 초보 운전자를 생각해 보자. 초보 운전자는 안전한 교통 상황 경험이나 정보가 부족하며 동시에 안전충족에 대해서는 민감한 특성을 가지고 있다. 안전한 교통 상황 경험이나 정보가 부족한 상태에서 안전충족에 민감하기 때문에 반응은 적극적으로 안전을 추구하는 형태로 나타나는 것이 아니라 한산한 교통 상황이나 다른 운전자의 배려에 의존하는 소극적인 형태로 나타날 수 있다. 왜냐하면 초보 운전자는 최대한 안전을 확보하는 데 유용한 환경이 무엇인가에만 몰두해서 판단하기 때문이다. 또한 안전충족에 민감하기 때문에 안전을 획득해야 하는 상황에서는 오히려 멈추어 서서 가만히 있는 회피적 선택이나 안전해지기 위해서 운전을 포기해 버리는 역설적 태도를 취할 수 있다.

초보 운전자의 안전한 교통 상황 경험이나 정보가 결핍된 상태에서의 고착을 해소하기 위해서는 대칭 방향으로 인식될 수 있는 위험해결 경험과 정보를 공급해 주는 것이 좋다. 구체적으로는 초보 운전자가 자신의 노력을 통해 위험한 교통 상황을 무사히 통과하거나 성공적으로 목적지까지 도착하는 경험을 할 필요가 있다. 또한 초보 운전자에게 위험한 교통 상황을 해결할 수 있는 구체적인 자동차 조작능력이나 운전기법에 관한 정보를 공급해 주어야 한다. 이상과 같은 방식의 교육으로 초보 운전자로 하여금 교통 상황에서의 안전충족에 대해서 과도하게 민감한 문제양상을 조절할 수 있다.

2) 안전둔감 고착 양상과 안전교육

안전둔감 고착은 안전충족을 둔감하게 인식하는 특성을 나타낸다. 안전충족 경험과 정보가 과잉되어 있는 상태에서는 안전충족을 둔감하게 인식하기 때문에 안전충족에 대해서 기만적인 관점으로 반응할 수 있다. 이것은 환경을 안전충족이 완료된 상태로 규정해 버림으로써 현상적으로 안전이 충족되지 못한 상황을 제대로 파악하지 못하기 때문이다. 또한 자신과 타자의 안전충족 상태에 대해서는 '이 정도면 충분하다!'거나 '할 만큼 했다!'는 식의 유보적인 태도를 취할 수 있다.

안전충족 경험과 정보가 과잉된 상태에서의 고착을 해소하기 위한 방법은 대칭 방향으로 인식될 수 있는 경험과 정보를 공급해 주는 것이 방법이다. 구체적으로 위험미해결 경험과 정보를 공급해 줌으로써 기존의 안전둔감 고착 상태를 회복하도록 하는 것이다.

상습 음주운전자를 생각해 보자. 음주운전자는 음주 후 운전을 하여도 안전하게 목적지에 도착한 경험과 정보가 과잉된 상태인 동시에 안전충족에는 둔감한 특성을 가지고 있다. 음주운전을 해도 안전하게 목적지에 도착했다는 경험이나 정보가 과잉된 상태로 안전충족에 둔감하기 때문에 앞으로도 음주운전을 그만둘 필요성을 느끼지 못할 수 있다. 동시에 음주운전으로 사고가 발생하거나 단속이 되는 것은 운이 없는 사람들의 일이라는 관점을 가지고 있을 수 있다. 왜냐하면 자신은 음주운전을 하고도 항상 목적지에 안전하게 도착했다고 인식하면서 현상적으로 발생할 수 있는 사고나 단속의 위험에 대해서는 기만적인 판단을 내리기 때문이다. 또한 음주운전을 해도 안전하게 목적지에 도착했다는 경험과 정보가 과잉된 상태로 안전충족에 둔감하기 때문에 자신과 타자의 교통안전 상태를 긍정적으로만 평가하고 '충분하다!'거나 '이 정도면 됐다!'는 식으로 안전충족을 위한 노력에 유보적인 태도를 취하기도 한다.

운전자의 음주운전으로 안전하게 목적지에 도착했다는 경험과 정보가 과잉된 상태에서의 고착을 해소하기 위해서는 대칭적인 방향으로 인식될 수 있는 위험미해결 경험과 정보를 공급해 주는 것이 필요하다. 구체적으로는 음주운전이 자신을 얼마나 위험하게 만드는 행동인지를 체험하는 경험을 하거나 관련된 정보를 공급해 주는 것이다. 자신의 음주운전으로 지불하게 되는 대가가 얼마나 참혹한지를 인식시켜 주어야 한다. 이상과 같은 방식의 교육으로 상습 음주운전자에게 음주운전이 안전을 저해하는 상황에 대해서 과도하게 낙관적으로 인식하는 문제 양상을 조절하도록 할 수 있다.

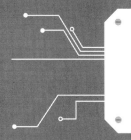

제**4**부

안전문화 교육의
이론과 실제

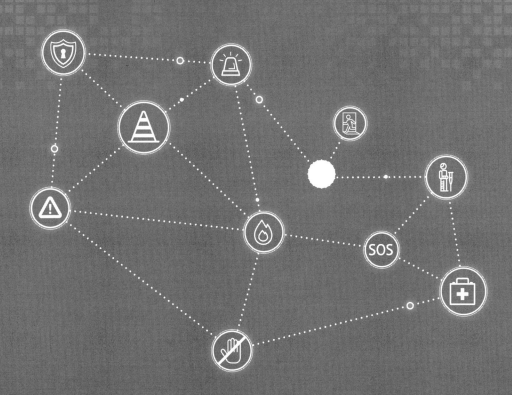

안전문화란 안전교육, 안전훈련, 안전홍보 등을 통하여 안전가치와 인식을 높이고 안전을 생활화하도록 하는 것이라고 정의하고 있다(「재난 및 안전관리기본법」 제3조9의 2). 또한 동법 66조의 4에서 안전문화 진흥을 위한 추진방향은 첫째, 안전교육 및 안전훈련, 둘째, 안전의식을 높이기 위한 캠페인 및 홍보, 셋째, 안전행동 요령 및 기준ㆍ절차 등에 관한 지침의 개발 및 보급, 넷째, 안전문화 우수사례의 발굴 및 확산, 다섯째, 안전관리 통계 현황의 관리ㆍ활용 및 공개, 여섯째, 안전에 관한 각종 조사 및 분석 등으로 정해 두었다.

　　개개인의 안전에 대한 인식과 태도 등은 안전의식의 기본이 된다. 개개인의 안전의식들이 모여서 안전문화를 형성하게 된다. 안전문화는 개개인이 가진 안전의식의 총합이지만 이것들이 모여서 형성하는 안전문화는 개개인 안전의식의 총합 이상의 의미를 가진다. 즉, 안전문화란 사회공동체가 공유하고 있는 안전의식이지만 동시에 개인의 안전의식이 모인 것 이상의 새로운 문화적 의미가 창조되는 것이다.

제**14**장

문화의 개념과 교육

인간행동에는 개인적 요인과 함께 반드시 사회·문화적 요인들이 포함된다. 따라서 인간의 의식과 문화와 같은 심리내적 상태를 살펴보는 접근이 제대로 이루어지기 위해서는 개인이 속한 사회와 문화에 대한 고려가 충분히 이루어져야 한다. 개개인의 안전의식이 모여서 형성하는 안전문화는 개인들의 안전의식 총합 그 이상의 의미를 창조한다. 현대사회에서의 안전은 개체 단위에서만 생각할 수 없는 전체 인류와 사회공동체의 문제이다. 따라서 안전문화에 대한 조망은 세심하면서도 넓은 시야로 이루어져야 한다. 우선 안전문화에 대한 조망에서 가장 기본은 말의 뜻을 살펴보는 것에서부터 출발한다. Barnes(2009)는 안전문화의 어원을 세 가지 관점에서 설명한다.

첫째, 인류학적 관점에서 문화란 사회구성원으로서 사람에 의해 습득된 지식, 믿음, 기술, 도덕, 법, 관습, 기타 능력과 습관을 포함한 복합체라고 할 수 있다. 여기서 안전문화란 안전과 관련된 사고, 감정, 행동의 일관된 패턴을 의미한다.

둘째, 사회학적 관점에서 문화란 사회구조와 제도에 초점을 두고 안전에 관한 역할, 지위, 규범, 가치의 개념을 도입하는 것을 의미한다.

셋째, 조직심리학적 관점에서 문화란 조직업무에 초점을 두고 개인적 차이, 집단 간의 상호작용, 집단 내의 상호작용, 리더십과 관리, 조직과 기업의 행동, 외부적 영향 등 다양한 관점에서 분석하는 것이다.

1. 문화의 개념

사회가 그릇이라면 문화는 그 속에 담기는 내용물이라고 볼 수 있다. 일반적으로 문화란 인류가 획득한 지식, 신념, 행동의 총체를 의미한다. Tylor(1958)는 "문화를 지식, 신앙, 예술, 도덕, 법률, 관습 등 인간이 사회구성원으로서 획득한 능력 또는 습관의 총체(the complex whole)"라고 정의하였다. 이러한 문화의 개념은 대단히 광범위하게 사용된다.

예컨대 우리는 일상생활에서 문화인, 문화민족, 문화생활이란 말을 사용한다. 혹은 전통문화, 고유문화, 한국문화, 청소년문화라는 말을 사용하기도 한다. 이렇게 다양하게 사용되는 문화라는 개념은 인류가 만들어 낸 모든 사회적 유산을 포함한다. 이때 문화는 인간을 사회적 존재로 전제하고 사회가 부여한 과업을 수행하는 데 필요한 기술을 마련하는 것이라고 본다. 즉, 문화란 집단의 생활방식, 삶을 위한 완전한 설계와 관련되어 있다.

또한 문화를 학습 결과로 보는 입장에서는 문화를 인간 학습의 결과물로서 서로 공유하는 지각, 신념, 가치관, 행동 표준으로 이루어져 있다고 보기도 한다. 이와 같은 관점에서 문화는 개인이 사회생활을 통해서 학습하는 모든 것을 말한다. 즉, 형식적이거나 비형식적인 학습과정을 통해서 얻어진 관습, 규범, 생활양식, 기술 등을 의미한다. 교육에서 다루는 문화의 특성은 다음과 같다(김경동, 1979).

첫째, 문화는 사람들의 필요에 의해서 만들어진 것이다. 동물과 다른 신체적 특징이나 능력을 가진 인간은 이것을 이용해서 자연환경에 적응하는 데 불리한 점을 극복하려는 목적으로 문화를 형성한다.

둘째, 문화는 사회생활을 통하여 공유된다. 인간이 다른 사람과 공동생활을 하는 동안에 필요한 것이 만들어졌고, 사회 구성원들에 의하여 공유된다.

셋째, 문화는 습득 및 전승되는 것이다. 사람의 행동양식, 가치관, 언어, 믿음 등의 문화는 사회생활을 통하여 학습되어진 결과물이다. 또한 학습을 통하여 얻어진 문화는 학습과정을 거쳐서 다른 세대로 전승된다.

넷째, 문화는 보편성과 특수성을 띠고 있다. 인간이 공동생활을 하는 사회에는 어떤 형태로든 그 사회가 필요로 하는 언어, 종교, 의식주 등의 생활양식이 있다. 이러한 문화는 사회에 따라서 내용과 형태가 다르지만 보편성이 있다. 동시에 문화는 다른 사회와는 다른 특질을 가지고 있다는 면에서 특수성도 인정된다.

다섯째, 문화는 변화한다. 문화는 다른 세대로 전승되는 과정에서 내용과 형식이 변화하게 된다. 변화의 속도나 크기는 사회체제와 시대에 따라 다르게 나타난다.

문화는 개인과 사회에 기능을 가진다. 우선 개인에게 가지는 문화의 기능은 여섯 가지로 정리된다.

첫째, 문화는 모든 개인이 어떤 사회적 상황에서 느끼고 생각하고 행동하는 법칙을 제시해 준다. 인간은 출생에서부터 죽을 때까지 어떠한 환경에 속해 있더라도 의식적으로 혹은 무의식적으로 문화법칙에 따라서 생활하게 된다.

둘째, 문화는 개인의 생리적 욕구를 충족시켜 준다. 사람들은 문화양식을 통해서 자신의 생리적 욕구를 충족시키는 방법과 시간 등을 배우게 된다.

셋째, 문화는 개인 가치, 목적, 희망, 포부 등을 가지게 한다. 개인이 가지는 논리성, 도덕성, 심미성, 중요성 등은 문화에서 도출된다. 사람마다 지향하는 목표나 희망이 다른 것은 문화가 다른 배경에서 형성되었기 때문이다.

넷째, 문화는 인간의 양심을 결정해 준다. 인간 양심은 대체로 집단이 가진 선악 규정을 내면화한 결과에서 나타난다. 따라서 인간의 특정한 행동이 어떤 문화에서는 양심의 가책을 받지만 다른 문화에서는 그렇지 않을 수 있다.

다섯째, 문화는 개인에게 소속감을 가지게 한다. 문화를 같이 하는 사회 구성원들은 서로 친밀감을 가진다. 이러한 친밀감은 '우리'라는 의식을 가지게 하고 이들 의식을 같이하는 사람들끼리 모이게 된다.

여섯째, 문화는 개인의 인성 형성에 영향을 준다. 어릴 때 양육방법과 사회적 환경이 중요시되는 이유가 여기에 있다. 같은 맥락에서 국민성이나 민족성까지도 그 나라와 민족의 사회·문화적 여건에 영향을 받는다.

다음으로 문화가 가지는 기능에는 사회적인 것이 있다. 문화는 한 사회의 집단과 개인의 행동양식을 규정하고 모든 사회구성원은 이에 걸맞게 행동하도록 한다. 이것을 통해 사회질서를 유지하며 사회가 통합, 존속, 유지되게 한다. 이런 점에서 볼 때 사회문화의 기능에는 사회 통제 기능도 있다. 사회통제 기능은 주로 그 사회의 문화적 규범

278   제14장 문화의 개념과 교육

에 의해서 수행되며 그 규범은 비교적 강제성이 적게 느껴지는 민습(folkway)보다 강제성이 크게 느껴지는 관행(mores)이나 사회통제수단인 법률(law) 등의 형태로 나타난다(박용헌, 1968).

2. 문화와 교육

1) 문화기대와 교육

문화기대(cultural expectation)는 문화가 특정 사회에서 태어난 개인에게 특정한 생활방식이나 행동양식으로 행동할 것을 기대하고 요구하는 것을 말한다(진원중, 1982). 문화가 개인에게 이와 같은 기대를 갖는 것은 사회질서를 유지하는 통제와 구속력이 존재하기 때문이다. 따라서 개인은 문화기대에 맞게 인간성을 형성해야 하는 압력을 받게 되고 또 그렇게 사회가 요구하는 인간성을 형성하게 된다. 이렇게 문화기대에 따라 인간성을 형성하는 개인은 사회적으로 승인되었다고 보고 '평균인'이라고 부른다. 이와는 반대로 기대된 행동방식에 어울리지 못하거나 사회적 승인을 받지 못하고 사회적 기대를 배반하는 사람을 '비평균인'이라고 한다.

문화기대는 학교에서도 찾아볼 수 있다. 개별 학습자는 학교의 문화기대에 따르도록 요구되고 이것에 따를 때는 평균인이 된다. 이와 같이 교육은 의도적으로 문화기대를 가지고 학습자가 평균인이 되도록 노력하는 것이며, 학습자는 외적 기대를 내면화하게 된다. 따라서 모든 교육은 나름의 문화기대를 가지고 거기에 맞는 평균인을 길러 내는 것을 목표로 한다.

2) 문화변화와 교육

문화변화(cultural change)는 대내·외적 원인으로 인하여 문화에 근원적인 변화가 일어나는 것을 말한다(진원중, 1982). 예컨대 가내수공업이 기계수공업으로 변화하듯이 기계 산업구조가 정보 산업구조로 바뀌는 것과 같은 대내적 원인을 들 수 있다. 문화변화가 일어나는 과정에서는 다른 두 문화가 접변하는 소용돌이 속에서 개인이 혼란이나 불안을 느낄 수 있다. 이런 혼란기에는 경계인 혹은 주변인이 생겨나게 된다. 예컨대 신구문화가 공존하는 사회에 한 인간이 있다면 그는 새로운 것에 매력을 느끼면서도 낡은 것에도 애착을 가질 수 있다. 이렇게 경계선에 놓인 인간을 주변인 혹은 경계인이라고 말한다. 습관체계, 생활양식, 행동양식, 가치체계, 인식구조, 발달 및 성장과정 등에서 많은 경계인이 존재한다.

3) 문화전계, 문화접변과 교육

문화전계(enculturation)는 한 개인이 그 집단의 문화를 획득하여 내면화하는 과정을 말한다. 문화접변(acculturation)은 둘 이상의 문화가 직접적이고도 오랜 접촉을 통하여 변화하는 과정을 말한다. 문화접변이나 문화전계의 과정은 바로 교육 과정이라고도 할 수 있다. 따라서 교육적 과제는 문화접변이나 문화전계에 앞서 교육현상을 올바로 이해하고 문제를 명확히 규정하여 적절히 대처하는 것이다.

제**15**장

안전문화의 정의와 주요이론

안전문화는 발생한 사고의 원인과 과정을 이해함으로써 사고예방에 가장 적절하고 적합한 방법으로 개선할 수 있고, 그 원인을 밝힘으로써 유사한 사고를 미연에 방지할 수 있다. 사고가 발생하고 난 이후에 안전문화가 형성되더라도 피해는 이미 발생한 것이다. 따라서 시행착오가 계속될수록 보다 수준 높은 안전문화를 갈망하게 된다. 안전문화가 제대로 정착되기 위해서는 제도적 역량과 문화적 역량에 대한 상호보완적 충족이 필요하다.

1. 안전문화의 정의

최초로 안전문화의 중요성이 강조된 것은 1902년 US 철강회사 사장인 Garry가 주창한 '안전제일' 구호라고 볼 수 있다. 그리고 1951년에는 Keenan, Verr와 Sherman은 미국 내 자동차 공장 근로자들의 심리적 문화와 재해 발생 사이에 상관관계가 있다는 연구를 발표하면서 다시 안전문화 개념이 주목받게 되었다. 이후 1984년 인도 보팔에서 유니온 카바이트 공장 폭발사고가 발생하면서 국가차원에서 안전문화 개념이 처음으로 언급되었다.

안전문화라는 용어가 문헌에서 처음 사용된 것은 1986년 체르노빌 원자력 발전소 사고가 계기가 되었다. 1986년 체르노빌 원자력 발전소 사고 발생 이후 국제원자력기구(IAEA) 산하 원자력 안전자문단(International Nuclear Safety Advisory Group: INSAG)에서 작성한 체르노빌 원자력 발전소 사고원인 및 결과분석 보고서(INSAG-1)에서 '안전문화(safety culture)'를 최초로 언급하였다. 이때 INSAG가 정의한 안전문화는 "안전을 우선순위로 두는 조직과 개인의 태도, 그리고 안전에 종합적인 관심을 가지는 것"이다. 즉, INSAG-1 보고서에서는 "안전이 무엇보다도 최우선 관심사임을 다짐하는 조직과 개인의 자세와 품성이 결집된 것이며 안전에 관계되는 모든 종사자가 안전실현을 위한 헌신과 책임을 다하려는 일체의 노력"이라고 안전문화의 개념을 정의하였다(IAEA, 2016).

영국 보건안전위원회(Health and Safety Commission: HSC, 1991)에서는 안전문화를 "조직 보건 및 안전프로그램 실행, 스타일 및 성숙도를 결정하는 개인 및 조직 가치관, 태도, 능력 및 행동 패턴 등의 결합체"라고 정의하였다. 국가차원이 아니라 개인 연구자로서 Cox와 Cox(1991)는 안전문화란 "안전에 관해 구성원들이 공유하고 있는 태도, 신념, 인식, 가치관을 통칭하는 개념"이라고 정의하였다.

우리나라는 1995년 10월 삼풍백화점 붕괴사고로 인해 설치된 국무총리실 산하 안전관리자문위원회에서 처음으로 안전문화를 정의하였다. 즉, 안전문화는 "안전을 실천하는 의식, 안전을 유도하는 제도, 안전을 가능하게 하는 인프라가 결합해 만들어 내는 모든 사회적·문화적 산물"이다. 이후 김근영(2012)은 안전문화란 "국민들의 일상생활 속에서 안전에 관한 가치(우선순위), 규범(안전에 관한 규제와 절차준수), 행동(안전행동 보상, 위반 처벌), 시스템(조직, 제도, 인프라)의 모든 요소가 준수되는 것을 의미한다"고 정의하였다. 이상에서 살펴본 것처럼 안전문화에 대한 정의는 다양하지만 몇 가지 공통된 의미가 있다(Wiegmann, Zhang, von Thaden, Sharma, & Gibbons, 2004).

첫째, 안전문화는 모든 구성원들 간에 공유된 가치를 반영하며 집단이나 그 이상에서 정의되는 개념이다.

둘째, 안전문화는 조직 및 사회의 공식적인 안전문제들과 관련되어 있으며 경영 및 관리시스템과 밀접하게 관련되어 있다.

셋째, 안전문화는 모든 구성원의 기여와 영향을 반영한다.

넷째, 안전문화는 구성원들의 행동에 영향을 준다.

다섯째, 안전문화는 보상체계와 행동선택 간의 관계에 영향을 준다.

여섯째, 안전문화는 사고, 아차사고, 인적오류로부터 적극 배우려는 의지를 반영한다.

일곱째, 안전문화는 상대적이고 지속적이고 안정적이며 변화하지 않으려는 속성이 있다. 하지만 장기적으로는 진화하는 개념이다.

이상과 같은 안전문화에 관련한 공통된 개념과 요소 등을 종합하여 이 책에서는 안전문화를 다음과 같이 정의한다.

"안전문화란 개인이나 조직이 안전이라는 공유된 가치를 인식하고 잠재된 위험요소를 측정, 확인, 제거, 통제하여 위험으로부터 우리를 보호하고 인간 존중의 이상을 실현시켜 나가려는 모든 활동이다."

2. 안전문화의 요소

안전문화를 구성하는 요소를 제시한 모델은 다양하며 대표적인 모델로는 IAEA (International Atomic Energy Agency) 모델을 들 수 있다([그림 15-1]). IAEA 모델 이후 학자들은 안전문화를 구성하는 요소는 핵심 요소와 세부 구성요소로 구분하였다. 안전문화의 핵심 요소는 다음과 같다.

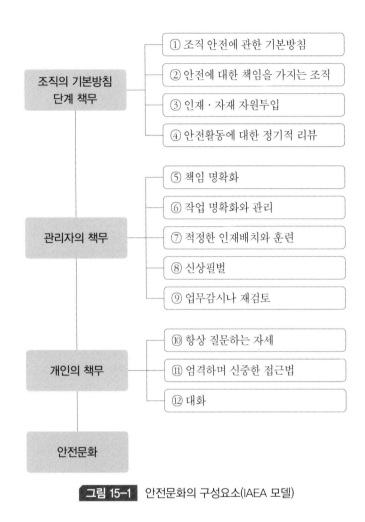

조직의 기본방침
단계 책무
- ① 조직 안전에 관한 기본방침
- ② 안전에 대한 책임을 가지는 조직
- ③ 인재 · 자재 자원투입
- ④ 안전활동에 대한 정기적 리뷰

관리자의 책무
- ⑤ 책임 명확화
- ⑥ 작업 명확화와 관리
- ⑦ 적정한 인재배치와 훈련
- ⑧ 신상필벌
- ⑨ 업무감시나 재검토

개인의 책무
- ⑩ 항상 질문하는 자세
- ⑪ 엄격하며 신중한 접근법
- ⑫ 대화

안전문화

그림 15-1 안전문화의 구성요소(IAEA 모델)

1) 안전문화의 핵심요소

안전문화를 이루는 핵심요소들은 본질적으로 의문을 제시하는 자세, 자만 방지, 최상의 의지 그리고 안전문화에서 개인의 책임감과 집단 자율 규제의 함양 등을 유발하는 '안전이 충만한 생각'들이다. 즉, 안전문화는 안전에 관한 개인이나 집단의 태도, 신념, 인식, 가치관 등의 모든 유 · 무형을 포함한다.

Reason(1990)은 안전문화를 안전과 관련되는 행동을 계획, 실시, 평가할 때 안전을 최우선 사항으로 고려하는 조직과 개인의 가치관, 자세, 사고방식이라고 보았다. 그리고 안전문화는 반드시 개인과 사회공동체에서 행동으로 나타나게 된다고 하였다. Reason(1990)은 안전문화의 핵심요소를 학습문화, 보고문화, 공정문화, 유연성의 네

표 15-1 안전문화의 핵심요소(Reason, 1990)

핵심요소	내용
학습문화	• 조직은 내·외의 사고와 재해로부터 배우고 유사한 사고나 재해가 발생하지 않도록 예방대책을 강구한다. • 구성원은 조직의 규칙과 기준을 학습하고 바른 행동으로 실천한다.
보고문화	• 구성원이 징계를 걱정하지 않고 사고를 보고할 수 있는 분위기가 조성되어 있다. • 보고자의 비밀을 보장하고 조치가 신속하게 피드백된다.
공정문화	• 불안전행동이 자기파괴적 행동(약물남용, 불복종, 사보타지 등)일 때 엄정한 처벌이 이루어진다. • 불안전행동을 허용하는 것은 구성원에게는 신뢰감을 잃는 것으로 비치게 되고 정의에 반하는 것처럼 보이게 됨을 인식한다.
유연성	변화하는 환경에 구성원이 유연하게 대응하여 적절하게 대처하도록 한다.

가지로 구분하였다.

안전문화를 높이기 위해서는 환경에서 일어나는 사고나 문제의 정보를 모으고 이것을 바탕으로 적절한 안전대책을 강구할 필요가 있다. 우선 환경 문제나 위험을 '보고하는 문화'가 필요하다. 보고하는 문화로 인해 사회와 조직은 안전에 관련한 정보를 모을 수 있다. 문제나 징후에 대해서 보고하도록 하는 일은 어렵다. 왜냐하면 처벌에 대해서 생각하거나 귀찮은 일일 수 있기 때문이다. 처벌을 감수하고 혹은 귀찮은 일이지만 보고하는 것이 좋은 것이라는 구성원들의 납득과 수용이 필요하다. 이것을 위해서는 '공정한 문화'가 이루어져야 한다. 문제나 위험에 대한 보고 이후에는 개선하는 활동이 필요하다. 이것이 '학습하는 문화'이다. 또한 긴급한 상황이나 이상 징후에 대해서는 평소와는 다른 유연한 대응이 필요하며 이것이 '유연성'이다.

2) 안전문화의 구성요소

안전문화에 대해서 가장 구체적으로 언급한 원자력 산업에서는 안전문화의 구성요소를 정책자원 이행사항, 관리자 이행사항, 개인 이행사항의 세 가지로 보고 있다. 채진(2017)은 안전문화의 구성요소로 일상생활 속의 안전에 관한 가치, 규범, 행동, 시스템 등을 들었다. 채진(2017)의 안전문화 구성은 Cooper(2000)의 안전문화 구성요소 연

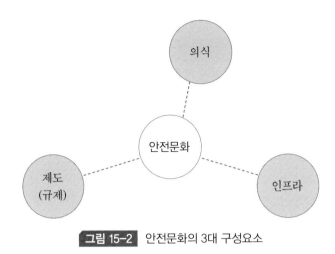

그림 15-2 안전문화의 3대 구성요소

구와 맥락을 같이하는데, 그는 안전문화가 심리적 측면(안전분위기), 행동적 측면 그리고 상황적 측면의 세 가지 하위 요소로 구성된다고 보았다.

우선 심리적 측면은 안전분위기와 동일한 개념이다. 안전에 대해서 사람들이 어떻게 느끼는지에 관한 것으로 주로 안전에 대한 개인과 집단의 가치, 태도 그리고 지각과 관련되어 있다. 이것은 특정 시점에서 작업자들의 태도와 지각에 대해서 물어봄으로써 측정할 수 있다. 행동적 측면은 조직 내에서 사람들이 어떤 행동을 하는지에 관한 것으로 구성원들의 안전행동과 관련이 있다. 상황적 측면은 조직이 가지고 있는 것으로 정책, 절차, 규정, 장비, 의사소통 흐름, 조직 구조, 관리 체계와 관련이 있다. 세 가지 측면은 서로 관련성을 가지고 서로 연계하여 변화된다. 이것은 행동적 측면이 증가할 경우 심리적 측면과 상황적 측면도 같은 방향으로 함께 변화된다는 것을 의미한다. 이상의 여러 학자가 제안한 안전문화 구성요인을 종합해 보면 크게 세 가지로 정리할 수 있다.

- 안전인프라: 안전한 행태를 이끌 수 있는 안전을 담보할 수 있는 인프라이다.
- 안전제도: 안전한 행태를 형성하기 위한 절차, 관리 등을 포함하는 제도를 말한다.
- 안전의식: 안전의 가치가 내재화된 의식 수준이다.

안전인프라는 불안전한 상태를 제거한 시설물 및 안전행동을 가능하게 하는 사회적 시스템이다. 안전제도는 안전한 행동을 이끌어 내고 안전인프라를 구축할 수 있도록 유도하는 법과 제도 그리고 이에 따른 보상과 처벌의 실행이다. 안전의식은 안전제일의 가치관이 개인생활이나 조직행동 속에 체화된 상태를 말한다. 더불어 안전문화의 3대 분야로는 산업안전보건 분야와 학교안전 분야 그리고 생활안전 분야가 있다. 나아가 안전문화의 3대 분야에는 아홉 가지 하위영역이 있다(윤양배, 2019).

① 일반안전관리(안전의식, 안전교육 등) 영역
② 산업안전(석유, 가스, 유해·유독물, 승강기, 엘리베이터 등) 영역
③ 소방안전(화재, 소방특보행동, 소화기, 응급상황 등) 영역
④ 재난안전(산불, 재난, 풍수해, 폭설, 지진, 태풍, 하천, 홍수 등) 영역
⑤ 생활안전(전기, 주택관리, 범죄, 생산품 등) 영역
⑥ 보건안전(감염병, 식중독, 위생, 식품안전 등) 영역
⑦ 도로교통안전(차량이용, 보행, 자전거, 대중교통, 횡단보도 등) 영역
⑧ 시설안전(수영장, 극장, 놀이터, 다중이용시설 등) 영역
⑨ 기타 안전관리(안전관리 교육 담당기관, 안전관리 분야 인력관리 등) 영역

3. 안전문화와 안전행동

안전문화는 개인과 집단의 안전행동에 영향을 받는다. 일반적으로 안전문화는 사고와 부정적인 상관관계를 나타낸다. 이유는 좋지 않은 안전문화가 안전절차를 무시하는 등의 행동을 유발하고 이것이 사고를 촉발하기 때문이다. 안전문화는 사고 발생의 원인과 방법을 이해함으로써 사고예방에 가장 적절하고 적합한 방법을 개발할 수 있고 그 원인을 밝힘으로써 유사사고 발생을 미연에 방지하는 역할을 한다. 또한 안전문화가 제대로 형성되지 않는다면 개인과 집단은 정책 및 절차를 준수 또는 이행하지 않게 되어 안전관리시스템이 작동하지 않을 가능성이 높다.

Borman과 Motowidlo(1993)는 과제수행과 맥락수행 간의 구분을 기초로 안전행동을 안전순응(safety compliance)과 안전참여(safety participation)로 구분하였다. 안전순응은 작업장 안전을 유지하기 위해서 개인이 수행할 필요가 있는 핵심적인 행동들을 잘 수행하는 정도를 의미한다. 이러한 행동들에는 표준 작업절차 준수와 개인 안전장비

착용 등이 포함된다. 안전참여는 개인의 안전에 직접적인 기여를 하지는 않지만 안전한 환경 조성을 촉진시키는 행동들을 일컫는다. 예를 들면, 안전행동에 자발적으로 참여하기나 안전관련 문제가 있는 동료들을 돕는 행동 및 안전모임에 참여하기 등이다. 안전문화는 안전순응과 안전참여에 긍정적인 상관관계를 가진다. 이러한 안전문화와 안전행동 간의 상관관계는 사회교환이론과 기대−유인가 이론 등으로 설명할 수 있다.

1) 사회교환이론

Adams(1965)의 사회교환이론(social exchange theory)은 다른 이름으로는 공평이론(equity theory)이라고도 불린다. 사회교환이론에서는 인지부조화(cognitive dissonance)이론에 근거하여 사람들의 동기는 타인과 비교해서 자신이 얼마나 공평하게 대우받는가에 관한 스스로의 지각에 영향을 받는다고 본다. 사람들은 자신이 투입한 것들과 성과로 도출된 것들에 대해서 먼저 평가하고 자신의 비율을 타인의 투입성과와 비교 한다. 따라서 사회교환이론에서 중요한 개념은 개인과 타인 그리고 투자와 성과이다. 타인은 자신과 비교대상이 되는 사람이다. 그리고 투자는 자신의 노력이다. 노력이란 투입 비용, 교육, 지능, 경험, 기술, 시간 등이다. 성과는 임금, 수당, 환경, 지위, 포상 등이다.

(1) 공평형성 과정

개인이 평가하는 공평성은 개인과 개인 또는 개인과 조직 간 교환 관계에 초점을 두면서 자신의 투입 결과를 평가하고 타인의 투입과 성과를 비교한다. 이때 투입과 성과는 모두 공통 단위로 수량화할 수 있다고 가정한다.

예를 들어, 자신이 어떠한 과업을 수행하는 데 들인 모든 투입요소를 50이라고 가정해 보자. 같은 방식으로 성과를 평가하여 50이라고 가정하였을 때 자신의 투입과 결과의 비율은 50:50이다. 타인의 투입과 성과 역시 각각 50:50이라면 평가자는 교환이 공평하게 이루어진 상태라고 지각하게 될 것이다. 반면에 타인이 50:75의 비율이라고 지각된다면 불공평을 지각하게 될 것이다. 이러한 불공평 지각은 긴장감을 야기하게 된다. 사회교환이론에서는 이런 긴장감이 동기를 발생시키는 원인이라고 본다. 불공평에서 오는 긴장감은 과소지급(under-payment)과 과다지급(over-payment)으로 구분할 수 있다. 과소지급은 자신과 타인이 동일하게 투입하였지만 자신의 성과가 타인보다 적다고 지각하는 것이다. 과다지급은 자신과 타인이 동일하게 투입하였지만 자신의 성과가 타인보다 많다고 지각하는 것이다.

(2) 공평 회복방법

사회교환이론에 따르면 사람이 불공평에 대해서 지각하게 되면 자신의 행동을 다양한 형태로 변화시켜서 공평한 상태로 만들려고 하게 된다. 공평을 회복하는 대표적인 방법에는 다섯 가지가 있다.

첫째, 자신의 노력을 변화시킨다.

둘째, 결과물을 변화시킨다.

셋째, 공평에 대한 평가를 새롭게 하거나 공평하다고 인지를 왜곡한다.

넷째, 불공평한 상황 자체에서 벗어난다.

다섯째, 새로운 비교대상을 찾는다.

사회교환이론에 따르면 사람들은 교환을 통해서 보상을 바라고 또 보상을 하게 된다. 조직이 안전을 필두로 한 복지에 관심이 있다는 것을 느끼면 작업자들은 조직에 이익이 되는 안전한 행동을 수행함으로써 보답하려고 할 것이다. 이상과 같이 사회교환이론(혹은 공평이론)은 사람들이 주고받는 것들의 공평함과 정당함을 중요한 행동준거로 설정한다는 이론이다. 이때 가정되는 인간관은 사람이란 자신이 알고 있는 바와 자신의 공헌에 대해서 정당한 대가를 받으려는 존재라는 것이다. 이때 정당성 여부를 자신만으로 한정하여 판단하는 것이 아니라 다른 사람들과의 비교에 따라서 공평과 불공평을 평가한다는 것이다.

2) 기대이론

사회교환이론과는 다르게 기대이론(expectation theory)에서는 인간을 자신이 가치가 있다고 믿는 것을 얻을 수 있는 정도에 따라서 선별적으로 행동하는 존재로 파악한다. 자신이 바라는 것을 얻을 확률이 큰 쪽을 선택하고 행동한다는 것이다. 안전행동에 있어서도 안전절차를 따르고 안전행동에 참여하는 것이 결국 자신이 가치가 있다고 느끼는 것을 성취하려 하기 때문이라고 보는 관점이다.

그림 15-3 기대이론 모형

　　Vroom(1964)은 심리학자인 Tolman과 Lewin에 의해서 제시된 동기부여 과정이론을 토대로 기대이론을 주장하였다. 기대이론은 인간이 본능에 따라 반응하고 추동되는 존재라는 견해를 거부하고 이성에 기반한 합리적 사고를 바탕으로 선택한다는 가정에서 출발한다. 기대이론에서는 동기적 힘(노력)이란 개인이 미래에 발생할 성과들에 대해서 가지고 있는 기대들과 그 성과들을 각각의 가치로 곱한 값의 총계와 함수관계를 이룬다고 본다. 이러한 기대이론을 보다 구체적으로 이해하기 위해서는 다음과 같은 몇 가지 개념적 요소들을 알아야 한다.

(1) 기대이론 요소
　　기대이론을 구성하는 요소들로는 직무성과, 가치성, 수단성, 기대감, 힘 등이 있다.
　　첫째, 직무성과는 승진, 급여, 휴가 등과 같이 조직이 구성원에게 제공할 수 있는 것들이다.
　　둘째, 가치성(valence)은 성과에 대해 구성원이 느끼는 감정으로 성과가 지니는 매력 정도 혹은 성과로부터 예상되는 만족이라고 정의된다. 구성원이 유인가를 산출하게 되는데, 보통 −10에서 +10까지의 척도를 사용해서 평가한다.
　　셋째, 수단성(instrumentality)은 수행과 성과획득 간의 관계에 대한 지각으로 정의된다. 조직 구성원들이 급여인상을 전적으로 직무수행에 달려 있다고 생각한다면 급여인상과 관련된 수단성은 매우 높을 것이다. 가치성과 마찬가지로 수단성도 개인이 산출한다. 도구성은 보통 확률로 표현되며 0에서부터 1까지의 값을 가진다.
　　넷째, 기대감(expectancy)은 노력과 수행 간의 관계 지각이다. 어떤 직무에서는 열심히 노력하면 반드시 더 좋은 수행이 나타날 것이라고 기대할 수 있다. 기대도 개인이 산출하며 확률로 표현할 수 있다. 다른 구성요소들과 다르게 개인은 노력−수행 간의 관계를 나타내는 하나의 기댓값만을 산출한다.

다섯째, 힘(force)은 동기가 부여된 개인이 가지고 있는 노력 혹은 압력의 양이다. 힘이 크면 동기도 커진다. 따라서 기대이론에서 동기를 불러일으키는 힘(motivational force: MF)을 산술적으로 표현한다면 가치와 수단, 기대의 곱이 된다.

$$MF = 가치(Valency) \times 수단(Instrumentality) \times 기대(Expectancy)$$

(2) 기대이론의 특성

기대이론은 다른 동기이론에 비하여 다음의 세 가지 점에서 차이가 있다.

첫째, 기대이론은 인지 이론 중의 하나이다. 기대이론에서 직무에 관한 동기부여는 노력과 성과의 기대감, 성과와 보상의 수단성, 보상과 만족의 가치성에 대하여 개인이 느끼는 기댓값으로 결정된다.

둘째, 기대이론은 동기과정에 기초한 이론이다. 기대이론은 사람의 행동을 유발하는 욕구에 대하여 다루는 이론이 아니라 사람의 욕구가 어떠한 과정을 통하여 진행되는지를 설명하는 이론이다.

셋째, 기대이론은 곱셈모형이다. 기대이론에서 동기를 불러일으키는 힘은 기대, 수단, 가치의 곱으로 설명한다. 이것은 3가지 요소 가운데 하나라도 0이 되면 동기가 일어나지 않는다는 것이다.

(3) 기대감, 수단성 그리고 가치성 고양 방법

조직에서 구성원들이 노력할 때 성과가 나타날 것이라는 기대감을 높이려고 한다면 다음과 같은 사항에 유의해야 한다.

첫째, 구성원들이 달성할 목표를 정확히 제시해 준다.

둘째, 교육과 훈련을 통하여 개인의 능력이나 기술을 개발해 준다.

셋째, 적절한 직무를 부여하거나 재배치한다.

넷째, 구성원들에게 목표 달성에 대한 확신을 주어 자신감을 높여 준다.

다섯째, 구성원들이 다른 구성원들로부터 도움을 받게 한다.

여섯째, 직무수행을 위한 충분한 정보와 자원을 공급해 준다.

가치성을 높이기 위해서는 구성원들이 원하는 것을 올바로 보상해 주어야 하는데 이것을 위해서는 구성원들의 욕구를 분명히 알아야 한다. 설문이나 인터뷰를 통하여 구성원들이 원하는 것들을 올바로 파악하고 이들을 보상으로 제시해야 한다. 구성원들이 원하는 것들을 보상으로 제공하지 않으면 그들의 동기유발을 기대할 수 없다. 수단성을 높이는 방법은 세 가지 정도로 정리된다.

첫째, 신뢰할 만한 성과 측정방법을 사용한다.

둘째, 보상에 대한 객관적인 기준을 사전에 명확히 제시한다.

셋째, 보상에 관한 약속을 철저히 지켜야 한다.

4. 안전문화의 형성과 평가

안전문화는 사회공동체 속의 개인들이 가지고 있는 개별 의식이 종합된 것이다. 따라서 안전문화는 개인들의 안전의식 양상과 그것들이 모여서 발현되는 사회 모습에 따라서 각기 다르게 형성될 수 있다. 국제원자력자문그룹(INSAG)은 안전문화가 형성되는 과정을 세 가지로 설명하였다(IAEA, 2016).

첫째, 안전에 대해서 최우선 순위를 두는 것이 안전문화의 기본 조건이지만 사회조직들에는 안전 이외에 채택해야 할 다양한 기준이 있다. 그중에서 경제적 기준(생산성 및 효율성)과 기술적 기준은 무시할 수 없는 기준이며 최적의 균형을 찾는 안전관리 기법이 적용된다.

둘째, 안전문화는 태도에 관한 속성을 다룬다. 다만 주로 개인별 심리(동기)에 치중되는데, 안전문화는 팀이나 조직 나아가 사회전반의 영향을 고려하여 관리되어야 한다. 특히 마음챙김(mindfulness)에 기반한 안전리더십이 활성화되고 있다. 마음챙김이란 관행에 얽매이지 않고, 새로운 방식에 저항하기보다는 적극 관심을 가지는 과정을 의미한다. 마음챙김을 하게 되면 마음이 현재에 있게 되고 현재 상황과 관점에 더 민감해지게 된다.

셋째, 안전문화는 구조를 다룬다. 사회와 조직의 안전문화에 영향을 주는 인적, 물적, 조직적 요인들이 서로 어떻게 형성되고 있는가를 파악하여 전략적으로 관리해야 한다.

국제표준화기구(ISO)의 안전보건규격 초안 45001에서 권고하는 높은 수준의 구조에 적용할 수 있는 P(Plan)-D(Do)-C(Check)-A(Act) 원리에 따라서 안전문화를 안전경영

시스템(SMS) 구축과 연계하여 통합적으로 운영한다.

1) 안전문화의 형성과정

안전문화는 P(Plan)−D(Do)−C(Check)−A(Act) 원리에 따라서 형성된다. 구체적인 내용과 세부적인 형성과정은 [그림 15−4]와 같다.

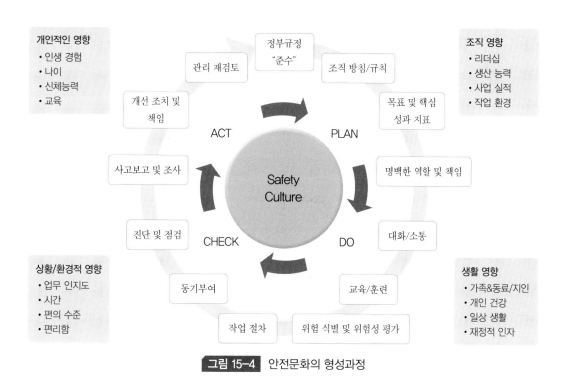

그림 15-4　안전문화의 형성과정

(1) 계획

정부나 공적조직의 규정에 따라서 방침이나 규칙이 정해진다. 계획(Plan)은, 첫째, 안전목표치를 정하고, 둘째, 안전지표를 정하고, 셋째, 안전활동 계획을 수립하는 세 가지 순서로 이루어진다. 안전목표치는 양적 수치로 정해야 한다. 안전지표는 안전활동 상태를 파악할 수 있는 지표이다. 주로 후행지표(사고율 등)와 진행지표(실적 등) 그리고 선행지표(전월사고량 등)로 구분된다. 안전활동 계획은 현재 상태를 기준으로 보완되고 개선되어야 할 안전활동 계획을 세우는 것이다. 안전활동 계획이 조직에 부담이 되면 생략되거나 형식적으로 진행되기 쉽다. 따라서 현재 과업과 조절이 필요하며 조직에서 안전을 중요한 과업이라고 여기게 될수록 수행의 강도와 양이 증가하게 된다.

안전문화를 통한 안전수준 향상에서 가장 중요한 기준은 정부나 공공조직이 안전에 어떤 태도를 가지는가이다. 조직이나 공동체는 다시 자신들의 방침과 규칙에 따라서 목표 및 핵심성과 지표를 마련하게 된다. 설정된 목표 및 핵심 성과지표를 토대로 조직은 수준별 역할과 책임을 배분하고 사회조직이 행동할 수 있는 전반적인 계획을 수립하게 된다. 이때 중요한 고려사항은 조직이 정부나 공적조직이 제시하는 규정을 따를 때 얼마만큼의 비용과 시간을 투자해야 하는가이다. 규정과 규칙의 제정이 너무 과다한 시간과 비용의 증가를 필요로 한다면 조직이나 공동체는 위반이나 눈속임 등의 저항을 보일 수 있다.

(2) 실행

안전문화의 실행(Do)은 우선 조직이나 개인, 공동체 구성원 간의 대화나 여러 가지 형태의 의사소통을 통해서 실현된다. 조직이나 사회공동체 구성원들은 안전에 관한 교육과 훈련을 받게 되며, 이것을 통해 위험을 식별하고 위험성을 평가하는 기준을 가지게 된다. 여러 가지 행동이나 작업매뉴얼을 작성하게 되는데, 이러한 매뉴얼 준수에 대한 보상과 미준수에 대한 처벌을 받으면서 안전행동이 실행된다.

(3) 점검

실행된 안전행동은 정기적으로 점검(Check)된다. 점검방법은 대부분 기록된 행동이나 통계치를 관찰하고 분석하는 것이다. 사고가 발생되었다면 사고분석을 통해서도 점검할 수 있다. 여러 자료들을 통합적으로 분석하여 안전문화를 진단하게 된다.

(4) 개선조치

형성된 안전문화를 기준으로 안전관리 시스템을 재점검하게 된다. 개선조치나 사고 재발 방지를 위한 조치(Act)를 실행한다. 수립된 목표와 실제 수행실적을 점검하여 저조한 결과나 예방 가능한 사고발생에 대해서는 책임을 묻게 된다.

2) 안전문화의 평가

안전문화를 평가하고자 할 때는 한 가지 방법으로 여러 가지를 동시에 파악하기 어렵기 때문에 계층별로 다양한 방법들을 사용하는 종합적인 방향으로 이루어져야 한다. 일반적으로 안전문화 평가에서는 안전가치 부여, 책임 명료화, 모든 행동에서의 안전성 고려, 명확한 안전리더십, 안전에 관한 지속적 학습 등의 다섯 가지 차원으로 이루어진다.

첫째, 안전이 사회화와 조직 내에서 명확하게 인지되는 가치인가?

둘째, 사회와 조직 내에서 안전책임은 명확한가?

셋째, 안전이 사회와 조직 내 모든 행동에 골고루 포함되어 있는가?

넷째, 사회와 조직 내 안전리더십 과정이 존재하는가?

다섯째, 안전문화가 사회와 조직 내에서 학습에 의해서 추구되고 있는가?

이상과 같은 안전문화 평가요소에 해당하는 다섯 가지 질문은 안전문화와 안전관리 시스템, 그리고 안전행동을 진단한 후 여러 형태의 공동체와 사회조직에 활용할 수 있다. 안전문화에 대한 개인차원, 팀차원, 조직차원의 평가지표는 다음과 같다.

표 15-2   안전문화 평가지표

차원	지표	평가내용
개인	숙련도	근속연수, 무사고경력, 수행시간, 교육이력 등
	책임감	위반횟수, 결근일수, 지각일수 등
	태도	안전태도, 위험발생 가능성 인식
	생활	음주 및 흡연 여부, 수면시간, 가족관계, 거주형태 등
팀	보고	공식적 및 비공식 보고 체계 여부
	팀워크	팀원 교체비율, 팀 지속시간, 팀원 간 친밀도
	소통	의사소통 수단, 의사소통 시간, 의사소통 횟수 등
	리더십	안전 목적 및 목표의 명료성, 리더의 안전행동 참여 여부, 안전관련 예산 및 자원 배정여부, 안전행동 명확한 평가 등
조직	환경	안전관련 점검 정도, 안전관련 준비정도 등
	교육	교육 훈련 주기, 교육 정기성, 교육 후 작업 투입 등
	소통	팀 지표와 동일
	리더십	팀 지표와 동일

3) 안전문화의 악화징후

안전문화가 향상되면 위험도 감소한다. 하지만 사회나 조직 구성원들이 안전을 아무것도 없는 상태라고 잘못 인식하게 되면 안전해지려는 노력도 멈춰 버릴 수 있다. 안전은 강물을 거슬러 올라가는 것과 같아서 끊임없이 향상시키기 위해서 노력하지 않으면 현재의 안전수준에서 멈춰 서 버리는 것이 아니라 위험으로 급속하게 흘러가 버리는 속성을 가지고 있다. INSAG에서는 이렇게 안전문화가 후퇴하는 징후를 다섯 단계로 구분하였다(IAEA, 2016).

표 15-3　안전문화의 악화징후

악화징후		현상
1단계	과신	• 양호한 과거 실적 • 외부로부터의 평가, 근거 없는 자기만족 발생
2단계	자만심	• 경미한 문제 발생 시작 • '감시' 기능이 약해지고 자기만족으로 개선이 늦어지거나 놓침.
3단계	무시	• 많은 경미한 상황과 함께 중요성이 높은 상황도 일어나기 시작함. • 특수상황으로 취급되어 내부감사의 지적이 무시됨. • 개선계획이 완료되지 않음.
4단계	위험	• 잠재적으로 큰 위험이 몇 차례 발생하지만 조직 전체가 내부감사나 규제자 등 외부판단은 '타당하지 않다.'고 여기며 대응하지 않음.
5단계	붕괴	• 규제당국 등 외부기관에 의한 특별감사가 필요함. • 경영관리층 퇴진 등이 발생함. • 복원, 개선에 막대한 비용이 필요함.

4) 안전문화의 발전

안전문화가 형성되는 초기에는 사고가 발생하고 안전을 점검항목에 추가시키는 형태로 진행하게 된다. 또 안전에 관련한 업무를 보는 직원에게만 제한된 권한과 책임을 위임하고 휴업 등이 발생한 건만 사고로 취급하는 등의 낮은 단계에 머문다. 낮은 단계의 안전문화 수준에서는 안전규칙을 공동체 내에서는 따라야만 하는 규율로 여기지만 계층 간 안전에 관한 소통이 미흡하며 조직이나 공동체에서는 발생한 사고에 대해서만 관리하는 후행지표가 많다.

하지만 안전문화가 형성되어 발전을 거듭하게 되면 모든 사고는 예방 가능하다는 의식을 가지게 된다. 그리고 안전을 조직이나 공동체의 최우선 가치로 여기며 어떠한 것들보다 우선순위에 두게 된다. 안전에 관한 모든 책임과 권한을 구성원들이 배분하여 관리하며 구성원들은 안전규칙을 따르고 싶은 것으로 인식한다. 그리고 사고가 발생하기 전의 선행지표를 토대로 미연에 위험을 예견하고 예방하는 행동에 더욱 몰입하게 된다. 안전문화의 발전단계는 조직과 구성원들의 행동양식을 통해서 알 수 있다. 안전문화가 미숙한 조직의 특징은 다음과 같다.

첫째, 암묵적 양해와 의사결정이 많다.

둘째, 상사의 결정에 무조건 따르는 경향이 있다.

셋째, 성과가 나오지 않으면 과정은 평가되지 않는다.

넷째, 의사소통이 대등하게 이루어지지 않는다.

다섯째, 안전관리가 단속에 치중되어 있고 강압적이다.

여섯째, 안전사고 조사는 누구의 책임인가에 집중되어 있다.

일곱째, 안전관리 행동이 즉흥적이고 미사여구가 많다.

안전문화의 발전단계별 특징은 [그림 15-5]와 같다. 안전문화 발전단계에서 지시행동형의 많은 요소와 자율행동형의 일부 요소를 가지고 있는 상태는 전체적으로 안전관리와 안전행동이 수동적으로 이루어지고 있는 상태이다. 안전행동 방법이나 안전행동의 내용이 미흡하다면 위험감수성 평가를 통해서 조직의 위험대응 매뉴얼을 정교화해야 한다. 또한 아차사고를 발굴하여 위험대응 매뉴얼을 실제 현장에 대응하여 구성해야 한다. 이러한 조치 없이 안전교육이 이루어지게 되면 안전교육의 효과가 낮아지게 된다.

안전문화가 사후행동형이거나 지시행동형일 때 구성원들의 반응은 안전을 부담이나 필요로 인식하면서 안전행동을 회피할 수 있다. 지시행동형이 정착된다면 다소 순응하는 모습을 보일 수 있으며 보다 발전해서 안전문화를 자율행동형까지 증진시킨다면 안전에 대해서 높은 우선순위나 목표설정이 가능하다. 더 나아가서 협조행동형이 된다면 안전에 대한 가치를 내재화하고 실천하게 된다. 안전문화에 대해서 구성원들이 가장 중요하다는 태도를 가진다면 '안전시민행동'이나 '헌신'과 같은 보다 높은 차원의 안전문화를 목표로 할 수 있다.

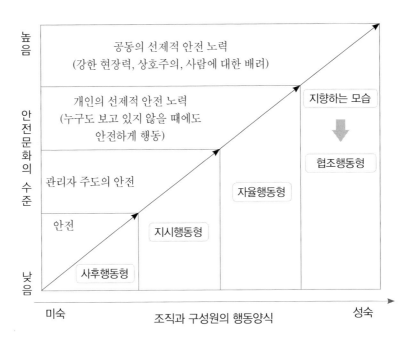

행동양식	특징
사후행동형	• 사고나 재해가 발생하고 나서야 안전행동을 시작함. • 안전관리자는 안전의식이 있지만 구성원들은 안전의식이 낮음. • 본능적으로 위험을 인식할 때에만 주의하고 대응함. • 구성원들은 실직하지 않을 정도로만 안전에 대해서 노력함.
지시행동형 (관리자 주도)	• 관리자만이 안전에 대해서 지시하고 명령하는 '관리자 주도의 안전' • 관리자는 안전관련 정보를 제공하려 하지만 구성원들은 관심이 낮음. • 안전교육의 지속성이 없고 체벌 수단으로 사용됨. • 조직 분위기가 지시적이며 지시에 의해서만 대응이 발생함.
자율행동형 (개인의 선제적 안전)	• 구성원들이 자신의 행동에 책임감을 가지고 있고 자신의 판단에 따라 안전을 실천하며 개 개인이 선제적(proactive)으로 안전을 실천함. • 위험대응 매뉴얼 등이 완비되어 있고 최선의 안전조치가 준비됨. • 안전행동 목적과 이유를 구성원들이 잘 인식하고 있으며 해당 역할에 대한 참여의식이 높음. • 관리자는 구성원들이 위험을 스스로 생각하여 조치하도록 권한을 줌.
협조행동형 (공동의 선제적 안전)	• 구성원들이 양방향 의사소통을 하며 공동체 의식이 좋음. • 구성원들 간 배려심이 좋고 서로의 부적절한 행동에 대해서 지적할 수 있는 등 긍정적으 로 수용하며 협조하는 관계가 형성됨. • 구성원들은 자신의 과업에 대해서 자부심을 가지고 있음. • 구성원들에게 높은 직장 규율이 정착되어 있고 책임감도 강하며 작업 개선의식이 높음. • 관리자는 코칭으로 이끌며 적절히 자원을 투입하여 안전행동을 지원함.

그림 15-5 안전문화 발달단계별 특징

제**16**장

안전문화 교육

대부분의 사회공동체나 조직에는 안전을 담당하는 인력이 있다. 이러한 사람들을 안전담당인력이라고 하며 안전행동지원자, 안전실무담당자, 안전전담인력 등으로 부른다. 하지만 안전담당인력이 안전에 관련한 지식이나 경험이 부족하면 전문역량이 안전행동을 지원하고 이끌어 갈 만큼 충분하지 않게 되고 당장의 현안에만 치중할 수 있다. 이것은 안전문화의 핵심 요소인 '학습하는 문화' 조성에 문제를 발생시키는 원인으로 작용한다.

사회나 조직의 안전문화를 고취시키기 위해서 좋은 방법은 위험대응 매뉴얼을 제작해서 배포하고 홍보하는 것이다. 매뉴얼의 효과를 높이기 위해서 중요한 것은 매뉴얼 제작에서부터 실제 위험현상을 다루는 전문가들의 의견을 반영하는 것이다. 또한 위험상황에 대응할 대상의 요구나 욕구를 반영하여 매뉴얼을 제작해야 하는데 그렇지 못할 때에는 위험대응 책임감이나 준수의지가 낮아지게 된다.

위험대응 매뉴얼에는 기본적으로 구체적이고 체계적인 위험상황의 종류와 세부 조치사항 제시는 물론 대응행동의 의미와 배경이나 영향도 함께 기술되어야만 조작 및 조치의 정확성과 준수율이 높아진다. 행동의 의미와 배경과 영향에 대한 언급이 부족하고 행동이나 조직의 나열에만 그치게 된다면 활용도가 낮아지게 된다. 간혹 위험대

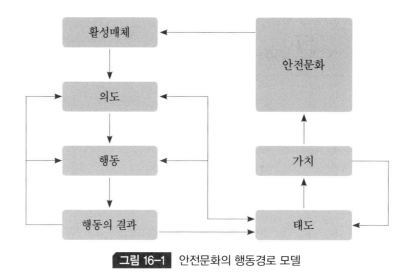

그림 16-1 안전문화의 행동경로 모델

응 매뉴얼을 숙지하지 못했다고 진술되는 경우가 있는데 이것은 지식의 결핍을 말하는 것이 아니라 위험상황에 대한 학습의 부재, 관리자나 조직에서 안전을 중시하는 문화의 결여가 대표적인 증상이다. 즉, 안전을 학습하려는 문화를 조성하는 것이 안전문화를 고취시키는 안전교육의 근간이다.

1. 휴먼웨어와 안전문화

사회나 조직은 안전문화를 증진시키기 위해서 사회 및 조직의 하드웨어(기계, 설비, 작업환경, 재료 등)와 소프트웨어(대응매뉴얼, 교육 훈련, 점검 등) 투자에 중점을 두게 된다. 하지만 하드웨어와 소프트웨어 대책은 한계가 있으며, 수시로 변하는 위험의 종류와 수준에 완벽히 대응되는 준비를 하기는 힘들다. 이러한 한계상황과 안전문화 대응수준의 차이를 극복할 수 있도록 하는 것이 바로 휴먼웨어(humanware)이다. 휴먼웨어는 구성원들의 위험감수성, 창의적 발상과 유연성, 동기수준, 팀워크, 조직몰입 등으로 구성된다.

안전문화 조절 노력은 통상 하드웨어 측면에서 출발하게 되는데 하드웨어 조치 없이는 기본적인 안전을 도모할 수 없기 때문이다. 따라서 안전문화 조성 초기에는 하드웨어에 집중하게 된다. 다음으로 사람과 도구 혹은 재료 및 환경 등과의 상호관계 측면인

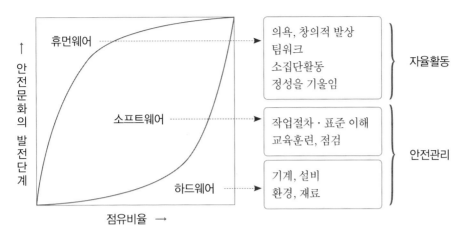

그림 16-2 안전문화 발전에 따른 하드웨어 · 소프트웨어 · 휴먼웨어 점유비율

소프트웨어에 관심을 가지게 된다. 이 단계에서는 위험대응 매뉴얼이나 규칙 등을 만들고 교육하거나 점검과 정비 등의 대책을 세우게 된다.

하드웨어와 소프트웨어 측면의 안전문화 증진 노력은 구체적 실행과 성과측면에서 한계가 있게 된다. 또한 위험과 조치의 1:1 대응관계로 경직될 수밖에 없다. 따라서 안전문화가 증진될수록 휴먼웨어 측면에서 노력이 더해져야 한다. 개개인의 안전의식 함양과 안전문화 향상의 노력을 통해서 휴먼웨어를 증진시켜야 한다.

소프트웨어 측면은 위험예지훈련(TBM)과 지적호칭 등과 같은 '하게 하는' 행동이라면 휴먼웨어 측면은 사람의 동기에 작용하는 조치이다. 안전문화에 대한 휴먼웨어 측면은 정성을 기울여 안전행동을 수행하려는 동기를 고양시키고 개인뿐만 아니라 공동체 전체의 안전을 향상시켜야겠다는 안전의식 고양이 전체 조직과 사회적 맥락에서 발현되는 것이다.

Geller(2005)는 인간을 본능과 끊임없이 싸우는 존재라고 보았다. 따라서 안전충족의 최종단계는 불편하고 불확실한 안전의 속성을 충족시키기 위해서 편해지려 하고 확실한 것을 추구하는 인간본성을 극복할 수 있는 안전의식의 고양이 핵심이다. 그런 의미에서 휴먼웨어의 향상은 개개인의 안전의식 고양이나 공동체의 안전문화 향상과 같은 의미의 말이라고 볼 수 있다.

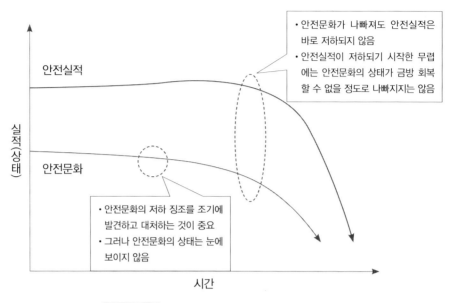

안전실적

실적(상태)

안전문화

• 안전문화가 나빠져도 안전실적은 바로 저하되지 않음
• 안전실적이 저하되기 시작한 무렵에는 안전문화의 상태가 금방 회복할 수 없을 정도로 나빠지지는 않음

• 안전문화의 저하 징조를 조기에 발견하고 대처하는 것이 중요
• 그러나 안전문화의 상태는 눈에 보이지 않음

시간

그림 16-3 시간에 따른 안전문화와 안전실적 저하

2. 안전문화 결정 요소

안전문화의 수준을 결정하는 요소들은 몇 가지가 있다. 안전문화를 증진시키기 위한 대책은 일반적으로 관리기반 대책과 행동기반 대책으로 구분된다. 가장 좋은 안전문화 대책은 관리기반 대책과 행동기반 대책의 통합 운용이 조화롭게 진행되는 것이다. 사회공동체의 안전성을 높이고 사고를 방지하기 위해서는 안전체계를 구성하는 네 가지 구성요소에 대한 위험을 낮추고 안전을 높여야 한다. 안전체계의 네 가지 구성요소는 설비, 환경, 방법, 행동이며 각각의 안전조건은 다음과 같다.

첫째, 안전한 설비와 도구의 제공

둘째, 안전한 환경의 제공

셋째, 안전한 방법의 제공

넷째, 안전한 행동이 실행되도록 하는 여건 조성

이들 중에서 첫째와 둘째는 사회공동체의 관리에 기초한 대책이며 셋째와 넷째는 인간행동에 기초한 대책이다. 첫째와 둘째 그리고 셋째는 자원의 투입이 필수적이기 때문에 생략하거나 절약하려는 유·무형의 압력이 존재할 수 있다. 따라서 가장 우선적

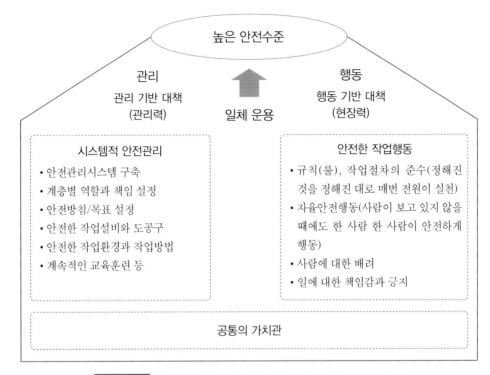

그림 16-4 안전문화 향상을 위한 관리기반 대책과 행동기반 대책

으로 자원이 투입되고 실행되는 것에 저항이 생기지 않도록 해야 한다. 높은 수준의 안전문화는 '정해진 것을 정해진 대로 매번 모든 사람들이 실천한다.'는 높은 규율과 '관리되지 않더라도 스스로 안전하게 행동한다.'는 높은 안전의식을 가질 때 가능하다.

1) 안전관리

안전문화의 성공적 조성을 위해서는 사회공동체에서 안전을 주관하는 부서(지원부서 혹은 현업부서)를 관리하는 일이 중요하다. 의전에 관련된 실행의무, 권한과 책임이 동등한 관계로 설정되어야 하며 실행을 위해서는 그만큼의 권한과 책임이 있어야 한다. 또한 안전관련 감독자는 안전관리 책임이 자신에게 있다는 것을 자각하고 지원과 책임 및 권한을 행사해야 한다. 조직 업무분장에서는 현업 관리감독자의 의무(실행책임), 권한, 책임(결과 책임)이 명확하게 설정되어 있어야 한다. 그리고 현업 관리감독자의 안전보건관리 업무 성과가 인사평가에도 반영될 필요가 있다.

2) 안전부서 역할과 전문능력

안전부서는 안전관리를 전략적으로 실시할 수 있어야 한다. 안전부서는 현업부서가 실행해야 할 안전업무를 계획하고 관리함으로써 현업부서가 업무에 전념할 수 있도록 도와준다. 그렇다고 해도 구성원들이 자신의 안전을 확보하는 것은 스스로의 책임이라는 의식을 가지도록 유도해야 한다. 안전부서는 현업부서에 안전관리 수준향상을 위해 조언해 줄 수 있어야 하며 문제해결을 위한 지도가 가능하도록 전문 역량을 구비해야 한다.

3) 안전의식과 직무규율

안전수준을 높이기 위해서는 '현장력'을 높여야 한다. 현장력이란 자신이나 다른 사람들이 사고를 당하지 않도록 항상 안전을 최우선으로 행동하는 실행력을 말한다. 또한 '정해진 것을 정해진 대로 매번 모든 구성원들이 실천한다.'는 규율이 사회공동체에 정착되어 있어서 스스로 생각하고 능동적으로 행동하는 힘이라고 볼 수 있다. 강한 현장력을 기르는 것은 안전문화를 조성하기 위한 필수 조건이다. 감독자에게만 의존하는 것이 아니라 현장력을 높이는 구조(행동 기반 대책)로 나아가야 한다. 이것을 위해서는 수행자의 동기부여를 높여야 하며 규칙위반에 대한 조절이 가능하도록 보상과 처벌 시스템을 구축할 필요가 있다.

일반적으로 조직에서는 현장작업자들의 위반정도를 파악해야 하는데, 위험행동에 대한 묵인은 규율시스템의 신뢰성 저하로 인식된다. 규칙 위반에 대해서 제재를 가하는 것은 단순히 제재 대상자만의 문제가 아니라 관련자들에게 허용 가능한 행동과 그렇지 않은 행동의 기준을 제시해주면서 안전행동에 대한 동기를 고양할 수 있다. 즉, 정당한 제재는 다른 사람들을 위험에서 구출하는 작용을 하게 된다. 그리고 정당한 제재를 통해 조직문화가 공정하다는 인식을 가지게 되는데, 이것은 긍정적으로 조직에 몰입하도록 하는 요소가 된다.

4) 작업절차와 안전규칙

　작업절차의 내용은 작업 진행방법, 작업 단계에서의 핵심적인 안전조치 사항과 안전행동의 이유, 재해사례 및 위험발생 시 조치 등을 포함해야 한다. 작업절차서의 제정과 개정에서는 반드시 조직 구성원들과 감독자가 참여해야 한다. 이것을 통해 주인의식과 책임감을 높일 수 있으며 높은 준수율과 안전행동의 정착을 기대할 수 있다.

　지속적인 안전교육을 통해서 안전규칙 및 작업절차를 알리고 위반은 제재로 이어지게 됨을 명확히 인식시킬 필요가 있다. 작업절차나 안전규칙의 제정에는 구성원들의 의견이 충분히 반영될 수 있도록 해야 한다. 그리고 시범실시와 같은 방법을 활용하여 실제 환경을 반영할 필요도 있다. 작업절차나 안전규칙이 제정된 이후에도 정기적인 재검토가 이루어져야 한다.

5) 안전문화교육의 효과 증진

　지식은 늘리고 기능은 익히며 올바르게 행동하는 태도를 가지는 것이 안전교육의 목표이다. 교육을 하는 이유는 누군가에게 관찰되고 평가되지 않더라도 실제 상황에서 실천하는 것이 목적이다. 하지만 교육이 무조건 효과를 가져다줄 것이라고 생각한다면 자칫 형식적 교육을 양산할 수 있다. 지식과 기능을 교육하고 훈련하지만 효과가 없을

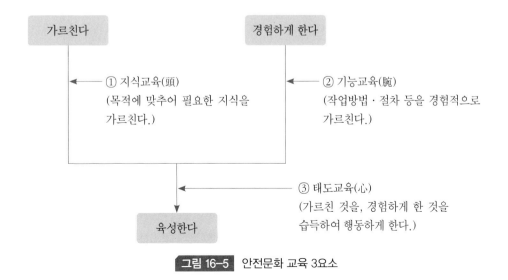

그림 16-5 안전문화 교육 3요소

수 있다.

앞에서 살펴본 것처럼 안전교육은 지식을 가르치는 것, 기능을 훈련하는 것, 안전에 관한 태도와 마음가짐을 육성하는 것의 세 가지 요소로 구분할 수 있다. 대체로 지식을 교육하는 것은 쉬운 반면에 기능 교육은 많은 비용이 들고 태도 교육은 '무엇을, 어떻게 교육할 것인가?'와 같은 접근방법에서부터 어려움이 발생한다. 안전문화 교육은 개인을 넘어 조직과 사회 전체에서 안전태도와 마음가짐에 대한 교육을 효과적으로 진행해야 하는 어려운 작업이다.

(1) know-why 교육

안전문화 교육을 통해 개인과 사회구성원들의 지식과 기능, 태도에 변화를 주기 위해서는 know-how 교육뿐만 아니라 know-why 교육도 실시되어야 한다. 안전교육을 실시하는 이유와 그러한 방식으로 실시되는 원리 및 배경에 대한 교육이 많아질수록 동기가 고양되고 실천력이 좋아지기 때문이다. 안전교육이 진행되는 방법이나 어떤 식으로 진행되어야 하는지 know-how만 교육된다면 진행자들에게는 왜 그러한가에 대해서 의문이 쌓이게 되고 의문 해결이 더디거나 이루어지지 않는다면 신뢰성이 떨어지기 때문이다. 따라서 know-why 교육은 안전문화에서 신뢰성을 높이기 위해서 꼭 포함되어야 할 교육 방향이다.

(2) 사고사례 분석

사고사례는 위험방지를 위한 최상의 교육 자료이다. 이순열(2018)은 사고경험이나 관찰이 위험감수성을 조절하는 주요 변수라고 하였는데, 사고 원인에 대한 명확한 분석과 냉철한 고찰은 위험을 방지하고 안전문화를 고양시키는 주요 방법이 된다. 기업이나 사회공동체에서 발생한 사고를 분석한 내용을 공유하는 것이 가장 흔한 사고사례 분석을 통한 안전교육이다. 사고에 관한 현물을 전시하였다면 실제 사고 현장을 관찰하면서 사고의 숨겨진 배경과 원인을 공유할 수도 있다.

제대로 실제 사례를 활용한 안전체험이 이루어진다면 강의식 안전교육보다 몇 배의 효과를 낼 수 있을 것이다. 따라서 조직이나 공동체는 발생된 사고를 덮으려고 하기보다는 명명백백히 분석하여 교훈을 찾고 재발을 방지하기 위한 교육 자료로 사용할 수 있어야 한다. 그리고 사고사례에 대한 객관적 수치나 분석뿐만 아니라 사고의 이면과 배경에 존재하는 삶의 이야기를 덧붙여 제시하는 것도 필요하다. 위험과 안전은 인간 삶의 중요한 부분이란 점에서 인간과 삶에 대한 깊이 있는 고찰은 안전문화 형성에 도움을 준다.

(3) 보상과 처벌

아무도 보지 않을 때에도 안전하게 행동하는 것이 안전교육의 목표이며 모든 사람이 어디에서나 안전행동을 실천하도록 하는 것이 최고의 안전문화 수준이다. 따라서 안전교육에서 배운 대로 실천할 때에는 적절히 보상하고 안전규정을 위반하였을 때에는 엄정히 처벌하는 것이 기본이다. 구체적으로는 위험행동을 금지하는 이유와 배경을 설명하여 동기를 부여하는 한편, 발생한 위험행동에 대해서는 엄정한 조치를 취할 때 실천력이 강화될 수 있다.

(4) 아차사고 보고

아차사고 사례를 교육 자료로 활용하는 것은 안전문화를 증진시킬 수 있는 좋은 방법이다. 교육 대상자들이 아차사고 사례를 분석하여 무엇이 문제였는지, 어떻게 하면 보다 안전했을 것인지를 토론하고 새로운 행동목표를 설정하여 실천해 봄으로써 행동을 개선할 수 있다. 아차사고에 대한 정보를 조사하고 데이터를 정리하는 것은 사고예방 대책에서도 좋은 자료로 사용될 수 있다.

아차사고 사례는 보고되지 않으면 사라질 수 있기 때문에 매일 일정량의 아차사고를 찾도록 하는 것도 안전문화 향상을 위한 교육 방법이 될 수 있다. 그리고 아차사고를 위험 등급별로 분석하고 분류하는 것은 위험행동의 심각성을 구성원들에게 알려 주고 위험감수성을 고양시키는 방법이 되기도 한다. 아차사고 사례를 접하며 구성원들은 자신의 행동을 돌아보게 되고 자신은 문제가 없다고 생각했지만 사고 위험을 새롭게 탐색하게 된다. 이러한 탐색과 인지적 충격은 자신의 행동과 함께 위험에 대한 태도를 살펴보고 교정하는 계기가 된다.

(5) 위험예지훈련

환경에 도사리고 있는 위험을 미리 탐색해 보는 것은 사고예방과 위험감수성 향상에 도움이 된다. 일반적으로 위험예지훈련은 공동 작업자나 집단이 함께 브레인스토밍 형태로 진행되는데 개인이 혼자서 실시하는 위험예지훈련도 반드시 필요하다. 왜냐하면 실제 행동에서 여러 명이 함께 있더라도 실질적으로 한 사람의 행동이 사고로 연결되는 경우가 많기 때문이다. 즉, 실제 현장에서는 여러 명의 위험감수성이 작동하는 것이 아니라 개인이 위험을 탐지하고 행동하는 경우가 많기 때문에 개인이 느끼는 위험감수성이 실질적으로 향상되어야 한다.

제**17**장
안전분위기와 안전풍토

안전문화는 시간을 기준으로 가장 지속적이고 일관된 형태로 사회나 조직에 영향을 준다. 그다음으로 긴 영향을 미치는 것이 안전분위기이며 안전풍토는 비교적 짧은 시간동안 영향을 미친다. 쉽게 말해 안전풍토는 특정장소나 상황에서만 발생하는 안전문화라고 볼 수 있다. 예를 들어, 산업화시대 국가나 산업 전반에 걸쳐서 안전보다는 성

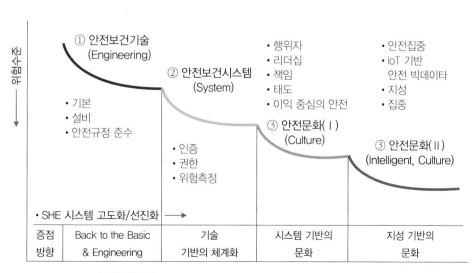

그림 17-1 안전패러다임의 변화(안전보건관리 시스템 영역)

장이 중시되던 것은 1970년대 한국사회의 안전문화라고 볼 수 있다. 이 중에서도 특정한 시기마다의 안전분위기가 존재할 것이다. 또한 개별 산업현장에서 짧은 기간 동안 나타났던 사회나 조직 구성원들의 안전의식들은 안전풍토가 된다.

1. 안전분위기

안전분위기는 안전에 대해서 가지는 지각이나 태도를 반영한 심리 현상이다. Cooper(2000)가 밝힌 안전문화의 세 가지 하위 측면 중 심리적 측면이 안전분위기를 지칭하는 것이기 때문에 안전태도와 지각적 측면은 안전분위기와 관련성이 깊다. 이범진과 박세영(2013)의 연구에 의하면 안전분위기는 조직몰입과 안전행동과의 관계를 조절한다고 밝혔다. 구체적으로는 조직몰입과 안전행동 간에는 긍정적 관계가 있고 안전분위기가 높을 때에 조직몰입을 더 많이 하는 것으로 나타났다. 안전분위기는 경영 가치, 교육, 의사소통, 안전프로그램의 실현 등을 통해서 변화시킬 수 있다. Eiff(1999)는 안전문화와 안전분위기에 관한 통합적 연구에서 안전문화와 안전분위기를 증가시킬 수 있는 방안을 다음과 같이 제시하였다.

첫째, 공동체가 안전에 대한 가치를 중요시한다는 것을 구성원들에게 강조한다.

둘째, 안전리더십을 증가시키기 위해 관리자들이 현장에 자주 방문하여 안전에 관한 의사소통을 하거나 올바른 안전행동을 긍정적으로 강화한다.

셋째, 안전에 대한 의사결정을 할 때 구성원들의 참여를 장려하고 회의 및 교육을 통해서 더 안전한 방식으로 행동하도록 한다.

넷째, 안전행동에 대한 보상을 장려하고 불안전행동을 교정한다.

김기식과 박영석(2002)은 안전분위기가 사고에 미치는 영향에 관한 연구에서 사고를 줄이기 위해 안전분위기를 긍정적으로 변화시킬 수 있는 관점을 다음과 같이 밝히고 있다.

첫째, 책임자들의 의지와 가치가 사고를 줄이는 데 중요한 영향을 미친다.

둘째, 문제에 대해 공개적으로 거론하고 토의할 수 있는 분위기가 조성되어야 한다.

셋째, 안전규정이 체계적으로 수립되고 운영되어야 한다.

넷째, 안전교육이 활성화되어야 한다.

2. 안전풍토

안전풍토(safe climate)는 특정한 시기에 공동체 구성원들이 공유하고 있는 안전지각 혹은 작업환경의 안전에 관한 지각으로 정의할 수 있다. 쉽게 말해, 사진과 같은 형태로 현재의 안전문화를 반영한다고 볼 수 있다. 즉, 안전풍토는 안전에 관한 특정한 시기의 분위기이다. Neal과 Griffin(2006)은 안전풍토를 작업장 안전과 관련하여 구성원들이 인식하는 정책과 절차 및 관행을 포함하는 개념이라고 하였다. 안전문화의 정의와 안전풍토의 정의가 유사하지만 안전풍토는 안전문화보다 상대적으로 불안정하고 변하기 쉽다는 차이가 있다. 안전문화는 중요한 문제를 다루는 방식을 반영하며 조직의 일관된 특성으로 간주된다. 반면 안전풍토는 특정한 환경에 의해 변화하기 쉬운 집단이나 조직, 공동체 등의 일시적 상태로 간주된다. Mohamed(2003)는 안전풍토의 하위 요인을 다음의 10가지로 구분하였다. 안전사고 확률이 상대적으로 높은 건설업계의 안전풍토 연구를 바탕으로 여러 요인들과 안전풍토의 관계를 고찰하였다.

(1) 안전책임자 개입

안전책임자 개입은 안전풍토를 향상시키는 데 중요하다. Mohamed(2003)는 안전책임자들이 현장의 문제에 개입할 때 가장 기본이 되는 것은 안전에 관련된 자원을 구성원들에게 충분히 제공해야 한다고 밝혔다. 이를 통해 구성원들이 자신의 안전에 대해 공동체 책임자들이 배려하고 있다고 느끼면 더욱 안전하게 행동하려고 노력한다는 것이다. 따라서 안전책임자들이 현장의 안전문제에 더 많이 개입할수록 구성원들은 안전의 중요성을 높게 지각할 것이며 이것은 안전행동과 연결될 수 있다.

(2) 안전의사소통의 효과성

안전의사소통의 효과성은 공동체 책임자들이 안전과 관련된 사항을 구성원들에게 잘 전달하고 또 그들에게 피드백을 받는 정도를 통해서 알 수 있다. Mohamed(2003)는 개방된 의사소통과 공동체 내의 정보 공유가 책임자들이 안전에 대해 깊게 개입하고 있다는 구성원들의 지각을 높인다고 한다. 따라서 좋은 안전의사소통은 구성원들로 하여금 환경의 전반적 안전성을 높게 지각하게 할 것이고 이것은 안전한 행동과도 연결될 수 있다.

(3) 안전규칙과 절차

안전규칙과 절차의 완성도는 공동체가 현행 안전규칙과 절차를 얼마나 잘 권장하고 시행하는지 구성원들의 지각으로 측정될 수 있다(Cox & Cheyne, 2000). 따라서 안전관련 문제는 안전절차의 잘못된 적용이나 안전절차 자체의 부재 때문에 발생한다고 할 수 있다. 그러므로 구성원들이 현재의 안전규칙과 절차를 더 잘 알고 또 신뢰할수록 환경 전반에 대한 안전성을 높게 지각할 수 있으며 이것이 안전행동을 증가시킨다.

(4) 동료들의 안전지지

안전에 대한 다른 구성원들의 지지는 집단이나 팀 내에서 동료들이 안전하게 행동하기 위해 얼마나 서로를 돕고 신뢰하는지의 정도를 의미한다. 작업환경에서 동료들이 지지적일 때 구성원들은 안전에 더 많은 관심을 기울이게 되고 또 안전수행을 위한 동료 간의 긴밀한 유대가 증진된다. 동료들의 안전지지 정도가 높을수록 안전풍토는 좋은 결과를 보인다. 안전하게 일하도록 서로를 독려하고 배려할수록 환경의 전반적 안전성을 높게 지각하게 되고 안전한 행동과 연결된다.

(5) 책임자의 안전지지

책임자의 안전에 대한 지지는 안전감독자의 안전에 대한 바람직한 태도와 행동 그리고 구성원들과의 원활한 안전의사소통 정도 및 안전지식 제공자로서의 역할을 얼마나 잘하고 있는가의 정도이다. 조직의 안전이 잘 유지되기 위해서는 책임자들의 역할 못지않게 안전프로그램이 잘 운영되는지를 지속적으로 관리하는 감독자의 역할이 크다. 감독자들이 구성원들의 복지에 관심을 가지면 구성원들은 안전하게 행동하여 보답하려는 암묵적 의무를 가지게 되고 이것은 안전풍토에 좋은 영향을 준다. 그리고 책임자의 관계 지향 특성이 안전풍토에도 좋은 영향을 줄 수 있다. 따라서 책임자가 안전에 대해서 더 잘 인식하고 지지적 태도와 행동을 할수록 구성원들은 환경의 전반적 안전성을 더 높게 지각하고 안전행동과 연결시키려는 동기가 강화될 수 있다.

(6) 구성원 관여 수준

구성원들의 관여 수준은 구성원들이 높은 안전수행 수준을 달성하기 위해 여러 가지 잠재적 위험환경을 확인하는 데 얼마나 역할을 잘 수행하는가에 관한 것이다. 그리고 부상이나 위험한 상황을 얼마나 적극적으로 보고하는지의 정도도 포함하고 있다. 구성원들이 안전문제에 대해 잘 알고 있고 자신의 문제라고 인식하는 관여 수준이 높을수록 안전성을 높게 평가하게 되고 안전행동도 증가하게 된다.

(7) 물리적 환경과 작업위험평가

물리적 환경과 작업에 대한 위험평가는 작업자 배치와 설계 그리고 작업 장비를 운영할 때에 안전이 잘 고려되고 있는지에 대한 구성원들의 지각 정도를 말한다. 작업현장 설계는 출입구, 통행로, 저장소, 현장사무소, 편의시설, 작업시설, 조립작업장, 울타리 등의 배치와 설계 등을 포함한다. 작업현장 설계의 목적은 효율성을 최대화하고 위험을 최소화하는 작업 환경을 만드는 것이다.

(8) 편의주의 작업 압력

잘 배치되고 계획된 환경은 안전수행을 높인다. 편의주의에 의한 작업압력은 구성원들이 작업 완수를 위한 작업량이나 시간압력을 느껴서 안전을 소홀히 하게 되는 정도를 말한다. 시간압력 때문에 감독자가 구성원들의 위험행동을 눈감아 주기도 하는데 생산을 촉진하기 위한 인센티브는 오히려 안전행동을 포기하여 높은 생산성을 달성하려는 유혹에 빠지도록 만들 수 있다. 따라서 조직이 구성원들로 하여금 안전보다는 편의주의나 생산성에 더 가치를 두고 있다는 지각을 가지지 않도록 하는 것이 안전풍토 향상의 관건이다.

(9) 안전작업 효능감

안전작업 효능감은 구성원들이 맡은 일을 안전하게 해내는 지식과 기술 그리고 능력을 가지고 있다는 자신감을 말한다. 구성원들은 안전한 작업에 대해서 교육을 받을수록 자신감이 커진다. 구성원들의 효능감은 책임자 및 안전시스템과 더불어 안전풍토의 주요 요인이다. 구성원들이 안전작업 효능감을 가질 수 있도록 지속적이고 체계적인 교육이 공급되고 조직과 감독자는 이러한 투자와 비용을 과감히 사용하여 구성원들로

하여금 안전투자에 중요한 가치를 두고 있음을 지각시켜야 한다. 이러한 지각은 구성
원들의 안전작업 효능감에 더 큰 가치를 부여하도록 하며 안전교육 동기를 향상시키고
성과에도 긍정적인 영향을 줄 수 있다.

(10) 안전교육

안전교육은 조직에서 지속적이고 체계적으로 실시하고 있는 안전교육의 효과성에
대해 구성원들이 어떻게 지각하고 있는지의 정도를 말한다. 안전교육의 중요성은 여러
연구에서 강조되고 있는데, 특히 안전풍토의 긍정적인 향상에 지대한 영향을 미치는
것으로 나타났다(Guldenmund, 2000). 공동체의 안전교육이 효과적이라고 지각할수록
구성원들은 환경의 안전성을 높게 지각하고 안전행동을 긍정적으로 변화시킨다.

제**18**장

사회적 환경과 안전문화

건설현장에서 작업자들이 자신의 장구를 직접 구매하도록 하는 조직의 사고율과 장비를 회사에서 구비해서 지급하고 착용 여부를 꼼꼼히 살피는 조직의 사고율은 다를 것이다. 이처럼 위험은 관리시스템, 규범, 소속된 환경의 분위기나 풍토(morale), 교육 그리고 안전관련 인센티브 등 사회적 맥락과 환경적 배경들에 의해서 크게 좌우된다.

사고 감소와 관련된 지속적인 교육은 위험행동을 감소시킬 것이다. 즉, 책임자나 감독자들이 얼마나 안전에 대해서 중요시하는가는 구성원들뿐만 아니라 전체 조직과 사회의 위험과 안전에 직접 영향을 줄 수 있다(Fellner & Seizer-Azaroff, 1984). 사회적 환경은 주변 사람들이 가지고 있는 태도나 행동을 말하는데 사람들은 그것에 민감하게 영향을 받는다. 즉, 주변 사람들이 어떻게 행동하는지 그리고 그 행동의 결과가 어떠한지를 관찰함으로써 자신의 위험에 대해서 평가하고 어떠한 태도를 가지고 어떻게 행동할지를 결정하게 된다.

Wagenaar와 Groeneweg(1988)는 네덜란드 해운협회가 수집한 100건의 해상 사고를 평가한 결과 사고 원인 요인들이 2,250개에 달한다고 발표하였다. 그중에서 인간 특성이 사고 요인이라고 지목된 것은 345개 정도였고 사람의 실수가 사고의 직접 원인인 것은 100건 중 4건에 불과했다. 이러한 연구 결과는 사고의 대다수가 인간 요인으로 지목되는 다른 연구들과는 차이가 있으며 이것은 사고의 최종 원인이 인간이라고 하더라도 그 안에는 사회적 압력과 잘못된 태도나 관습과 같은 독특한 사회적 맥락들이 더 큰 영향을 주고 있음을 시사하고 있다.

1. 익명성

익명(anonymity)이라는 단어의 사전적 의미는 '이름을 숨기는 것'이다. Diener, Fraser, Beaman과 Kelem(1976)은 익명을 개인이 보이지 않는 상태, 즉 개인의 신원이 파악될 수 없는 상태라고 정의했다. Burkell(2006)은 익명이란 '다른 사람과 떨어져서 사회적으로 고립되어 있는 상태'라고 하였다.

Diener 등(1976)은 핼러윈 장난(trick or treat)을 위해 분장한 아이들은 사람들이 자신을 알아보지 못한다고 생각할수록 더 많은 사탕을 집어 간다는 재미있는 연구 결과를 제시하였다. Silike(2003)가 북아일랜드의 범죄 통계를 분석한 연구 결과를 보면 복면 등으로 얼굴을 가린 범죄자들이 더 많은 폭력 및 공공 기물파손 범죄(vandalism)를 일으키는 것으로 나타났다. 더군다나 폭행 피해자에게 더욱 심각한 신체적 상해를 가하고 공격 후에도 바로 떠나지 않고 위협 행동을 지속적으로 보이는 경우가 많았다고 보고하였다. 익명성에 관한 연구들은 사람들의 공격성이 자신을 숨길 수 있을 때 더욱 많이 발생할 수 있음을 시사한다.

최근의 익명 관련 연구들은 사이버 상황과 관련한 것들이 많다. Suler(2004)는 익명이 보장되는 사이버 상황에서 개인은 긴장이 완화되고 구속감을 적게 느끼며 더욱 개방적으로 자신을 표현하는 경향이 있다고 밝혔다. 그리고 공격적인 표현이 익명성 상황에서 더욱 높아지는 이유에 대해서 행동의 탈억제 효과(disinhibition effect) 때문이라고 설명하였다. Johnson(2009) 또한 사이버 공간의 익명 보장이 일탈을 부추기며 사람들로 하여금 현실에서는 위험부담이 큰 사회적 규범으로부터 쉽게 해방감을 준다고 보고하였다. 이처럼 익명 상황은 일반적으로 위험행동을 증가시킨다. 따라서 안전문화를 올바르게 정착하기 위해서는 익명 상황을 최소한으로 하는 것도 한 가지 방법이 될 수 있다. 자신을 다른 사람들이 모른다고 생각할수록 우리는 안전행동보다는 자연스럽고 편리한 위험행동을 선택하기 쉽다.

일상생활에서 자신의 집에 혼자 있을 때를 제외하고 익명상황이 생기는 경우는 그리 많지 않다. 사람은 없을지라도 우리를 지켜보고 있는 CCTV가 점점 증가하고 있기 때문이다. 집이나 욕실을 제외하면 자동차를 운전하는 상황도 자동차라는 차체에 가려서 탑승자를 알 수 없기 때문에 익명상황이라고 볼 수 있다. 차량 밖의 사람들은 차량 안에서 운전하고 있는 사람이 누구인지 모른다. 차량 유리가 짙은 어두운 색을 띠거나 차체가 높을 때에는 운전자를 발견하는 것조차도 힘들다. Bjorklund(2008)는 운전자들 간의 만남은 대부분 일시적이며 서로 누구인지 알지 못하는 상태에 있고 상호 의사소통도 제한적이라고 하였다.

익명이 잘 보장되는 상황의 운전자와 그렇지 않은 운전자 사이에서는 행동의 차이가 발견되었다. Elloson, Govern, Petti와 Figler(1995)는 교차로에서 신호대기를 하던 중 진행 신호로 바뀐 후에도 늦게 출발하는 앞차가 있을 때 바로 뒤 차량의 익명성 정도가 어떤가에 따라서 경적 반응이 달라진다고 보고하였다. 지붕이 열려 있고 운전자가 노출되어 있는 차량과 지붕이 닫혀 있는 차량인 경우를 비교했을 때 지붕이 닫혀 있는 차량의 운전자가 더 빨리 그리고 더 빈번하게 경적을 울리는 경향이 있었다. 이러한 연구 결과는 익명성이 높은 상황과 낮은 상황에서 행동이 달라질 수 있음을 보여 준다.

Ellison-Potter, Bell과 Deffenbacher(2001)의 차량 시뮬레이션 연구에서도 운전자가 지붕이 있는 일반 차량을 운전하고 있다고 가정한 경우에는 지붕이 열리는 차량을 운전하고 있다고 가정한 운전자보다 신호위반, 추돌사고, 과속을 더 많이 했고 심지어 갑자기 나타나는 보행자를 치어 숨지게 하는 경우도 더 많았다. 이러한 연구 결과는 익명성이 높아지는 것이 충동성이나 난폭성을 증가시킬 수 있음을 보여 준다.

차량 지붕이 열리는지 여부에 따른 운전행동 차이는 운전 당시 옆자리에 동승자가 있는지 없는지에 따른 행동 연구에서도 유사한 형태로 나타난다. Lee와 Abdel-Aty(2008)는 운전에서 동승자가 있는 경우 그리고 동승자의 수가 많을수록 운전자가 사고를 낼 가능성이 줄어들고 안전한 운전을 하는 경향이 있음을 밝혔다. Neale, Dingus, Klauer, Subweeks와 Goodman(2005)은 차량 100대를 관찰한 연구에서도 동승자 없이 홀로 운전하는 운전자가 주의 산만한 행동 및 앞차에 공격적인 행동을 더 많이 하는 것으로 나타났다. 연구자들은 이러한 이유가 혼자 운전하는 사람들이 자동차를 운전하면서 동승자와의 상호작용이 없어지는 상황에 놓이면 자신의 존재를 잊고 차량과 자신을 동일시하는 경향이 발생하기 때문일 것이라고 보았다.

또한 Shinar와 Compron(2004)은 운전자 2,000여 명을 관찰한 연구에서 운전자가 차량 내 동승자 없이 혼자 운전하는 경우에는 경음기 사용이나 차로 변경 혹은 갓길 운행 등의 난폭한 운전행동이 더 많이 나타났으며, 동승자가 있는 경우에는 난폭한 운전행동을 비교적 적게 하는 경향이 있다고 보고하였다. Baxter, Manstead, Stradling, Campbell, Reason, 그리고 Parker(1990)의 연구에서도 차량에 고령의 동승자가 있을 때에 가장 낮은 속도로 주행한다고 밝히고 있다. Shinar(2001)의 연구에서도 가족을 태우고 운전하는 운전자가 동승자의 존재를 인식하고 있기 때문에 혼자 운전할 때보다 더 낮은 속도로 주행하는 경향이 있다고 보고하였다. 이러한 연구들은 동승자의 존재 즉, 익명 상황 여부가 사람들로 하여금 다른 방식으로 행동하도록 하는 요인임을 알려준다.

2. 법규에 대한 태도와 안전문화

일반적으로 법규나 규칙 그리고 제도정비가 안전을 담보한다고 생각하는 경향이 있다. 하지만 인간은 선택을 통해서 규정이나 제도를 지킬 것인지 어길 것인지를 결정한다. 따라서 단순한 법규나 제도정비나 규정이 안전을 담보하는 것이 아니라 제도나 규정을 지키고 수행하도록 하는 안전문화 교육이 안전을 충족시킬 수 있음을 알 수 있다.

규칙과 법규를 고의로 위반한 경우가 사고로 이어진 사례로는 1991년 일본 시가라키 고원 철도(Shigaraki Kohgen railway)에서 발생한 사고를 들 수 있다. 일본 시가현 키부카와역과 시가라키구사역 사이 JR 니시니혼 열차가 충돌한 사고로 42명이 사망하였고 600여 명이 부상당했다. 사고의 여러 원인 중 하나는 열차출발 알림장치를 기관사들이 악용한 것이다. 시가라키 고원 철도는 단선 철도로 적신호를 제대로 보지 못하고 출발하면 정면충돌 사고가 발생할 수 있다. 그래서 출발장소에는 열차출발 알림장치가 설치되어 있다. 이것은 적신호에서 출발할 경우에는 반대방향 신호도 적색으로 변해서 반대반향 열차는 대피선로에서 대기하도록 하는 것이다. 즉, 열차출발 알림장치는 기관사가 신호를 제대로 확인하지 못하는 실수를 보완하기 위해서 만든 안전장치이자 규칙인 것이다. 하지만 일부 기관사가 이 시스템을 무시하고 적신호에서 무리하게 출발하는 경우가 있었다.

　사고가 발생하던 1991년 5월 14일에도 의도적으로 무리하게 출발한 기차와 공교롭게도 제대로 작동하지 않은 열차출발 알림장치가 맞물리면서 대참사가 일어났다. 이처럼 안전장치를 제작하고 규칙과 규정을 만들어도 자신의 편의를 위해서 악용하고 지키지 않아도 된다는 태도를 가지게 되면 사고와 참사는 피할 수 없다. 사람들로 하여금 안전법규와 규정을 지키겠다는 태도를 형성하지 않으면 사고와 참사는 발생하게 될 것이다.

　태도란 어떤 사람, 사람의 집단, 대상물 또는 집단에 대해 일관적으로 행동하려는 학습된 성향이다. 이순열, 이순철, 박길수(2018)는 실수와 사고의 직접적인 상관은 잘 발견되지 않는 반면에 법규를 위반하려는 성향이 사고와 관련이 높다고 보고하였다. 즉, 위험행동 자체가 사고로 이어지는 직접적 영향보다 '법규나 규칙을 위반해도 된다!'는 태도가 사고에 더욱 큰 영향을 미칠 수 있다는 주장이다.

1) 법규위반과 안전문화

　법규를 위반하는 이유에 관하여 우리나라 1,300여 명을 조사하였다. 그 결과 위반하지 않으면 목적 달성이 어려워서 법규를 위반할 수밖에 없다는 응답이 54.6%로 가장 많았다. 그리고 위반해도 사고를 일으킨다고 생각하지 않기 때문이라는 응답이 16.5%, 위반하는 사람이 많아서 나만 지키면 손해라는 사람이 11.7%, 법규는 조금 위반해도 괜찮다고 생각하기 때문이라고 답한 사람은 5.5%였다. 마지막으로 위반해도 처벌이 별로 두렵지 않아서라고 응답한 사람도 2.2%였다(도로교통공단, 1993). 이상과 같은 법규 위반의 경우 우리나라 사람들의 문제의식이 낮게 형성되어 있음을 보여 준다. 비행기 조종사들의 사고와 관련된 연구에서도 준법정신 결여와 위험경고 무시 등이 상관이 있는 것으로 나타났다. 규율을 준수하려는 의지가 부족한 것은 항공기 사고의 한 원인이며 규정과 절차를 무시하고 반복해서 저지르는 위반행동은 적절히 관리하여야만 한다. 그렇지 않으면 전체 집단에도 나쁜 안전문화를 형성하도록 하여서 결국 사고로 이어질 수 있다(최정열, 2014). 이순철(2000)은 이러한 결과를 바탕으로 법규위반에 대한 우리나라 사람들의 태도를 다음과 같이 분류하였다.

　첫째, 불합리한 법규는 지키면 손해라는 태도이다. 불합리한 법규는 지키지 않아도 된다는 인식은 그만큼 우리나라 사회와 문화가 과도기라는 것으로 해석할 수 있다. 과도기 상황에서는 법과 규범을 지키면 낙오자가 된다고 생각할 수 있다. 게다가 오히려 법규를 부정하고 파괴하는 사람이 앞서가는 경우를 목격하게 되면 법을 지키면 손해라는 태도가 만연해질 수도 있다.

둘째, 자신의 잘못을 인정하려는 용기 부족이다. 이것은 새로운 환경에 대한 거부감이 원인으로 두려움의 표현일 수 있다. 그리고 자신의 잘못은 사소한 것이고 상대방이 중대한 잘못을 저질렀다고 항변한다. 자신의 조그마한 잘못은 상대방의 큰 잘못에 비하면 대수롭지 않기 때문에 무시될 수 있고 용서되어야 한다는 태도를 보이고 있다.

셋째, 자신의 능력을 과신해서 법규에 대한 태도가 잘못 형성되는 경향이다. 이것은 조작기술과 행동의 차이를 정확히 인식하지 못하고 자신의 행동이 타인에게 어떠한 영향을 주는지를 생각하지 않고 행동하기 때문일 것이다. 이러한 태도와 행동이 사회의 주류를 형성하고 있기 때문에 사고 위험이 증가하게 된다.

또한 이순철(2000)은 위반에 대한 동조 현상이 생기는 이유를 다음과 같이 설명하였다.

첫째, 사람들은 자신의 판단이나 행동을 남과 비교하려는 욕구를 가지고 있다. 그래서 자기가 확실히 알지 못하는 일이 있을 때 남이 하는 대로 따라가려는 경향이 있다.

둘째, 다수의 행동을 따르지 않으면 직접 혹은 간접 제재를 받는 일이 많다. 집단 안에는 공식 또는 비공식 규범이 있어서 이러한 규범에서 이탈하면 압력을 받고 그래도 이탈하면 집단으로부터 축출될 위험이 있다.

셋째, 타인의 인정을 받고 사랑을 받으려는 친애욕구(affiliation need)가 있으며 남에게 인정과 사랑을 받는 첫 단계는 남과 같은 태도와 행동을 갖는 것으로부터 출발한다.

2) 법 감정과 준법의지

강제성에 의존해서 이루어지는 준법행위의 고양은 매우 위태로울 뿐만 아니라 계속된 감시와 처벌이 이루어져야만 한다는 점에서 고비용의 사회운영 방식이다. 반면에 시민들이 자발적으로 준법 의지와 긍정적인 법 감정을 고양시켜서 사회를 운영하는 방식은 사회통합과 사회발전을 이루어 나가는 저비용의 효율적인 사회운영 방식이다(박광배, 조은경, 1998).

그러나 안타깝게도 여러 조사에 따르면 우리나라 사람들은 법 신뢰도가 낮고 법 집행의 공평성과 공정성에 의문을 강하게 가지고 있는 것으로 나타나고 있다(김시업, 김지영, 2003). 우리나라의 사회체계와 사회운영 방식은 부정적인 법 감정과 낮은 준법의 지로 인해서 과도하게 많은 비용을 낭비하고 있는 실정이다. 따라서 '어떻게 낮은 법 신뢰도를 높이고 법이 공정하고 공평하게 집행되고 있다는 긍정적인 법 감정을 향상시킬 수 있을까?' '사람들의 자발적인 준법의지를 고양시키는 방법은 무엇일까?'와 같은 질문에 해답을 찾는 것은 건전한 안전문화 확립과 발전을 위해서 반드시 필요한 고민이다. 이때 가장 기본적인 고려사항은 법 감정과 준법의지의 이해이다. 그리고 법 감정과 준법의지는 모두 인간 심리 내면의 감정이나 동기로 작용하기 때문에 내재적인 원인 분석이 요구된다.

양승두(1989)는 우리나라 사람들이 가지고 있는 법 감정은 공포와 두려움이라고 지목하였다. 그 이유는 일반국민 입장에서 법 적용과 집행이 그야말로 법대로 이루어지는 것이 아니라 권력자의 임의로 아랫사람에 대한 복종의 강요나 선심 쓰는 선처로 나타난다고 생각하기 때문이라고 지적하였다. 이처럼 법 인식이 공정이나 정의와 거리가 멀게 되면 준법의지는 약해질 수밖에 없다. 준법의지를 고양시키기 위해서는 법규를 어기는 것이 자신에게 손해를 줄 것이라는 이해타산적 인식이나 당위적으로 법규를 지켜야 한다는 규범적 인식이 필요하다. 끊임없이 공권력을 투입하고 집행력을 강화하여 처벌확률을 높여야 한다. 그러나 이것은 많은 비용과 시간이 소모되는 일이며 동시에 감시와 처벌에 행정력을 집중하게 되면서 오히려 사회 불안을 높이고 정부에 대한 부정적 태도를 증가시킬 수도 있다.

반면에 규범적 성향을 조절해서 준법의지를 고양시키는 것은 법 적용과 집행에 신뢰를 증가시킨다. 준법의지에 영향을 미치는 가장 큰 요인은 규범적 성향의 유·무라는 것이 여러 연구에서 지지되고 있다. 나아가 법 집행기관의 공평과 권위에 기초한 준법의지가 증가될 수 있는데, 이것은 모두 작은 경제적 비용으로 큰 사회적 이득을 얻는 결과를 가져다준다(박광배, 1996). 준법의지에 영향을 미치는 요인은 처벌 강도가 아니라 처벌 확률이라는 연구 결과도 많다. 위법에 대해서 얼마나 엄중히 처벌하느냐보다 위법한 행동은 확실히 처벌로 이어진다는 인식이 준법의지를 더욱 증가시킨다는 것이다 (Saltzman, Patemoster, Waldo, & Chiricos, 1982; Teevan, 1976; Tittle, 1980).

또한 자신과 주변 사람이 가진 법 태도는 준법의지에 직접 영향을 주기도 한다. Patemoster, Saltzman, Waldo와 Chiricos(1983)의 연구에 의하면 준법의지는 '어떻게 처벌하느냐?' 하는 법 집행의 방법보다 주변인과 당사자의 도덕적 자기개념이 더 큰 영향을 준다. 준법의지는 법의 엄격성이나 처벌의 확실성보다 자신을 비롯한 주변인들이 법을 어기는 것에 대해서 얼마나 비판적인 입장을 가지고 있느냐에 더 크게 영향을 받는다는 것이다. 법을 처벌 강도나 확실성 때문에 지키는 것이 아니라 공동체와 자신의 안위에 도움이 되지 않기 때문에 지킨다는 태도가 궁극적으로 준법의지를 강화하는 동기로 작용하는 것이다.

법 감정은 법 집행기관 및 운영자의 정당성과 권위를 통해서도 조절할 수 있다. 법 집행기관의 정당성과 권위는 법 집행에 관한 경험을 통해서 형성된다. 사법부나 경찰의 법 적용과 집행이 정당하다는 경험을 할수록 법 감정은 긍정적으로 변하지만, 그렇지 않을 경우 법 감정은 악화될 수 있다. 기관이나 사회 구조의 정당성을 살피는 것은 사람들의 동기 수준이 내재화하는 방향으로만 나아가는 것이 아니라 외재화하는 방향성도 있기 때문이다. 사람들은 먹고 살기 위해서만 동기화되는 것이 아니라 사회 정의나 공명정대한 사회를 건설하기 위해서도 동기화된다. 하지만 정의로움을 경험하지 못하거나 부당한 일들이 만연하는 것은 사회체계를 부정적으로 바라보게 하거나 끊임없는 불법행동 속에서도 괜찮다는 기만적 상황에 빠지도록 만들 수 있다.

사람들은 기본적으로 공정함에 대한 기대와 욕구가 있다. 세상을 공정하게 인식하고 싶어 하고 또 그렇게 인식되도록 만들고 싶어 한다. 때문에 공정에 대한 인식이 강할수록 법 적용의 엄격함이 강해진다. 그러나 공정에 대한 인식이 약하면 준법의지도 약해지고 법 감정도 부정적으로 변하게 된다. 세상이 공정하지 못하다고 지각하면 공정을 위한 노력을 포기해 버릴 가능성이 높아지는 것이다(최승혁, 허태균, 2012; Lambert & Raichle, 2000).

3) 사면과 안전문화

우리나라의 경우 문민정권이 들어선 1993년 이후부터 거의 해마다 사회통합과 경제 살리기를 이유로 대통령 사면이 단행되고 있다(김종덕, 2015; 박광현, 2014; 전찬희, 2015). 대통령 사면 대상에는 안전관련 법규위반이 포함된다. 이유는 안전관련 법규 위반은 생활 밀착형 범법 행동으로 여겨지며 일반적으로는 심각성이나 의도성이 적고 사면 후 일상에 복귀하면 경제 활성화와 국민 통합을 이루는 데 효과가 크다고 보기 때문이다.

김영삼 대통령 재임 시절 사면 횟수는 모두 9회로 총 사면 대상자 441만 명 중 안전 관련 법규 사면자 수는 440만 명에 달했다. 김대중 대통령 역시 재임 시절 사면 횟수는 7회로 총 사면대상자 532만 명 중 안전관련 사면자 수는 481만 명이었다. 노무현 대통령은 재임 시절 총 8회의 사면을 실시했는데 전체 사면대상자 420만 명 중 안전관련 대상자는 419만 명이다. 이명박 대통령 재임 시절에는 총 7회의 사면이 실시되는 동안 안전관련 사면자 수가 전체 사면자 수의 절대 다수로 282만 명이었다. 이처럼 대통령 사면이 실시될 때마다 대다수의 대상자들은 안전법규 위반관련자들로 일반 시민에게 가장 직접적인 영향을 미친다는 측면에서 법 집행과 준수에 대한 여러 가지 심리적 반응이 나타날 수 있다.

국민들에게 가장 많은 수로 적용된 안전관련 법규 위반에 대한 사면 경험은 직접 체험을 한 당사자에게는 사고나 단속의 위험에 대해 방심이나 과소평가하게 만드는 기만적인 성향 강화로 이어질 수 있다(이순열, 2016). 더욱이 다른 사람들의 사면에 대해서 관찰하거나 언론 보도를 통해서 관찰하게 되는 사람들에게까지도 위법에 대한 처벌 여부가 운에 달린 것이라는 부정적인 법 감정을 조성해서 준법의지를 낮추는 영향을 미칠 수 있다.

법규위반으로 위반자와 집행관 간의 실랑이를 벌이고 있는 경우를 종종 목격하게 된다. 법 집행관과 시민 사이에 실랑이가 발생하는 근본 이유는 법 집행관의 권위와 법 집행의 신뢰가 의심받고 있음을 나타내는 것이다(박광배, 조은경, 1998; 허태균, 2005; 허태균, 황재원, 김재신, 2005). 위반 행동을 정당화하는 것은 보통 정부나 사회에 그 책임을 전가시키는 형태로 나타난다. 또 다른 사람들도 위반하기 때문에 별 문제가 되지 않는다는 의식이 강하게 자리 잡고 있다. 안전관련 법규위반 행동은 자책이 적고 정당화를 위한 내재화가 다른 법규보다 강하게 자리 잡을 수 있다(최상진 박정열, 김정인, 손영미, 2003). 안전관련 법규를 지키는 것은 법질서를 지키기 위해서라는 규범적 이유보다는 처벌이나 벌금을 피하기 위한 이해타산적 동기가 크다. 또한 적발 자체가 부당하다고 생각하는 경향이 강하기 때문에 준법의지도 약하다. 이러한 이유는 일관성이 없고 간헐적으로 실시되는 단속을 가장 큰 원인으로 꼽고 있다. 법규를 어겨도 사고가 나지 않으면 된다거나 법규위반 단속 여부가 담당 공무원의 실적에 달려 있다는 의식은 안전관련 법규에 대한 법 감정과 준법의지가 부정적이라는 것을 나타낸다. 또한 사람들은 자신의 법규위반에 대해서는 둔감하고 정당화해서 받아들이는 반면에 타인의 법규

위반에 대해서는 민감하게 받아들이는 성향이 있다. 이것은 타인에게 적용된 법규가 어떻게 집행되는지에 대한 관찰이 법 감정과 준법의지에 영향을 미칠 수 있음을 예견하게 한다(이순열, 2016). 안전관련 법규를 위반하는 행동을 선택하는 이유는 법령의 미비나 행정체계의 허술함 때문이 아니라 법규에 대한 사람들의 감정과 태도와 같은 심리적 요인 때문이다.

Rothengarter(1988)는 안전관련 법규에 대해 공동체적 시야를 가지고 전체 사회의 함의에 기초한 규범적 태도를 지각하는 사람들은 법규위반 행동이 다른 사람들보다 적다고 밝혔다. 이것은 사회 규범적 태도를 가진 사람들은 타인에게 적용되는 법 집행이 정당하며 타당한가라는 법 감정에 더 큰 영향을 받을 수 있음을 나타낸다. Fuller(1991)는 안전관련 법규를 위반할 때마다 사고가 발생하지 않는 반면에 준법의지는 시간의 증가와 비용의 지출이 반드시 필요하기 때문에 사람들이 위반행동을 저지르게 된다고 주장한다. 따라서 법규 준수행동을 높이기 위한 방법은 처벌을 엄하게 하고 처벌 기준을 분명히 하는 것이라고 주장하기도 한다(허태균, 2004; 허태균 외, 2005).

안전관련 법규를 위반해서 처벌을 받는 사람들이 "불공정하다!" "사고가 나지는 않았다!"는 항변이 힘을 잃고 집행과 제재가 정당성을 유지해서 사회공동체 구성원들에게 내재되기 위해서는 사법체계의 신뢰성이 무엇보다도 필요하다. 강한 자에게 강하고 약한 자에게 약하며 위반한 만큼의 처벌과 일관성 있는 사법적 판단이 쌓여 갈 때에만 사람들은 법규를 지키는 것이 자신과 공동체의 안위에 진정으로 도움이 된다는 것을 느낄 수 있다.

3. 사회불안과 안전문화

사회불안이란 사회적 관계에서 느끼는 불안감을 말한다. 개인 간의 불안을 넘어선 급격한 사회 변화 혹은 기술 발전, 경제적 변화 및 불황, 전쟁, 전염병이나 질병 혹은 사회나 시대가 가지고 있는 독특한 상황 등이 사람들로 하여금 불안을 야기할 때 그것을 사회불안이라고 부른다. 즉, 개인이 아닌 사회적 불확실성에 대한 인식이 사회불안을 만들어 내는 것이다.

불안을 보통은 부정적 정서 상태로 인식하는데, 사실 불안은 우리 삶에서 상당히 기

능적으로 작용한다. 인간은 불안을 느끼기 때문에 위험에 대비하고 대응하여 극복할
수 있다. 그러나 과도한 불안은 심리적 및 신체적 장애까지 유발할 수 있다. 또 불안은
사람들을 위축시키고 효율성을 떨어뜨리고 자기중심적인 상황으로 몰아갈 수 있다.
자신의 이익에만 몰입한 나머지 공동체나 다른 구성원들에게 손해를 발생시키고 결국
은 자신의 안전까지도 위협하는 역기능적 상황을 만들어 낼 수 있다. 박수애와 송관재
(2005)는 사회불안이 일반적으로 걱정을 고양시키고 신경증의 발생과 좋지 않은 영향
을 미쳐서 삶의 질을 떨어뜨린다고 보고하였다. 사회불안 증가는 심리적 안녕감 중 환
경 지배력이나 긍정적 대인관계에도 영향을 미치고 푸념이나 불평, 실수나 미신에 대
한 의지 등으로 나타날 수 있다. 사회불안이 증가하면 전체 구성원들의 바람직하지 못
한 선택도 늘어난다.

1) 사회불안의 원인

사회적 불안이 발생하는 원인은 불확실한 상황이나 인지적 도식(schema)과 위배되
는 일이 증가할 때이다. 즉, 전쟁이나 실직, 불안정한 정국, 과학기술의 변화, 흉악 범
죄, 새로운 질병과 같은 문제, 갑작스런 기상이변이나 자연재해를 비롯해서 부정부패,
부조리와 불공평적 상황의 지속, 사회계층 격차 심화 등 인문 문화나 자연 문화 모두에
서 발생할 수 있다.

여러 원인들로 발생된 사회불안은 개인에게 이기적인 행동이나 고착된 행동이 증
가하고 개인은 물론이거니와 사회문제나 사고의 증가로 나타나게 된다(이순열, 2015).
Twenge(2000)는 대학생과 아동을 대상으로 1952년부터 1993년까지 수집되었던 불안
과 신경증 자료들을 메타분석한 결과 1950년대 이후 전반적인 불안수준이 증가하였다
는 것을 발견했다. 불안은 개인의 특질 불안이 아니라 안정에 대한 개인차 형태의 불안
임에도 1980년대의 대학생과 아동들이 1950년보다 더 많은 불안을 호소하고 있었다.
분명히 사회경제적 성장이 있었음에도 세계대전 이후의 시기보다 1980년대에 더 많은
불안을 호소하는 것을 연구자는 여러 가지 사회지표를 통해서 설명하였다. 1980년대
사회불안이 더욱 고조된 이유를 사회적 연결고리가 약해지고 환경적 위험 요인이 증가
하는 것과 관련이 있을 것이라고 생각하였다. 이혼율의 증가로 인한 가족 해체가 가속
화되고 자의든 타의든 독신가구도 증가하였다. 타인과 사회에 대한 신뢰감 저하는 개

인주의의 증가로 이어져 불안을 가중시키는 역할을 할 수 있다. 또한 흉악 범죄의 증가나 핵 위협의 고조, 신종 질병 공포와 사회적 복지와 국가 기관 불신이 증가한 것도 불안 수준을 높이는 원인이다. 사회불안의 직접 원인은 아닐 수 있지만 불안과 상호 영향을 주고받는 대표적인 것들은 과신과 편견, 그리고 차별과 갈등 등이다.

(1) 과신

비합리적 의사결정을 하는 이유 중 하나는 자기고양적(self-enhancement) 동기이다. 이것은 자신뿐 아니라 자신과 관련된 것들에 대한 평가를 편향되게 해서 결과적으로 현실을 왜곡한다. 과신은 자신에게 긍정적인 일이 실제보다 더 높은 확률로 일어날 것이라고 생각하는 낙관적 편향과 자신과 관련된 것들의 가치를 실제보다 높게 그리고 긍정적으로만 평가하는 자기 본위적(self-serving) 편향으로 구분할 수 있다. 과신은 복권이나 도박 혹은 위험행동을 선택하는 사람들을 설명하기도 한다. 자기고양적 동기는 통제력 착각으로 연결될 수 있다. 통제력 착각이 도박과 복권에서의 비합리적 판단을 설명할 수 있다(한성열, 2003). 대학생을 대상으로 다른 운전자들과 자신의 운전 능력을 비교하여 평가하도록 하는 연구에서 대학생의 82%가 자신의 운전 능력을 다른 운전자들과 비교해서 평균 이상이라고 평가하였다(Svenson, 1981). 벤처 창업의 성공 가능성 연구에서도 2,994명의 조사대상자 중 70%는 자신이 성공할 수 있을 것이라고 평가하면서도 다른 사람들의 성공 확률은 39%라고 응답하였다(Cooper, Woo, & Dunkelberg, 1988). 이러한 과신은 전문가 집단에서도 발생한다. Malkiel(1995)은 주식 전문가들을 대상으로 한 연구에서 주식 전문가들에 의해서 선택된 주식들의 장기 이익이 무작위로 선택된 주식들의 수익성을 넘지 못한다는 결과를 내놓기도 하였다.

사람들은 자신이 행동을 통제한다고 믿을 때 더 많이 과신하기도 한다. Langer(1975)는 동전 던지기 실험에서 자신이 동전을 던지고 결과를 보지 않고 돈을 걸 때는 더 많은 돈을 걸지만 다른 사람이 동전을 던지는 것에 돈을 걸 때는 더 작은 돈을 거는 경향이 있다고 보고하였다. 즉, 자신이 결과를 만든다고 생각할 때는 더 긍정적인 방향으로 과신하는 것이다. 이러한 경향은 자신이 로또 번호를 고르거나 자동차를 운전하는 상황에서 사고나 실패보다는 성공할 것이라는 쪽으로 판단하고 부정적인 정보를 무시하여 위험이 증가하는 상황을 생각해 볼 수 있다. 즉, 위험한 행동을 선택하거나 실행하는 주체가 자신인 경우에는 문제가 발생하지 않을 것이라는 근거 없는 과신이 오히려 위험을 높일 수 있다는 것이다.

(2) 편견

편견은 개인이 속한 집단에 근거하여 어떤 집단이나 개인에 대해 부정적 평가를 내리는 것을 말한다. 편견이 가장 큰 사회 문제가 되는 것은 차별을 만들어 내고 그것을 정당화시키고 편견을 일삼는 가해자 집단에 낄 수 있는 기회를 주기 때문이다. Ashmore와 Del Boca(1976)는 편견을 '사회적으로 정의된 집단에 대해서 그리고 그 집단에 속한 어떤 사람들에 대해서 갖는 부정적인 태도'라고 정의하였다. 이러한 편견은 인종차별이나 성차별 혹은 지역차별 그리고 따돌림 등 여러 가지 갈등과 불평등을 초래하는 원인으로 작용한다.

인간은 변화하거나 적응하는 데 저항감을 가지고 있기도 하다. 이러한 저항은 상황을 낙관적으로 바라보도록 하고 정보를 축소해서 결국은 현존하는 위험에 대한 인식을 왜곡시키게 된다. 이러한 정상화로의 왜곡현상을 '정상화 편견'이라고 부른다(정진우, 2017). 정상화 편견에 빠지게 되면 사고나 위험, 재난에 대해 과소평가하게 되고 대응에 문제를 발생시킨다. 평소와 다른 위험이 닥쳐오지만 일반적인 상황이라고 낙관적으로 정보를 왜곡하면서 적절한 대응에 문제를 발생시킨다. '설마'라는 생각이 위험신호를 무시하면서 평상시와 같이 반응하도록 하기 때문이다.

정상화 편견 사례는 매우 다양하고 쉽게 발견할 수 있다. 한 홀로코스트 연구자는 히틀러의 집권에 위기감을 느끼고 이주하거나 독일을 피해 도피한 유태인들은 1935년도까지 10만 명에 불과하다고 지적하였다. 45만 명이 넘는 유태인들은 오히려 히틀러의 집권으로 위기가 줄어들었다는 생각으로 독일에 남아 있었던 것이다. 독일지역의 유태인들은 일상의 안락함과 익숙함으로 인해 반유대주의나 히틀러의 폭압이 더욱 거세질 것이라는 위험을 간과한 것이다. 비슷한 사례로 1982년 7월 23일 일본 나가사키현의 폭우를 들 수 있다. 비는 11일 동안 60cm가량 쏟아부었고, 정부는 그날 4시 55분부터 홍수 경보를 발령하고 저녁 9시에 주민 대피상황을 점검하였다. 그 결과 13%의 주민만이 대피한 것을 확인하였는데, 이것은 매년 있어 오던 폭우라는 정상화 편견이 원인으로 지목된다. 이날의 폭우로 인해 나가사키현에는 265명의 사망자와 34명의 행방불명자가 발생하였다.

(3) 차별

차별은 다양한 기준으로 일어나는데, 차별하기 위해서 기준을 나누는 것이 아닌가 생각될 정도이다. 지역이나 성별, 인종, 종교, 나이, 학교, 성씨 등 어떠한 기준이든 차별은 사회나 조직 및 개인에게 위험을 발생시킨다. 그중에서도 가장 오랫동안 인류사에 영향을 미쳐 온 것은 아마 인종과 성에 따른 차별일 것이다.

① 인종차별

차별은 사회적 분노와 갈등을 만들어 낸다. 교통수단의 발달과 세계화는 전 지구적으로 인종의 융합을 요구하고 있다. 그러나 물리적 거리는 가까워졌지만 심리적 융합까지 이루어지는 데는 많은 시간이 필요하기 때문에 인종 간 차별은 또 다른 갈등과 위험의 원인이 되고 있다. 비행기 등 교통수단이 발달하였고 유럽연합의 출현이나 국가 간 무역 경계가 약화되면서 어느 나라나 매우 다양한 국적과 인종의 사람들이 함께 생활하고 일하는 추세가 증가하고 있다. 이러한 상황에서 발생하는 인종차별이 사회적 갈등 비용을 증가시키는 것은 당연하거니와 개인적으로도 큰 스트레스 요인으로 작용할 수 있다. 인종차별은 일반적으로 특정 인종을 비하하고 배제하는 형태로 발생한다. 남녀 575명의 히스패닉을 대상으로 한 연구 결과는 직장에서 인종차별을 받고 있다고 보고하였다. 일에서 배제시키거나 욕설이나 비하하는 표현 혹은 자극적인 농담 등으로도 차별이 일어날 수 있다. 언어적 공격의 대상이 된 사람들은 심리적 안녕감이 낮아지고 이것은 그 사회나 조직 자체에도 당연히 부정적인 영향을 미치며 나아가 개인과 사회의 안전을 해칠 수 있다(Schneider, Hitlan, & Radhakrishnan, 2000).

현대사회에는 대부분의 국가에서 노골적인 차별을 법으로 금지하고 있다. 따라서 차별이 사라지면 좋겠지만 수면 아래 눈에 띄지 않는 암묵적 형태로 여전히 존재한다. 미국의 경우 비슷한 범죄유형에서 백인보다 흑인들이 총격사건의 피해자로 이어지는 경우가 더 많다고 한다. 범죄자들이 다르게 대응하지 않더라도 경찰들은 흑인들에게 더 자주 더 많이 총을 발사한다는 것이다. 이러한 차별은 한 발의 총성으로 시작하게 되지만 걷잡을 수 없는 사회불안과 혼란으로 번져 갈 수 있다.

② 성차별

성차별은 남성에게도 발생하지만 대다수는 여성에게서 나타난다. 여성은 신체적 공격에서 언어적 농담까지 다양한 형태의 차별에 시달린다고 보고되고 있다. 성희롱(sexual harassment)은 원하지 않는 성적 주목이나 위협을 말한다. 성차별(gender harassment)은 이성에 대한 모욕적, 적대적 그리고 비하하는 태도가 행동으로 나타나는 것이다. 성차별은 성희롱을 반드시 포함하는 것은 아니다.

성차별은 모두에게 일어날 수 있지만 성희롱은 특정된 표적이 있다. 성희롱과 성차별은 사회적 비용을 만들어 내는데, 성차별을 제대로 관리하지 못한 조직은 엄청난 위험을 떠안게 될 것이다. 일례로 미쓰비시(Mitsubishi) 일리노이 공장에서는 성희롱 불평사항을 개선하지 않았다는 이유로 수백 명의 여성 직원들에게 3,400만 달러를 지불하기도 했다.

인종차별과 같이 성차별도 공포와 불안 그리고 자존감 상실과 같은 심리적 문제를 야기한다. 나아가 신체적 질병이 발병될 수도 있다. 차별은 만족감이나 생산성에도 부정적인 영향을 끼친다. Munson, Hulin과 Drasgow(2000)는 사무직 작업자들을 대상으로 차별에 대한 연구에서 여성 응답자의 70%가 업무 중 성차별을 경험했고 성차별의 빈도나 영향은 백인 여성이나 백인이 아닌 여성 모두에게서 차이가 없었다. 성차별은 기업이나 조직 문화에 의해서도 강화될 수 있다. 미국 군대에서 근무하는 2만 2,372명의 여성을 대상한 조사에서 응답자의 4%가 실제 강간을 당했거나 강간을 당할 위험에 처했었다고 보고하였다. 이러한 위협은 계급이 낮거나 권력이 없는 여성들에게서 더 높게 나타났다(Harned, Ormerod, Palmieri, Collinsworth, & Reed, 2002).

(4) 확증편향

확증편향(confirmation bias)은 선입관, 최초의 믿음 등에 일치하는 정보만을 받아들이고 이것에 반대되는 정보는 무시하거나 경시하는 경향을 말한다. 확증편향은 현상을 왜곡해서 판단하도록 하며 이것은 위험을 간과하거나 무시하도록 하기 쉽다. 예를 들어, 담배가 건강에 해롭지 않다고 생각하는 사람은 흡연으로 인해서 암이 발생할 위험이 높다는 연구 결과보다는 자신의 지인들이 담배를 피우면서도 건강하게 잘 살고 있다는 정보에 더 큰 비중을 두는 것 등이다. 가장 일반적인 확증편향으로는 매몰비용 효과와 사후확신 편향이 있다.

① 매몰비용 효과

매몰비용 효과(sunk cost effect)는 이제까지 투입한 시간이나 비용이 아까워서 포기하지 못하고 더 많은 비용과 시간을 허비하게 되는 것을 말한다. 지금까지의 노력이 아깝다고 여기면서 조금만 더 해 보자는 생각에 사로잡히는 것이 일종의 매몰비용 효과라고 볼 수 있다. 이러한 현상이 발생하는 것은 시간과 비용 등이 낭비되었다고 인식하는 것을 싫어하기 때문인 경우가 많다. 혹은 자신의 선택이 잘못되었다는 것을 인정하기 싫거나 자신의 과오를 합리화하기 위한 욕구에서 발생하게 된다. 매몰비용 효과를 줄이기 위해서는 어떤 과업을 시작하기 전에 미리 철회에 대한 정량적이고 구체적인 기준을 정해 둘 필요가 있다. 또한 감정이나 요행에 의존한 의사결정을 배제하기 위해서도 노력해야 한다.

② 사후확신 편향

사후확신 편향(hindsight bias)은 어떤 사건의 결과를 알고 난 후 마치 스스로가 사전에 그 일의 결과를 예상한 것처럼 착각하는 심리적 경향을 말한다. 예를 들어, 우연히 결과를 알고 나서 필연적인 사건으로 해석하는 경우가 대표적인 사례이다. 구체적으로는 인구밀도가 높은 곳의 범죄율이 높다는 보고를 듣게 되면 "당연하지. 사람들이 많이 살면 그만큼 문제들도 많을 것이고 범죄가 증가하지 않겠어!"라고 생각하게 된다. 반대로 인구밀도가 높은 곳의 범죄율이 낮다는 보고를 듣게 되면 "당연하지. 사람들이 그렇게 많은 곳에서 어떻게 쉽게 범죄를 저지를 수 있겠어!"라고 생각하는 형태이다. 이처럼 사람들은 제각기 제시된 사실들에 대해서 나름의 이유들을 만들어 내게 된다.

(5) 집단갈등

집단 간 갈등은 감정적 요소, 인지적 요소 그리고 행동적 요소를 포함하고 있다(김혜숙, 1988). 집단 간 갈등에서 감정적 요소란 대립되는 집단 구성원에 대한 느낌, 즉 수용-배척으로 표현되는 태도의 측면을 말한다. 집단 간 갈등의 인지적 요소는 구성원으로 포함되는 내집단(in-group) 혹은 구성원 밖으로 인식되는 외집단(out-group)을 말하는데, 이는 일종의 고정관념이라고 생각할 수 있다.

일반적으로 공동체 안에서 발생하는 집단적 갈등은 목표 불일치, 상호의존성, 집단 단위 보상제도, 자원 부족, 불균형적 종속 등으로 발생된다. 이러한 공동체 내의 집단

간 갈등의 좋지 않은 영향으로는 지나친 집단의식, 독재적 리더십 출현을 통한 상위목표 설정 등이 있다. 또한 공동체 내의 집단 간 갈등을 조절하는 방법으로는 자원 확충, 협상, 상급자의 명령, 조직 구조 변화, 외부 인력 영입, 경쟁 심리 자극 등이 있다. 외집단 구성원의 고정관념은 흔히 '그들은 모두 하나같이 나쁜 특성을 가지고 있으며 우리와는 다르다!'로 대표될 수 있다(Fiske & Taylor, 1984).

집단 간 갈등의 또 다른 측면은 행동적 측면이다. 기존 연구에 의하면 일반적으로 외집단 구성원에 대해서는 차별적 행동을 보인다. 외집단 구성원에 대해 내집단 구성원보다 더 적은 보상을 주며 돕는 행동을 덜 보이며 또한 덜 친밀한 비언어적 행동을 사용한다. 물론 이와 같은 집단 간 갈등의 측면은 개념적 구분일 뿐 상호 연관되어 서로 영향을 미친다. 부정적 고정관념은 편견을 강하게 만들고 편견은 다른 사람의 특질을 지각하고 기억하는 데 영향을 미친다. 또한 고정관념과 태도가 행동에 영향을 주는데, 때로는 행동이 태도를 변화시키기도 한다. 이러한 집단 간 갈등의 원인은 집단 간 경쟁과 사회적 범주화, 사회적 인지, 사회문화적 학습을 꼽을 수 있다. 집단 간 갈등의 원인에 관한 이론은 다음의 네 가지가 대표적이다.

① 현실적 집단갈등이론

현실적 집단갈등이론(Realistic Group Conflict Theory; Bobo, 1983)은 집단갈등이 집단 간 부족한 자원이나 가치 있는 물질 획득에 대해 서로 경쟁함으로써 야기될 수 있다는 전제에 기초한 이론이다. 대표적인 현실적 집단갈등이론의 적용 사례로는 미국에서 차별 감소 정책의 일환으로 실시되고 있는 긍정적 행동 정책(affirmative action policy: 흑인, 멕시코 출신 미국인이나 여성 등을 고용할 때 고용 기준을 다수 집단에 대해서보다 낮추어 고용하도록 하는 정책)이나 통합적 학교 정책 등으로 인해 백인들의 고용 가능성이 감소되고 자녀들의 교육 수준이 낮아진다고 지각하는 것이다. 현실적 집단갈등이론에 따르면 비슷한 처지의 흑인들이 여러 가지 사회적 혜택을 받는 것을 관찰하면서 백인들은 자신이 제한된 자원의 배분에서 역차별이나 불공정한 처분을 받고 있다고 지각하게 된다. 이러한 이유들로 자신의 이익과 복지에 직접 위협을 준다고 여겨지는 흑인 등과 반목하거나 갈등이 발생하게 되는 것이다.

② 사회정체성이론

사회정체성이론(Social Identity Theory; Tajfel, 1982)의 관점에서 집단갈등은 실제 대립되거나 제한된 자원의 분배와 같은 현실적 갈등 없이 단순히 '우리'와 '그들'이라고 구분 짓는 것만으로도 시작될 수 있다. 즉, 어떠한 특별하고 확실한 집단 범주가 존재하지 않는다고 하더라도 우리는 우리가 속한 집단의 정체감을 찾고자 한다는 것이다. 대체로 집단 정체감을 형성할 때 우리는 부정적 정체감보다는 긍정적인 정체감을 가지기 위해서 동기화된다. 이러한 긍정적인 정체감을 획득하려는 동기를 만족시키기 위해서는 다른 집단에 비해 우리 집단이 보다 바람직하다고 여기는 것이 필요하다. 이러한 이유로 우리는 외집단을 비하하고 내집단은 선호하는 신념이나 태도와 행동을 은연중에 보이게 된다. 사회정체성 이론은 자아존경의 동기를 충족시키기 위하여 내집단에 외집단과는 다른 선호를 보인다는 이론이다. 또한 이러한 차별적 지각과 행동은 사회적 범주가 특출해지는 상황에서 더욱 두드러진다고 보았다.

사회정체성이론의 타당성은 여러 연구에서 입증되고 있다. 예를 들어, 직접적인 상호작용 없이 제비뽑기와 같은 무선으로 나누어진 집단에서도 내집단 구성원에 대해 외집단 구성원과는 차별적으로 더 큰 보상을 배정한다. 또한 긍정적 정체감이 손상된 소수 집단 구성원들은 자기 집단 구성원들 사이에는 다른 집단 구성원들 사이보다 더 큰 의견의 일치성이 존재한다고 지각하여 자신의 집단 응집성을 높여서 긍정적 자아 정체를 회복하려고 노력한다(Simon & Brown, 1987).

③ 고정관념이론

고정관념이론은 사람들이 집단 구성원들의 특성에 대해서 가지는 기대나 선입관을 사회 정보를 처리하는 데 사용하기 때문에 발생한다고 보는 입장이다. 즉, 인간의 인지 수용 능력에는 한계가 있어서 복잡한 사회정보를 일일이 처리할 수 없으므로 이미 형성되어 있는 기대나 틀에 의해서 보다 빠르고 쉽게 처리하게 되는데, 이것을 사회인지라고 한다. 고정관념이론의 핵심은 집단 간 갈등이 이러한 사회인지에서 발생할 수 있다는 것이다(Ashmore & Del Boca, 1981).

고정관념은 일종의 확증편향으로 작용한다. 즉, 고정관념은 정보처리 과정(주의, 부호화, 인출, 해석 및 판단)에 영향을 미치는데, 주로 기존의 고정관념을 재확인해 주는 방향으로 작동한다. 다시 말해, 고정관념은 선택적 정보처리를 하게 만들어 고정관념과

일치하는 정보가 일치하지 않는 정보보다 더 빈번하게 일어났다는 착각을 일으키도록
한다. 또한 고정관념과 일치되는 사건을 상상하게 하여 실제로는 발생하지 않았던 사
건들도 기억하게 만든다. 고정관념은 또한 귀인 과정에도 영향을 미쳐서 고정관념과
일치하지 않는 정보는 외적 · 상황적 요인에 의한 것으로 귀인하도록 한다. 반면, 일치
하는 정보에 대해서는 내적 · 기질적 귀인을 하게 한다. 따라서 사람들은 고정관념과
일치하는 부정적 행동에 대해서는 일치하지 않는 행동보다 더 부정적으로 판단하여 더
큰 처벌을 내린다. 마지막으로 고정관념은 고정관념을 가지고 있는 사람들의 행동뿐
아니라 고정관념의 대상이 되는 사람들의 행동에도 영향을 미쳐 그 고정관념이 실현
되는 방향으로 행동하도록 만든다. 소위 말하는 '자아실현적 예언' 혹은 '피그말리온 효
과'가 이와 같은 기대실현 효과를 지칭하는 용어이다.

사람들의 외집단 구성원들에 대한 고정관념은 주로 부정적 신념들이므로 이러한 부
정적 신념이 외집단 정보처리 과정과 행동에 부정적인 영향을 미치는 것은 당연하다.
즉, 사람들은 내집단 구성원에 비해 외집단 구성원의 부정적 행동을 더 잘 기억한다.
그리고 고정관념과 일치하는 외집단 구성원의 부정적 행동에 대해 내집단 구성원의 같
은 행동에 대해서는 보다 더 내적 기질특성에 의한 것으로 해석한다. 또한 이러한 기대
가 사람들의 행동을 알게 모르게 더 부정적으로 만들어 그러한 기대 대상이 되는 사람
의 행동을 부정적으로 조장할 수 있다. 따라서 이러한 상호작용 관계 때문에 고정관념
은 더욱 수정이 어려워진다(Rothbart & John, 1985).

부정적 고정관념 이외에도 외집단 구성원에 대한 인지체계의 또 다른 특성은 드문
접촉 기회로 인해 외집단 구성원이 내집단 구성원보다 단순하다는 사실이다. 따라서
외집단 구성원을 내집단 구성원에 비해 더 극단적으로 판단하고 한 사람의 특질 및 행
동의 관찰을 전체 집단의 특성인 것으로 일반화하는 경향이 있다. 또한 외집단 구성원
에 대한 정보처리는 보다 상위 단계의 범주화(성별, 인종 등)에 의거하여 이루어지는 반
면 내집단에 대한 정보처리는 보다 더 세분화된 하위단계의 범주화에 근거하여 이루어
진다. 이와 같이 사람들이 외집단 구성원에 대하여 가지는 개념과 기대가 집단 간 갈등
을 유발하고 지속시키는 원인이 된다는 것이 고정관념이론이다.

④ 사회문화적 학습이론
사회문화적 학습이론에서는 외집단 편견이 일종의 문화적 규범으로서 사회화 과정

을 통하여 학습된다고 본다. 어렸을 때의 보상 경험이나 모방을 통해 부모, 친구, 친척 또는 선생님이 가지는 외집단에 대한 배타적인 태도나 가치를 배울 수 있다. 또한 대중 매체도 문화적 규범을 학습하게 하는 하나의 중요한 원천이 된다. 이와 같이 직접 경험 이 없어도 자신이 속한 집단이 나타내는 외집단 배척 감정이나 태도를 배우면서 자녀 도 부모와 같은 편견을 가지게 된다.

예를 들어, 상징적 인종주의 이론(Kinder & Sears, 1981)에서는 현재 미국 사회에서 보 이는 인종 간 반목을 다음과 같이 설명한다. 차별은 백인이 흑인에 대해 가지는 노골적 인 부정적 신념과 같은 직접적 형태가 아니라 인종 통합이라는 정부 정책에 반대하는 보다 간접적 형태로 나타난다. 이것은 어렸을 때 사회화를 통해 습득된 흑인들에 대한 부정적 감정과 태도에 기인한다. 이런 인종 간 편견과 갈등 현상으로 볼 때 사회문화적 규범의 학습이 집단갈등의 중요한 원인이 될 수 있다.

4. 사이버 공간에서의 안전문화

1) 사이버 공간의 위험요소

사이버 공간에서 시간을 보내는 사람의 수가 증가함에 따라 사이버 공간의 부정적 측면이 새로운 사회문제가 되고 있다. 앞서 살펴본 익명성은 사이버 공간의 큰 특징 중 하나이다. 따라서 익명성이 가지고 있는 위험성은 사이버 공간에 그대로 적용될 수 있 다. 컴퓨터와 통신망 그리고 스마트 기기의 폭발적 보급 결과로 정보내용과 소재에 상 관없이 누구나 손쉽게 인터넷상에 방대한 정보를 올리고 내릴 수 있게 되었다. 그리고 인터넷상의 정보에 대해서 일일이 확인하고 관리하는 것은 현실적으로 불가능하다. 이 에 따라 폭력, 외설, 범죄, 지적 소유권 침해, 사생활과 개인정보 침해 등에 대한 우려의 목소리가 커지고 있다.

인터넷 이용자의 문제행동은 정보통신 기술과 관련된 범죄행동에서부터 사이버 공 간에서 일상적으로 이루어지고 있는 욕설과 인신공격, 소수에 의한 통신 공간의 지배, 부정확한 정보 및 거짓사실 유포, 음란물이나 외설물 노출 등의 행동에 이르기까지 사 이버 공간에 들어가는 사람이라면 누구나 접해 본 경험이 있을 정도로 만연해 있다. 이러한 현상의 원인은 사이버 공간의 특성에 기인하는데, 가장 큰 특징이 바로 실재감의 부재이다.

개인이 사이버 공간에서 허구적 자아를 제시할 수 있듯이 이러한 자아를 받아들이는 사람들 역시 상대방을 육체와 인격을 가진 실존 인물보다는 문자나 상징으로 표현되는 가상의 인물로서 받아들인다. 즉, 사이버 공간은 실제 인물 대 가상 인물의 상호작용이 이루어지는 곳이다(McKinnon, 1995). 이러한 특징 때문에 사이버 공간에서는 생명과 인격을 가진 인간에 가해지는 다양한 현실세계의 규제나 제약을 벗어나는 행동이 손쉽게 이루어진다. 사회적 실재감이라는 개념은 '의사소통 과정에서 행위자들이 상호작용에 함께 참여한다는 느낌', 즉 어떤 매체를 이용함에 있어서 의사소통의 상대방과 서로 직접 만나서 대화하는 것과 흡사하게 느껴지는 정도라고 정의된다(Short, Williams, & Christie, 1976). 사회적 실재감은 표정, 몸짓, 옷차림 등이 비언어적 단서로 확보되는데, 사이버 공간에서는 사회 정서적 표현이나 사회적 지위 단서가 결여되어 있고 익명성 수준이 높다.

따라서 사이버공간에서 만나는 가상의 인물에 대해서 개인은 죄의식이나 자의식을 느끼지 않은 채 대면하는 상황에서는 용인되지 않는 무례하거나 난폭한 행동을 자행할 수 있다. 이러한 현상은 인터넷의 다양한 게시판에 올라오는 수많은 욕설이나 인신공격에서부터 죽음을 부추기는 자살 사이트에 이르기까지 광범위하게 나타난다. 사이버 환경의 어두운 측면이 중요한 사회 문제로 관심을 끌면서 인터넷에 관련된 뉴스 기사를 접하다 보면 해킹, 성착취나 성매매, 자살, 거짓 뉴스, 악성 고발 등 온통 어두운 이야기뿐이다.

2) 사이버 공간의 안전요소

앞에서 살펴본 사이버 공간의 위험요소와는 다르게 실제로 인터넷에서는 많은 도움행동을 포함한 친사회적 행동이 일어나기도 한다. 사이버 공간의 도움행동은 평소에 그것이 도움행동이라고 느끼지 못할 만큼 자연스럽고 사소한 것에서부터 사람의 생명이나 민주주의 수호, 혹은 사회 부정부패에 맞서는 시민참여 집회나 세계 평화와 관련된 거창한 것에 이르기까지 다양하다. 중요한 것은 수많은 사람이 사이버 공간에서 다른 사람들을 위해서 자신의 지식이나 정보를 아낌없이 제공하고 있다는 점이다. 사이버 공간에 지식이나 정보를 요청하고 나서 몇 시간이 지나지 않아 원하는 답을 얻는 것은 그리 어려운 일이 아니다. 사이버 공간에서의 도움요청은 비단 무형의 정보에만 국한되는 것은 아니다. 희귀 혈액형의 수혈, 불치병 환자의 수술비 마련, 공공을 위한 자원봉사자 모집이나 정치적 구호를 같이하는 집회 참석자의 모집 등 물리적이나 금전적 영역에서 실제로 희생이 필요한 도움요청 및 그에 따른 도움행동을 쉽게 접할 수 있다.

사이버 공간에서 도움행동을 촉발하는 요인은 기존의 도움행동에 관한 이론을 통해서 설명할 수 있다. 사회심리학에서는 도움행동에 영향을 미치는 요인으로 상황의 해석, 평가의 고려, 책임의 분산 등을 지목하고 있다. 도움이 필요한 상황에서 도움행동이 발생하지 않는 이유는 상황이 애매모호하거나 구체적으로 어떤 도움행동을 해야 할지를 모르기 때문이다. 주위 사람들의 눈에 도움행동이 부적절해 보이거나 어리석은 행동으로 보일까 봐 우려하기 때문이기도 하다. 마지막으로 여러 사람이 주위에 있을 경우 책임감이 분산되기 때문에 도움행동이 일어나지 않을 수 있다. 이러한 측면에서 실제 환경과 사이버 공간은 다음과 같은 차이가 있다.

첫째, 사이버 공간에서는 도움이 필요한 상황이 매우 명백하다. 도움이 필요한 사람이나 주변 사람들이 직접 도움을 요청하기 때문에 '도움이 필요한 상황'에 대한 판단이 보다 손쉽게 이루어질 수 있다.

둘째, 사이버 공간에서의 도움요청은 어떻게 행동해야 할지를 구체적으로 제시하기 때문에 타인에게 부적절하거나 어리석은 행동으로 보일 가능성이 훨씬 적다.

셋째, 사이버 공간에서는 익명성이 보장된다는 점에서 평가받을 우려가 적다.

넷째, 인터넷을 이용하는 개인은 대부분 자신만의 독립된 공간에서 각자 따로 떨어져 정보에 접촉하기 때문에 사이버 공간에서는 다른 사람들에 대한 실재감이 적다. 따라서 책임감 분산이 실제 대면하는 접촉 상황일 때보다 최소화된다.

5. 의사소통과 안전문화

위험이 증가한다는 것을 지각한 인간의 내면에는 불안이나 공포와 같은 정서적 신호들이 발생된다. 과도한 불안과 공포 등은 또 다른 위험의 불씨가 되는데, 이러한 부정적 정서 반응을 조절하는 것이 바로 위험의사소통이다. 이것은 단순히 설명을 듣고 안심한다는 의미가 아니라 개인과 개인, 개인과 사회, 그리고 사회와 사회가 위험에 대해서 상호 소통하는 것을 말한다.

이러한 위험의사소통은 의사소통 기술뿐만 아니라 의사결정 과정과 주체의 행동까지 위험이 발생되는 모든 수준을 포함한다. 의사소통 방법도 논박하고 논쟁하는 토론 형태는 물론 유기적으로 지식을 공유하고 의견을 교환하는 과정까지를 포함한다.

의사소통이라고 할 때 사람들은 보통 상대방을 설득하는 기술이라고 여기는데, 이것이 완전히 틀린 것은 아니지만 보다 넓은 의미로 대인관계 및 사회관계 기술이라고 할 수 있다. 따라서 의사소통은 개인 및 집단 혹은 집단 간의 정보와 의견을 주고받는 상호작용 과정이라고 정의된다(National Research Council, 1989). 이런 의미에서 위험의사소통의 종류는 크게 위험 자체에 대한 정보와 위험관리를 위한 법률 및 제도 혹은 의견이나 느낌 등에 관한 것들이다.

1) 위험의사소통의 특징

위험의사소통은 위험이 가지는 내용특성에 따라서 두 가지 특징이 있다(정진우, 2017).

첫째, 위험의사소통은 송신자와 수신자의 상호작용이다. 따라서 송신자에서 수신자로 향하는 일방향의 위험정보 전달은 위험의사소통이라고 볼 수 없다. 위험에 대한 일방적인 정보 관리와 전달은 오히려 더 큰 오해나 불신을 만들어 낼 수 있다.

둘째, 위험의사소통은 정보를 최대한 공개해서 위험에 대한 이해를 깊이 있게 하게 될 때 긍정적인 효과를 가져다준다. 이것을 위해서는 일상의 의사소통에 대한 신뢰가 형성되어 있고 또한 의사결정권자의 독선적 결정이 아니라 수신자 집단들의 의견을 충분히 반영할 수 있는 장치가 마련되어야 한다.

2015년 우리나라의 메르스나 2020년 코로나19 사태 등을 보더라도 정보제공이라는 일방적인 형태의 의사소통은 오히려 불안을 가중시키는 영향을 줄 수 있다. 이 때문에 위험에 관한 의사소통은 반드시 수신자로부터 송신자로 향하는 의사 개진이나 정보 전달도 포함해야 한다. 이것을 통해서 송신자는 수신자들의 요구와 결핍을 알 수 있으며 부족한 정보를 파악하여 불필요한 정서적 불안이나 공포심의 발현을 조절할 수 있다. 그리고 위험관리에 정책적 책임이 있는 주체만이 결정을 내리도록 하면 오히려 정당성에 대한 공격을 받을 수 있고 또한 선의에 대해서 오해를 받을 수 있다. 재해나 참사의 범위가 커질수록 이런 오해로 인한 갈등의 증가를 막음은 물론 결정된 내용이 절차적 정당성을 갖는 것은 더욱더 요구되는 중요한 요소이다.

2) 위험의사소통의 4요소

일반적으로 행정집행기관에서는 위험에 관한 정보를 수집하기 쉽다. 이 때문에 행정집행기관에서 위험정보를 수신자들에게 전달할 필요성을 느끼고 있는가가 무엇보다 중요하다. 이러한 생각을 기초로 Stallen과 Coppock(1987)는 다음과 같이 위험의사소통의 네 가지 요소를 의무라는 용어를 사용해서 기술하였다.

첫째, 실용성 의무이다. 위험에 처해 있는 사람들이 위험을 해결할 수 있도록 정보를 실용적으로 제공해야 한다.

둘째, 도덕성 의무이다. 위험에 관한 정보를 수신한 사람들이 결정을 선택할 수 있도록 선택권을 부여해야 한다.

셋째, 심리적 의무이다. 모든 사람들은 자신이 처해 있는 위험에 대해서 알고 싶어한다. 불안이나 공포에 대처하기 위해서거나 욕구를 충족시키기 위해서 또는 무엇보다도 자신의 삶을 결정하기 위해서 정보는 필수적이다. 따라서 행정집행기관은 이러한 사람들의 심리적 기제를 충족시킬 의무가 있다.

넷째, 제도적 의무이다. 위험정보 수신자들은 정부나 행정집행기관이 여러 가지 위험에 효과적이고 효율적으로 대응하는 방법을 알고 있을 것이라고 기대한다. 또한 위험정보 수신자들은 이러한 정부와 행정집행기관의 도움을 받기 원하기 때문에 이러한 기대에 부응할 의무가 있다.

위험의사소통의 4요소는 송신자에게는 의무이고 수신자에게는 권리이다. 따라서 위험의사소통이 제대로 이루어지지 않는 이유는 송신자의 의무 방기와 전달방법의 기술적 문제 두 가지 형태로 나타날 수 있다.

첫째, 송신자가 정보전달의 의무를 방기하는 경우는 위험정보 발신자들이 위험의사소통을 수행할 의지가 없는 경우를 말한다. 주로 발생한 위험이 정부나 행정집행기관마저 혼란에 빠트려서 위험에 관한 정보를 제대로 정리하지 못하는 경우에 발생한다. 혹은 행정집행기관이 정보를 전달해야 하는 의무가 있음을 간과하거나 의도적으로 숨

거서 이득을 보기 위한 경우이다.

둘째, 정보전달의 기술적 문제는 수신자들에게 위험에 관한 정보를 전달할 수 없는 문제가 발생하는 경우를 말한다. 주로 복잡하고 어려운 형태로 수집된 위험정보를 '어디까지?' '누구에게?' '어떠한 방식으로 전달할 것인가?'에 관한 혼란으로 발생한다.

제**19**장

서두름과 안전문화

서두름은 우리나라의 독특한 문화적 특징으로 여겨지기도 한다. 한때 '스피드 시대'라는 말이 유행한 적이 있다. '스피드 시대'는 정해진 시간에 얼마나 많은 일을 처리하는지 아니면 동일한 업무를 얼마나 빨리 처리하는지가 현대 산업사회에서 경쟁력을 높이고 능력과 가치를 인정받는 중요한 기준이라는 데서 기인한 표어이다. 그러나 속도를 강조하다 보면 서두르다가 실수를 할 확률도 증가할 수 있다. 빨리빨리 서두르다 보면 넘어지거나 부딪칠 수 있고 서둘러 작업하다 제품의 불량률이 높아져서 이윤이 줄어들 수도 있다(박선진, 이순철, 2009). 빨리빨리 앞만 보고 서두르다 보면 사각지대가 넓어질 수밖에 없다. 일반적으로 서두르는 행동은 부주의나 위험을 증가시킬 것이라고 생각된다. 이순철(2001)은 사고나 위험에 영향을 미치는 좋지 않은 서두름이 발생하는 경우를 다음의 네 가지로 지목하였다.

첫째, 보다 짧은 시간에 무엇인가를 하고자 할 때

둘째, 무엇인가를 빨리 하려고 마음 졸이면서 서두르는 경우

셋째, 무엇인가를 빨리 하려고 황급하게 일을 처리하는 경우

넷째, 무엇인가를 빨리 마치려고 속도를 높이는 경우

서두름은 조급함을 유발하고 다시 조급한 마음이 갑작스런 상황이나 부주의를 발생

시키면서 사고나 재해 발생으로 이어질 수 있다. 사고나 재해의 원인이 되는 서두름은 사람들이 침착하지 못하고 쫓기듯이 과제를 처리하게 만든다. 수행의 질을 낮추고 결국에는 사고의 원인이 된다. 서두름은 시간적 압력이 있는 상황에서 발생하고 사고나 재해로 연결될 수 있다. 속도를 강조하면 그만큼 위험을 탐지하고 해결하는 시간이 줄어든다. 그러나 서두름 행동을 무조건 나쁘게만 볼 수는 없다. 서두름은 특히 우리나라 사람들에게 중요한 덕목으로 자리 잡기도 한다. '빨리빨리' 성향은 IT 산업의 성장을 이룩하였고 단기간의 경제성장이나 민주화의 동력으로 지목받기도 한다. 서두름은 속도를 높여서 확인과정의 생략을 유발하여 실수로 이어질 수 있지만 수행 촉진과 목표 달성이라는 긍정적인 결과를 도출할 수도 있다.

　서두름 행동은 동전의 양면처럼 장점과 단점을 동시에 가지고 있다. 서두름이 시간의 절약을 의미한다면 더 많은 비용을 투자하면 제한된 시간 안에 더 많은 성과물을 얻을 수 있게 할 것이다. 즉, 서두름이 단순히 눈으로 관찰할 수 있는 속도 증가뿐만이 아니라 다른 여러 가지 심리적 구조들을 가지고 있음을 암시한다.

1. 서두름 구조

　이순철과 박선진(2008)은 서두름 행동을 나타내는 상황을 다음의 다섯 가지 요인으로 구분하였다.
　첫째, 불편한 관계의 대상과 함께 해야 하는 상황
　둘째, 혼자 한적한 곳에 있는 등의 고립된 상황
　셋째, 일이 많거나 시간에 쫓기는 등의 촉박한 상황
　넷째, 즐거움이 기다리는 상황
　다섯째, 귀찮은 일을 해야 하는 상황
　이들 중에서 사고로 이어지는 확인생략 행동이 일어나도록 영향을 미치는 서두름 요인은 불편한 상황과 고립된 상황이다. 확인생략에 영향을 미치는 서두름 요인들은 성격의 다섯 가지 요인 중 신경증과 긍정적인 상관이 있었다. 이것은 확인행동을 생략하는 서두름을 보이는 사람은 정서적 불안정, 민감성, 불안감, 피로감, 긴장 정도가 높다는 것을 의미한다.

  서두름의 다섯 가지 요인 중 성취동기가 높고 목표추구로 이어지는 서두름 행동은 성취추구 행동으로 시간 압력을 경험할 때 나타나는 서두름과 지루할 때 나타나는 서두름 그리고 보상기대에서 나타나는 서두름과 관계가 있다. 성취추구 행동에 영향을 미치는 서두름 요인들은 성격의 다섯 가지 요인(Big 5) 가운데 외향성, 성실성과 관계가 있는 것으로 나타났다. 이것은 성취추구 행동과 관련된 서두름을 보이는 사람은 외향성과 성실성이 높다는 것을 의미한다. 또한 목표를 달성하거나 직업에서 성공하고자 하는 야심가의 특성을 보인다. 그리고 타인과의 교제나 상호작용을 원하고 타인의 관심을 끌고자 하는 정도도 크다. 궁극적으로 성취추구 행동을 유발하는 서두름은 속도를 높여서 목표를 달성하려는 특성을 가지고 있다.

1) 불편한 관계 상황과 서두름

  불편함은 타인들과 상호작용하는 가운데 경험하는 불안으로 인해 나타나는 서두름 행동을 말한다. 불편한 관계로 인한 서두름 행동은 싫어하는 사람과 이야기할 때, 친하지 않은 사람과 마주쳤을 때 등과 같은 상황에서 발생한다. 불편한 관계로 인한 서두름은 신경증과 연관이 있는데, 신경증은 피로나 스트레스를 높이고 과제 수행을 부정적으로 변화시켜서 사고 위험을 높인다. 사람들은 불편한 상황을 빨리 벗어나고 싶어 하는데 이때 발생하는 서두름은 확인을 생략하게 되고 위험요소들을 무시하게 만든다. 불편함으로 나타나는 서두름은 주로 불안정서와 연결되며(박선진, 이순철, 2011), 불안정서에는 고립된 상황, 시간 압력, 즐거움을 기다리는 상황, 지루함 등이 영향을 미친다.

  첫째, 고립감은 환경에 관한 심리적 공포심과 관련 있는 상황에서 발생하는 서두름으로 회피적 서두름 행동이라고도 한다. 고립된 상황으로 인한 서두름 행동은 혼자 밤길을 걸을 때, 낯선 곳에 혼자 있을 때, 한적한 곳에 혼자 있을 때 등과 같은 상황에서 발생한다. 예를 들어, 음주운전의 경우 운전자의 심리상태가 매우 불안할 것을 예상할 수 있다. 음주운전으로 인해 발생한 불안함은 빨리 음주운전 행동을 종료시켜 불안이 사라지도록 동기화시킬 것이다. 즉, 음주운전 상태를 빨리 탈출하고 싶은 욕구로 인해 운전자는 자기도 모르게 서두르게 되고 '술을 먹었으니까 사고나 단속을 당하지 않도록 천천히 조심해서 가야지.'라는 의도와는 다르게 과속운전으로 이어지고 오히려 사고나 단속의 위험을 높이게 된다. 같은 맥락으로 심야의 과속운전도 어둠이 주는 공포로부터 빨리 벗어나 목적지에 도달하고 싶은 심리가 작용하기 때문이라고도 생각해 볼 수 있다. 고립감을 느끼는 경우 이것은 불안이나 공포로 작용하게 되고 현재 수행하고 있는 일을 가능한 한 빨리 마치려는 동기가 발생한다는 것이다. 고립된 상황으로 인한 서두름은 성격의 다섯 가지 요인(Big 5) 중 불안과 짜증 그리고 긴장과 두려움 등과 상관이 높았다. 즉, 고립된 상황으로 발생하는 서두름은 여러 가지 부정적 정서를 촉발하고 이러한 것들이 잘못된 선택이나 성급한 결론 등으로 이어져 사고와 연결될 수 있음을 나타낸다(박선진, 이순철, 2009).

둘째, 시간 압력에 의한 서두름이다. 시간은 항상 제한적이다. 바쁠 때일수록 오히려 시간은 부족하다. 정해진 시간까지 학교와 직장에 가야 하고 일을 끝마쳐야 한다. 어떤 일을 할 때 시간 여유가 없다거나 촉박함을 느끼는 경우에 행동의 속도는 빨라진다. 시간 압력이 높을수록 사람들은 중요하다고 생각하는 과제나 정보에만 주의를 기울인다. 시간 압력이 있는 상황에서의 의사결정은 입력된 정보를 선택적으로 받아들이고 중요하다고 생각하는 정보는 더 큰 비중으로 받아들인다. 정확도가 감소하고 복잡한 심적 계산 능력이 떨어지며 한두 가지 제한된 방법에만 몰입하게 된다(Chao, Madhavan, & Funk, 1996).

시내버스 운전자들을 대상으로 한 연구에서 시간 압력은 피로도를 가중시키는 가장 중요한 요인으로 나타났다. 이순열과 이순철(2008)의 운전스트레스 연구는 시간 압력이 높을수록 음주운전이나 법규위반, 과속운전과 같은 위험행동이 증가한다고 나타났다. 즉, 시간 압력은 대체로 수행의 질을 나쁘게 하는 데 영향을 미치며 복잡한 과제일수록 시간 압력은 좋지 않은 영향을 미친다.

셋째, 즐거움을 기다리는 상황에 의한 서두름이다. 즐거움을 기다리는 상황에서의 서두름은 선물을 받기 위해서 기다릴 때나 사랑하는 대상을 만나기를 기대할 때 나타나는 것이다. 즐거움에 대한 기대는 희망이라는 개념과 유사하다. 희망은 성공하려는 목표 지향적 에너지인 희망적 주도와 목표에 도달하기 위한 계획인 희망적 경로가 상호작용하여 만들어진 동기 상태를 말한다. 일반적으로 희망의 고취는 수행에 좋은 영향을 미친다(Peterson, Gerhardt, & Rode, 2006).

넷째, 지루함에 의한 서두름이다. 귀찮은 일을 해야 하는 상황이나 좋아하지 않는 일을 해야 하는 상황에서는 지루함이 생긴다. 지루함은 단조로움이나 귀찮음과 관련이 있다. 지루함이 발생하는 원인은 과제의 속성, 환경, 개인 특성과 개인과 환경의 적합성 그리고 지루함에 대한 개인적 반응 차이 등이다. 일반적으로 사람들은 낮은 과업 부하와 반복적인 업무에서 단조로움을 느낀다. Mann과 Robinson(2009)은 학업에서 지루함은 낮은 성취와 연결되며 비행행동과 불만 등과도 상관관계가 있다고 한다. 이처럼 지루함은 대체로 수행에 좋지 않은 영향을 준다. Kass, Vodanovich와 Callender(2001)는 직장인을 대상으로 한 연구에서 지루함은 결근이나 직무만족도, 급여, 진급, 상사나 동료 만족도를 낮춘다고 밝혔다.

2. 서두름 행동의 특성

1) 확인생략 행동과 서두름 행동

이순철(2001)은 일본 전력회사 작업자들의 '아찔한 경험'을 토대로 재해의 직접 원인은 점검행동의 생략이지만 여기에는 빨리 일을 끝내고 싶어 하는 심리적 요인이 숨어 있다고 지적하였다. 그리고 작업을 평소보다 짧은 시간에 빨리 하고자 할 때 조급한 마음으로 작업을 서두르는 경우, 빨리 하려고 황급하게 처리하는 경우, 빨리 마치거나 빨리 도착하려고 속도를 높이는 경우에 서두름이라는 심리상태가 일어난다고 주장하였다. 즉, 서두름 행동은 누구에게나 있는 특성이지만 사람들이 서두르는 정도는 그 사람이 처한 상황에 의해서 달라질 수 있다는 것이다.

시간 압력의 증가도 서두름 행동과 관련이 있다. 시간적 압력이 있는 상황에서 인간의 행동은 조금씩 달라진다. 일반적으로 어떤 일을 하는 데 걸리는 시간이 부족한 경우에 사람들의 행동은 빨라진다. 시간적 압력이 사람들의 심리상태나 행동에 영향을 준다. 시간 압력이 있는 상황에 노출된 사람은 자신이 가장 중요하다고 믿는 과제나 정보에만 주의를 기울이는 경향이 있다(Chao et al., 1996; Raby & Wichens, 1994).

여러 연구에서 제한된 시간 안에 과업을 수행하거나 정보를 처리해야 하는 경우, 사람들의 주의는 한쪽으로 치우치는 것으로 나타났다. 이것은 시간 압력으로 발생하는 행동 변화, 서두름 행동의 출현으로 인해 어떤 과정이나 행동이 생략되고 있음을 의미한다. 일례로 늦은 밤 과속운전은 어둠이 주는 불안, 공포로부터 빨리 벗어나 목적지에 도착하고 싶은 심리가 원인일 수 있다. 위험이 있음직한 곳을 빨리 벗어나고 싶은 마음이 과속의 직접 요인 가운데 하나일 수 있다(이순철, 2000; 최상진, 박정열, 김정인, 손영미, 2003). 이것은 심리적으로 긴장하거나 불안과 공포를 경험하는 경우 현재 수행하고 있는 일을 빨리 마치고자 한다는 것을 의미한다. 즉, 서두름 행동의 일면에 '탈출' 욕구가 있다는 것이다. 탈출하기 위해서는 현재 수행하고 있는 일을 빨리 마무리해야 한다. 이 것을 위해서 속도를 높이게 되고 서두름 행동이 출현한다.

하지만 불안한 상황에서 나타나는 서두름 행동은 그렇지 않은 상황에서 확인하거나 반드시 해야 하는 일들을 놓치거나 무시하기 쉽도록 한다. 실제로 도로교통공단(1993) 에서 실시한 음주운전 관련 조사에서 84.7%의 운전자가 음주운전 시 단속될까 봐 매우 조바심을 내며 운전하고 있는 것으로 나타났다. 음주운전을 하는 경우 운전자의 심리 상태가 매우 불편한 것을 알 수 있는데, 이러한 심리상태는 음주운전이 빨리 종료되기 를 바란다.

따라서 음주운전을 하게 될 때는 자기도 모르게 과속운전을 해서라도 빨리 목적지에 도착하려고 할 수 있다. 음주운전 상태에서 탈출하고 싶은 욕구로 인해 운전자들이 서 두르는 것이다. 불안을 없애기 위해서 사람들은 마음을 불편하게 만드는 상황에서 벗 어나고자 노력한다. 그리고 마음을 불편하게 만드는 상황에서 벗어나고자 그 상황에서 자신이 하고 있는 일을 가능한 한 빨리 마무리하고 보다 편안한 장소로 옮기려는 모습 을 보인다. 이러한 경우 사람들은 평소보다 빠른 속도로 행동하게 된다. 문제는 이러한 과정에서 중요한 것을 생략하는 데서 발생한다.

2) 성취 욕구와 서두름 행동

시간적 압력이 있는 상황에서의 수행이 항상 나쁜 것만은 아니다. 과업을 수행할 때 반드시 마감 시간과 같은 시간 압력이 사람들의 적절한 수행을 방해하는 것은 아니다. 시간 압력의 가장 긍정적 작용은 수행 시간을 단축해서 성취하도록 하는 것이다. 최원 범과 이재식(2004)은 시간 압력이 있는 경우가 시간 압력이 없는 경우에 비해 과제를 완료하는 시간이 유의하게 빨랐으며 오류율에는 차이가 없었다고 한다. 그리고 속도유 지 변산성 및 목표 속도 이탈 정도를 분석하여 시간 압력이 없는 조건에 비해 시간 압력 이 있는 조건에서 운전자의 수행이 더 우수하다는 것을 관찰하였다. 이러한 연구는 시 간 압력이라는 요인이 항상 인간의 수행을 방해하는 것만은 아니라는 점을 보여 준다.

시간 압력은 서두름 행동을 유발하지만 그 결과가 반드시 나쁘다고만은 할 수 없다. 빨리 움직이면 그만큼 빨리 결과물을 얻을 수 있기도 하다. A형 행동 패턴 연구를 살펴보면 A형 행동 패턴의 성취추구는 짧은 시간 안에 목표를 달성하거나 보상을 얻기 위해 노력하는 데서 보이는 서두름 행동과 유사하다. 여기서 서두름 행동은 목표 달성 의지에서 비롯되며 목표한 바를 이루기 위해 최적의 방법을 사용한다. 즉, 서두름 행동은 일에 몰두하고 의욕적으로 그 일을 이루고자 하는 특성을 가지는데 이러한 서두름 행동의 특성을 성취 욕구라고 한다.

리더십 연구에서 성취 욕구는 리더가 가지고 있는 특성 중 하나로 파악된다. 리더가 가진 어떤 특성들이 반드시 성공을 보장하지는 않더라도 몇 가지 특성이 리더의 성공 가능성을 높여 준다. 성취 욕구는 리더의 효과성에 영향을 미치는 요인 중 하나로 성취 욕구가 높은 사람들은 도전적인 목표를 달성하거나 어려운 일을 성취하고 싶어 하며 어느 정도 위험이 따르는 일을 선호하고 자신의 직업에서 성공하고자 하는 야심을 가지고 있다고 한다(Muchinsky, 2003).

이상의 성취 욕구 연구를 정리하면 성취 욕구 수준에 따라서 자신이 처한 상황에 임하는 태도에 차이가 있을 것이라는 점이다. 즉, 성취 욕구 수준이 높은 사람은 어려움이 있는 과제나 상황을 해결하는 것을 성취 수준이 낮은 사람보다 선호하며 더 나은 수행을 보일 수 있다. 마라톤 동호인을 대상으로 외적 보상이 내적 동기에 미치는 영향을 살펴본 정서원과 박진성(2007)은 보상의 영향력을 보여 주었다. 즉, 기록 달성 목표가 높을수록 흥미가 많아지고 유능성이 높다고 생각하며 노력을 더 많이 하는 것으로 나타났다. 건강 및 체중조절 보상도 노력에 영향을 미치는 것으로 나타났다. 이들은 보상과 내적 동기를 여러 가지로 조사하여 보상의 내적 동기에 긍정적인 영향을 주고 있음을 확인하였다. 이러한 결과를 바탕으로 보상이 기대되는 상황에서 발생하는 서두름 행동과 성취 욕구의 관계를 예상해 볼 수 있다. 즉, 성취 욕구를 바탕으로 하는 서두름 행동의 수준은 보상이 기대되는 상황에서 높아질 것이다.

3) 시간 압력이 과제 수행에 미치는 영향

서두름 행동의 구성 요인 중 시간 압력은 확인생략 행동과 성취 욕구에 관여하는 요인이다. 이처럼 서로 다른 두 영역과 관련된 것에 대해서 이순철과 박선진(2008)은 시간 압력을 경험하는 상황에서는 사람들이 긴장하고, 그로 인해 심리적인 불편감을 경험하는 것과 함께 각성 수준이 높아지는 계기가 되기 때문이라고 설명하였다. 서두름 행동의 시간 압력 요인은 행동을 수행할 때 시간 여유가 없다거나 촉박함을 느끼는 경우에 발생하는 서두름 행동의 수준이다.

화물운전자, 시내버스 및 택시운전자를 대상으로 한 연구(이순철, 박선진, 2008; 황윤숙, 오주석, 이순철, 2009)에서 운전자들의 작업부하 중 하나로 시간적 부담을 측정하였다. 이것은 운전을 할 때 정해진 시간 내에 도착해야만 한다는 시간 압력, 시간적 촉박함이 운전에 부담이 되는 정도를 말한다. 시간 압력을 경험하는 것은 사람들에게 심리적 부담을 경험하게 만든다는 것을 의미한다. 또한 이순열과 이순철(2008)은 운전 중 발생하는 스트레스 가운데 시간 압력과 관련된 요인이 있음을 보고하였다. 어떤 과업을 수행하는 사람들에게 시간 여유가 없다는 것은 심리적 부담이고 스트레스로 작용할 수 있다.

Edland와 Svenson(1993)에 의하면 사람들은 시간 압력이 있을 때 의사결정을 하게 되면 입력 정보를 선택적으로 받아들이고, 중요한 정보 원천이 더 큰 비중을 갖게 되며, 정확도가 감소한다고 보고하였다. 또한 복잡한 심적 계산 능력이 저하되며 한 가지 방법에만 집착하는 모습을 보인다고 한다. 시간 압력이 있는 상황에 노출된 사람은 자신이 가장 중요하다고 믿는 과제나 정보에만 주의를 기울이는 경향이 있다. 다양한 인지 과제를 시간 압력 아래에서 실시한 연구들은 일반적으로 시간 압력이 일정 수준의 수행 개선을 가져오지만 과도한 시간 압력은 오류를 증가시킨다고 보고하고 있다. 대부분의 실험 결과가 시간 압력은 빠른 반응 생성과 함께 많은 오류를 보여 준다. 여러 연구에서 일관되게 발견된 결과는 속도와 정확성이 서로 교환되었기 때문이라고 볼 수 있다. 즉, 속도를 가지면 정확성을 잃고 정확성을 가지면 속도를 잃는다.

그러나 최원범과 이재식(2004)은 시간 압력이 있는 경우가 시간 압력이 없는 경우에 비해 과제를 완료하는 시간은 유의하게 빨랐으며 실수에서는 차이가 없었다고 보고하였다. 즉, 시간 압력이 없는 조건에 비해 시간 압력이 있는 조건에서 수행이 더 우수하다. 이러한 결과는 시간 압력이 언제나 정확성의 감소를 유발하는 것이 아님을 의미한다. 기존 연구에서 시간 압력은 주로 과제 수행 속도와 오류의 증가로 연결되었지만 항상 그렇다고 단정할 수 없음을 시사한다. 서두름이 속도 증가를 기본으로 확인생략 행동과 성취 욕구와 같은 다양한 특성을 가지는 것은 시간압력이 가지는 이러한 특성들 때문에 가능하다.

4) 보상과 과제 수행의 관계

Vroom(1964)은 사람들이 어떤 방식으로 행동할 때 보상이 수반될 것이라는 기대를 바탕으로 자신의 행동을 선택한다고 주장하였다. 보상은 행동을 촉진하거나 학습 분위기를 조성하기 위해서 제공되는 물질이나 칭찬을 의미한다. 보상은 사람들의 선택에 영향을 미치고 행동 뒤에 제시되어 행동 빈도와 강도를 증가시킨다. 보상이 수반될 것이라는 기대를 바탕으로 행동을 선택한다는 것에 대해 Schultz와 Schultz(2008)는 다음과 같이 설명한다.

작업장에서 구성원들이 자신의 직업에 대해 보상이 이루어질 것이라는 기대를 가지고 있다면 이들은 최고의 임금 혹은 이득을 가져올 수 있는 수준의 수행을 선택할 것이다. 구성원들의 노력이 승진이나 임금인상과 같은 긍정적인 결과를 이끌어 낼 수 있고, 그러한 결과들이 다른 간절히 원하는 결과물의 성취 수단이 된다면 열심히 일하도록 동기화될 것이다. 사람들은 가치 있는 보상 기대가 높아질수록 더욱더 열심히 일하게 된다. 즉, 보상 기대감이 작업 동기를 높여 주는 효과를 가지는 것이다. 따라서 보상 수준이 어떠한가에 따라서 최적의 성과를 이루어 내기 위해서 노력할 것이고 이러한 노력의 형태는 서둘러 일을 끝내고 다른 일을 통해 성과를 향상시키려는 노력을 기울일 가능성을 높인다.

최근의 보상에 관한 연구를 살펴보면 보상은 과제 수행과 과제 수행에 관여하는 동기에 영향을 주고 과제 수행에 영향을 미친다. Cameron, Banko와 Pierce(2001)는 보상과 과제의 성격에 따라 영향력이 다름을 보고하였다. 이들은 메타분석을 통해 과제 난이도가 높지 않은 경우 보상은 사람들의 동기를 강화시키는 효과가 있지만 난이도가 있는 경우에도 칭찬 같은 언어적 보상이 효과가 있음을 보여 주었다. 다만, 난이도가 있는 과제에 대한 물질적 보상은 과제 수행 동기에 좋지 않은 영향을 미쳐서 과제 난이도 및 보상의 성격에 따라 보상이 가지는 영향력에 차이가 있다고 한다. 즉, 과제와 보상의 특성에 따라 보상의 영향력에 차이가 발생한다.

5) 지루함과 서두름 행동

Melamed, Ben-Avi, Luz와 Green(1995)은 사람들이 자신의 능력에 비교하여 너무 쉬운 업무와 동일하고 반복적인 업무를 수행해야 하는 조건에서 단조로움을 느끼게 된다고 보고하였다. 즉, 사람들은 그다지 어렵지 않고 반복적이며 단순한 과제를 수행할 때 지루해한다는 것이다. 따라서 서두름 행동의 지루함 요인이 '따분하거나 지루한 기분이 드는 상황이나 과제에 노출되는 시간을 단축시키고자 수행 속도를 높이는 것'이라는 점을 고려한다면 지루함이 과제 수행과 관련이 있음을 예상할 수 있다. 서두름 행동의 지루함 요인은 이순철과 박선진(2008)의 연구에서 성취동기와 긍정적인 상관을 보였다. 이것은 지루한 상황에서 나타나는 서두름 행동이 단순히 지루함에서 벗어나려는 행동일 뿐만 아니라 과제 수행에도 관여하고 있음을 보여 주는 것이다.

제**20**장
공동체심리와 안전문화

1. 체면과 우리 그리고 안전문화

우리나라 사람들은 일상생활에서 체면이라는 말을 많이 쓴다. 체면은 삶 속에서 큰 비중을 차지하고 있고 우리나라 사람들의 문화적 변수 중 중요한 위치를 차지하고 있는 것으로 알려져 있다(최상진, 2000). 체면이라는 개념은 사실 우리나라만이 가지고 있는 특유의 현상은 아니며 동·서양 문화권을 막론하고 보편적으로 존재하는 개념이라고 볼 수 있다(Hsu, 1983). 모든 문화권에서 성인이라면 누구나 체면을 유지하고 세우고자 하는 욕구를 가지고 있다. 하지만 동·서양의 체면은 개념상 상당한 차이가 있음은 물론 그 기능과 영향력에서도 큰 차이가 있다(Kim & Nam, 1998).

Ho(1976)는 체면이라는 개념이 서구의 위신(Prestige)이나 명예(Honor) 혹은 존엄성(Dignity) 등과 다른 개념이라고 주장한 바 있다. 또한 Kim과 Nam(1998)은 서양에서의 체면과 동양에서의 체면은 그 개념과 인간 행동에 미치는 영향력이 상당한 차이가 있기 때문에 서양에서의 연구 결과를 우리나라 상황에 곧바로 적용하는 것은 무리가 있다고 보았다. 실제로 체면은 서구와 같이 개인주의적이고 자기 지향적이며 평등 지향적인 사회에서보다는 타인 의식적이고 신분 지향적이며 위계가 인정되는 동양 사회에서 보다 중요한 사회심리 현상으로 받아들여지고 있다. 이러한 이유로 우리나라 사람들의 중요한 사회적 성격으로 체면이 자리 잡고 있다(최상진, 김기범, 1998).

체면에 관한 국내 연구에서 윤태림(1986)은 "위신을 지키기 위해 형식면에 치중하여 사실과 달리 겉치레 행동을 하게 되는 것"으로 체면을 정의하였다. 또한 체면은 "남을 대하기에 떳떳한 도리나 얼굴"로 정의되기도 한다. 일반적으로 우리나라 사람들은 다른 나라 사람보다 체면을 더욱 중시 여긴다고 알려졌는데(최상진, 2000), 이처럼 우리나라 사람들은 체면에 그만큼 민감하다고 볼 수 있으며 체면민감도가 높은 사회라고 할 수 있다. 일상생활에서 사람들이 체면을 얼마만큼 중요하게 생각하는가를 반영하는 개념인 체면민감도는 단순한 체면과는 다른 개념이라고 할 수 있다.

최상진(2000)에 의하면 체면민감도는 "다른 사람의 시선을 의식하는 정도"라고 정의되고 있다. 즉, 자신의 행동이 다른 사람에게 평가받거나 관찰될 수 있다는 것을 의식하는 정도인 것이다. 이러한 체면민감도는 개인마다 다르게 나타날 수 있는데 일반적으로 지위와 신분이 높을수록 체면민감도가 높은 것으로 알려지고 있다(최상진, 2000). 한편, 우리나라 사람들의 독특한 심리상태를 설명하는 또 하나의 특징 변수로는 바로 '우리성'을 들 수 있다. 사전적 의미로 '우리'는 자기를 포함하여 자기와 관련 있는 무리를 지칭하는 말이다. 따라서 자기가 속하는 모든 종류의 집단은 '우리' 집단이 될 수 있으며 내집단 구성원들 모두가 '우리'라는 관계를 형성할 수 있는 대상이 되는 것이다(최상진, 2000). 우리라는 개념은 내집단(in-group) 개념과는 다른 개념이다. 내집단의 경우 멤버십이 자신의 선택에 의해 결정되지 않을 수 있다. 즉, 구성원이 싫어하는 경우에도 내집단에 포함될 수 있는 것이다. 반면 '우리성'을 지각하는 '우리' 집단은 일종의 준거개념으로 구성원들은 적극적으로 자신을 집단 속에 관련시키고자 열망한다(최인재, 최상진, 2002).

'우리'는 서구의 '내집단' 개념과 달리 '개인'이 집단 속에 녹아내리는 개념으로서 일종의 자기함몰적 집단개념이다. 즉, 개인이 '우리'라는 집단 속에서 자타 간의 경계성이 무너지는 탈자기적 특징을 가지고 있다. 또한 서구의 우리성(weness) 개념과도 다소 차이가 있다. 서구의 우리성이라는 개념은 각각의 고유한 개인들이 모인 집단이라는 의미로 개인들의 고유성이 소멸되지 않는 군집을 의미한다면 우리나라 사람들의 우리성은 개인의 고유성이 소멸된 집단으로서 단순히 개인들의 합이 아닌 새로운 집단성의 출현을 의미한다.

이러한 차이는 자기(self)에 대한 문화적 연구 결과를 통해서도 알 수 있다. 자기는 문화권에 따라 다르게 나타나는데, 서구의 자기는 독립적이고 독특한 존재이며 개인은 집단 속에 포함되지만 본인인 자기는 그대로 유지하는 이른바 독립적 자기관이다. 그러나 우리나라에서 자기는 독립적으로 존재하는 것이 아니라 상호 의존하는 위치에 있다. 개인은 독립적이고 독특한 존재가 아니라 우리나라는 사회적 관계 속에서 존재하는 '부분자(partial individual)'로서의 위치를 차지하는 것이다. 따라서 한 개인의 존재 의의는 집단속에서 찾게 되며 그것이 자기 정체성의 핵심요소가 된다. 이것은 우리나라 사람들이 사회적 상황 속에서 인간관계를 유지하는 것이 매우 중요함을 의미한다.

그러므로 우리나라 사람들에게 사회적 관계에서 가장 중요한 목적은 '우리성' 집단을 구성하고 확인하며, 또한 그것을 유지하는 것이다(최인재, 최상진, 2002). 즉, 서구의 사회관계가 개인주의의 원리에 기초한다면 우리나라는 관계주의의 원리에 기초한다. 우리나라 사람들이 대인관계를 형성함에 있어 가까운 사람이 된다는 것은 아주 특별한 의미를 가진다. 특히 가족관계나 친한 친구관계, 직장에서의 긴밀한 동료관계와 같이 우리성이 전제된 구성원들 간의 관계는 그렇지 않은 사람들 간의 관계와는 질적으로 다른 것이다.

우리나라 문화에서 '우리'는 개인들의 분리가 아닌 통일된 존재로서 독특한 집단정체성의 표현이라고 할 수 있다. 또한 우리나라 사람들이 우리성 관계에 있다고 할 때 그 속에는 정이 오고 가는 또는 정으로 묶여진 관계임을 뜻한다. '정(情)' 또한 우리나라 사람들의 독특한 심리적 특성인데 이는 서구의 애정이나 사랑과 비슷하면서 다른 면이 있다. 정은 우리나라 사람들의 대인관계에서 가까움과 밀착도를 나타내는 대표적인 심리상태인 동시에 관여된 사람들 간의 친밀도를 기술하는 준거척도가 된다(김재국, 1997).

이러한 정은 우리성과 밀접한 관련이 있다. 우리성은 정이라는 심정적 감정을 전제로 이루어지는 일체감의 표현이며 정은 우리성 관계에서 경험되는 감정의 질인 것이다. 우리성이 형성되는 집단은 정을 기반으로 묶인 관계라고 할 수 있다. 따라서 체면이 주로 개인차원에서 우리나라 사람들의 사회심리 상태를 설명하는 변수라면 우리성은 집단차원에서의 변수라고 할 수 있다.

이러한 체면과 우리성 인식은 자신의 이마에 영어 알파벳 대문자 'E'를 그리는 재미있는 실험을 통해서 확인할 수 있다. 동양인들은 자신의 이마에 영어 알파벳 대문자 'E'

를 그릴 때 다른 사람들에게 'E'로 보이도록 그리는 경향이 강하다고 한다. 반면에 서양인들은 자신의 이마에 'E'를 그릴 때 자신에게 'E'라고 보이도록 그린다고 한다. 이러한 것들은 타인을 의식하는 '체면'이 동양인들에게 강하게 작용하고 있음을 나타낸다.

우리나라 사람들은 대인관계를 개인으로 인식하는 것이 아니라 우리성에 기반해서 파악한다. 또 우리나라 사람들이 함께 음식을 먹을 때 마지막 한 조각이 남는 현상도 체면과 우리성으로 설명할 수 있다. 우리가 함께 먹는 음식에서 마지막 한 조각은 특정한 누구라는 한 사람만이 먹는 것이 된다. 마지막 조각을 누군가가 먹는 순간 우리라는 구분에서 자기가 돌출되는 부담스러운 상황이 연출되는 것이다. 이처럼 우리나라 사람들에게는 체면과 우리성이 다양한 형태의 행동원리로 드러나게 된다.

우리나라 사람들이 보이는 체면과 우리성은 안전행동을 수행하거나 생략하는 것을 조절하는 요인으로 작용할 수도 있다. 체면 때문에 위반하기도 하지만 체면 때문에 규정을 지킬 수도 있다. 우리끼리니까 대충 넘어갈 수도 있지만 우리를 위해서 보다 엄격하고 엄정하게 안전행위를 따질 수 있는 것이다. 2020년에서 2021년에 걸친 코로나19 사태의 경우 우리나라의 방역을 'K-방역'이라고 전 세계가 칭찬하였다. 다른 나라사람들에 비해 공공장소에서의 마스크 쓰기는 서로를 위해서 당연한 것으로 인식되었으며 방역수칙 준수는 무언의 압력으로 작용하였다. 서로를 위해서 그리고 우리를 안전하게 만들기 위해서 방역지침을 지켜야 한다는 의식이 우리나라를 비롯한 동양권에서 서양보다 강하게 나타났다. 개인의 권리와 사생활 그리고 선택의 자유를 강조하는 서구에서는 쉽게 지켜지지 않는 방역수칙들이 체면과 우리성을 강조하는 동양에서는 보다 잘 준수되는 형태로 안전행동 실행의 차이를 보인 것이다. 이처럼 안전문화 고양에는 체면이나 우리성과 같은 공동체의식이 작용하기도 한다.

2. 안전문화에 작용하는 권위와 권력

권위는 사회구성원의 질서를 바로잡고 공동의 선을 추구하기 위해 필요하다. Russell(1938)은 물리학에서 기본 개념이 에너지이듯 사회과학에서 기본 개념은 권력이라고 보았다. Russell은 권력과 권위를 구별하지 않고 사용하였지만 현대 사회과학에서의 권위와 권력, 권위주의 개념은 차이가 있다.

　권력이란 타인을 자신의 의지와 의지를 관철시킬 수 있는 강압적 수단으로 복종시키는 것이다. 권위주의는 복종을 최상의 가치로 여기고 명령에 복종하지 않으면 벌을 주며 자신의 지위에만 관심을 가지고 강자에게는 아첨하며 약자에게 군림하는 행태를 말한다. 이에 반해 권위는 힘이나 위협에 의지하지 않은 채 대상의 행동을 제어하는 것을 의미한다. 즉, 권력이나 권위주의는 강제에 의해 상대를 복종하도록 하지만 권위는 사회구성원들에게 보편적으로 수용되는 공적 가치 체계를 자발적으로 받아들이게 함으로써 행동을 규제하는 것이다. 권위는 권위의 대상이 가지고 있는 특성을 사회구성원들이 인정함으로써 발생되는 상향적이고 자생적인 특성을 가진다(Peters, 1973).

1) 복종

　복종(compliance)이란 남의 말을 따르는 것이다. 복종에는 명령으로 움직이는 경우 외에 지위가 비슷한 사람이 어떤 부탁을 하는 경우 또 약하거나 불쌍한 사람이 도움을 청하는 경우 등 여러 가지 경우가 있다. 그중에서도 말을 하는 사람과 따르는 사람의 지위가 다를 때, 즉 명령을 내리는 사람의 지위가 더 높을 때 복종이라는 말을 쓴다. 사람들은 대체로 권위 있는 인물에 대해서 잘 복종한다. 심지어 권위 있는 인물의 요구가 자신의 소신이나 사회 규칙에 어긋나는 상황에서도 복종한다. 권위와 복종의 관계에 대해서 Milgram은 1960년대 초에 많은 사람이 권위에 의한 불법적 지시에 제대로 항거하지 못하고 복종한다는 것을 일련의 실험을 통해서 보여 주었다. Milgram(1963)의 복종 실험은 사람들이 권위자가 상식이나 도덕에 어긋난 명령을 할 때에도 복종하는 경향이 있음을 밝혔다.
　Milgram의 실험은 사람들이 어떻게 권위에 복종하게 되는가를 보여 줌으로써 한나 아렌트(Hannah Arendt, 1963)가 주장한 악의 평범성(Banality of Evil)과 도덕적 마비 현상을 설명하였다. Milgram의 실험에서 개인들은 행동 결과를 누군가에게 전가할 수 있다면 보다 쉽게 복종했다. 특히 책임 전가 대상의 권위가 클수록 행동 판단은 무감각해지는 경향을 보였다. 이러한 경향성에 대해서 Milgram은 행동결과에 대해서 자신의 책임이 아니라는 인식이 커지기 때문이라고 설명하였다. 이상의 실험결과들은 비윤리적인 파괴행동 혹은 자신과 사회 모두에 위험한 선택이 개인의 성격문제라기보다는 복종을 조장하는 상황에 있다는 주장에 힘을 실어 주었다.

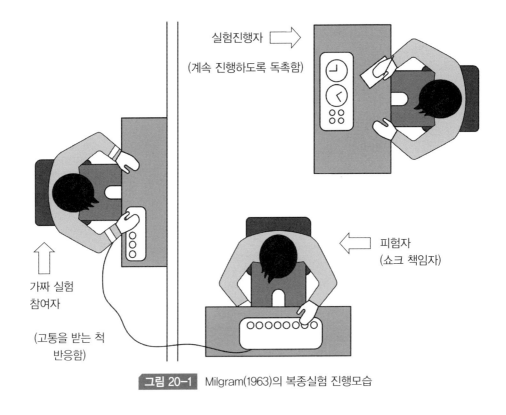

실험진행자
(계속 진행하도록 독촉함)

피험자
(쇼크 책임자)

가짜 실험
참여자

(고통을 받는 척
반응함)

그림 20-1 Milgram(1963)의 복종실험 진행모습

사회에서 권위가 형성되고 이에 대해 복종하는 것은 모든 집단 내부에서 자연스럽게 발생하는 현상이다. 그러나 권력에 무조건 복종하는 것은 인류사를 보더라도 수많은 반인륜적 범죄의 원인이 되었다. 아무 생각 없이 명령에 복종하는 사람들이 참사나 범죄 혹은 사건과 사고의 공범이 되는 이유는 바로 맹목적인 복종 때문이다. 따라서 상급자의 지시가 온당하든 그렇지 않든 간에 그것을 따를 것인가는 사회 전체의 위험과 안전에 중요한 영향을 미친다.

Milgram의 복종 실험은 안전문화 형성에도 다음과 같은 시사점을 준다. 관리자 혹은 상급자가 저지르는 안전관련 법규위반은 대부분의 경우 상급자 혼자만의 문제로 끝나지 않는다. 부하직원이 그 사실을 알아냈다고 해도 의의를 제기하기 힘든 상황이라면 위험한 선택들은 더욱 급속하게 다른 사람들에게로 전파된다. 상급자가 자신의 명령이 잘 전파되고 실행되는 것에만 신경을 쓰게 되면 올바른 선택인가에 대한 고민과 노력은 적어지기 마련이다. 책임이 클수록 위험해결과 안전성취를 위한 올바른 선택이 더욱 중요한 이유를 Milgram의 복종 실험을 통해서 알 수 있다.

2) 동조

동조는 유행과 비슷한 개념이라고 생각될 수 있지만 유행과는 구별된다. 유행은 벗어나는 것에 대한 압력이 적지만 동조는 그렇지 않다. 여러 사람들이 같은 행동을 할 때 개인이 그것에 벗어난 행동을 하지 못하는 이유는 다음의 세 가지 이론을 통해서 설명할 수 있다.

첫째, 사회비교이론이다. 사회비교이론에 의하면 사람은 누구나 자신의 의견이 적절한지 또는 능력이 어느 정도인지를 평가해 보려는 욕구를 가지고 있다. 그런데 그 비교의 토대가 되는 객관적인 근거가 없을 때는 다른 사람들의 의견과 비교함으로써 자신의 의견을 평가한다는 것이다. 그래서 자기가 모르는 것이 있을 때 남이 하는 대로 따르려 한다. 즉, 타인의 행동을 자신의 행동 지침으로 받아들이게 된다.

둘째, 다수의 행동을 따르지 않으면 직·간접으로 제재를 받게 되기 때문이다. 집단에는 규범이 있고 이것을 이탈하게 되면 여러 가지 압력을 받고 심한 경우에는 집단으로부터 축출된다. 정치체제에 반대하는 사람이 집단으로부터 정치적인 성격을 띤 제재를 받는 것이 대표적인 예이지만 친구들이나 이웃들끼리의 집단에서도 이탈에 대한 제재가 있다. 집단 내의 규범은 더 세분화되어 있어 집단성원의 역할에 따라 다른 행동규범이 적용된다.

셋째, 타인의 인정을 받고 사랑을 받으려는 친화욕구도 동조의 원인이 된다. 청소년들이 동년배 집단이 모이는 흡연 장소나 다른 청소년들의 유행에 쉽게 휘말리는 것은 이 때문이다. 어떤 이유에서 동조가 발생하더라도 환경에 대한 적응일 수 있다. 서양 문화권에서는 동조가 주체성 없는 행동이라고 평가절하되는 경향이 있지만 동양 문화권에서는 타인들과 조화롭게 관계를 형성하는 융통성이라고 보는 경향도 있다. 동조현상은 명확한 판단을 내리기 어려울 때 더욱 강하게 일어나게 된다.

Asch(1955)는 동조현상을 연구하기 위해 표준 선분과 비슷한 길이의 선분을 골라내는 실험을 실시하였다(그림 20-2). 실험에 참여한 무리들은 모두 신분을 숨긴 연구진들이었으며 단 한 명의 피험자만이 실험의 마지막 순서로 배정되어 실험실에 들어간다. 그리고 모두 엉뚱한 선분을 선택하도록 하였을 때 과연 피험자는 동조현상을 보일까를 연구한 결과, 틀린 답인데도 불구하고 35%가량의 사람들이 동조했다.

동조는 개인과 타인들 간의 유대가 강할수록 커지며 타인들 중에서 한 명이라도 다

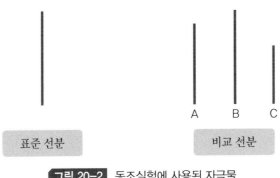

표준 선분   비교 선분

그림 20-2 동조실험에 사용된 자극물

른 견해를 피력하면 동조는 크게 감소했다. Asch를 비롯한 동조에 관한 여러 연구들을 종합적으로 살펴보면 사람들이 동조하게 되는 이유는 크게 두 가지로 요약된다.

첫째, 타인의 행동이 판단에 유용한 정보가 된다. 다른 나라에게 특이한 요리를 처음 먹어 보는 사람은 자주 먹어 본 사람들이 하는 대로 눈치껏 따라 하는 것과 비슷한 이치이다.

둘째, 사람들은 타인으로부터 인정받거나 거부당하지 않으려고 타인에게 동조한다. 이런 경우 자신의 속마음과는 달리 표면적으로만 동조하는 경우가 많다. 평소에 정장을 싫어하는 사람이 예식장에 갈 때 정장 차림으로 격식을 갖추는 행동 등이 대표 사례이다. Asch의 실험 결과에 따르면 남들과 다르게 행동하면 타인들로부터 배척받을 것이라는 생각 때문에 사람들은 동조한다.

3. 사회적 태만과 집단사고

1) 사회적 태만

어떤 과업을 다른 누군가가 할 것이라고 기대할 때 사람들은 태만해질 수 있다. 익명성에 의해서 혼자일 때보다 여러 명과 함께 있는 상황에서 태만해지는 현상을 미국의 사회학자 Latane는 '사회적 태만'이라고 하였다. 사회적 태만의 또 다른 이름이 'Ringelmann 효과'인 이유는 프랑스 농공학자 Ringelmann(1913)이 사회적 태만을 최초로 실험으로 확증하였기 때문이다. Ringelmann은 1명, 2명, 3명, 8명이 줄을 당기도록 한 뒤 당긴 힘을 숫자로 나누어 보았다. 혼자 당긴 힘을 100으로 상정하였을 때 2명일 때는 93%, 3명일 때는 85%, 8명일 때는 49%의 힘밖에 산출되지 않았다. 혼자일 때보다 다른 사람들이 많아질수록 개인의 힘은 적게 사용되는 태만이 나타난다.

사회적 태만은 사고의 원인이 되기도 한다. 비극적인 사례가 1991년 미국의 텍사스 주에서 발생한 항공기 추락사고이다. 러레이도 국제공항을 이륙한 컨티넨탈 익스프레스 2574편은 휴스턴으로 가는 2번째 비행을 하고 있었다. 고도 6,000~8,000피트를 지나가던 도중 갑자기 비행기가 하강하였고 왼쪽 날개가 부러지면서 시속 500km가 넘는 속도로 추락해 지상과 충돌한 후 탑승자 14명 전원이 사망하였다. 사고 원인은 사고 전날 작업자들의 부품 교체에 있었다. 당시 부품 교체는 10시간 안에 제빙장치를 교체하는 것이었다. 심야 근무조가 근무교대를 했는데 양쪽 모두 교체하기엔 힘들다는 생각에 오른쪽만 교체한 상태였다. 이후 왼쪽 부품의 나사를 다시 교체하지 않았다. 더군다나 검사원이 나사를 제거했다는 사실이 밝혀졌는데 규정상 검사원은 정비에 손을 대서는 안 되었다. 또 시간이 걸린다는 이유로 작업 기록지도 제대로 작성하지 않았다. 컨티넨탈 익스프레스 2574편 사고의 원인으로 여러 가지 복합적인 형태의 태만이 제기되면서 사고에 사회적 태만에 대한 고려와 함께 사회적 태만을 허용하는 문화에 대해서 더욱 주의 깊게 살펴보는 계기가 되었다(한정원, 이경수, 박찬신, 손영우, 2009).

2) 집단사고

모든 사람의 의무가 아무의 의무도 아니게 되면서 나타나는 현상이 사회적 태만이라면 집단사고는 또 다른 형태의 문제적 사회 현상이다. 사람들은 함께 의견을 모을수록 더 참신하고 좋은 의견이 나올 것이라고 생각한다. 그러나 여러 뛰어난 사람들이 모여 도출한 의견이 어리석은 결론으로 모아지는 경우가 있는데 이러한 현상이 바로 집단사고(group-think)이다. 미국 사회심리학자 Janis(1959)는 집단 구성원들에게 비판적 사고가 많아질 때 집단사고는 줄어들고 일체감이나 친밀도가 높아질수록 집단사고가 생기기 쉬운 환경이 조성된다고 하였다. 즉, 사람들은 자신들이 유일하게 올바른 판단력을 가지고 있다고 과신할 때 집단사고가 일어나기 쉽다고 보았다. 그리고 비판적인 정보의 가치를 가볍게 여기고 다른 외부 정보를 지지하는 구성원을 의심하는 상황에서도 집단사고는 발생하게 된다.

한 사례로 1961년 쿠바 망명 부대원 1,400명이 카스트로 정권을 무너뜨리기 위해 미국의 지원 아래 쿠바의 피그만을 침공하였다. 하지만 작전은 실패하였다. 이후 작전을 다시 검토한 결과 시작부터 끝까지 모두 엉터리 작전 계획이었던 것이 밝혀졌다. 미국의 가장 유능한 행정부라는 케네디 정권의 각료들이 찬성하고 승인한 작전이 엉터리였다는 것은 큰 충격이었다. 또 다른 안타까운 사례 중에 하나는 1986년 NASA의 챌린지호 폭발사고를 들 수 있다. 발사 당일의 추운 날씨로 우주선 발사에 무리가 있다는 것과 우주선에 기계 결함이 있다는 보고를 받고도 책임 있는 NASA 구성원 중 아무도 경고를 받아들이지 않았다. 이상의 사고와 사건의 저변에는 상당 부분 집단사고가 원인으로 지목된다.

Janis(1972)는 실패한 결정 중 집단사고가 원인이 되는 것들을 연구하였다. 집단사고의 잘못된 선택의 예로는 포드 자동차 회사가 에드셀을 생산하기로 결정하였다가 손해를 본 일과 미국이 베트남을 침공하고 확전하기로 결정한 일 등을 꼽았다. 집단사고는 강력한 리더가 있고 높은 응집력이 있는 집단에서 더 잘 일어날 수 있다. 조직의 단결력을 유지하거나 강화하기 위해서 순응이나 복종이 강요될 수 있기 때문이다. 이러한 집단사고는 표면적으로 드러날 수 있지만 암묵적으로 진행될 때 더욱 강력한 압력으로 작용할 수 있다.

Janis(1972)는 집단사고의 피해를 줄이는 방법은 우선 리더가 토의에서 발생되는 대안들을 억제하지 말고 중재자 역할만을 수행하는 것이다. 그리고 의사결정 단계마다 결정된 사항에 대해서 비판적으로 평가하고 지지하는 증거와 반박하는 증거를 계속 수집한다. 집단사고가 쉽게 발생하는 조건은 자신은 올바르게 평가한다는 과신과 비판 정보를 가볍게 여기며 외부 정보를 배척할 때이다.

4. 인지부조화

인지부조화(cognitive dissonance)는 미국 스탠퍼드 대학의 심리학자 Festinger(1957)에 의해서 주장되었다. 인지부조화는 사람이 두 개의 신념 간에 혹은 신념과 태도 간에 혹은 태도와 행동 간의 불일치가 발생하게 되면 인지부조화를 느끼게 된다는 것에서 출발한다. 인지 부조화의 발생은 심리적으로 불편함이나 불쾌한 감정을 경험하기 때문에 사람들은 이러한 감정을 감소시키기 위해서 신념이나 태도 혹은 행동을 변화시키게 된다.

태도와 행동 간에 부조화가 발생하는 상황을 예로 들어 보자. 이 경우 사람들은 태도와 행동 중에서 어느 하나를 변화시켜서 양자가 일치하도록 해서 심리적인 불편감을 해소하려고 노력하게 된다. 예를 들어, 담배가 몸에 해롭다는 생각과 담배를 피우는 행동 간에 부조화를 느끼는 흡연가들이 많이 있다. 이들은 자신들의 담배 피우는 행동이 건강에 좋지 않다는 것을 알고 있기 때문에 담배를 필 때마다 불쾌감이나 불안을 느끼게 된다. 이러한 불편감을 없애기 위해서 금연을 결심하고 실행에 옮기기도 한다. 이것은 담배가 몸에 나쁘다는 태도에 금연이라는 행동을 일치시키기 때문이다. 하지만 금연 시도가 실패하게 되면 이들은 담배가 몸에 해롭다는 태도를 바꾸어서 '누구는 담배를 피고도 90살까지 건강하게 잘 살았다더라!'라고 생각하게 된다. 즉, 행동을 바꾸는 것이 쉽지 않게 되면 태도를 바꾸어서라도 일치감을 유지하려는 것이다([그림 20-3]).

인지부조화는 의사결정이 이루어졌을 때, 강요에 의해서 복종했을 때, 다른 사람과 의견이 대립될 때, 노력을 적게 들이고 보상을 많이 받았을 때 자주 발생된다. 그리고 한번 의사결정이 이루어지고 나면 결정하기 전보다 결정한 후에 태도변화가 더 크게 일어나게 된다. 예를 들어, 결혼하기 전에는 결혼대상자들을 계속 비교하다가도 일단 결혼하게 되면 배우자에게 만족하려는 경향이 커지게 되는데 이러한 것도 인지부조화 이론을 통해서 설명할 수 있다.

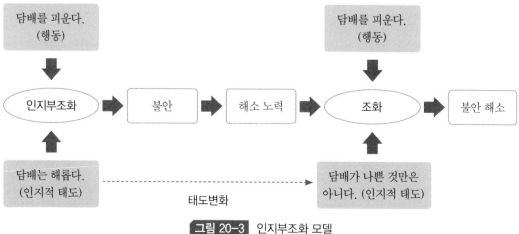

그림 20-3 인지부조화 모델

5. 귀인이론

우리는 자신이나 타인의 행동에 대해서 그 이유를 추론하려는 성향이 있으며 이것을 귀인(attribution)이라고 한다. 즉, 사람들의 행동 원인을 결정하는 과정을 설명해 주는 것이 바로 귀인이론이다. 귀인은 현재의 행동을 설명해 주기도 하지만 우리가 세계를 바라보고 평가하며 반응하는 미래 행동에 대한 중요한 기준도 제공해 준다.

Heider(1958)는 귀인을 크게 내부귀인과 외부귀인으로 구별하였다. 내부귀인은 어떠한 결과를 심리내적 원인으로 돌리는 것이다. 반대로 외부귀인은 어떤 결과의 원인을 환경 조건에서 찾는다. 일반적으로 사람들은 자신의 성공은 능력이나 노력과 같은 내부귀인으로 돌리는 경향이 크고 자신의 실패에 대해서는 운이나 태생과 같은 외부귀인으로 돌리려는 경향이 크다.

Kelley(1967)는 Heider의 귀인이론을 발전시켜서 사람들이 결과에 대해 원인을 규명할 때 일치성, 특이성, 일관성의 세 가지 기준으로 판단한다고 주장하였다. 일치성(consensus)은 한 사건에 대하여 다른 사람들의 동일한 사건과 비교하여 귀인하려는 성향을 말한다. 같은 상황에서 다른 사람들이 모두 동일한 반응을 보일 때 그것은 일치성을 가지는 사건이 된다. 이때 일치성이 높으면 외부요인으로 귀인시키고 일치성이 낮은 사건에 대해서는 내부요인으로 귀인하는 경향이 크다. 특이성(distinctiveness)은 한 사건을 현재 그 사람의 유사한 다른 사건과 비교해서 귀인하려는 성향이다. 자주 일어나는 일이 아니라면 특이한 사건이 된다. 이럴 경우 특이성이 높으면 외부귀인에 해당

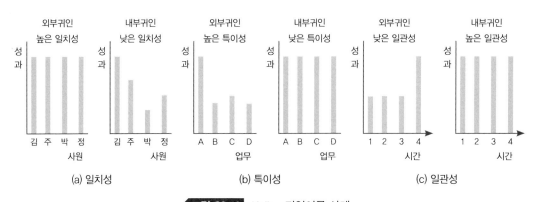

그림 **20-4** Kelley 귀인이론 사례

하고 특이성이 낮으면 내부귀인에 해당한다. 일관성(consistency)은 현재의 사건을 그 사람의 과거 사건들과 비교하여 귀인하려는 성향을 말한다. 어떤 행동이 예전부터 그 사람에게 자주 있었던 일이라면 일관성이 있는 것이고 일관성이 높으면 내부귀인, 일관성이 낮으면 외부귀인하게 된다([그림 20-4]).

예를 들어, 김 씨의 업무 성과가 높게 나왔을 경우 그 원인을 찾는 귀인이론을 적용해 보자. 먼저 일치성 기준의 귀인은 김 씨 외의 모든 사람들의 업무성과가 높기 때문에 '업무환경이 좋았다!'와 같은 외부적 요인으로 귀인하게 된다. 반면, 다른 사람들의 업무성과가 낮다면 김씨의 '능력이 뛰어나다!'는 등의 내부적 요인으로 귀인하게 된다. 특이성 귀인은 김 씨가 한 가지 업무에서만 성과가 높았다면 높은 실적을 낸 것은 업무가 쉬운 것이라고 외부적 요인에서 귀인하게 된다고 보는 것이다. 반면에 모든 업무에서 성과가 높았다면 김 씨의 능력이 좋다고 내부적 요인으로 귀인하게 되는 것이다. 마지막으로 일관성 기준의 귀인은 김 씨가 유독 이번 분기에만 성과가 좋다면 '상황이 좋았다!'는 식의 외부적 요인으로 귀인하게 된다고 본다. 반면에 계속적으로 성과가 좋으면 김 씨의 실력이 좋다는 내부적 요인의 귀인이 일어나게 된다([그림 20-5]).

Kelley(1967)는 정확한 귀인을 위해서는 일치성과 특이성, 일관성의 세 가지 기준이 모두 사용되는 귀인이 필요하다고 주장한다. 높은 일치성, 높은 특이성, 낮은 일관성의 경우에는 외부귀인이 적절하며 낮은 일치성, 낮은 특이성, 높은 일관성의 경우에는 내부귀인이 적절한 귀인이 된다. 예를 들어, 김 씨가 특정 업무에서 좋은 성과를 보이는 경우 다른 동료들의 업무실적이 낮고(낮은 일치성), 김 씨가 유사한 다른 업무에서의 실적도 좋으며(낮은 특이성), 예전부터 김 씨의 성과가 늘 우수했다면(높은 일관성) 김 씨가 이룩한 업무 성과는 능력이나 자질 혹은 노력과 같은 내부귀인으로 돌리는 것이 타당

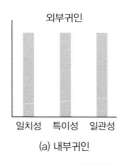
(a) 내부귀인

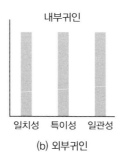
(b) 외부귀인

그림 20-5 귀인판단 기준

하다. 반면에 다른 사람들의 업무성과도 모두 좋고(높은 일치성), 유사한 다른 업무에서 김 씨의 실적이 좋지 않으며(높은 특이성), 그리고 과거에도 김 씨의 실적이 좋지 않았다면(낮은 일관성) 김 씨의 업무성과는 쉬운 과업이나 좋은 환경과 같은 외부귀인으로 돌리는 것이 타당하다.

6. 안전리더십과 코칭

안전행동에 영향을 미칠 수 있는 문화와 관련된 변인들 중에는 리더십이 포함되기도 한다. 이것을 위험과 안전에 영향을 미친다고 하여 안전리더십(safety leadership)이라고 부를 수 있다. 안전리더십에 대해서 Wu(2005)는 "조직의 맥락과 개인적 요소를 고려하여 리더가 직원들과 상호작용하여 안전목표를 수립해 나가는 과정"이라고 정의하였다. Petersen(2004)은 "현재 안전상태를 파악하고 개선하기 위한 비전을 세우고 비전 달성을 위한 방법을 고안해 내는 과정"이라고 안전리더십을 정의한다.

리더들은 조직 구성원들과 가까운 곳에서 함께 일하거나 지시하고 감독하기 때문에 리더의 안전관리 행동 및 안전의식이 조직의 안전수준 및 구성원들의 안전행동에 직접 영향을 미칠 수 있다. 그리고 안전관리 프로그램이 있다고 하더라도 프로그램 리더의 관심이나 동기가 부족하게 되면 프로그램이 효과를 발휘하기가 어렵다(Sulzer-Azaroff, Fox, Moss, & Davis, 1987; Sulzer-Azaroff & Fellner, 1984). 따라서 리더의 안전리더십이 근로자의 안전행동이나 안전프로그램 활성화에 중요하다고 볼 수 있다.

여러 연구들에서 리더의 리더십 유형 및 안전의식 수준과 안전행동 간에 관련성이 있다는 것이 확인되고 있다. 안전리더십에 대한 메타분석 결과 변혁적 안전리더십과 거래적 안전리더십은 모두 안전행동과 긍정적인 상관관계를 보였으며 사고와는 부정적인 상관관계를 보였다. 리더들을 대상으로 한 안전리더십 교육을 실시한 결과 조직 구성원들의 안전행동이 증가되고 사고가 감소하였다. Zohar(2002)의 연구에서도 안전리더십의 변화가 안전보호구 착용비율을 9%에서 59%까지 상승시키는 것으로 나타났다.

1) 변혁적 리더십과 거래적 리더십

Burns(1978)는 리더와 구성원 간의 교환적 관계를 나타내는 거래적 리더십(transactional leadership)과 구성원들을 변화시키는 변혁적 리더십(transformational leadership)으로 구분한다. 변혁적 리더십은 협약에 기초한 거래적 리더십과는 달리 구성원들로 하여금 기대 이상의 성과를 올리도록 이끌어 간다. 변혁적 리더십은 거래적 리더십과는 대조적이며 카리스마적 리더십과 상당히 유사하다.

변혁적 리더는 구성원들에게 비전을 제시하고 배려적 인간관계를 형성하며 구성원에게 지적 자극을 주고 구성원들이 리더와 동일시하고 구성원에게 영감까지 주는 리더십으로 정의된다. Bass(1998)는 변혁적 리더십은 이상화된 영향력(idealized influence), 구성원에게 감흥을 주는 영감적(inspirational) 리더십, 지적 자극(intellectual stimulation) 리더십, 개인적 배려(individualized Consideration) 요인이 있다고 밝혔다.

또한 이러한 변혁적 리더십을 측정할 수 있는 척도로 다중요인 리더십 설문지(multifactor leadership questionnaire)를 개발하였다. 변혁적 리더십 요인은 거래적 리더십보다 리더의 효율성 및 구성원의 만족에 더 많은 영향을 미치고 있다.

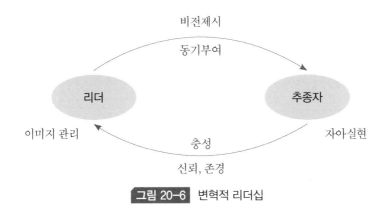

그림 20-6 변혁적 리더십

(1) 변혁적 리더십

변혁적 리더십(transformational leadership)은 구성원들의 요구를 비전으로 반영하여 기대 이상의 성과를 달성하도록 동기를 부여하는 리더십이다. 변혁적 리더에게 가장 중요한 자질은 카리스마적 리더와 마찬가지로 비전제시와 동기부여이다. 리더는 조직의 발전을 위한 장기 비전을 제시하고 구성원들에게 비전을 따르도록 동기를 제공한다. 리더는 비전을 달성할 수 있다는 강한 확신 속에 모범을 보이며 구성원들이 기대감을 가지고 자아실현에 이르도록 조언하며 격려한다. 리더의 확신과 헌신적인 태도에 구성원들은 존경과 신뢰를 갖는다. 또한 리더가 제시한 비전을 함께 공유하며 자발적으로 충성을 다하게 된다.

변혁적 리더십은 안전행동, 안전분위기와 긍정적인 관련성을 보이며 사고와는 유의미한 부정적 관계성을 보였다. 특히 순응행동과 참여행동, 사고와의 관련성은 거래적 리더십보다 더 큰 것으로 나타났다. 안전행동과 관련하여 Clarke(2013)는 비록 유의미한 차이는 없었지만 변혁적 리더십은 참여행동과 거래적 리더십은 순응행동과 더 큰 관련성을 보였다. 일반적인 직무수행과 관련된 연구들에서는 변혁적 리더십이 거래적 리더십보다 수행을 더 증가시키고 조직 시민행동(맥락수행, 이타행동)을 더 증가시킨다는 결과와 일치한다. 그리고 안전행동을 자발적으로 이끌어 내는, 즉 내적 동기 증진을 위해서는 안전행동의 어려움을 충분히 공감하고 수용하는 것이 중요함을 확인시켜 주었다.

구체적으로는 Clarke와 Ward(2006)은 안전참여를 독려하는 리더들의 합리적 설득이 효과적인 전략이라고 보았다. 설득과 독려 행동은 왜 절차와 규칙이 이러한 방식으로 작동해야 하는지 구성원들의 이해를 증가시켜서 안전준수를 더 북돋을 수 있다. 궁극적으로 안전영역에서도 거래적 리더십보다 변혁적 리더십을 증진시켜야 함을 여러 연구가 뒷받침해 주고 있다. 특히 안전과 관련된 이상화된 영향력, 영감적 동기부여, 개인적 배려, 지적 자극을 증진시키기 위한 프로그램이 필요하다.

(2) 거래적 리더십

거래적 리더십(transactional leadership)에서 리더와 구성원의 관계는 거래와 협상에 기초한다. 즉, 거래적 리더는 자신이 원하는 것을 추종자로부터 얻기 위하여 그들이 원하는 것을 제공한다. 거래적 리더십은 구성원들의 수행 결과에 따라 상황별로 보상하는 리더십을 의미한다. 구성원들의 욕구를 만족시키는 보상과 리더가 필요로 하는 것을 상호 교환하는 것이다. 이러한 과정을 통하여 리더는 구성원들에게 기대하는 성과를 달성하도록 유도한다. 거래적 리더십은 반복적이며 기대성과 수준을 측정할 수 있을 때 효과적이다. 거래적 리더의 활동은 구성원들의 성과에 따라 적절히 보상하는 것과 구성원이 규정을 위반했을 때 개입하여 시정하는 것으로 이루어진다.

변혁적 리더십보다는 안전에 관련성이 적다고 하지만 거래적 리더십 역시 순응행동, 참여행동과 긍정적인 상관관계가 있고 사고와는 부정적인 관계를 보였다. 이러한 연구 결과는 변혁적 리더십과 구분해 왔던 거래적 리더십도 사고예방에 도움이 될 수 있다는 경험적 증거를 제시해 주고 있다. 즉, 기존 연구자들의 안전관련 리더십의 이론적 영역을 좀 더 확장할 필요가 있음을 시사한다.

(3) 거래적 리더십과 변혁적 리더십의 차이

문광수(2018)의 연구에서 비록 유의미한 차이는 없었지만 거래적 리더십이 변혁적 리더십보다 안전분위기에 더 큰 영향을 미치는 것으로 나타났다. 이러한 이유는 조직 구성원들이 지각하는 조직의 안전분위기는 우선 안전행동에 대한 보상과 불안전행동에 대한 교정이 행동변화에 더 큰 영향을 미칠 수 있기 때문이다. 그리고 이러한 결과는 눈에 보이는 관리 행동이 안전과 관련하여 중요한 요소라고 주장했던 이전의 연구들과 일치한다(Brown, & Holmes, 1986; Cooper, & Phillips, 2004).

변혁적 리더십은 안전목표를 제시하고 필요한 이유에 대해서 설명하는 것에 중점을 두지만 거래적 리더십은 안전행동에 대한 보상과 인정 그리고 문제가 발생하기 전 적극적인 감시 및 개입과 같은 거래 행동을 명확하게 보여 주는 '실천' 측면을 중시한다.

한편, 문광수(2018)의 연구에서 거래적 리더십은 참여행동과 순응행동이 모두 유사한 관련성을 보였다. 또한 안전에 대한 명확한 기대치를 설정하고 피드백해 주는 것과 같은 거래적 행동은 조직 구성원들의 동기를 향상시키고 개인의 학습을 독려한다는 연구도 있다(Locke & Latham, 1990). 그리고 구성원의 행동과 보상 간의 관계를 명확히 하고 제공함으로써 안전관련 규칙이나 절차를 준수하려는 동기가 향상될 수 있다. 따라

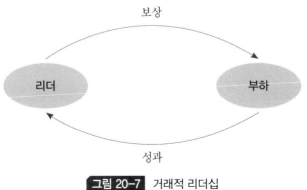

그림 20-7 거래적 리더십

표 20-1 거래적 리더십과 변혁적 리더십의 차이

구분	거래적 리더십	변혁적 리더십
목표	현재 상태를 유지함	현재 상태를 변화시킴
시간	단기적 목표를 위해 노력	장기적 목표를 위해 노력
동기부여	즉각적인 보상으로 동기부여	자아실현과 같은 높은 수준의 개인적 목표를 추구하도록 동기부여
행동기준	규칙과 관례를 따름	변화되고 새로운 목표에 도전하도록 격려
문제해결	구성원들에게 문제해결 방법을 제시	구성원들에게 스스로 문제를 해결하도록 격려하거나 도움

서 궁극적인 안전성과(결과)와 관련하여 관찰 및 시정 조치와 같은 거래적 리더의 예방적 행동을 처벌적 행동으로 간주할 필요가 없으며 특히 그것은 안전관리 측면에서 안전분위기와 행동에 긍정적인 영향을 준다.

거래적 리더십과 변혁적 리더십의 차이가 있으며 이들의 특성은 매우 대조적이지만 상호 배타적인 것만은 아니다. Bass(1998)는 드골(de Gaulle), 루스벨트(Roosevelt) 등과 같은 리더들의 예를 들면서 상황에 따라 두 가지 리더십을 동시에 구사할 수 있다고 주장한다. 나아가 Kotler(1986)는 거래적 리더십과 변혁적 리더십을 적절히 사용할 줄 알아야 유능한 리더가 될 수 있다고 주장한다.

2) 안전리더십과 안전코칭

일반적으로 하드웨어에 대한 안전문화 대책은 한계가 있다. 높은 수준으로 안전문화를 향상시키기 위해서는 관리자의 일상과 구성원들의 삶에 안전문화가 자연스럽게 스며들어 있어야 한다. 우선 관리자나 조직 책임자의 안전리더십 고양을 통해서 안전에 대한 가치관을 반복해서 강조하고 행동을 통해서 구성원들을 코칭할 수 있어야 한다. 즉, 관리자의 안전리더십은 구성원들로 하여금 관리자나 조직이 구성원들의 안전을 중요시하고 있으며 "안전향상을 위해 진심으로 조치를 취하고 있다!"라고 느낄 수 있어야 한다. 이러한 안전리더십은 조직이나 사회가 안전의식을 고양하여 안전문화를 증진할 수 있는 원동력이 된다.

안전리더십의 기본은 관리자가 조직의 안전활동에서 제외하거나 빠지지 않고 적극 참여하고 헌신하는 것에서부터 출발한다. 안전행동에 관리자가 빠지게 된다면 구성원들은 안전행동이나 규정을 요식 행위나 하찮은 일로 여기게 된다. 관리자가 안전행동에 적극 참여하고 헌신하는 모습을 통해서 조직경영의 핵심에 안전이 자리 잡고 있음을 느끼게 할 수 있다. 또한 관리자의 안전행동 참여와 헌신은 조직이 공식적으로 안전행동을 장려하고 있으며 중요한 과업으로 인식하고 있음을 천명하는 것이 된다. 안전리더십을 향상시키기 위해서는 조직관리 철학에서 안전을 비중 있고 투명하게 제시하고 안전경영 비전을 보여 줄 필요가 있다. 조직은 안전핵심규칙으로 '안전보건원칙'을 설정하고 모든 구성원들의 가치판단을 기준으로 삼아야 한다.

관리자는 또한 자신만의 행동과 언어를 통해서 안전에 대해서 어떻게 생각하고 행동하는가를 보여 주고 구성원들로부터 신뢰를 받아야 한다. 안전교육을 통해서 안전이 왜 중요하고 실천되어야 하는지를 구성원들에게 이해시키는 것이 안전리더십 발휘의 방향이 된다. 안전슬로건이나 표어를 내걸었지만 실상 안전에 투자하지 않거나 관리자가 실천하지 않는다면 구성원들의 신뢰를 얻을 수 없다. 이러한 모순적인 안전리더십 발휘는 높은 수준의 안전문화 조성에 걸림돌로 작용할 것이다. 따라서 안전을 위한 비용과 시간 투자는 최소한 품질이나 생산성, 관리비용 등보다 우위로 설정하든지 최소한 동등한 가치로 평가되어야 한다.

안전리더십을 향상시키는 여러 프로그램 중의 하나로 코칭(coaching)을 들 수 있다. 코칭은 개인 및 조직 내 생활에서 목표 달성을 촉진하는 결과 지향적이며 체계적인 과정으로 정의된다. 최근 수년 동안 코칭은 많은 관심을 받아 왔으며 안전행동 향상에 관한 연구도 진행되고 있다. Geller, Perdue와 French(2004)는 안전분야에서 코칭을 "작업장에서 위험과 행동에 대해서 건설 피드백을 제공하고 안전행동을 증진하기 위한 관찰과 피드백을 제공하는 대인관계의 과정"이라고 정의하였고 실제 안전현장에서도 코칭이 효과가 있는 것으로 나타났다. Kines, Andersen, Spangenberg, Mikkelsen, Dyreborg와 Zohar(2010)의 연구에서도 의사소통에 안전코칭을 도입한 결과 안전행동이 증가하였고 안전수준이 향상된 것으로 나타났다.

리더의 안전관리 행동 증진을 위한 안전리더십 코칭 프로그램(Dickerson, Koch, Adams, Goodfriend와 Donnelly, 2010)의 연구에서는 안전행동, 피드백, 의사소통 안전코칭 교육을 실시하였으며 안전행동 평가를 위해서 매달 회의를 실시하였다. 다른 연구에서는 안전의사소통, 교육훈련, 구성원 안전행동에 대한 매주의 관찰, 2주 간격으로 피드백 주기 등을 실시하였다(Kines et al., 2010). 최근 연구에서는 작업에 대한 명확화와 바람직한 행동에 대한 선행자극 제시, 피드백 제공, 토큰 보상 제시, 칭찬을 위한 회의 진행이 주요 안전코칭 프로그램으로 구성되었다(Tilka & Johnson, 2018). 이지동, 오세진과 문광수(2019)이 연구한 우리나라 안전코칭 프로그램은 안전관리행동 목표설정, 안전관리행동 셀프 모니터링, 직원 안전행동 관찰 및 기록, 피드백 및 보상, 직원 교육의 과정으로 구성된다. 이지동 등(2019)이 진행한 안전코칭 프로그램의 구체적인 진행과정과 방법은 다음과 같다.

(1) 리더 교육

전체 관리 감독자들을 대상으로 안전리더십 코칭 프로그램 교육을 1회 실시하였다. 교육은 안전리더십 코칭 프로그램의 목적과 과정, 관리 감독자의 안전관리 행동의 중요성 및 관련된 유사 연구 소개, 그리고 안전관리 행동이 결정된 과정, 향후 적용될 처치 설명과 질의응답으로 구성되었다. 교육 종료 후 리더들은 조직 구성원들의 안전행동 측정을 위한 체크리스트 항목들을 개발하는 과정에 참여하였다.

(2) 목표 설정

현장 리더들은 자신들의 관찰 빈도와 조직 구성원들 간의 상호작용 빈도(긍정적, 교정적 피드백)가 구성원들의 안전행동에 좋은 영향을 미친다는 것을 추가 설명한 후, 각 리더들이 실제 성취 가능한 관찰 빈도와 상호작용 빈도에 대해 목표를 설정하였다. 매일 현장 상황과 근로자들을 몇 번씩 관찰할 것인지 그리고 하루 동안 직원들과 상호작용할 빈도에 대해 목표를 설정하였다. 목표 설정 주기는 한 달이었다.

(3) 셀프 모니터링

관찰 빈도와 직원들과의 상호작용 빈도를 측정하기 위하여 리더들이 스스로 자신의 행동을 측정하였다. 체크리스트 하단에는 각 행동을 기록할 수 있도록 하였다. 관찰 후에는 엑셀 파일에 매일 안전행동의 빈도를 기록하고 달력처럼 제작된 메모장에 매일 각 행동 목표 달성 여부를 ○, △, ×로 기입하였다.

(4) 피드백과 보상

리더들의 셀프 모니터링 자료를 바탕으로 2주에 한 번씩 자료를 정리하여 상위 리더 (사장, 소장 등)와 회의를 하였다. 회의 때 각 리더 그리고 전체 구성원들에 대한 안전행 동 관찰 빈도와 상호작용 빈도 정보를 정리하여 제공해 주었다. 그리고 개인별로 2주 동안 며칠 정도 목표를 달성하였는지를 알려 주었다. 또한 조직 구성원들의 안전행동 비율의 변화를 그래프를 보면서 논의하였다. 이것을 바탕으로 상위 리더는 하위 직급 의 리더들에게 정리된 정보를 전달하며 리더들과 근로자들의 안전행동 자료에 대해 논 의하였다. 그 결과에 따라 한 달에 한 번씩 목표 성취에 대한 보상으로 개인별로 일정 액의 상품권이 지급되었다.

(5) 조직 구성원 교육

기존 일용직들을 대상으로 안전교육을 실시하였던 조직에서 이러한 교육 이외에도 리더들이 매일 작업시간 전에 실시하는 간단한 안전교육을 추가하였다. 오늘 작업 중 에 위험한 작업들이 무엇인지 근로자들에게 알려주고 각 작업 팀 별로 발생할 수 있는 위험에 대해서 물어보고 어떻게 예방할 수 있을지를 확인하였다.

이상의 안전코칭 프로그램 실시 결과를 적용한 두 곳의 조직체에서 구성원들의 안전 행동이 증진하는 것으로 나타났다(이지동 외, 2019). 또한 리더의 안전관리 행동(구성원 들의 안전행동에 대한 관찰, 긍정적-교정적 피드백 제공)이 모두 증가하였으며 조직 구성 원들의 안전행동에 좋은 영향을 미쳤다. 구체적으로는 리더들의 경우 조직 구성원들 의 안전행동 관찰, 관찰 결과에 대한 즉각적인 피드백 제공 등이 안전행동 변화에 유의 미한 영향을 미치는 것으로 나타났다. 이러한 결과들은 리더들의 안전프로그램에 대한 관심과 몰입이 안전관리의 핵심 요소라는 점과 안전코칭 등을 통한 안전리더십 향상 노력이 효과가 있음을 보여 준다.

⚠ 참고문헌

교육부(2016). 안전한 생활 교과용 도서 정책의 이해 및 개발 방향.

국무총리실 안전관리기획단 (2000). 안전관리 종합대책.

권민정(2014). 고령운전자의 위험운전행동에 대한 구조모형 개발. 아주대학교 건설교통공학과 박사학위 논문.

권석만(2012). 현대 심리치료와 상담이론. 서울: 학지사.

기영화(2004). 평생교육방법론. 서울: 학지사.

김경동(1979). 현대의 사회학. 서울: 박영사.

김근영(2012). 선진 안전문화 정착을 위한 제도개선 연구. 행정안전부.

김기식, 박영석(2002). 안전 분위기가 안전 행동 및 사고에 미치는 영향. 한국심리학회지: 산업 및 조직, 15(1) 19-39.

김동우, 박선진, 이순철(2009). 서두름 행동이 운전일탈행동에 미치는 영향. 한국심리학회지: 사회문제, 15(4), 487-505.

김시업, 김지영(2003). 한국인의 법의식: 법리와 정리의 갈등. 한국심리학회지: 사회문제, 9(1), 67-79.

김신정, 김성희(2009). 초등학생을 위한 교사용 안전교육 지침서 개발. 아동간호학회지, 15(2),

김애순(2002). 성인발달과 생애설계. 서울: 시그마프레스.

김원중(2011). 학교안전에 관한 경찰의 역할 검토. 한국정책학회 춘계학술발표논문집, 2011, 177-196.

김은정(2017). 코칭심리 연구와 전문가 훈련을 위한 통합적 성장 코칭 모델. 한국심리학회지: 코칭, 1(1), 47-71.

김의철, 박영신, 박동현(2001). 청소년의 안전사고에 대한 표상과 안전효능감. 한국심리학회지: 사회문제, 7(2), 39-63.

김재국(1997). 한국은 없다!. 서울: 민예당.

김종덕(2015). 사면권 행사의 통제와 사면법의 개정방향. 법학연구, 59, 205-229.

김지영(2009). 한국과 일본의 초등학교 안전교육 실태비교. 서울교육대학교 대학원 석사학위논문.

김진영(2009). 한국성인집단에서 연령과 우울의 관계. 보건과 사회과학, 제26집, 87-113.

김창현(2014). 생활안전교육 및 지도법. 서울: 동문사.

김형수, 오세진, 양병화, 김형일(2002). 사회적 교환관계가 안전사고에 미치는 경로효과 모델검증. 한국심리학회지: 산업 및 조직, 15(2), 47-66.

김혜숙(1988). 지역 간 고정관념과 편견의 실상: 세대간 전이가 존재하는가?. 한국심리학회 학술대회 자료집, 37-62.

김환(2016). 외상후 트스레스 장애. 서울: 학지사.

노진철(2005). 현대 위험사회에서의 위험연구. 한국위기관리논집, 1(1), 33-48.

노진철(2014). 한국 재난심리지원의 현황과 외국의 실제. 한국상담학회 재난특별대책위원회 특별 심포지엄 자료집, 2-13.

다보스포럼(2016). 다보스포럼보고서, 2016 Davos.

대구신문(2020). AI, VR 기반 블렌디드 러닝… 미래교육을 앞당긴다.

도로교통공단(1993). 교통질서 및 안전에 관한 운전자의 의식조사.

도로교통공단(1998). 자동차 운전적성검사 개선을 위한 검사지 개발 연구.

류준범, 이세원, 김순나(2014). 음주운전자 대상 단기 집단상담 프로그램 효과 연구. 교통연구, 21(4), 119-134.

문광수(2018). 안전 리더십이 안전 행동, 안전 분위기, 사고에 미치는 효과: 메타분석. 한국안전학회지, 33(6), 66-76.

문화일보(2020). AI와 지적 경쟁은 가능할까?.

박광배, 조은경(1998). 자발적인 준법행위의 촉발요인. 한국심리학회지: 사회문제, 4(1) 95-136.

박광현(2014). 대통령 사면권의 정당성과 한계. 법학연구, 17(3), 331-355.

박민, 진영선(2002). 청년과 노인의 암묵기억 과제 수행에서의 연령차. 한국심리학회지: 발달, 14(4), 19-36.

박민용, 박인용(2015). 안전관리자를 위한 인간공학. 서울: 한언.

박상규(2020). 행복수업. 서울: 학지사.

박선진, 이순철(2009). 서두름 행동이 과제수행의 속도와 정확성에 미치는 영향. 한국심리학회지: 산업 및 조직, 22, 469-485.

박선진, 이순철(2011). 성과 연령에 따른 서두름 행동 특성. 한국심리학회지: 사회문제, 17(4), 365-380.

박수애, 송관재(2005). 사회적 불안이 개인의 심리적 적응에 미치는 영향. 한국심리학회지: 사회문제, 11, 1-29.

박영배(1997). 순환기 질환. 서울: 서울대학교출판부.

박영신, 박동현, 김의철(1998). 산업재해 감소를 위한 효율적 안전교육의 방향 탐색: 작업자, 안전관리자, 공무원의 안전효능감을 중심으로. 사회교육학연구, 4(1), 277-307.

박영호(1989). 인적요인에 의한 산업재해분석. 중앙대학교 대학원 박사학위논문.

박용헌(1968). 학교사회. 서울: 배영사.

박은혜, 조혜선, 이성희, 황보영(2016). 개정 영유아 안전교육. 서울: 파란마음.

박정희, 이순철(1997). 운전자 변인에 따른 사고경향성 분석. 한국심리학회지: 사회문제, 3, 143-157.

박진영, 최혜원, 서은국(2012). 물질주의 인간관계 경시의 심리적 원인. 낮은 일반적 신뢰. 한국심리학회지: 사회 및 성격, 26(1), 23-36.

박효정(2015). 안전교육 표준안 마련을 위한 정책연구. 서울: 한국교육개발원.

박효정, 유선영(2015). 학교안전교육 현황과 내실화 방안. 서울: 한국교육개발원.

배정이(2003). 어린이 안전사고 예방교육 프로그램 개발. 아동간호학회지, 9(2).

백옥미(2013). 노년기 우울증상과 인지기능의 관계. 정신보건과 사회사업, 41(4), 94-115.

변미옥, 도미향(2016). 유아교사의 인성향상을 위한 코칭프로그램 개발. 2016년 한국가장관리학회 학술발표대회 자료집, 208-224.

변준수, 김세은, 이종언, 이혜은, 채정호, 김형렬(2013). 지하철 기관사에서의 우울증상 및 외상 후 스트레스 장애 증상과 자아탄력성의 관련성. 대한직업환경의학회 학술대회 논문집, 11, 737-738.

서병재(2001). 학교안전사고실태분석 및 지도방안. 수원대학교 행정대학원 석사학위논문.

석혜민, 박찬석, 윤명오(2013). 초등학교안전교육 실태와 발전방향에 대한 연구. 대한안전경영과학회지, 15(1).

송동빈(2002). 산업의학 분야에서 심리학적 이론의 도입 필요성: 산업예방 프로그램을 중심으로. 한국심리학회 연차학술발표대회 논문집, 78-80.

송미경, 이정은, 문선영, 양숙자, 김신정(2005). 안전교육에 대한 초등학교 교과서 내용 분석. 지역사회간호학회지, 16(2), 205-220.

신선인(2000). 재해 및 재난 구호 시 요구되는 정신보건사회사업 서비스에 관한 연구. 정신보건과 사회사업, 10, 61-83.

신우리, 강형기(2018). 협동조합기반 재난심리지원체계의 개선방안에 관한 연구: 일본 재난심리지원체계 사례를 중심으로. 사회적경제와 정책연구, 8(3), 35-58.

안상혁(2015). 불안, 키에르케고어의 실험적 심리학. 서울: 성균관대학교출판부.

양승두(1989). 한국인의 법의식: 민주화 사회에서의 준법정신-사상과 정책. 서울: 경향문화사.

오세진(1997). 효율적 산업안전관리를 위한 행동주의적 연구에 대한 개관. 한국심리학회지: 산업 및 조직, 10(1), 1-20.

오세진(2016). 행동을 경영하라. 서울: 학지사.

오주석, 이순철(2011). 운전행동 결정요인의 구성과 위험운전행동과의 관계. 한국심리학회지: 사회
　　문제, 17(2), 175-197.

유병열, 이언주(2016). 초등 안전교육의 기본 방향과 교육 원리 및 실천 과제에 관한 연구, 한국초
　　등도덕교육학회, 2015 개정 교육과정에 따른 초등 도덕과 교육의 학제적 접근.

윤양배(2019). 안전문화 혁명. 서울: 지구문화.

윤진 (1985). 성인노인심리학. 서울: 중앙적성출판사.

윤태림(1986). 한국인. 서울: 현암사.

이강준, 권오영(2005). 안전시스템 구축과 심리학의 적용. 한국심리학회지: 실험, 17(3), 299-310.

이기숙, 장영희, 정미라, 윤선화(2014). 영유아 안전교육. 경기: 양서원.

이덕난(2015). OECD 주요국의 유 · 초등학교 안전교육 실태 및 한국교육에 주는 시사점. 서울: 한국교
　　육개발원.

이동훈, 강현숙(2015). 미국의 재난심리지원 체계 및 재난위기상담의 실제와 시사점. 상담학연구,
　　16(3), 513-536.

이범진, 박세영(2013). 물리적 환경과 안전행동 간의 관계: 조직몰입의 매개효과와 안전 분위기의
　　조절효과. 한국심리학회지: 산업 및 조직, 26(4), 555-577.

이상우, 이준희, 정광복(1994). 신 안전교육. 서울: 세종출판사.

이선미, 김정희(2002). 버스사고 피해자의 심리적 특성 및 외상후 스트레스 장애 발병 관련변인. 한
　　국임상심리학회지: 임상, 21(3), 547-563.

이소희(2008). 멋진 응원, 코칭. 서울: 신정.

이수재(2016). 아동안전관리교육. 서울: 정민사.

이순열(2015). 한국 사회의 위험에 대한 심리학적 접근과 제언: 세월호 참사를 중심으로. 한국심리
　　학회지: 일반, 34(3), 709-739.

이순열(2016). 위험과 안전에 대한 실존심리학적 고찰. 한국심리학회지: 문화 및 사회문제, 22(3),
　　387-410.

이순열(2018). 산업심리학의 이해. 경기: 한국학술정보.

이순열, 이순철(2008). 운전 스트레스 척도(Driving Stress Scale: DSS)의 개발과 타당화 연구. 한국
　　심리학회지: 사회문제, 14(3), 21-40.

이순열, 이순철(2009). 운전자의 속도욕구좌절이 운전 스트레스에 미치는 영향. 한국심리학회지: 사
　　회문제, 15(2), 319-338.

이순열, 이순철(2010). 교통사고 위험지수에 대한 확인적 요인분석과 타당화 연구. 한국심리학회지:
　　산업 및 조직, 23(1), 75-87.

이순열, 이순철, 박길수(2018). 안전심리학. 서울: 학지사.

이순철(1993). 안전운전과 교통심리. 서울: 한국가이던스.

이순철(2000). 교통심리학. 서울: 학지사.

이순철(2001). 산업재해와 오류행동. 사회과학연구, 18(2), 231-250.

이순철(2004). 청소년의 문제행동 이해를 위한 다양한 접근 방법의 모색. 한국심리학회: 사회문제, 10권, 특집호.

이순철, 박선진(2008). 서두름 행동의 심리적 구조 및 특성 파악: 서두름 행동, 확인생략행동, 성취 욕구 간의 관계이해. 한국심리학회지: 사회문제, 14(2), 63-81.

이영애(2005). 위험지각 연구의 최근 동향. 한국심리학회지: 실험, 17(3), 265-277.

이용재, 이상규(2005). 고령화 시대를 위한 도로설계 개선방향에 관한 연구. 대한토목학회논문집, 25(3), 409-421.

이원영(2006). 안전행동 및 사고에 대한 성실성, 인지실패 및 직무스트레스의 상호작용. 한국심리학회지: 산업 및 조직, 19(3), 475-497.

이인수(2001). 노년기 생활과학. 서울: 양서원.

이장호(1982). 상담심리학. 서울: 박영스토리.

이재남, 정명애, 박지원(2006). 초등학교 아동의 안전교육이 안전 생활 실천에 미치는 효과. 아동간호학회지, 12(4), 506-513.

이재식(2005). 교통안전에 대한 공학심리학적 접근. 한국심리학회지: 실험, 17(3), 279- 297.

이재연, 윤선화, 정윤경(2008). 어린이 안전교육 프로그램 개발 연구. 소방방재청-한국생활안전연합.

이종한(2003). 사고공화국에 대한 심리학적 제의: 안전사고의 심리적 기제와 대안 모색에 관한 여덟 편의 논문을 안내하면서. 한국심리학회지: 사회문제, 9(특집호), 1-14.

이지동, 오세진, 문광수(2018). 안전 리더십 코칭 프로그램이 건설 현장 근로자들의 안전 행동에 미치는 효과: 행동기반 안전관리(Behavior Based Safety: BBS)를 중심으로. 한국안전학회지, 33(6), 115-122.

이현주, 이영애(2011). 원자력 발전소와 방폐장 낙인의 심리적 모형: 신뢰와 감정, 지식을 중심으로. 한국심리학회지: 일반, 30(3), 831-851.

이희경(2014). 코칭심리 워크북. 서울: 학지사.

임성만, 김명언(2000). 조직에서의 신뢰: 개관. 한국심리학회지: 산업 및 조직, 13(2), 1-19.

장석민, 정태화, 옥준필, 이정표, 김선희(1997). 학교안전보건교육 체계화 및 학교안전관리지침. 한국산업안전공단.

장영희, 정미라, 배소연(1997). 유아 교육기관의 안전교육 실태. 유아교육연구, 17(1), 23-44.

전자신문(2020). 교수당 수십명 학생 비효율 술제… 교육의 지능화로 푼다.

전찬희(2015). 대통령 사면권행사의 한계와 개선방향에 관한 연구. **법과정책**, 21(2). 353-378.

정서원, 박진성(2007). 마라톤 동호인의 운동수준 및 보상이 내적동기에 미치는 영향. **한국스포츠심리학회지**, 18(2), 59-73.

정진우(2017). **안전심리**(2판). 경기: 청문각.

진원중(1982). **교육사회학원리**(증보판). 서울: 법문사.

채진(2017). 세월호사고 이후의 한국의 안전문화에 관한 연구. **한국위기관리논집**, 13(8), 191-206.

최상진(2000). **한국인 심리학**. 서울: 중앙대학교 출판부.

최상진, 김기범(1998). 체면의 내적 구조. **한국심리학회 연차대회 발표논문**, 551-577.

최상진, 박정열, 김정인, 손영미(2003). 한국사회의 교통문화. **한국심리학회지: 사회문제**, 9, (특집호), 15-34.

최승혁, 허태균(2012). 잘난 사람의 범죄는? 처벌판단에서 사회경제적 지위의 역할과 그 심리기제. **한국심리학회지: 사회 및 성격**, 26(4), 127-140.

최원범, 이재식(2004). 운전자와 자동차 항법시스템의 상호작용에 관한 연구: 시간압력과 시스템 메뉴구조의 효과를 중심으로. **한국심리학회지: 산업 및 조직**, 17(1), 1-17.

최원선, 조성애, 김경연, 조영승, 구정완, 김형렬(2011). 버스 운전사의 근무 중 사고경험과 외상 후 스트레스 장애. **대한직업환경의학회지**, 23(2), 139-148.

최인재, 최상진(2002). 한국인의 문화 심리적 특성이 문제 대응방식, 스트레스, 생활만족도에 미치는 영향: 정(情), 우리성을 중심으로. **한국심리학회지: 상담 및 심리치료**, 14, 55-71.

최인철, 김범준(2007). 원자력 발전소 안전체감에 관한 연구: 안전체감지수 개발과 안전체감 수준. **한국심리학회지: 사회문제**, 13(3), 1-21.

최정열(2014). 비행안전에 영향을 미치는 조종사의 심리적 특성에 관한 연구. **한국심리학회지: 산업 및 조직**, 27(1), 1-20.

탁진국(2010). 코칭심리의 필요성. **2010년 한국심리학회 학술대회 자료집**, 344-345.

한국교육개발원 · 한국산업안전공단(1996a). 초등학교 교사용 어린이 안전교육 지침서.

한국교육개발원 · 한국산업안전공단(1996b). 초등학교 어린이 사고 사례 분석 연구.

한국산업안전공단(1995). **초등학교 교사용 안전보건교육 지도안**. 한국산업안전공단.

한국산업안전공단(2002). **교과와 함께하는 안전교육, 초등학교 고학년용 교사용 지도서**.

한국소비자원(2015). 어린이 안전사고 동향 분석.

한규석(2002). **사회심리학의 이해**(개정판). 서울: 학지사.

한덕웅(2003). 한국 사회에서 안전에 관한 심리학 연구의 과제. **한국심리학회지: 사회문제**, 9(특집호), 35-55.

한성열(2003). 자기고양 편파와 심리적 적응의 관계에 대한 비교문화 연구. **한국심리학회지: 사회문**

제, 9(2), 79-99.

한성열(2005). 한국 사회의 신뢰와 불신에 관한 심리학 연구의 과제 및 제언. **한국심리학회지: 사회문제**, 11, 특집호, 163-174.

한정원, 이경수, 박찬신, 손영우(2009). 조종사의 안전행동을 예측하는 조직의 안전문화와 개인의 안전태도 및 안전동기 간의 관계: 공군부대와 조정사를 대상으로 한 다층자료 분석. **한국심리학회지: 산업 및 조직**, 22(1), 109-129.

한준상(1999). 21세기 한국노인교육의 장기정책 발전방안 연구. 교육부 정책연구과제.

행정안전부(2012). **안전생활 길잡이 지도서.**

허정무(2007). **노인교육학개론.** 경기: 양서원.

허태균(2004). 준법의식의 약화에서 인지 부조화의 역할. **한국심리학회지: 사회문제**, 11(1), 25-42.

허태균(2005). 무법에서 태어나 준법을 거쳐 위법으로 성장하는 이유?. **한국심리학회지: 사회문제**, 11, 특집호, 117-131.

허태균, 황재원, 김재신(2005). 바늘 도둑이 소도둑 된다: 준법의식의 약화에서 인지부조화의 역할. **한국심리학회지: 사회문제**, 11(1), 25-42.

황윤숙, 오주석, 이순철(2009). 시내버스 및 택시운전자의 작업부하가 피로에 미치는 영향과 부적 정서상태의 매개효과. **한국심리학회지: 산업 및 조직** 22(1), 87-108.

Adams, J. S. (1965). Inequity in social exchange. In L. Berkowitz (Ed.), *Advances in experimental social psychology* (Vol. 2, pp. 267-299). New York: Academic Press.

Ajzen, I. (1985). From intentions to actions: A theory of planned behavior, In J. Kuhl & Beckmann (Eds.), *Action control: From cognition to behavior.* NY: Springer-Verlag.

Ajzen, I. (1991). The theory of planned behavior. *Organizational Behavior and Human Decision Processes, 50*(2), 179-211.

Alden, D. L., Hoyer, W. D., & Lee, C. (1993). Identifying global and culture-specific dimensions of humor in advertising: A multinational analysis. *Journal of Marketing, 57*(2), 64-75.

Alderfer, C. P. (1972). *Existence, relatedness, and growth: Human needs in organizational settings.* NY: The Free Press.

Alessi, S. & Trollip, S. (2000). *Computer-based instruction.* Needham Heights, MA: Allyn & Bacon.

American psychiatric association (2013). *Diagnostic and statistical manual of mental disorders,* 5th ed., Virginia: Author.

Arkes, H. R., & Blumer, C. (1985). The psychology of sunk cost. *Organizational Behavior and*

Human Decision Processes, 35(1), 124-140.

Arunraj, N. S., Mandal, S., & Maiti, J. (2013). Modeling uncertainty in risk assessment: An integrated approach with fuzzy set theory and Monte Carlo simulation. *Accident Analysis and Prevention, 55*, 242-255.

Asch, S. E. (1955). Opinions and social pressure. *Scientific American, 193*(5), 31-35.

Aschenbremer, K. M., & Biehl, B. (1993). Improved safety through improved technical measures? Empirical studies regarding risk compensation processes in relation to anti-lock braking systems. In R. M. Trimpop & G. J. S. Wilde (Eds.), *Challenges to accident prevention: The issue of risk compensation behavior*. Groningen. The Netherlands: STYX Publications.

Ashmore, R. D., & Del Boca, F. K. (1976). Psychological approaches to understanding intergroup conflict. In. P. A. Katz (Ed.), *Towards the elimination of cacism*. New York: Pergamon Press.

Ashmore, R. D., & Del Boca, F. K. (1981). Conceptual approaches to stereotypes and stereotyping. In D. Hamilton (Ed.), *Cognitive processes in stereotyping and intergroup behavior* (pp. 1-36). Hillsdale: LEA.

ASTD & NGA (2001). A vision of e-learning for americas workforce, Report of the commission on technology and adult learning.

Baltes, P. B. (1987). Theoretical propositions of life-span development psychology: On the dynamics between growth and decline. *Development Psychology, 23*, 611-626.

Bandura, A. (1997). *Self-efficacy: The exercise of control*. New York: W. H. Freeman and Company.

Barling, J., Loughlin, C., & Kelloway, E. K. (2002). Development and test of a model linking safety-specific transformational leadership and occupational safety. *Journal of Applied Psychology, 87*, 488-496.

Barnes(2009). What is Safety Culture: Office of neuclear regulatory research.

Bass, B. M. (1998). *Transformational leadership: Industrial, military, and educational impact*. Mahwah, NJ: Erlbaum.

Baxter, J. S., Manstead, A, S. R., Stradling, S. G., Campbell, K. A., Reason, J. T., & Parker, D. (1990). Social Facilitation and driver behaviour. *British psychological society, 81*(3), 351-360.

Bever, D. L. (1984). *Safety: A personal focus*. Watsonville, CA: Mosby college publishing.

Bjorklund, G. M. (2008). Driver Irritation and Aggressive behaviour. *Accident analysis and prevention 40*, 1069-1077.

Blocher, D. H. (1966). *Developmental counseling*. New York: Ronald Press.

Bobo, L. (1983). "Whites, Opposition to busing: Symbolic racism or realistic group conflict?" *Journal of personality and social psychology, 45*, 1196-1210.

Borman, W. C., & Motowidlo, S. J. (1993). Expanding the criterion domain to include elements of contextual performance. In N Schmitt & W. C. Borman (Eds.), *Personnel selection in organizations* (pp. 71-98). San Francisco, CA: Jossey-Bass.

Brown, R. L., & Holmes, H. (1986). The use of a factor-analytic procedure for assessing the validity of an employee safety climate model. *Accident analysis & Prevention, 18*(6), 455-470.

Bruner, J. S. (1990). 교육의 과정(*The Process of Education*). (이홍우 역). 서울: 배영사. (원저는 1973년 출판).

Burkell, J. (2006). Anonymity On Behavioral Research: Not being unnamed, But being unknown. *University of Ottawa Law and Technology Journal, 3*, 189-203.

Burns, J. M. (1978). *Leadership*. New York: Harper & Row.

Cameron, J., Banko, K. M., & Pierce, W. D. (2001). Pervasive negative effects of rewards on intrinsic motivation: The myth continues. *The Behavior Analyst, 24,* 1-44.

Campbell, D. T. (1971). Method for the experimenting society. Paper presented to the Eastern Psychological Association, New York City and to the American Psychological Association, Washington, D. C.

Cantor, J., & Venus, P. (1980). The effects of humor on the recall of a radio advertisement. *Journal of Broadcasting, 24*(Winter), 14.

Caspi, A., & Roberts, B. W. (2001). Personality development across the life: The argument for change and continuity. *Psychological Inquiry, 122*, 49-66.

Chao, C, C., Madhavan, D., & Funk, K. (1996). Studies of cockpit task management errors. *The International Journal of Aviation Psychology, 6*, 307-320.

Chattopadhyay, A., & Basu, K. (1990). Humor in advertising: The moderating role of prior brand evaluation. *Journal of Marketing Research, 27*, 466-476.

Cialdini, R., & Schroeder, D. (1976). Increasing compliance by legitimizing paltry contribution: When even a penny helps. *Journal of Personality and Social Psychology, 34*, 599-604.

Clarke, S. (2013). Safety leadership: A meta-analytic review of transformational and transactional leadership styles as antecedents of safety behaviours. *Journal of Occupational and Organizational Psychology, 86*(1), 22-49.

Clarke, S., & Ward, K. (2006). The role of leader influence tactics and safety climate in engaging employee safety participation. *Risk Analysis, 26*, 1175-1186.

Cooper, A. C., Woo, C. Y., & Dunkelberg, W. C. (1988). Entrepreneurs' perceived chances for success. *Journal of Business Venturing, 3*(2), 97-115.

Cooper, M. D. (2000). Towards a model of safety culture. *Safety Science, 36*, 111-136.

Cooper, M. D., & Phillips, R. A. (2004). Exploratory analysis of the safety climate and safety behavior relationship. *Journal of Safety Research, 35*(5), 497-512.

Cox, S. J., & Cheyne, A. J. T. (2000). Assessing safety culture in offshore environments. *Safety Science, 34*, 1-3.

Cox, S. J., & Cox, T. (1991). The structure of employee attitudes to safety-a european example. *Work and Stress, 5*, 93-106.

Cranton, P. (1992). *Working with adult learners.* Toronto: Wall & Emerson, Inc.

Cross, K. P. (1979). Adult learners: Characteristics, Needs and Interests, In R. E. Peterson and Associate (Eds.), *Lifelong learning in america.* San Francisco, CA: Jossey-Bass.

Daalmans, J. (2013). *Risk sensitivity: The perception of risks. Human behavior in hazardous situations*, pp. 43-62.

Dale, E. (1969). *Audio-Visual methods in teaching* (3rd ed.). New York: Holt, Rinehart & Winston.

Dennison, D., & Golaszewski, T. (2002). The Activated Health Education model: Refinement and implications for school health education. *Journal of School Health, 72*, 23-36.

Dickerson, J., Koch, B., Adams, J., Goodfriend, M., & Donnelly, L. (2010). Safety coaches in radiology: Decreasing human error and minimizing patient harm. *Pediatric Radiology, 40*(9), 1545-1551.

Diener, E., Fraser, S. C., Beaman, A. L., & Kelem, R. T. (1976). Effects of deindividuation Variables on stealing among Halloween trick-or-treaters. *Journal of Personality & Social Psychology, 33*, 236-245.

Dorsch, M. J., & Kelley, S. W. (1994). An investigation into the intentions of purchasing executives to reciprocate vendor gifts. *Journal of Academy of Marketing Science, 22*, 315-327.

Dutton, M., Seaman, D., & Ulmer, C. (1972). *Understanding group dynamics in adult education.*

Englewood Cliffs, NJ: Practice-Hall Inc.

Eberts, R. E., & MacMillan, A. G. (1985). Misperception of small cars, In R. E. Eberts & C. G. Eberts (Eds.). *Trends in Ergonomics Human Factors II* (pp. 33–39). North Holland, The Netherlands: Elsevier Science Publishers, B. V.

Edland, A., & Svenson, O. (1993). Judgement and decision making under time pressure: Studies and findings, In O. Sevenson & A. J. Maule (Eds.). *Time pressure and stress on human judgement and decision making* (pp. 27–40). New York: Plenum press.

Eiff, G. (1999). *Organizational safety culture. Proceedings of the Tenth International Symposium on Aviation Psychology* (pp. 1–14). Columbus, OH: Department of Aviation.

Ellis, A., & Maclare, C. (2007). 합리적 정서행동치료(*Rational emotion behavior therapy*). (서수균, 김윤희 공역). 서울: 학지사. (원저는 1995년 출판).

Ellison-Potter, P. A., Bell, P. A., & Deffenbacher, J. (2001). The effects of trait driving anger, anonymity, aggressive stimuli on aggressive driving behavior. *Journal of Applied Social Psychology, 31*, 431–443.

Elloson, P. A., Govern, J. M., Petti, H. L., & Figler, M. H. (1995). Anonymity and aggressive driving behavior: A field study. *Journal of Social Behavior and Personality, 10*, 265–272.

Evans, I. (1996). *A crash course in traffic safety. 1997 Medical and Health Annal.* Chicago: Encyclopedia Britannica.

Federal Emergency Management Agency & U.S. Department of Health and Human Services (2013). Federal Emergency Management Agency crisis counseling assistance and training program guidance.

Federal Emergency Management Agency (FEMA) (1997). *Multi hazard identification and risk assessment: A cornerstone of the national mitigation strategy*. Washington, DC: US.

Fellner, D. J., & Seizer-Azaroff, B. (1984). Increasing industrial safety practices and conditions through posted feedback. *Journal of Safety Research, 15*(1), 7–21.

Festinger, L. (1957). *A theory of cognitive dissonance*. Stanford, CA: Stanford University Press.

Finucane, M. I., Alhakami, A., Slovic, P., & Johnson, S. M. (2000). The affective heuristic in judgements of risks and benefits. *Journal of Behavioral Decision Marking, 13*, 1–17.

Fiske, S. T., & Taylor, S. E. (1984). *Social Cognition*. Reading, Massachusetts: Addison-Wesley Publishing company.

Florio, A. E., & Stafford, G. T. (1974). *Safety education Editorial Revision Committee*, 2nd ed. New York: Man and Motor Car.

Freedman, J. L., & Fraser, S. C. (1966). Compliance without pressure: The foot in door technique. *Journal of Personality and Social Psychology, 4*, 195-202.

Fuller, R. (1991). The modification of individual road user behavior. In Enforcement and Rewarding Strategies and Effects. Proceedings of the International Road Safety Symposium, eds Koornstra and Christensen, Copenhagen.

Grant, A. M., & Palmer, S. (2002). Coaching psychology. In Workshop and meeting held at the annual conference of the division of counselling psychology. British Psychological Society, Troquay, 18 May.

Geller, E. S. (2001). *The psychology of safety handbook*. Boca Raton, FL: CRC Press LLC.

Geller, E. S. (2005). *People based safety: The source*. Virginia Beach, VA: Coastal Training Technologies Corp.

Geller, E. S., Perdue, S., & French, A. (2004). Behavior-based safety coaching 10 guidelines for successful application. *Professional safety, 49*(7), 42-49.

Grant, A. M., & Palmer, S. (2002). Coaching psychology. Workshop conference of the division of counseling psychology. *British Psychological Society, Torquay*, 18 May.

Greenwood, M., & Woods, H. M. (1919). The incidence of industrial accidents upon individuals with specific reference to multiple accidents. *Industrial Fatigue Research Board Report, 4*, London: HMSO.

Guldenmund, F. W. (2000). The nature of safety culture: A review of theory and research. *Safety Science, 34*, 215-257.

Haight, F. (2001). *Accident proneness: The history of an idea*. Irvine, CA: University of California Institute of Transportation Studies.

Hall, B. (2001). FAQs about e-learning. Http://www.brandon-hall.com/faq2.html.

Hall-Long, B. A., Schell, K., & Corrigan, V. (2001). Youth safety education and injury prevention program. *Pediatirc Nursing, 27*(2), 141-146.

Hansen, C. (1988). Personality characteristics of the accident envolved employee. *Journal of Business and Psychology, 2*, 346-365.

Harano, R. M., & Hubert, D. E. (1974). An Evaluation of California's good drivers incentive program. Research and Statistics Section, Department of Motor Vehicles, Highway Research Report B0146. Sacramento, CA. NTS: CAL-DMV-RSS-74-46.

Harlow, H. F. & Zimmermann, R. R. (1958). The development of affective responsiveness in infant monkeys. *Proceedings of the American Philosophical Society, 102*, 501-509.

Harned, M., Ormerod, A., Palmieri, P., Collinsworth, L., & Reed, M. (2002). Sexual assault and other types of sexual harassment by workplace personnel: A comparison of antecedents and consequences. *Journal of Occupational Health Psychology, 7*, 174-188.

Heider, F. (1958). *The psychology of interpersonal relations*. New York: Iley.

Heinrich, H. W. (1931). *Industrial Accident Prevention-A Scientific Approach*. New York: McGraw-Hill.

Heinrich, H. W., Petersen, D., & Roos, N. (1980). *Industrial accident prevention*. New York: McGraw Hill, Inc.

Henthorne, T. L., Latour, M., & Nataraajan, R. (1993). Fear appeal in print advertising: An analysis of arousal and ad response. *Journal of Advertising, 22*, pp. 59-69.

Herman, J. (2007). 트라우마: 가정폭력에서 정치적 테러까지(*Trauma and Recovery: The Aftermath of Violence*). (최현정 역). 서울: 플래닛. (원전은 1997년 출판).

Herzberg, F., Mausner, B., & Snyderman, B. B. (1959). *The motivation of work*. NY: Wiley.

Hiltz, S. R. (1994). *The virtual classroom: Learning without limits via computer networks*. Human-Computer Interaction Series. Nerwood: Ablex Publishing.

Ho, D. Y. F. (1976). On the concept of face. *American Journal of Sociology, 81*, 867-884.

Hofmann, D., Morgeson, F., & Gerras, S. (2003). Climate as a moderator of the relationship between leader-member exchange and content specific citizenship: Safety climate as an exemplar. *Journal of Applied Psychology, 88*, 170-178.

Howard, D. J., Gengler, C., & Jain, A. (1995). What's in a name? Complimentary means of persuasion. *Journal of Consumer Psychology, 1*(3), 197-223.

HSC (1991). ACSNI Study group on human factors 3rd Report: Organization for safety. UK Health and Safety Commission, London 1993.

Hsee, C. K., & Weber, E. U. (1999). Cross-national differences in risk preference and lay predictions. *Journal of Behavioral Decision Making, 12*, 165-179.

Hsu, F. C. K. (1983). *Rugged individualism reconsidered*. knoxville, TN: The University of Tennessee.

IAEA (2016). OS ART In dependent Safety Culture Assessment(ISCA) Guidelines, IAEA SErvices Series 32, International Atomic Energy Agency, Vienna.

Iversen, H., & Rundmo, T. (2002). Personality, risky driving and accident involvement among Norwegian drivers. *Personality and Individual Differences, 33*, 1251-1263.

Janis, I. L. (1959). *Personality and persuasibility*. New Haven: Yale University Press.

Janis, I. L. (1972). *Victims of groupthink: A psychological study of foreign-policy decisions and fiascoes.* Houghton Mifflin Company.

Jeremy, R. (2015). 엔트로피(*Entropy*). (이창희 역). 서울: 세종연구원. (원저는 1980년 출판).

Johnson, D. G. (2009). *Computer ethics* (4th ed.). Upper Saddle River, NJ: Prentice Hall.

Jones, E. E. (1964). *Ingratiation: A social psychological analysis.* New York: Appleton-Century-Crofts.

Kass, S. J., Vodanovich, S. J., & Callender, A. (2001). State-trait boredom: Relationship to absenteeism, tenure, and job satisfaction. *Journal of Business and Psychology, 16*(2), 317-327.

Katila, A., Keskinen, E., & Hatakka, M. (1996). Conflicting goals of Skid Training. *Accident Analysis and Prevention, 28,* 785-789.

Keller, P. A., & Block, L. G. (1996). Increasing the persuasiveness of rear appeals: The effect of arousal and elaboration. *Journal of Consumer Research, 22,* 448-459.

Kellermann, P. F., & Hudgins, M. K. (2008). 트라우마 생존자들과의 심리극(*Psychodrama with Trauma Survivors: Acting Out Your Plan*). (최대헌, 조성희, 이미숙 공역). 서울: 학지사. (원저는 2000년에 출판).

Kelley, H. H. (1967). *Attribution theory in social psycholgoy.* In D. Levine (Ed.), Lincoln: University of Nebraska Press.

Kelley, P., & Solomon, P. J. (1975). Humor in television advertising. *Journal of Advertising, 4,* 33-35.

Khan, B. H. (1997). *Web-based instruction.* NJ: Englewood Cliffs.

Kim, J. Y., & Nam, S. H. (1998). The concept and dynamics of face: Implications for organizational behavior in Asia. *Organization Science, 9,* 522-534.

Kim, U. (2003). Interface among psychology, technology, and environment: Indigenous and cultural analysis of probabilistic versus the deterministic view of industrial accidents and occupational safety. 한국심리학회지: 사회문제, 9(특집호), 123-147.

Kinder, D. R., & Sears, D. O. (1981). Prejudice and Politics: Symbolic racism versus racial theats to the good life. *Journal of Personality and Social Psychology, 40,* 414-431.

Kines, P., Andersen, L. P., Spangenberg, S. Mikkelsen, K. L., Dyreborg, J., & Zohar, D. (2010). Improving construction site safety through leader-based verbal safety communication. *Journal of Safety Research, 41*(5), 399-406.

Klebelsberg, D. (1989). 교통심리학(*Verkehrs-Psychologie*). (윤홍섭 역). 서울: 성원사. (원저는

1982년 출판).

Kotler, P. (1986). Megamarketing. *Harvard Business Review*, March–April, 117–124.

Kunce, J., & Reeder, C. (1974). SVIB scores and accident proneness. *Measurement & Evaluation in Guidance, 17*, 118–121.

Lambert, A., & Raichle, K. (2000). "The role of political ideology in mediating judgements of blame in rape victims and their assailants: A test of the just world, personal responsibility, and legitimization hypotheses." *Personality and Social Psychology Bulletin, 26*, 853–863.

Lammers, H. B. (1983). Humor and cognitive responses to advertising stimuli: A trade consolidation approach. *Journal of Business Research, 11*, 182.

Lang, F. R., & Carstensen, L. L. (1994). Close emotional relationship in late life: Further support for proactive aging in the social domain. *Psychology and Aging, 2*, 315–324.

Langer, E. (1975). The illusion of control. *Journal of Personality and Social Psychology, 32*, 311–328.

Law, H., Ireland, S., & Hussain, Z. (2010). 코칭심리(*The Psychology of Coaching, Mentoring and Learning*). (탁진국, 이희경, 김은정, 이상희 역). 서울: 학지사. (원저는 2007년 출판).

Lawton, M. P., Kleban, M. H., Rajagopal, D., & Dean, J. (1992). Dimensions of affective experience in three age groups. *Psychology and Aging, 7*, 171–184.

Lee, C., & Abdel-Aty, M. (2008). Presence of passengers: Does it increase or reduce driver's crash potential? *Accident Analysis and Preception 40*(5) 1703–1712.

Lee, S. C., Lee, S. Y., & Park, S. J. (2007). The Influences of Driving Confidence Levels on Traffic Accidents: Research Using Path Analysis. 한국심리학회지: 사회문제, *13*(4), 101–112.

Lee, S. Y., Lee, S. C., & Song, H. W. (2009). Confirmatory factor analysis of the Traffic Accident Risk Index(TARI). *International Conference on Asia Pacific Psychology (ICAPP)*, 207–208.

Lerner, J. S., & Ketlner, D. (2000). Beyond valence: Toward a model of emotion-specific influences on judgement and choice. *Cognition and Emotion, 14*, 473–493.

Locke, E. A., & Latham, G. P. (1990). A theory of goal setting & task performance. Prentice-Hall, Inc.

Loewenstein, G. F., Weber, E. U., Hsee, C. K., & Welch, N. (2001). Risk as feelings. *Psychological Bulletin, 127*, 267–286.

Magoon, T. M. (1980). Counseling psychology in the year 2000. *Counseling psychologist, 4*, 26–28.

Malkiel, B. G. (1995). Returns from investing equity mutual funds 1971 to 1991. *Journal of*

Finance, 50(2), 549-572.

Mann, S., & Robinson, A. (2009). Boredom in the lecture theatre: An investigation into the contributors, moderators and outcomes of boredom amongst university students. *British Educational Research Journal, 35*, 243-258.

Maslow, A. H. (1943). A theory of human motivation. *Psychological Review, 50*, 370-396.

Maslow, A. H. (2012). 존재의 심리학(*Toward a psychology of being*). (정태연, 노현정 공역). 서울: 문예출판사. (원저는 1999년 출판).

McGehee, W., & Thayer, P. W. (1961). *Training in business and industry*. Wiley.

McKinnon, R. C. (1995). *Searching for the Leviathan in Usenet*. Cybersociety: Computer-mediated communication and Community, Sage.

Melamed, S., Ben-Avi, I., Luz, J., & Green, M. S. (1995). Objective and subjective work monotony: effects on job satisfaction, psychological distress, and absenteeism in blue-collar workers. *Journal of Applied psychology, 8*, 29-42.

Milgram, S. (1963). Behavioral study of obedience. *Journal of Abnormal and Social Psychology, 67*, 371-378.

Mohamed, S. (2003). Scorecard approach to benchmarking organizational safety culture in construction. *Journal of Construction Engineering and Management, 129*(1), 80-88.

Moral, M., & Angel, P. (2014). 코칭(*Coaching*). (이승신, 한민수 역). 서울: 눈. (원저는 2006 출판).

Morgan, J. I., Jones, F. A., & Harris, P. R. (2013). Direct and indirect effects of mood on risk decision making in safety-critical workers. *Accident Analysis and Prevention, 50*, 472-282.

Mroczek, D. K., & Kolarz, C. M. (1998). The effect of age on positive and negative affect: A development perspective on happiness. *Journal of Personality and Social Psychology, 75*(5), 1333-1349.

Muchinsky, P. M. (2003). 산업 및 조직심리학(*Psychology applied to work : an introduction to industrial and organizational psychology*). (유태용 역). 서울: 시그마프레스. (원전은 2000년에 출판).

Munson, L. J., Hulin, C., & Drasgow, F. (2000). Longitudinal analysis of dispositional influences and sexual harassment. *Personnel Psychology, 53*, 21-46.

Murphy, J. H., Cunningham, I., & Wilcox, G. (1979). The impact of program environment on recall of humorous television commercials. *Journal of Advertising, 8*, 17-21.

Näätänen, R., & Summala, H. (1976). *Road-user behavior and traffic accidents*. Amsterdam: North-Holland.

National Highway Traffic Safety Administration. (2003). Traffic safety facts 2003: overview. Retrieved October 2, 2005, from http://www-nrd.nhtsa.dot.gov/pdf/nrd-30/NCSA/TSF2003/809767.pdf.

National Research Council (1989). Improving risk communication. National Academy Council.

Neal, A., & Griffin, M. A. (2006). A study of the lagged relationships among safety climate, safety motivation, safety behavior, and accidents at the individual and group levels. *Journal of Applied Psychology, 91*, 946-953.

Neale, V. L., Dingus, T. A,, Klauer, S. G., Sudweeks, J., & Goodman, M. (2005). An overview of the 100-car naturalistic study and findings, In Proceedings of the 19th international technical conference on the enbanced safety of vehicles, Washington, DC.

Neria, Y., Nandi, A., & Galea, S. (2008). Post traumatic stress disorder following disasters: a systematic review. *Psychological Medicine, 38*(4), 467-480.

O'Neil, B. (1977). A decision – theory model of danger compensation. *Accident and Analysis Prevention, 3*, 157-165.

OECD (1990). Behavioral adaptations to changes in the road transfer system.

Patemoster, R., Saltzman, L. E., Waldo, G. P., & Chiricos, T. G.(1983). "Estimating perceptual stability and deterrent effects: the role of perceived legal punishment in the inhibition of criminal involvement." *Journal of Criminal Law and Criminolog 74*, 270-297.

Peters, R. S. (1973). *Authority: Responsibility and Education.* London: GAU press.

Peterson, D. (2004). Leadership & safety excellence: A positive culture drivers performance. *Professional Safety, 49*(10), 728-732.

Peterson, S. J., Gerhardt, M. W., & Rode, J. C. (2006). Hope, learning goals, and task performance. *Personality and Individual Differences, 40*, 1099-1109.

Pine, J. C. (2009). *Natural Hazards Analysis: Reducing the Impacts of Disasters.* CRC Press: Taylor & Francis Group.

Pires, T. T. (2005). An approach for modeling human cognitive behavior in evacuation motels. *Fire Safety Journal, 40*, 177-189.

Raby, M., & Wichens, C. D. (1994). Strategic workload management and decision biases in action. *International Journal of Aviation Psychology, 4*, 211-240.

Ramsey, J. (1985). Ergonomic factors in task analysis for consumer product safety. *Journal of Occupational accidents, 7*, 113-123.

Reason, J. (1984). Lapses of attention in everyday life. In R. Parasuraman & D. R. Davies (Eds.),

Varieties of attention (pp. 515-549). New York: Academic Press.

Reason, J. (1990). *Human error*. New York: Cambridge University Press.

Reason, J., Manstead, A., Stradling, S., Baxter, J., & Campbell, K. (1990). Error and violation on the roads: A real distinction? *Ergonomics, 33*, 1315-1332.

Reingen, P., & Kernan, J. (1977). Compliance with an interview request: A foot in the door, self-perception interpretation. *Journal of Marketing Research, 14*, 365-369.

Rimmo, P. A., & Aberg, L. (1999). On the distinction between violations and errors: sensation seeking associations. *Transportation Research Part F, 2*, 151-166.

Ringelmann, M. (1913). Recherches sur les moteurs animes. Travail de l'homme. *Annales de l' Institut national agronomique*, 1-40.

Rosenshine, B., & Stevens, R. (1986). Teaching functions. In M. C. Wittrock (Ed.), *Handbook of research on teaching* (3rd ed.). New York: Macmillan.

Ross-Gordon, J. (2002). *Assessing adult learning in diverse settings: Current issues and approaches* (ed.). SF: Jossey-Bass Publishers.

Rothbart, M., & John, O. P. (1985). Social Categorization and behavioral episodes: A cognitive analysis of the effects of intergroup contact. *Journal of Social Issues, 41*, 81-104.

Rothengarter, T. (1988). "Risk and the absence of pleasure: A motivational approach to modeling road user behavior." *Ergonomic, 31*, 599-609.

Russell, B. (1938). *Power*. London: Allen & Unwyn.

Ryan, R. M., & Deci, E. L. (2000). Self-determination theory and the facilitation of intrinsic motivation, social development, and well-being. *American Psychologist, 55*(1), 68-78.

Saltzman, L. E., Patemoster, R., Waldo, G. P., & Chiricos, T. G. (1982). Deterrent and experiential effects: The problem of causal order in perceptual research. *Journal of Research in Crime and Delinquency, 19*, 172-189.

Schneider, K. T., Hitlan, R. T., & Radhakrishnan, P. (2000). An examination of the nature and correlates of ethnic harassment experiences in multiple contexts. *Journal of Applied Psychology, 81*, 3-12.

Schrodinger, E. (2007). 생명이란 무엇인가, 정신과 물질(*What is life? and Mind and Matter*). (전대호 역). 서울: 궁리출판. (원저는 1967년 출판).

Schultz, D., & Schultz, S. (2008). 일과 심리학 (*Psychology and work today: An introduction to industrial and organizational psychology*). (양윤, 이재식, 신강현 공역). 서울: 시그마프레스. (원저는 2006년 출판).

Scott, C., Klein, D. M., & Bryant, J. (1990). Consumer responses to humor in advertising: A Series of field studies using behavioral observation. *Journal of Consumer Research, 16*, 498–501.

Shinar, D. (2001). Driving speed relative to the speed limit and relative to the perception of safe, enjoyable and economical speed. In Processing of the Conference on Traffic Safety on three continents. *MOSCOW Russia, September*, 19-21.

Shinar, D., & Compron, R. (2004). Aggressive driving: an observational study of driver, vehicle, and situational variables. *Accident Analysis and Prevention, 36*, 429-437.

Short, J. W., Williams, E., & Christie, B. (1976). *The social psychology of telecommuncation.* New York: John Wiley & Sons.

Silike, A. (2003). Deindividuation, anonymity, and violence: Findings from Northern Ireland. *The Journal of Social Psychology, 143*(4), 493–499.

Sime, J. D. (2001). An occupant response shelter escape time (ORSET) model. *Safety Science, 38*, 109-125.

Simon, B., & Brown, R. (1987). Perceived intragroup homogeneity in minority majority contexts. *Journal of Personality and Social Psychology, 53*, 703-711.

Simonet, S., & Wilde, G. J. S. (1997). Risk: Perception, acceptance and homeostasis. *Applied Psychology: An International Review, 46*(3), 235-252.

Slovic, P. (1987). Perception of risk. *Science, 236*, 280-285.

Slovic, P. (2000) *The perception of risk.* London: Earthscan Publications.

Slovic, P., Finucane, M. L., Peters, E., & MacGregor, D. G. (2004). Risk as analysis and risk as feelings: Some thoughts about affect, reason, risk, and rationality, *Risk Analysis, 24*, 311–322.

Slovic, P., Kunreuther, H., & White, G. F. (1974). In G. F. White (Ed.), *Natural Hazards Local, national, and global.* New York: Oxford University Press.

Slovic, P., Layman, M., Kraus, N., Flynn, J., Chalmers, J., & Gesell, G. (1991). Perceived risk, stigma, and potential economic impacts of a high-level nuclear waste repository in Nevada, *Risk Analysis, 11*, 683-696.

Smith, S. M. (1993). Does humor in advertising enhance systematic processing? *Advances in Consumer Research, 20*, 155-158.

Spielberger, C. D. (1972). *Anxiety and emotional state: In anxiety; current trend in theory and research.* New York: Academic Press.

Stallen, P. J., & Coppock, R. (1987). About risk communication and risky communication, *Risk Analysis, 7*(4), 413-414.

Sternthal, B., & Craig, C. S. (1973). Humor in advertising. *Journal of Marketing, 37*, 12-18.

Stradling, S. G., Meadows, M. L., & Beatty, S. (2004). Characteristics and crash-involvement of seeding, violating and thrill-seeking drivers. *Traffic and Transport Psychology Proceedings of the ICTTP 2004*, 177-192.

Strasser, M. K., Aron, J. E., Bohn, R. C., & Eales, J. R. (1973). *Fundamentals of safety education*, 2nd ed. New Yrok: Macmillan.

Streff, F. M., & Geller, E. S. (1988). An experimental test of risk compensation: between-subject Versus within subject analyses. *Accident Analysis and Prevention, 20*, 277-287.

Suler, J. (2004). The online disinhibition effect. *Cyber-psychology and Behavior, 7*, 321-326.

Sulzer-Azaroff, B. Fox, C., Moss, S. M., & Davis, M. (1987). Feedback and safety: Involving workers. Unpublished manuscript, University of Massachusetts Amherst.

Sulzer-Azaroff, B., & Fellner, D. (1984). Searching for performance targets in the behavioral analysis of occupational health and safety: An Assessment strategy. *Journal of Organizational behavior management, 6*(2), 53-65.

Summala, H. (1988). Zero-Risk theory of driver behaviour. *Ergonomics, 31*, 491-506.

Summala, H. (1997). Hierarchical model of behavioral adaptation and traffic accidents. In J. A. Rothengattter & E. Carbonell Vaya (Eds.), *Traffic and transport psychology: Theory and application*. Oxford: Pergamon.

Svenson, O. (1981). Are we all less risky and more skillful than our fellow drivers?. *Acta Psychologica, 47*, 143-148.

Swell, K. H., & Gaines, S. K. (1993). Developmental approach to childhood safety education. *Pediatric nursing, 19*(5), 464-466.

Tajfel, H. (1982). Social psychology of intergroup relations. *Annual Review of Psychology, 33*, 1-39.

Tanner, Jr., J. F., Hunt, J. B., & Eppright, D. R. (1991). The protection motivation model: A normative model of fear appeals. *Journal of Marketing, 55*, 329-336.

Taylor, D. H. (1964). Driver's galvanic skin response and the risk of accident. *Ergonomics, 7*, 439-451.

Taylor, R. P. (1980). *The computer in the school: tutor, tool, tutee*. New York: Teacher's College Press.

Teevan, J. J. (1976). Subjective perception of deterrence(continued). *Journal of Research in Crime and Delinquency, 13*, 155-164.

Tilka, R., & Johnson, A. (2018). Coaching as a packaged intervention for telemarketing personnel. *Journal of Organizational Behavior Management, 38*(1), 49-72.

Tillmann, W. A., & Hobbs, G. E. (1949). The accident-prone automobile driver. *The American Journal of Psychiatry, 106*, 321-331.

Tittle, C. R. (1980). *Sanctions and Social Deviance: A Question of Deterrence*. New York: Praeger.

Twenge, J. M. (2000). The age of anxiety? Birth cohort change in anxiety and neuroticism, 1952-1993. *Journal of Personality and Social Psychology, 79*, 1007-1021.

Tylor, E. B. (1958). *Primitive culture*. New York, NY : Harper Touchbooks.

Ulrich, B. (2014). 위험사회-새로운 근대성을 향하여(*Risikogesellschaft*). (홍성태 역). 서울: 새물결. (원저는 1986년에 출판).

Vroom, V. H. (1964). *Work and motivation*. Oxford, England: Wiley.

Wagenaar, W. A., & Groeneweg, J. (1988). Accidents at sea: Multiple causes and impossible consequences. In E. Hounagel, G. Mancini, & D. D. Woods (Eds.), *Cognitive engineering in complex dynamic worlds* (pp. 133-144). San Diego, CA: Academic Press.

Warner, H. W., & Aberg, L. (2006). Drivers' decision to speed: A study inspired by the theory of planned behavior. *Transportation Research Park F: Traffic Psychology and Behaviour, 9*, 427-433.

Weinberger, M. G., & Gulas, C. S. (1992). The impact of humor in advertising: A review. *Journal of Advertising, 21*, 35-59.

Wells-Parker, E., Bangert-Downs, R. McMillen, R., & Williams, M. (1995). Final results forom a meta-analysis of remedial interventions with Drink/Dive Offenders. *British Journal of Addiction, 90*, 907-926.

Wexley, K. N. & Latham, G. P. (1981). *Developing and training human resources in organizations*. Glenview, IL: Scott, Foresman.

Whitmore, J. (2002). *Coaching for performance: Growing people, performance and purpose*. London, Nicholas Brealey Publishing.

Wiegmann, D. A. Zhang, H., von Thaden, T. L., Sharma, G., & Gibbons, A. M. (2004). Safety culture: An integrative review. *The International Journal of Aviation Psychology, 14*(2), 117-134.

Wilde, G. J. S. (1982). The theory of risk homeostasis: Implication for safety and health. *Risk Analysis, 2*, 209-225.

Witte, K., Meyer, G., & Martell, D. (2001). *Effective health risk message: A step-buy-step guide.* Thousand Oaks, California: Sage.

Worick, W. W. (1975). *Safety education: Man his machines and his environment.* Englewood Clift. NJ: Prentice-Hall.

Wrenn, C. G. (1951). *Student personnel work in college.* New York: Ronald Press.

Wu, T. C. (2005). The validity and reliability of safety leadership scale in universities of Taiwan, *International Journal of Technology and Engineering Educaiotion, 2*(1), pp. 27-42.

Wuebker, L., Jones, J., & Du Bois, D. (1985). Safety locus of control as a predictor of industrial accidents. Technical Report. The St. Paul Co, St. Paul, MN.

Zhang, Y., & Zinkhan, M. G. (1991). Humor in Television Advertising: the Effects of Repetition and Social Setting, in NA – Advances in Consumer Research Volume 18, Eds. Rebecca H. Holman and Michael R. Solomon, Provo, UT: Association for Consumer Research, pp. 813-818.

Zohar, D. (2002). Modifying supervisory practices to improve subunit safety: A leadership-based intervention model. *Journal of Applied Psychology, 87*, 156-163.

⚠ 찾아보기

저자 소개

이순열(Lee Sunyeol)

경북대학교, 심리학과 졸업

충북대학교 대학원 심리학과(석사, 박사)

현 도로교통공단 교육본부 교수

〈주요 저서〉

안전심리학(공저, 학지사, 2018)

심리학으로의 여행(시그마프레스, 2018)

산업심리학의 이해(한국학술정보, 2018)

김만배(Kim Manbae)

건국대학교 기계공학과 졸업

건국대학교 대학원 행정학과(석사, 박사)

현 도로교통공단 교육이사

〈주요 저 · 역서〉

교통행정론(공저, 보성각, 2004)

관료조직과 정책집행(공역, 조명문화사, 1996)

현대교통정책(공역, 교통개발연구원, 1995)

안전교육의 이론과 실제
Theory and Practice of Safety Education

2021년 6월 20일 1판 1쇄 인쇄
2021년 6월 25일 1판 1쇄 발행

지은이 • 이순열 · 김만배

펴낸이 • 김진환

펴낸곳 • ㈜ **학 지 사**

04031 서울특별시 마포구 양화로 15길 20 마인드월드빌딩

대표전화 • 02-330-5114　　팩스 • 02-324-2345

등록번호 • 제313-2006-000265호

홈페이지 • http://www.hakjisa.co.kr

페이스북 • https://www.facebook.com/hakjisa

ISBN 978-89-997-2425-1 93180

정가 23,000원

출판 · 교육 · 미디어기업 **학 지 사**

간호보건의학출판 **학지사메디컬** www.hakjisamd.co.kr
심리검사연구소 **인싸이트** www.inpsyt.co.kr
학술논문서비스 **뉴논문** www.newnonmun.com
교육연수원 **카운피아** www.counpia.com